師範学校と図画教育

赤津隆助を事例として

Masuda Kingo
増田金吾

春風社

「ミュンヘン」（図4-10：p.246）

「羅馬《ローマ》」（図4-9：p.246）

「石楠花《しゃくなげ》」（図4-22：p.251）

「印度《インド》婦人図」（図4-17：p.250）

「上毛スケッチ」同宿の津田梅子女史
（図4-42：p.257）

「善光寺と校庭」
（図4-26：p.253）

鉛筆+水彩（透明水彩）
（図補7-4：p.411、増田作）

『新図画工作』小学1年「すきなもの」
（図4-48：p.263）

まえがき

本書は、師範学校と図画教育について、赤津《あかつ》隆助《りゅうすけ》（1880～1948）を事例として取り上げ、述べたものである。戦前期における図画教育指導法を確立した赤津の図画教育思想と実践について触れる。戦前の図画教育実践者であり、図画教育研究者であった現国立大学法人東京学芸大学の前身、東京府師範学校・東京府青山師範学校・官立東京第一師範学校（時代により校名が変更される）の教諭・赤津隆助の足跡を辿りつつ、図画教育や教育のあるべき姿を追究した。ここでは、「師範学校」がキーワードとなっている。なお、本書における「師範学校」とは、高等師範学校ではなく初等教育の教員養成を行った師範学校を中心に論述していることをことわっておきたい。

赤津研究の発端は、筆者が彼のもとから優れた美術教育者や教育者が数多く巣立っていることを不思議に思い、その根本的理由を調べてみようとしたことである。その際、どのような教育を受けた人物が、どのような教育を行い、多くの美術教育者・教育者を育てていったのかを調べてみたいと考えた。

赤津の思想や実践から学ぶことは多い。当時の方法をすべてそのまま今日において行うことは不可能だとしても、赤津が関わり実行した教育の根本思想は今に生かせるのではないかと考える。

他方、近代化における従来の美術教育教員養成史観は中等教育を対象とした東京美術学校や高等師範学校中心に向けられていた。初等教育教員養成をつかさどった全国の師範学校における美術教育の面にあまり目を向けていなかったのは問題である（美術教育から見た師範学校の人的制度上の研究はある）。

本研究（本書）は全国から多くの生徒が集まった東京府青山師範学校に焦点を当て、さらには全国的に活動を行い貢献した赤津隆助の図画教育思想とその実践活動を取り上げ、論述したものである。

また、美術教育思想には、三大主潮として創造主義美術教育、造形主義美術教育、生活主義美術教育があると言えよう。赤津は、それらの思潮の理論を明解に把握し、実践を深めた人である。彼の把握の仕方は、バランス的にも優れ、それぞれの思潮の良さを生かし、実践をもとに明確化している。

加えて、赤津は図画教育を幅広く捉え、いわば人間教育としての役割をも加味した広い思想的視野を有する戦前における図画教育指導法を確立した人物であることも解明した。

また、赤津隆助に関する考察は、単に図画教育史にとどまらず、大正新教育運動の本質にまで及び、教育史研究としての論考も本書で行っている。なお、ここで特記すべきこととして、赤津隆助は自由画教育運動の創始者山本鼎《やまもとかなえ》（1882～1946）より14年も前に、臨画教科書を使わずに写生を中心とした図画教育を行っていた、ということが挙げられる。こうした点は、美術教育史的にも重要なことであり、赤津の思想・実践に関する多くの新知見の一つと言えよう。

本書全体における論考には、多くの文献はもとより、赤津の作品群なども使用し、また彼を知る数少ない人々へのインタビューを行ってその裏付けをしている。

なお、補論として、「ＩＣＴ・デジタル的視点から赤津隆助の指導法を見る」と題し、現代的課題であるＩＣＴ化・デジタル化の、美術教育における問題とその解決の方策について、デジタル化を中心に検討を行った。その結果、デジタル化による造形表現の有益な使用法と実在の材料用具使用法との融合が必要であるとの考えに至った。

本書刊行にあたり、文部科学省の令和6（2024）年度科学研究費助成事業（科学研究費補助金）研究成果公開促進費（学術図書）〈課題番号24HP5148〉の助成を受けた。

師範学校と図画教育

赤津《あかつ》隆助《りゅうすけ》を事例として

目次

凡例

時代区分を明確にするために、本文中、明治時代を前期、中期、後期とよぶところがあるが、それは次の時代区分（明治時代の年代区分）によっている。

山形寛《やまがたゆたか》（1888〜1972）の説（『日本美術教育史』1967初版、1982復刊）を援用した。

山形による「教育制度の変遷」の時代区分

（1）明治5年（1872）〜明治18年（1885）　近代教育制度創始時代

（2）明治19年（1886）〜明治31年（1898）　教育制度基本樹立時代

（3）明治32年（1899）〜大正5年（1916）　教育制度整備時代

右記、山形説をもとに明治時代を「前期、中期、後期」と次のように位置付けた。

（1）明治時代前期　明治5年（1872）〜明治18年（1885）

（2）明治時代中期　明治19年（1886）〜明治31年（1898）

（3）明治時代後期　明治32年（1899）〜明治45年（1912）　山形説では明治45年（1912）を若干超えているが、この時代を本書では「明治時代後期」と位置付けた。

序章　研究の課題と方法

第1節　研究の目的と意義

1．研究の目的

赤津隆助（1880～1948）は、明治13年（1880）に福島県石城《いわき》郡《ぐん》平町《たいらまち》（現在、いわき市）に内藤《ないとう》明《あきら》の次男として生まれた。明治31年（1898）に東京府師範学校に入学するまで福島県において、貧しい家庭環境で育った。明治35年に赤津貞次郎の養子となり、内藤姓から赤津に改姓するが、混乱を避けるために本書全体を通じ「赤津」と統一して表示することとする。

赤津の図画の制作などには理解を示す父親であったが、新しくできた中学校への進学はできなかった。しかし、赤津は高等小学校補習科や准教員養成所などにおいて立派な教師に巡り合う。そうした教育における魅力を享受する機会は、師範学校の時代や彼自身が教師となってからもあり、滝沢《たきざわ》菊太郎《きくたろう》東京府師範学校長をはじめ、その他、専門的には勿論、人格的にも優れた人たちに巡り合い、そのさまざまな力を強く受けている。

赤津隆助は福島県の師範学校への入学を希望し、受験した。しかし、背が低いという理由で合格できなかった。素晴らしい教師に出会えるという学校教育への期待と、一方でこうした学校での不条理な対応に、赤津はその後、教育界に対抗する姿勢を見せる。教え子の一人・石戸谷《いしとや》哲夫《てつお》は「[赤津、筆者註］先生のリベラリストとしてのバックボーンは、師範学校生徒であった頃から養われたものであろう、ということは、あとでわかってきました」[1]と言っているが、赤津の人としての基本姿勢は少なくとも東京府師範学校生徒時代から「リベラリスト」であり、それは終生変わらなかった。

赤津隆助はこのような姿勢を持ちつつ、白浜徴《しらはまあきら》（1865～1928）などから図画教育研究のきっかけを得、また自らも並外れた努力を重ね、教育実践や絵画制作を含めた図画教育研究を進めていった。赤津が、教育雑誌や図画教育雑誌に書いた文章と著書を合わせると２２０本を超える。

また、新図画教育会発足時の赤津の関わりやその会での同人としての活動、「想画《そうが》」という言葉の考案や想画教育発展への貢献、文部省から渡航派遣の委嘱命令を受けての海外の美術や教育の視察と報告、美術教育使節としての海外渡航など、図画教育界に残した赤津の足跡は数多い。なお、それらに関係する赤津に対する図画教育や教育を通しての他者からの支持や支援、すなわち信頼行為は多く存在する。

一方、赤津の行った研究の範囲は、非常に広い。図画教育、図画科指導法（制作、鑑賞）、図画科教材研究、徳育（修身）教育、絵画制作、幼児教育、郷土《きょうど》教育（図画教育から見た）、教育問題、などが挙げられる。

美術教育[2]には、様々な立場や主張があるが、そうした立場における点でも赤津は幅の広さを持っていた。美術教育において、創造性を重視する立場（創造主義）、造形性を重視する立場（造形主義）、生活観や認識を重視する立場（生活主義）などの立場について、それぞれに彼の独自性を発揮している。しかも、各主義にこだわり過ぎない柔軟性がある。そのことは、教え子に対しても彼が特定の主義主張を押し付けず、様々な考え方を認め、伸ばしている姿からも了解できる。

東京府師範学校附属小学校訓導（現教諭）であった赤津隆助は、明治41年（1908）3月31日、本校（東京府師範学校）兼務となる。附属小学校での教育実践経験を生かし、師範学校図画教育の指導を開始する。これを昭和23年（1948）に没するまで40年間同じ学校で続ける。こうした中で、多くの教え子たちと接する。

武井勝雄《たけいかつお》、倉田三郎《くらたさぶろう》、稲村退三《いなむらたいぞう》、手塚又四郎《てずかまたしろう》、阿部広司《あべひろじ》、長谷川信也《はせがわしんや》、増田喜恵蔵《ますだきえぞう》、西田藤次郎《にしだとうじろう》、熊本高工《くまもとたかのり》、箕《み》田《た》源二郎《げんじろう》、山崎幸一郎《やまざきこういちろう》、海老沢巌夫《えびさわいわお》、根津三郎《ねづさぶろう》、日野照夫《ひのてるお》、稲垣達弥《いながきたつや》などの人たちは、全員が東京府青山師範学校（明治41年11月、東京府師範学校は東京府青山師範学校に改称される）における赤津隆助の教え子である。なお、美術教育家以外の人たちに、笹島喜平《ささじまきへい》（版画家）、金沢嘉市《かなざわかいち》・石戸谷哲夫（教育研究者）などがいるが、本書では、美術教育者や美術教育に関わることがらを中心に論述する。

ここに記した人たちにとって、多感な青春時代に受けた赤津の教育による力は極めて大きいと考える。こうした力は、新井奥邃《あらいおうすい》の言う「影響・かげひびき」[3]の力、という言葉（言い方）が適切かも知れない。彼らが、赤津の「かげ」を受け、赤津からの言葉が「ひびいて」その後の人格を形成していったと捉えられるからである。

また、「結章　赤津隆助の図画教育思想とその実践――結論と示唆」でも述べるが、赤津は自分自身でも受け持った生徒に対して、押し付けはせず、「（親鸞《しんらん》のように）[4]私も私の生徒たちを私の弟子とは思いません」と言っていることからしても、「影響・かげひびき」の表現は赤津と教え子との関係を表す上で適当な言葉と言えよう。

赤津は『小さい影』という書を著し、その著書の中に「小さい影」という文章がある。[5]小さい影は赤津自身であるが、その影を自然、他者、他者の書いた文章などにも見出す。また、自分の文章や絵の中にも自分自身の小さい影が出てくると言う。そして、自分の影は小さいが、だんだん大きくなって来ていると感ずるとも述べる。赤津は、教え子たちにもこの「影」を赤津自身から感じ、それを見て欲しかったのではないだろうか。

この後、本書において「教わる、教える」ことに関わるこうした関係性を示す言葉では、「かげひびき」を用いることとし、原則として「影響《かげひびき》」と表す。

赤津隆助の教え子にとっては、師範学校時代以前やそれ以後の他者からの影響、また当事者自身の努力などもあって、それぞれに名を成したであろう。しかし、赤津という教師に関連して、これほどまでに多くの優れた美術教育者が誕生したということは驚きであり、それは何故なのか、という思いを抱いたのが本研究を行う契機であった。

他方、今日までに、師範学校段階（高等師範学校段階ではなく）での美術教育研究、すなわち初等教育に関する美術教育で詳しく論述されたものはほとんどない（美術教育から見た師範学校の人的制度上の研究はある）。それは、昭和18年（1943）以前は、師範学校は中等学校という位置づけであり、学校数も高等師範学校に比べはるかに多かったために焦点化することが難しく、明らかにしにくかったということがあるからかも知れない。加えて、実際には戦時中を中心とした時代と、それ以前とで行われた教育内容は異なるのであるが、師範学校・高等師範学校は、戦後の教育改革時にほぼ全面否定され、悪名高くなり、よい点も流されてしまった、という側面もあるだろう。

以上の点から、東京の一師範学校における一教師についての考察ではあるが、長い歴史を持つ東京府青山師範学校における赤津隆助という教師を中心に、「美術教育」の観点からその思想や指導を中心とした実態を探ってみたい、と考えた次第である。

従来、美術教育史においてそれほど評価されてこなかった赤津隆助ではあるが、赤津の図画教育思想やそれに基づく指導法には注目に値するものがある。多くの美術教育者等を育てる鍵は、彼の図画教育思想や指導法にあった。それは単に図画科教育という範疇に止まらないもっと大きなもの、すなわち人間教育的なものがあったためではないか。赤津は戦前期において、既に独自の「図画教育指導法」を確立していたのではなかったか。

本書では、赤津隆助の一生の行動や美術教育史における足跡を検討しつつ彼の人間像を明らかにし、図画教育を中心とした赤津の教師としての活動、とりわけその思想と実践について検討していく。なお、赤津が活動した時代（主に戦前）においては、分野の名称として制度上「美術教育」よりも「図画教育」（手工教育すなわち手工は別の教科として存在した）と呼ぶ方が適当であるから、以後、原則として「図画や図画科の教育」を表す言葉として、「図画教育」を用いることとする。

本書の目的は、端的に言えば「赤津隆助の図画教育思想に基づく図画教育指導法の特質」と「赤津隆助の図画教育論の美術教育史的意義」を明らかにすることである。

こうした考察を行う上で、師範学校の存在意義は大きいのであるが、師範学校教育について触れつつも、師範学校教育の枠を超えた部分での教師教育のあり方、人間教育にまで追究が及んでいる。

なお、ここでいう「図画教育指導法」とは、普通教育における教科の指導の方法を中心とするものであるが、赤津の活動した当時の実態を考えいわゆる指導法（講義）だけでなく実技をも合わせたものとして考えている。(6)

2．研究の意義

赤津隆助は包容力があり、人間的に幅の広い人物であった。赤津は、広い視野を持って、他者の考え方としても良いものは積極的に取り入れ、また教え子が仮にどのような考えを持とうとも、それをまずは認めて応援していた。図画教育を中心として活動しているが、それだけの視点に留まらず、赤津は言わば人間教育を行っていたのである。

ところで、今日の美術教育は、創造性を重視する「創造主義」的な内容に偏り過ぎていないだろうか。それは、例えば、創造主義的な意味合いの強い小学校の「造形遊び」などに見受けられる。「造形遊び」は、子どもの創造性を育む上で重要な題材である。しかし、その授業の目標が正確に保護者等へ説明されていない、あるいは説明が不足しているきらいがある。教科として、学習（勉強）として、図画工作を捉えているあるいは捉えようとしている傾向の強い保護者に対しては、この題材が「単なる」遊びをさせているだけのものではないことを明瞭に説明しなければならない。そうしたことの不十分さが、教科の意義が保護者や社会に正確に理解されていない状況につながっていることを図画工作教育・美術教育関係者は自覚すべきである。

また、創造主義につながる考え方として、「ゆるやかさ」がある。これは、図画工作科・美術科のよさの一つである。しかし、それを何でもありと解釈する若干の教師がいる状況もある。例えば、教科書は学習指導要領が基となって作成されているものであるにもかかわらず、「何の説明もなしに」教科書を無視してきた人たちがいる。そうした行為は、子どもたちや、図画工作を教えるのは難しいと避ける全科担当教員たち、また保護者たちの目に、どのように映ってきただろうか。他の教科が教科書を使っているのに、図画工作・美術科で教科書を使わないのならば、その理由を児童・生徒に、児童・生徒を通して、あるいは授業参観の機会などに保護者によく分かるように説明すべきである。

前述した「何でもありと解釈する教師」の姿勢とも関係するが、今日、ゆるやかさや自由さが図画工作科や美術科において強く出すぎていないだろうか（これは図画工作科や美術科以外の他教科や他の教育活動などにおいても見受けられよう）。筆者は、創造性を重んずることに反対しているのではない。しかし、創造性のみを重視した指導であるならば、教科としての特性が曖昧となり、この教科では何を育てようとしているのかが不明確になってくるおそれがある。

こうした部分を赤津隆助はきちんと押さえていた。実は、赤津も「鉛筆画手本」、「毛筆画手本」、「新定画帖」などの国定教科書を使っていなかった。しかし、彼にはそうしたことに対する確固たる姿勢があった。「新定画帖」の調査なども、くまなくしていた。また、それらの教科書に見られる問題点を解消した独自の教科書的なもの、すなわち教授細目を作成し、使用していた。こうしたことからすれば、当然教科書不使用の理由を児童・生徒に伝えていたはずである。

創造主義に基づく指導の素晴らしさは、数え切れないほどあり、またこれは美術教育の基本的な考え方であるとも言える。しかし、「創造主義」には、明確な指導をしない（ややもすると無指導に陥る恐れがある）、単なる思い付きを創造的であるとする、といった方向へ陥りやすい懸念がある。美術教育の思想や立場を考える時、創造主義のほかにも「造形主義」や「生活主義」と言われる存在に、もっと目を向けてもよいのではないだろうか。ただ、これら三つの主義主張は、どこに主な視点を置くかによるものであるといった性格のものであり、捉え方の違いによるものであって、完全にある特定の考え方のみで美術教育が成り立つということではない。しかし、ある見方に焦点を当てることによって、そこに明確な捉え方を求めることが可能ともなる。そして、それらの主義主張のよい点を、授業担当者の教育環境に合わせて活用すべきであろう。

本書では、日本における美術教育史上それら基本となる主義主張について、赤津隆助の思想を通じて、指導法との関連性を考慮しつつ、美術教育の基本的三主張の関係性についても考察している。赤津は、創造主義・造形主義・生活主義のそれぞれの良い点を認め、なおかつそれらの良さを教え子たちの思想に生かし、教育実践を行った。これら三つの主張に、赤津は「心の教育」を加えた指導を行っている。これらの特徴や捉え方、またその影響が教え子にどのように反映されていったかについて追究する。

併せて、赤津隆助の行った図画教育指導法や図画教育者としてのあるべき姿、さらには師範学校教育（教師教育）の本来あるべき姿を明確に示すことにより、それらの意義を明らかにできると考える。

第2節　赤津隆助に関する研究

先行研究については、主に「1．明治時代後期から昭和戦中期の師範学校における図画科教育」、「2．大正・昭和戦前期の美術教育思潮」、これは特に創造主義・造形主義・生活主義に関するもの、「3．赤津隆助に関する研究」が対象となる。

1．明治時代後期から昭和戦中期の師範学校における図画科教育

主なものとして、金子一夫著『近代日本美術教育の研究――明治・大正時代――』（中央公論美術出版、1999）、山《やま》形寛《がたゆたか》著『日本美術教育史』（黎明書房、1967）、倉田三郎監修・中村亨《なかむらとおる》編著『日本美術教育の変遷――教科書・文献による体系――』（日本文教出版、1979）、増田金吾・村上陽通《むらかみようつう》著『美術教育史ノート――源流と未来――』（開隆堂出版、1983）などが挙げられる。

このうち、発行順に見ると昭和42年（1967）に出版された山形の『日本美術教育史』は美術教育の歴史書としてまとまった最初の大著である。明治5年（1872）の学制頒布から昭和40年（1965）のINSEA[7]（国際美術教育協会）東京大会までを教育制度を基に幅広く美術教育の歴史について論述したものである。

次に、中村編著の『日本美術教育の変遷――教科書・文献による体系――』は、タイトルにもあるように教科

書・文献を基に体系化された日本の美術教育の変遷について述べている。

増田・村上著の『美術教育史ノート――源流と未来――』は、1524年のM・ルター（Luther, Martin 1483～1546）が手工の教育への導入を考えた年から、出版年直前の1982年までの、世界と日本の美術教育を一目できる年表形式のものであり、下段でその時代の重要項目が説明されている。

金子の『近代日本美術教育の研究――明治・大正時代――』は、平成4年（1992）に刊行された『近代日本美術教育の研究――明治時代――』と共に、近代日本の美術教育の歴史について文献を渉猟し、丁寧に読み取り、執筆されたものである。

2．大正・昭和戦前期の日本の美術教育思潮

(1) 創造主義に関するもの

「自由画教育」に関する研究が中心となる。その基となるのは、山本鼎《やまもとかなえ》（1882～1946）の自由画教育である。自由画教育研究に関する研究は、先に「1．明治時代後期から昭和戦中期の師範学校における図画科教育」で述べた美術教育史全体に関わる著書中における執筆を含め、数多くある。主なものをあげれば、上野浩道《うえのひろみち》著『芸術教育運動の研究』（風間書房、1981）がその筆頭となるが、林曼麗《りんまんれい》著『近代日本図画教育方法史研究――「表現」の発見とその実践』（東京大学出版会、1989）なども注目したい。

(2) 造形主義に関するもの

「新図画教育会」に関する研究、「構成」教育に関する研究が中心となる。新図画教育会に関する先行研究は少な

いが、福田隆真《ふくだたかまさ》の『教科教育百年史』「第二章　現代美術教育の起点（大正期）　二　デザイン教育の導入と展開」（建帛社、1985）が挙げられる。

構成教育に関する先行研究は数多くあるが、主なものをあげると次のようなものがある。福田隆真「構成教育に関する一考察」『北海道教育大学紀要』第1部　C教育科学編（1982）、半田結《はんだむすび》「構成教育運動の研究（1）」『美術科教育学会誌』第10号（1989）、藤原智也《ふじわらともや》『我が国の構成教育に関する史的考察（2）1930年代中期の武井勝雄の構成教育論」『日本美術科教育学会誌』No.294（2011）などである。

（3）生活主義に関するもの

「想画教育」に関するものが中心となる。想画についても多くの先行研究があるが、ここに主なものを示しておく。まずは、栗岡栄之助《くりおかえいのすけ》著『美術教育入門講座8　生活画の起源――深い理解と展開のために』（明治図書、1990）である。このほか、青山光佑《あおやまこうゆう》・西村俊夫・水島尚喜《みずしまなおき》の「山形県長瀞校《ながとろこう》の想画教育についてⅠ」『大学美術教育学会誌』第24号（1992）、都築邦春《つづきくにはる》の「青木実三郎《あおきじつさぶろう》の『想画』教育について」『埼玉大学紀要　教育学部』第58号、などが挙げられる。

3．赤津隆助に関する研究

赤津隆助そのものに関する研究は、多くはないが、次のような著書・論文に見られる研究が挙げられる。青巒社《せいらんしゃ》編『赤津隆助』（1976）[8]、熊本高工《くまもとたかのり》著『図説　児童画の歴史』（1988）[9]、栗岡栄之助著『美術教育入門講座8　生活画の起源――深い理解と展開のために』（1990）[10]、橋本泰幸《はしもとひろゆき》著『日本の美術教育――模倣から創造への展開――』（1994）[11]、金子一夫著『近代日本美術教育の研究　明治・大正時代』（1999）[12]、上野浩道著『日本の美術教育思想』（2007）[13]、牧野由理《まきのゆり》「明治後期の幼児の図画に関する研究――雑誌『婦人と子ども』を通して――」[14]などである。青巒社編『赤津隆助』を除けば、皆著書論文における部分的な記述である。

栗岡の『美術教育入門講座8　生活画の起源　深い理解と展開のために』は、赤津の思想に詳しく触れているという点で重要な「先行研究」と言える。橋本の『日本の美術教育――模倣から創造への展開――』は、赤津の郷土教育への展開等に関する考えに触れ、金子の『近代日本美術教育の研究　明治・大正時代』は、近代日本の美術教育史全体を踏まえた上での赤津に関する考察である。上野の『日本の美術教育思想』では、子ども時代の赤津の行った、あるいは受けた図画教育について、また自由画教育の時代のクレヨンについての赤津の指摘について述べている。青巒社編『赤津隆助』は赤津の教え子たちによるもので、赤津隆助を知る上で欠くことのできないものである。ただ、紙数に制限がありやむを得ないことではあるが、赤津の文章は、そこに取り上げられたものだけでは不十分と言わざるをえない。

牧野の研究は、筆者の知る限りでは赤津隆助の幼児教育に関わる唯一のものである。「フレーベル会幼児教育講習会」における赤津の黒板画の講習をきっかけにアルウィン（Irwin, Sophia Arabella 1883～1957）や保育者養成の玉成保姆養成所（現・玉成保育専門学校）に関わるようになったこと、赤津の黒板画の講習が好評であったこと、に触れている。また、牧野は「赤津は黒板画と4つの保育科目『遊嬉・唱歌・談話・手技』との連携を図っていたことが明らかとなった」[15]と述べている。

この他、筆者自身の執筆論文・著書がある。これについては「初出誌一覧」を参照されたい。筆者によるものは、赤津の教師像の全容を把握しようとしたものである。主にこれらの論文等を基に本書を執筆しているが、本書作成にあたっては、初出論文を本書の趣旨（テーマ）に則し、加筆等を行ったものを加えている。

4．赤津隆助に関する先行研究についてのコメント

(1) 赤津隆助自身に関すること

先行研究に関する問題点は、次の点である。すなわち、数多くの美術教育者を育て、数多くの論文等を教育雑誌や美術教育雑誌で発表し、美術教育界にも大きく貢献してきた赤津隆助であるが、一部を除きあまり取り上げられてこなかったということである。

赤津隆助が一部を除きあまりとりあげられてこなかった理由、並びにその背景を考えた時、様々なことがあげられるが、主な点は以下の三点であろう。

①「山本鼎のような自己主張の強い、言わば灰汁の強さを欠き、訴え方が弱かったこと」が否めないこと

山本鼎の自由画教育運動が盛んになったのは、a．大正デモクラシーや新教育運動が起こったという時代背景があったこと、b．教育熱心な土地柄の長野県で、強力な支援者がいたこと、c．山本鼎自身の個性の強さがあったこと、が考えられる。赤津自身も、臨画には不賛成で、東京府青山師範学校では山本鼎が自由画教育を唱える以前から手本を見て描かせることを止めている。また、山本と同じように『新定画帖』等の教科書使用には反対で、東京府青山師範学校附属小学校と東京府青山師範学校において使用していない。そのことで、赤津は攻撃も受けるが、はね退けている。しかし、それ以上の行動には、出ていなかった。それ以上の行動とは、山本には「自由画教育」というキャッチフレーズがあり、これをうまくマスコミに乗せたが、赤津にはそうしたことに

類する強力なものがなく、打って出なかった、ということである。

②赤津隆助は教育雑誌や美術教育雑誌に多くの文章発表をするなどして、当時は名声を博していたが、戦後の美術教育界にそれらが引き継がれていないこと

赤津隆助は、教育雑誌や美術教育雑誌において多くの執筆（雑誌に著書を加えた数は220本を超える）をしている。しかも、「当代教育名物男」という特集の第1回目に雑誌『教育実験界』（1907）や、「美術教育界人物月旦」の特集第2回目で雑誌『学校美術』（1930）に取り上げられている。また、昭和7年（1932）の「国際美術教育会議（FEA）」[16]へは『学校美術』誌上投票により代表として出席決定（ナチス出現により延期、欧米行きは実施）など、当時としては大きな脚光を浴びていたと言える。しかし、こうしたことが戦後の美術教育界に引き継がれていない。それには、戦後間もなく、世の中が落ち着かない昭和23年（1948）に67歳で急逝したことも一因となっているであろう。

③美術教育界に大きな影響を与えるほどの著名な著書を残していないこと

赤津隆助に著書がないわけではないが、美術教育に大きな影響を与えるような著書はなかったと言えよう。弟子の武井勝雄には『構成教育大系』やV・ローウェンフェルド（Lowenfeld, Viktor 1903～1960）の訳書『美術による人間形成』がある。それらは共に単著でこそないが、美術教育研究における重要な書籍で歴史に残っている。

以上のような点はあるものの、理論的にも優れた実践的美術教育者としての赤津隆助は正当に評価されるべきであると考える。

(2) 先行研究における問題点

次に、赤津隆助に関する先行研究の具体的な問題点として、以下の著書・論文について述べる。

青巒社編『赤津隆助』

赤津隆助の執筆した文章を事項ごとに整理して取り上げ、赤津の全体像を把握しやすいように編集している点、また赤津隆助の図画教育に対する座談会形式の赤津への評価、加えて知人・教え子の声を取り上げ、赤津の教師像を多面的に描いている点は赤津像を知る上で評価できる。

しかし、図画教育について、大正10年（1921）9月執筆の「自由画教育に就いて」（『初等教育』）以前の論文の掲載が見られないのは不十分である。つまり、40歳以前の図画教育の論文が欠けている。しかし、これは図画教育にかかわらずそうした時期の論文の掲載数が少ないためもあろうが、赤津は、大正10年（1921）9月執筆の「自由画教育に就いて」の直前までに、全部で98本の論文（図版、著書も含めて）を執筆しているのである。

熊本高工著『図説　児童画の歴史』

熊本高工は、赤津隆助の弟子の一人である。熊本は「赤津氏が［昭和初期の生活画の名称を、筆者註］『想画』としてはと意見を出し、一同の賛成を得たといいます。（中西著『想画』［『想画による子供の教育』1932のこと、筆者註］35頁［実際は35〜36頁に載っている、筆者註］）」（同書158頁）と記しているが、この話が最初に公にされたのは、『学校美術』誌第3巻第3号、「図画手工講座　学年指導研究座談録（図画の部）」１９２９年、72頁、である。原著に当たって執筆すべきであろう。

栗岡栄之助著『美術教育入門講座8　生活画の起源――深い理解と展開のために――』

栗岡栄之助も熊本高工と同じように、「想画」という言葉の誕生について、原著に当たらず中西良男《なかにしよしお》（1899～1988）の『想画による子供の教育』（昭和7年、1932）から引いている。[17]また、栗岡は郷土主義図画教育に関する赤津の文章の引用として、「図画の教材に郷土から材料を取るなどは、郷土といふものを一層深くすることになる」[18]と記しているが、原著では「図画の教材に郷土から材料を取るなどは、郷土といふものを一層深く認識し、一層深く愛することになる」[19]となっている。原著とかけ離れた内容となっており、またその後の箇所にも誤記が目立つ。

橋本泰幸著『日本の美術教育――模倣から創造への展開――』

『日本の美術教育――模倣から創造への展開――』も引用に問題がある。原著『図画教育の理想と実現』[20]は「造形芸術陶冶」「教科」となっているものを、『日本の美術教育――模倣から創造への展開――』における橋本の引用（同書、93頁）ではそれぞれ「造形教育陶冶」「教育」と誤って記している。

金子一夫著『近代日本美術教育の研究　明治・大正時代』

金子一夫は、「旭出［ひので、筆者註］会（新図画教育会）同人の考えを概観してみると、造形一般の教育ということでは一致していた。それは、自由画の純粋化の方向とは相容れなかった。しかし、研究が目的論にとどまって具体的な、かつ独自の方法を提示するまでに至らなかった」[21]と言うが、赤津は新図画教育会編の『図画教育の理想と実現』「図画教育の方法」で方法論を述べている。しかも、その文中で「私は新図画教育会で協定しました図画教育の方法についてお話をいたします。此に掲げました七つの方法は、今日迄会で協定して、その綱目だけを考へましたもので、会としてはまだ其内容について、深く考究を進めて居りません。従って私の今日お話いたしますのは、私の考えによることが多いのであります。私の話には私の個性の色が着くといふことは、止むを得ないことであります。然し其私の考へにしましても、谷さん、本間さん、霜田さん等の諸先輩の啓発に俟つことが甚だ多いのでありますから、此の点から申しますと、諸先輩の意見を私が代弁するのであるともいへます」[22]と明言している。独自の方法を提示するまでには至らなかった、とは言い切れないだろう。

上野浩道著『日本の美術教育思想』

上野浩道は、子ども時代の赤津の行った、あるいは受けた図画教育について、また自由画教育の時代のクレヨンについての赤津の文章を長く引用しているが、双方とも、当時のそうしたことに関する状況説明として用いているのみである。ほとんどコメントがない。

なお、上野の文は平成19年（2007）に書かれたものだが、子ども時代の赤津の行った、あるいは受けた図画教育について、筆者はその3年前に取り上げている。[23]

それは、赤津の子ども時代のことを知りたかったこともあるが、明治40年（1907）に尋常小学校で図画科が必修となる前の、明治20年代・30年代の小学校や家庭における図画教育の実情を知る上で有益であると考えていたからである。

牧野由理執筆「明治後期の幼児の図画に関する研究――雑誌『婦人と子ども』を通して――」

牧野由理の論文については、赤津隆助関係の扱いは多くはない。しかし、雑誌『婦人と子ども』の論考を通して図画教育方法論や図画教育関係者との関わりを明らかにする中で、フレーベル会の夏季講習会での赤津の黒板画の講習に触れている。

赤津が幼児教育に関わり始めた頃のものではないかと指摘している。しかし、赤津が、なぜ黒板画に力を入れているかの記述がない。

何れの文章を見ても、図画教育史における「赤津隆助に関する研究」はあまり行われていない。また、行われているものに関しても扱われ方が丁寧とは言い難い。

それは、まだまだ赤津研究の重要性が認識されていないということと、そうした粗さに対しての問題点の指摘がなされてこなかったからであろう。

第3節　研究の方法

Ⅰ．著書・論文を通じた把握

本研究（本書）は、図画教育における歴史研究である。赤津隆助という図画教育者について、その存在意義を明らかにし、図画教育史、広くは美術教育史に正当に位置付けたいとの考えで行った。

赤津は単なる教育研究者ではない。また、単なる教育実践者でもない。その両方の要素を持っている人物である。さらには、それらに加えて作家（制作者、画家）としての要素も合わせ持つ図画教育者である。研究、実践、制作の三つを合わせ持つタイプの図画教育者（美術教育者）は今日では稀であるが、そうした教育者は理想的な形であると言えよう。

赤津像を浮き彫りにする際必要な手段、方法としては、まずは彼の主張を著書や論文を通じて探ることが考えられる。特に、公になった文章は、ある程度選びぬかれた結果であるから、その際、教育雑誌や図画教育雑誌に掲載されたものは、当時の図画教育界が求めていたものと発信者との時間的一致が望める。

他方、著書は、雑誌等で発表されたものがさらに洗練されて発行されるという利点はあるが、時間的な鮮度はやや落ちる可能性がある。つまりその時代における時間との同一性は、雑誌等よりも劣る。しかし、雑誌の中から選びぬかれて残った、という存在的価値は大きいと言えよう。

こうしたことを踏まえ、筆者は赤津の執筆した著書や論文に目を通した。時代の順序性や時代背景による思想の変化等は考えられるので、雑誌等ごとにまとめると同時に、時系列に並べたものを整理して一覧表にしている。ただし、これを博士論文自体には載せているが、本書では紙数の関係で掲載を省略した。こうした研究執筆の段階を経て、各著書・論文からの引用等を行っている。

なお、「第6章　赤津隆助の育てた美術教育者」の部分に関しては、赤津隆助の執筆したものだけでなく、赤津像を明確にする必要性を考慮した上で、武井勝雄・倉田三郎・箕田源二郎の執筆したものも、検討し載せている。

2. 制作を通じた把握

赤津隆助は制作も行っていた図画教育者である。その制作に打ち込む姿勢は尋常ではない。上毛スケッチの際、「職業を問はれて『画工』と答ふ。生後初めて宿帳に『画家赤津《あかつ》石城《せきじょう》』と記入せらる」(24)と書くほど、画家としての意識も持っていた。

また、第三者の評価として、『福島県史　第22巻　各論編8　人物』において、赤津の身分・職業は、「日本画家」と記されている(25)ことにも注目したい。

こうした制作面での実力、表現力は、教師として師範学校の授業で黒板に描くこと、生徒と共に描くことなど、実際の授業面でも役立っている。また、制作面での力は黒板画、絵の技法について、著書・雑誌にその方法論を載せること、さらには想画教育発展につながった山形県長瀞小学校の児童・教師を励まし、影響を与えることなどにも結びついている。つまり、最終的には「図画教育論」の展開の裏付けとなっている。

そこで、こうした面の赤津像を知るために、赤津の制作したものを見る必要がある。実作や転載されたものを取り上げ、図画教育者としての人物評価の判断材料とした。

3. 教育活動を中心とする社会的活動等を通じた把握

教育活動を中心とする社会的活動などにもあたり、その考察結果を示していく。

4. 赤津隆助をよく知る人から見た赤津像の把握（インタビュー）

赤津隆助を直接知る人にインタビューを行い、その実態を探る方法をとった。インタビューにおいては、著書・論文だけでは分からない部分、あるいは著書・論文に書いていることを裏付ける話を聞いた。この方法により、赤津の人格的な面を直接知ることもできた。

対象とした人は、次の人たちである。

①赤津隆助関係

・赤津隆助の長女・中江美代《なかえみよ》（明治45・1912年1月14日生まれ）、訪問日：平成15年（2003）9月（訪問日現在91歳）、訪問先：茨城県土浦市の自宅。

・同　三女・伊藤登代《いとうとよ》（大正5・1916年5月27日生まれ）、訪問日：平成15年9月（訪問日現在86歳）、訪問先：東京都武蔵野市の自宅。

・赤津隆助の玉成《ぎょくせい》保母養成所時代の教え子・谷正子《たにまさこ》（大正元・1912年10月1日生まれ）、訪問日：平成15年9月（訪問日現在90歳）、訪問先：東京都府中市の自宅。

・その他、赤津家を数回訪問し、赤津に関する様々な事情を知る孫・赤津惠子に話を聞いた。

②赤津隆助の東京府青山師範学校での教え子関係

・倉田三郎[26]（明治35・1902年8月21日生まれ）、訪問日：昭和58年7月25日（訪問日現在80歳）、訪問先：東京都小金井市の自宅。

・熊本高工（大正7・1918年6月26日生まれ）、訪問日：昭和58年（1983）7月（訪問日現在65歳）、訪問先：東京都武蔵野市の自宅。その後、明確に赤津のことを聞く目的で平成15年（2003）10月13日（訪問日現在85歳）に自宅を訪問した。

・箕田源二郎（大正7・1918年3月31日生まれ）、訪問日：昭和58年10月2日（訪問日現在65歳）、訪問先：東京都町田市の自宅。

以上の人たちに対し、本人の許可を得て、その時の様子を可能な限り録音し、撮影した。(27) ただ、インタビューの場合、赤津隆助に対する各氏の発言は、赤津に対する印象はかなり前の体験によるものであるので、本書への取り上げ方は慎重に行った。

†註

（1）石戸谷哲夫「以文会と赤津隆助」、青巒社編『赤津隆助』赤津隆助先生記念出版会発行、1976年、428頁。

（2）本書では、基本的には「造形教育」や「造形芸術教育」ではなく、「美術教育」という言葉を用いる。ただ、これらは一般的にはみなほぼ同じ意味で用いられている。また、戦前に図画と手工とに教科が分かれていた時代のものは、原則として「図画教育」、「手工教育」と分けて使用することとする。

（3）明治後期から大正時代にかけてのキリスト教思想家・新井奥邃（1846～1922）は、「影響」を「かげひびき」と読んだ。

（4）親鸞、1173～1262年、鎌倉時代初期の僧、浄土真宗（一向宗）の開祖。法語録に『歎異抄《たんにしょう》』がある。その第6条に、親鸞は弟子一人ももたず、とある。赤津隆助は親鸞を尊敬していた。赤津は、『歎異抄』の主張を戯曲化した倉田百三の『出家とその弟子』を読むことを生徒にも勧めている。

（5）赤津隆助『小さい影』赤津先生記念出版会、1927年。「小さい影」は1～8頁。

（6）今日、小学校全科の教師になるために、図画工作科関係では、理論的な内容のものとして「初等図画工作科教育法」「図画工作科指導法」などの名称の科目、実技的なものとして「図画工作科研究」「図画工作」などの名称の科目が置かれ（双方から一つずつ履修）ている。これら理論系と実技系は、別々の科目として位置付けられている。

（7）International Society for Education through Art の略。

（8）青巒社編『赤津隆助』赤津隆助先生記念出版会、1976年。なお、青巒社とは、大正15年（1926）に赤津隆助が中心となり結成された東京府青山師範学校出身者の絵画同好会である。

（9）熊本高工『図説　児童画の歴史』日本文教出版、1988年、152、158、160～161頁。

（10）栗岡栄之助『美術教育入門講座8　生活画の起源――深い理解と展開のために』明治図書出版、1990年、第四章　生活生画の起源をさぐる（覚え書）、148～177頁。

（11）橋本泰幸『日本の美術教育――模倣から創造への展開――』明治図書出版、1994年、93～94、155～156頁。

（12）金子一夫『近代日本美術教育の研究　明治・大正時代』中央公論美術出版、1999年、第二部第二章第三節　394～

395、401～403頁。同第三章第三節　422～423頁。同第五章第一節　449～451頁。
（13）上野浩道『日本の美術教育思想』風間書房、2007年、第四章　教科書と教授法の思想　44～45頁、第五章　美術教育としての感情と表現　92～93頁。
（14）牧野由理「明治後期の幼児の図画に関する研究――雑誌『婦人と子ども』を通して――」、『大学美術教育学会誌』第44号、2012年、411～413頁。
（15）同、412頁。
（16）Federation for Education through Art の略。
（17）前掲、栗岡栄之助『美術教育入門講座8　生活画の起源――深い理解と展開のために』、150頁。
（18）同、152頁。
（19）後藤福次郎著作兼発行『郷土化の図画手工』教材篇、学校美術協会出版部、1931年、10頁。
（20）新図画教育会著作『図画教育の理想と実現』「図画教育の方法」培風館、1922年、150～151頁。
（21）前掲、金子一夫『近代日本美術教育の研究　明治・大正時代』、402頁。
（22）赤津隆助「図画教育の方法」、新図画教育会著作『図画教育の理想と実現』培風館、大正11年（1922）、145～146頁。これは前年の大正10年12月に東京府青山師範学校で同会主催の講習会で、赤津が図画教育の目的と方法について発表したものである。
（23）増田金吾「赤津隆助の図画教育」、『日本美術教育研究論集』No.37、日本美術教育連合、2004年。
（24）赤津隆助「上毛スケッチ」、『小さい影』赤津先生記念出版会、1927年、366頁。
（25）編集・発行　福島県『福島県史　第22巻　各論編8　人物』、1972年、18頁。そして、「⑤（雅号その他）光邦　橋本雅邦門で日本画を学びのち洋画も勉強して一家を成す。本邦初期美術教育に貢献。青山師範教諭」とある。
（26）昭和58年に行った倉田三郎・熊本高工・箕田源二郎に対するインタビューは、本来赤津研究のために行ったものではない。増田金吾「昭和20年代の美術教育――くぐり抜けてきた人々の証言――」、『大学美術教育学会誌』第16号、1984年、の研究の際に行ったものである。ここで集めた資料は、赤津隆助の教え子そのものの部分を中心に用いた。

(27) 以上の人たちには、論文等としての公表の了解を得ている。

第1章　明治時代の小学校並びに師範学校における図画教育の実態

はじめに

教育論においては、指導という意味で教育について語ることが多いが、本章ではやがて教師となる者が、どのような姿勢や気持ちで教育を受けていたかについて述べる。赤津《あかつ》隆助《りゅうすけ》（1880～1948）がどのような教育を受け、捉えていたかを、赤津の小学校時代、師範学校時代を中心に当時の実態を踏まえつつ論じる。「赤津隆助が師範学校入学までに受けた図画教育」、「赤津隆助が学んだ図画の教科書」、「明治時代中期を中心とした師範学校教育と赤津隆助が師範学校時代に受けた教育」を中心に、赤津が「受けた」教育について述べたい。

なお、本章では、明治時代前期と中期に関して扱う。明治時代後期については、第2章と第3章において扱うこととする。

第1節　明治時代の師範学校と小学校図画教育

1. 明治時代前期

(1) 学制と師範学校

明治4年(1871)、中央教育行政機関として「文部省」が設置された。さらに、近代的学校教育の基本構造が最初に規定されたのは、翌年頒布された「学制」によってである。

フランスの学区制にならい、当初全国を8大学区(8つの大学校)に分け、1大学区に32の中学区(256の中学校)、1中学区に210の小学区(53760の小学校)を設ける計画であった。江戸時代に寺子屋や藩校などがあり、ある程度の基礎はあるというものの、この数は、指導者(専門の教師)や設備のことなどを考えると非現実的なものであった。

学制序文の内容は、個人主義・実学主義によっている。教育内容は儒学を否定し、やがて隆盛を極める、明治天皇の名で政府要人に示された教学の根本方針に関する文書「教学聖旨《きょうがくせいし》」(明治12年)に端を発する儒教主義的皇国思想を基調とする教育とは、およそ異なるものであった。「学制」により、日本の近代的学校制度は創設された。

明治5年(1872)5月には、8月の「学制公布」に先立って東京に「師範学校」が設立された。(1) これは文部省直轄の学校で、日本最初の教員養成機関であった。この学校は、後に中等学校教員を養成する東京高等師範学校となる師範学校(後の東京教育大学、現筑波大学)である。本論では、「小学校の教員養成を行う師範学校(尋常師範学校)」を研究の対象としているが、「師範学校」設立初期は、小学校の教員養成のみを行う学校ではなかったため、(2) 本章においても、この時期は「師範学校(尋常師範学校)」に限定しない部分にも言及している。

東京における後の「尋常師範学校」につながる施設は、明治6年（1873）4月に開設された「東京府小学校教則講習所」である。これが、明治9年（1876）3月に、東京府小学師範学校となり、同年11月に東京府師範学校となって、明治20年（1887）1月に東京府尋常師範学校へ、そして東京府青山師範学校、東京第一師範学校、戦後の東京学芸大学へとつながる。(3)

東京の「師範学校」における教員養成教育は、アメリカ人スコット（Scott, Marion M. 1843～1922）を教師として招聘し、アメリカの師範学校の教育形態を模範として開始された。スコットは、師範学校でペスタロッチ主義に基づく実物教授の具体的方法を紹介した。高嶺秀夫（1854～1910）や伊《い》沢《さわ》修二《しゅうじ》（1851～1917）は、ペスタロッチ主義の理論と方法により東京師範学校の教育内容および教育方法の改革を行った。彼らにより同校附属小学校において研究・実践された「開発主義教授法」は、明治前期の教育方法として広く普及した。この方法は、もとものペスタロッチ主義とは異なり、実物の提示や「問答」という形式的な方法として普及した、と橋本美保はいう。(4)また、師範学校においては、教員養成、小学教則編成、教科書編集等が行われた。

文部省は、「学制」による新しい教育を普及させるために、東京の師範学校に加え、官立の師範学校増設を考えた。明治6年（1873）には、大阪府・宮城県、翌7年には愛知・広島・長崎・新潟県に設立し、各大学区に1校の官立師範学校が設立された。これらの官立師範学校ができた頃は、全国で圧倒的に教員は足りなかった。陣内《じんのうち》靖彦《やすひこ》が「各師範学校では師範学校卒業免許状をもたないものに学業試験の上小学校訓導の証書を与えて小学教員を供給した」(5)と述べているが、そうせざるを得なかったのである。

篠《しの》田《だ》弘《ひろむ》が「このようにして、府県は、漢学、皇学、和算、習字等いわゆる『古い型の教養』を身につけた当初の教員を近代教科および授業法を習得した教員に改革することをめざしたのである」(6)というように、文部省は古いタイプの教員を、近代教科および授業法を習得した教員に改革することをめざした。

明治9年（1876）当時の府県の師範学校の学科は、多くが史学、数学、物理学、修身学、文章学、教育論、授業法、唱歌、体操等であり、修業年限は概ね2年であった。(7) この後、明治10・11年、東京を除く大学区の官立師範学校は、財政緊縮等のため全廃されることとなる。代わって、文部省は公立師範学校での教員養成を、補助金を与えるなどして進めた。府県師範学校は明治11年（1878）までに2年制が中心となり、明治15年（1882）以降は4年制中心に変わっていった。

「学制」に話を戻すと、「学制」は前述したように、極めて理想を求めた内容であった。教育制度の構想においても然り、学制序文の内容は全国民を対象とした教育制度を構想した。しかし、その実現のため、親に就学の責任を課し、授業料を徴収し、さらには小学校設置に伴う費用を民費負担として、経費の多くを地域の住民に求めた。こうしたことがらは、それまでの住民意識からはかけ離れたものであり、日々の生活を脅かす存在ともなり、反発をかった。

また、「学制」時の学校は学年制ではなく、等級制であった。課程修了が原則であり、一定の成績を確保できなければ進級できなかった。内容的には理想的であったが、高度に過ぎ、いつまでも下等小学第八級生（最下級生、1年生の前半）に留まることとなり、退学する者も多かった。

さらに、「学制」による学校は、実学主義をうたったにもかかわらず、実際に小学校で教授された内容は実学とはかけ離れていた。住民の負担増、進級の難しさ、現実にそぐわない教授内容などは、当時の社会の実情とかけ離れており、こうしたマイナス的要因は、明治前・中期の就学率の上昇を阻む要因ともなった。

（2）儒教主義的教育

一方、明治天皇は明治11年（1878）に行幸し、全国各地の教育実情を視察した。その際捉えた天皇の意見を侍講であり儒学者であった元田永孚《もとだながざね》（1818～1891）が、明治12年の夏に「教学聖旨」としてまとめた。これは、「学制」に代表される明治維新以来の西洋主義に基づく考え方を批判し、儒教道徳復活をねらうことが目的であった。「教学聖旨」に対し、内務卿であった伊藤博文《いとうひろぶみ》（1841～1909）は、井上毅《いのうえこわし》（1844～1895）に「教育議」を作成させ、「教学聖旨」に反論し、西洋化の必然性を主張した。これに対し元田は、さらに「教育議附議」を出して対抗した。このように徳育を巡って混乱が起こっていた中、首相山県有朋《やまがたありとも》（1838～1922）は天皇から徳育の方向性をまとめるよう命を受け、文相芳川顕正《よしかわあきまさ》（1842～1920）の下、井上毅と元田永孚によって「教育勅語」を作成させる（徳育を巡る論争は、明治23年（1890）10月に発布された「教育勅語」により終結する）。

明治12年（1879）に出された「教学聖旨」以後、教育は儒教主義的皇国思想を基調として展開され、教員に対しても規則が定められて教員の資質が規定されていく。

また、明治12年9月29日には、自由主義的な「教育令」が公布された。画一的な「学制」に代わり、アメリカの教育制度を参考に、中央集権的な学区制を廃し、学校の設置・管理を町村に任せるなどの地方の実情に則したものに改めようとした。この「教育令」により、国民の自発的な教育活動が期待されたが、現実的には、各地で小学校廃止や就学児童減少などの現象が起こり、「教育令」は1年で改正されることとなった。

明治13年、「教育令」の改正は、前述した復古思想が興隆していく情勢の中でなされたものであり、この後、日本の教育は国家主義へと傾斜していく。明治13年には、道徳教育も重視されるようになり、教科目の筆頭に修身が挙げられることになった。

また、明治12年の「教育令」により府県による公立師範学校の設置が定められ、同13年には「改正教育令」によって、その設置が義務付けられ、地方の師範学校は各府県に最低一校は設置されることとなった。明治13年の「教育令」は、公立師範学校が小学校教員養成を任務とすること、師範学校官公立の原則、を定めたが、早くも財政緊縮で国の補助金は廃止された。

この改正によって小学校の教則及びカリキュラムは、かなり厳格に条件づけられた枠内で作成されることになった。明治13年の「教育令」改正で、国民大衆教育を担う小学校へのカリキュラム行政は、自由主義から国家管理の「基準強化」へと転換することとなった。

元田に近い福岡孝弟《ふくおかたかちか》（1835～1919）文部卿の時代、明治14年（1881）4月から16年12月、「小学校教則綱領」（明治14年5月）、「師範学校教則大綱」（明治14年8月）、「府県立師範学校通則」（明治16年7月）等が制定され、教科書認可制が実施される。

「学制の小学教則に次いで二番目の綱領であるが、実際は、小学校教則綱領は全国的に学校を統制した最初のカリキュラムの基準であった。学制の小学教則は、あまりに高尚で、それを守ろうとしてもそれを実施できる教員が乏しかったが、今回の綱領は、全国的に見て実施可能な内容水準であり、また、府県の行政当局も対応可能であった」[8]と水原克敏《みずはらかつとし》が述べるように、明治14年の小学校教則綱領は、全国的に学校を統制した最初のカリキュラムの基準であった。

水原は、「一八八一（明治一四）年小学校教則綱領の近代日本カリキュラム史における歴史的意義は、今日の教科編成に近い組み立てを採用したことと、国民形成のためのナショナル・カリキュラム策定という認識が成立したことである」[9]と述べる。すなわち、小学校教則綱領の近代日本カリキュラム史の意義は、今日の教科編成に近い組み立ての採用、国民形成のためのナショナル・カリキュラム策定という認識が成立したことである。そうした形の中で、小学校教則綱領の特質として、修身と歴史科については、天皇の意向を直接に反映させる仕方で、儒教主義を担う科目が設定された。

（3）明治前期の学校教育と師範学校教育

明治14年（1881）の「小学校教則綱領」制定以降、東京師範学校附属小学校も儒教主義的方向に転換せざるを得なくなったが、儒教主義カリキュラム政策は、経済不況等によって挫折を余儀なくされた。なお、東京師範学校附属小学校の明治14年のカリキュラムは、ペスタロッチ主義を継ぐ調和的発達観を確認できると同時に、発達と思想形成に適合したカリキュラムへの要請を認めることができる。明治14年の東京師範学校附属小学校下等小学では罫画・唱歌・体操があり、これらは図画・音楽・体育に相当し今日の教科構成に近いものである。東京師範附属小学校のカリキュラムにおいて、芸術では図画・音楽等により美育が志向されたが、画学は理学でも実物写生の観察を可能とするものとして重視される。

「小学校教則綱領」は小学校中等科まで、また中学・師範学校接続を原則とするが、多くの国民は中等学校に進学できないので小学校高等科が設置され、そこへ進むこととなる。

「小学校教則綱領」において、修身は開発主義教育主張の高嶺らに阻止されたが、歴史科は天皇の直接指示の形で尊皇愛国の精神養成を明示できた。また、小学校教則綱領において、「図画ハ中等科ニ至テ之ヲ課シ直線・曲線及其単形ヨリ始メ漸次紋画・器具・花葉・家屋ニ及フヘシ高等科ニ至リテハ草木・禽獣・虫魚ヨリ漸次山水等ニ及ビ兼テ幾何画法ヲ授クヘシ凡図画ヲ授クルニハ眼及手ノ練習ヲ主トシテ初歩ハ輪郭ヲ画カカシメ漸ク進テ陰影ヲ画カシムヘシ」[10]と示されている。階梯方式に基づく方法が示され、図画は眼及び手の練習を主とし、初歩は輪郭から描かせやがて陰影へ進ませようとしている。

この時代、法論理以上に政治性が優先するようになる。明治14年（1881）6月18日制定の「小学校教員心得」、同年7月21日制定の「学校教員品行検定規則」の後、同年7月29日には「中学校教則大綱」が、同年8月19日には「師範学校教則大綱」が制定される。これ以降、極めて政治的観点から教則綱領・大綱等が設定されるようになった。

このように、明治13年頃を境として、教師の社会的立場や教員養成の方式も、「集会条例」が出されるなど、強い国家統制のもとに置かれるようになっていく。

ただ、小学校教則綱領の実施の状況について、「新潟県は、（中略）教育令改正以来、かなり管内の学事状況が向上したことを報告しているが、やはり、『奮起心』が乏しいことを嘆いている」[11]と水原は、各府県の小学校教則綱領の実施状況として、愛媛・山梨・兵庫・新潟各県を取り上げているが、この中で赤津出身の福島県に最も近い新潟県をここで取り上げた。これらは概ね似た状況であった。

明治14年、師範学校教育内容の最初の一般的な規定「師範学校教則大綱」が定められる。「これは、師範学校の教育内容について定めた最初の一般的な規定である。同大綱によれば、学校制度上師範学校の位置は、学科の程度からみて、中学校程度、もしくはそれ以下の学校であったとみられる」[12]と篠田・手塚らは述べている。「中学校程度、もしくはそれ以下の学校であったとみられる」という指摘は、複線型学校制度の中心を中学校と見れば、複線としての師範学校が軽く扱われたことも無理なく、師範学校軽視の要因にもなっているだろう。

「師範学校教則大綱」（明治14年）で、師範学校は小学校教員に必須の学科を授けるところとしている。そして、師範学科を初等中等高等の三等としている。学科目、卒業証書およびその有効期間（7ヶ年）等について定め、学科課程表を示している。初等師範学科に図画はない。中等師範学科は、修身、読書、習字、算術、地歴史、図画、物理、教育学学校管理法、実地授業及唱歌、体操等である。高等師範学科にも図画はある。(13)

明治16年（1883）、明治14年の師範学校教則大綱に基づいて、府県は、師範学校規則を定め、師範教育の内容を整備し統一化を図った。東京府でも、東京府師範学校でこれに基づき、東京府師範学校の実状に即して、具体化した「東京府師範学校規則」を定め、郡区役所、戸長役場、学務委員に達したのは明治16年のことである。(14)また、同年、師範学校の設立・管理についての最初の総合的規定「府県立師範学校通則」が定められた。これにより師範学校生徒定員の基準が初めて設けられた。これに合わせて、東京府では「東京府師範学校職制章程」が制定された。

東京師範学校も、「小学校教則綱領」（明治14年）に則ったカリキュラムが編成され、明治16年の「授業ノ要旨」では儒教主義が貫徹された。東京師範学校は同年に規則を改定し、小学師範学科は小学校教員を、中学師範学科は中学校や師範学校の教員を、養成することとし、両学科を分離した。

明治18年（1885）になると、内閣制度が創設されて森有礼《もりありのり》（1847～1889）が初代文部大臣となり、翌19年には、「帝国大学令」・「師範学校令」・「小学校令」・「中学校令」が学校種別に公布された。明治18年に改正された「教育令」（第三次教育令）は小学教場の一般化、特別に完備したものを小学校とすることなどがねらいであった。小学校は授業料が主な収入源であるが、小学教場は授業料なしであった。明治18年の第三次教育令の時から、地方教育費の節約を目的として学年制が採用された。

なお、この年（明治18年）から文検《ぶんけん》の制度が始まった。正式名称は「文部省師範学校中学校高等学校女学校教員検定試験」で、略称「文検」は明治18年から昭和24年（1949）まで実施された国家資格検定試験である。

2．明治時代中期

（1）森有礼の教師養成政策と森の考えをめぐって

明治19年（1886）には「教育令」が廃止されて、「小学校令」（第一次小学校令）が公布され、「師範学校令」等が制定された。この後、「師範学校令」によって、国家による教員養成制度が整備されて行く。

森有礼は、普通教育の根源は師範教育にあると考え、普通教育をより充実したものにするためには教員養成教育から改革せねばならないとして、師範学校を重視すると共に教員養成制度そのものを整備確立した。

また、明治19年公布の「小学校令」では、6歳から14歳までの学齢期に普通教育を受けさせること、尋常小学校の課程を義務教育とするとされた。「小学校ノ学科及其程度」で、尋常小学校と高等小学校とはそれぞれ修業年限4年であり、それぞれ別の学校制度とされた（従来は、初等・中等・高等の3等であった）。

この「小学校令」により、小学校の教科書が、初めて検定制度となった。そして、「学制」の時と同じように、この時の「小学校令」においても授業料は徴収された。こうしたことのため、貧しい家庭の子どもにとっては、授業料を徴収しない簡易科が不可欠の制度となった。水原は、「貧困家庭は日本の一部の家庭ではなく、国民の大半がこれに該当すると森文相は捉えていた。（中略）即ち、国民教育とは簡易科教育であるという認識であった」[15]と述べている。

一方、「1887（明治20）年頃までは師範学校の卒業生は希少価値をもっていたので、新しい教育を求めていた親たちは地元の小学校に師範学校出身の若い教師の赴任を強く要請した」[16]。これには、「小学校教員の中核的養成機関は『師範学校』であり、中等学校教員のそれは『高等師範学校』が当たるという伝統は明治以来、確固たるシステムとして完成していた」(17)からである。

こうした中で、文検の果たした役割は大きかった。文検合格者には中等学校(中学校、高等女学校、師範学校等)の教員免許状が授与された。文検そのものは、学校教育ではないが、大きく捉えれば教員養成の一つであったとも言える。赤津隆助も、中等学校(師範学校)卒でありながら、文検に合格して同等の中等学校(師範学校)の教員を務めた。(18)

「森は、尋常師範学校を『府県学政ノ本山』と呼び、高等師範学校を『教育の総本山』と称した。師範学校の卒業生は、『教育ノ僧侶』であり、『教育事業ヲ本尊トスル』聖職者とみなしていた。森によって方向づけられた教職観は、長く日本の師範教育を支配してきた」(19)と三好信浩《みよしのぶひろ》は言う。

森は、学力よりも人物、しかも確かな人物を養成することを最も重視した。この「確かな人物」を水原は、「国家の目的に向かって、自分の分に応じた役割を遂行できる人である。この国民形成にとって、教員養成の成否が死命を決するので、森文相が歴史上比類ない程に師範教育を重視し、兵式体操・軍隊式寄宿舎教育の徹底を極めたことは周知の通りである」(20)と述べ、森が育成しようとした教員像を明確に示している。

森はそのために、師範教育の三気質として「順良・信愛・威重」の涵養を重んじた。これは森の師範教育の基本姿勢であり、明治中期以降はこうした気質の中で、いわゆる「師範型」と呼ばれる、小心で権威主義的な教師像が支配的となった。(21)師範学校出身教員が、とかく形式的、孤立的な意識・行動を持ち、師範学校の教育には自由な発想と学問研究の姿勢・雰囲気が欠けるといわれるのは、師範学校の制度や特質などと深くかかわっているからと言われている。(22)この裏には、師範学校は給貸費、服務義務の制度が師範学校創設時からあったこと、また、他の学校とは異なり、軍隊式要素の絡む厳格で組織的・強制的な面があったことも影響していると考えられる。

　こうした師範教育のあり方に反論している意見もここで紹介しておきたい。それは後に兵庫第二師範学校初代校長となる野口援太郎《のぐちえんたろう》（1868～1941）の考えである。野口援太郎は、この間［明治19年頃、筆者註］の事情を次のように述べている。「師範教育が専ら強圧的に行はれ、専ら教権に屈服せしむる方法を取った結果、すべてが画一的に流れ、何等其の間に個性の展開を許さない、従って青年教育者を人格的に殺して仕舞って、皆無気力な、虚飾者、阿諛《あゆ》［ルビ、筆者］者たらしめ、徒らに知識の仕入売りの徒と化せしめると同時に、一方気概のある人々には、内心不平不満の心を起さしめ、却って教育の仕事を咀ふ《あじわ》［ルビ、筆者］様に、至らしめるのだと云ふ批評は、四方から湧き立って来た」[23]。この時代にこうした意見を述べることは難しいことであったと思うが、それでも果敢にこうした発言をした野口を認めたい。野口は自治自修の師範教育法を採った。

　師範学校の教育は、教育内容や教授技術を中心とする実践的な面が重視された。

　明治19年（1886）には、「尋常師範学校ノ学科及其程度」が定められ、学科課程の基本的制度が定められた。そして、倫理など、学科目学年別時間数と内容程度の要項の基準が示された。

　ここで、これまで述べてきた森の考えとは矛盾する、次のような面に触れておかねばなるまい。それは、水原が「しかし、森文相は儒教主義的格言の修身教育には反対で、次のように府県を指導した。（中略）と述べ、『昔ながらの儒教主義で修身を教えていては、何としても時勢に適合しない』という認識を示した」[24]と触れる点である。師範学校の卒業生を聖職者とみなすという教職観を持っていた森の考えとは、矛盾する。国家主義的教育制度の確立を図った森であったが、欧化主義者と見なされ国粋主義者の反感を買い憲法発布の日（明治22年2月11日）に襲撃を受け、翌日死去したことはこのことと関係があるかも知れない。

こうした「儒教主義的格言の修身教育には反対」という考え方は、明治19年5月制定の「小学校ノ学科及其程度」において、修身教育時間の大幅減少となり、また教科書不使用の施策を導くことになる。

この時代の教科書のことについては、次の点を押さえておく必要がある。すなわち、明治20年（1887）に「教科用図書検定規則」が定められ、教科書を4年間更訂しない不変更の原則と、府県における1学科1種の図書採択で府県内統一採択制原則となったことである。(25)

なお、森は児童・生徒の国民形成において母親の子どもに対する教育の重要性も、水原が次に述べるように主張している。「[森は、筆者註] 国民形成の必要上、児童を導く賢母の必要性を強調していた。いわゆる良妻賢母主義というよりも賢母主義で、将来の母として、児童の教育者としての位置付けを重視した論であった」(26)（明治19年頃）。このことは、後に明治24年（1891）に刊行される教育勅語の解説書『教育衍義《えんぎ》』における「家族国家観」を導くことにつながると考える。なお、『教育衍義』は後に師範学校・中学校等の修身教科書として使用される。ちなみに、大正10年（1921）の「八大教育主張」で「全人教育論」を唱えた小原國芳も「母のための教育学」(27)を説いている。

（2）大日本帝国憲法発布と学校教育

明治22年（1889）2月11日の大日本帝国憲法発布で「儒教主義的格言の修身教育には反対」という流れは変わる。水原は、「カリキュラムに限らず教育法体系全体に関わることであるが、教育立法における勅令主義が成立した。大日本帝国憲法が発布され、帝国議会が開かれる時期に、教育立法は、帝国議会の審議を経ることなく、天皇の勅令によって行うことが原則として確立された」(28)と述べる。教育立法が、帝国議会の審議を経ることなく、天皇の勅令によって行うことが原則として確立された。

明治23年（1890）10月7日には「小学校令（第二次小学校令）」が公布され、明治19年（1886）の「小学校令」は廃止された。続いて、翌24年11月に、「小学校教則大綱」が制定された。

「この時［明治23・24年、筆者註］のカリキュラム政策では、道徳教育と国民教育そして普通の知識技能教育など各教科の具体的な教育内容・方法が小学校教則大綱に規程されただけでなく、小学校祝日大祭日儀式規程に代表されるような天皇制教育の集団的訓育システムまでもがカリキュラムの構成内容に入れられたのであった」[29]と水原が述べるように、この「小学校令」や「小学校教則大綱」は、国民形成に大きく関わり、戦前の教育を左右し、昭和16年（1941）の国民学校令まで続くものであった。

また、明治23年（1890）10月30日には、「教育に関する勅語」（教育勅語）が明治天皇によって発布され、戦前の教育の根本方針を示したものとなる。儒教的徳目を基礎に忠君愛国などの国民道徳を説いたものである。教育勅語は、前述したが、明治天皇が明治11年（1878）に行幸し、全国各地の教育実情を視察し、その際捉えた天皇の意見を元田永孚が、「教学聖旨」としてまとめたものが根本にあると言えよう。儒教的徳目が中心となっている修身教育と合わせ、「御影並勅語ノ謄本捧置方」（明治24・1891年、文部省訓令）により、御真影と教育勅語とを一定の場所に安置し、天皇・皇后に対し最大の敬意と忠誠とを誓わせる教育が開始された。

御真影と教育勅語を通した教育は、言わば天皇制思想の教育であり、第二次大戦後の昭和23年（1948）6月19日に国会で失効を決議するまで長く続くこととなる。

明治30年には、「師範学校令」を廃止して「師範教育令」が制定された。この勅令によって、尋常師範学校の名称は単に「師範学校」となった。また、師範学校の設置は、従前規定の1府県1校主義を廃し、師範学校の増設を認めることとなった。

日本文教政策は、明治前期からフランスやアメリカに倣って行われてきた。第二次小学校令（明治23年）時代以降ドイツの教育制度や思想、方法が注目を集める。具体的には、帝国大学に招聘されたドイツ人ハウスクネヒト（Hausknecht, Emile 1853～1927）がヘルバルト主義教育学を日本に導入し、その門下生の谷本富《たにもととめり》（1867～1946）らが著作活動を通してこれを紹介した。道徳的品性の陶冶を教育目的としたヘルバルト派の思想は、当時日本において進められていた国家主義的政策と一致させることができたため、明治20年代、ヘルバルト主義教育思想は一世を風靡することとなった。

3. 赤津隆助の尋常小学校・高等小学校時代

赤津隆助は、生まれつき絵が好きで、また親ゆずりに上手でもあったので、近所の友だちからもせがまれ、よく絵を描いて過ごした。爪に絵などもよく描いた。[30]

赤津は明治20年（1887）4月1日福島県平《たいら》町立平高等小学校（明治20年4月1日に平女児小と平小学校が合併）に入学する。[31] この学校は、同21年には、平高等尋常小学校と改称される。また、明治23年（1890）4月1日、同校は平尋常小学校となる。この時、高等科生は、新しくできた菊多《きくた》・磐前《いわさき》・磐城《いわき》三郡立磐城《いわき》高等小学校へ移った。[32]

この尋常科（現在の小学校第1～第4学年）には、図画の授業はなかったが、[33] 雨ふりで体操のできない時や休み時間などには、よく石盤《せきばん》に絵をかいて遊んだという。[34] 当時の学校制度として、尋常科は4年生までであり、その後は高等科（4ケ年）へと続いていた。

この時代、明治19年（1886）の小学校令公布により、4年制義務教育制度が確立し、尋常小学校で「図画」は随意科目、高等小学校では「図画」が必修科目となっている。

明治25年（1892）の福島県令小学校教則の「学習の内容」において、尋常小学校については「図画」科は示されておらず、高等小学校図画科では、授業時間が週あたり2時間、第1学年では「直線及曲線の単形、簡単なる形体」とある。図画の授業時間は高等科全学年が週2時間で、第2学年は「簡単なる形体」、第3学年では「諸般の形体」、第4学年は第3学年に同じ、である。[35]

このように、この時期の福島県の学習内容が示されているが、国レベルでの学習の内容である「小学校教則大綱」（明治24年制定）に比べると、しばりが緩やかで、内容的には易しい内容であった、と言えよう。

赤津は、明治24年（1891）に高等科1年になり、初めて授業で図画を教わった。図画は、鉛筆画で、初めて鉛筆を持てたことを喜んだ。当時、授業に写生などはなく、生徒は教師が黒板に描いた絵を見て描いていた。赤津によれば、明治25・26年頃の福島県の小学校（高等科）では、図画が始まったばかりで、やっと鉛筆で桶や、茄子《なす》の臨画だけをやっていた。この頃の福島県での学校の図画は決して楽しいものではなかったとのこと。ただ課業として課せられて、手本の何枚目かを習ったに過ぎなかった、[36]という。

黒板画は、その後赤津が教師になってからも授業で使用し、重視した指導方法である。しかし、いわゆる「黒板画」は、単に「生徒は教師が黒板に描いた絵を見て描いた」のとは違う。教授の方法としての「黒板画」は、明治34年（1901）に来日した英国の教育家・E・P・ヒュース嬢（Hughes, Elizabeth Phillips 1851～1925）の発言が発端になり盛んになった、と儀部洋司は言う。[37]

黒板画の意義は、教師が生徒の前で自ら描いて見せるところにある。赤津には、黒板画の著書『教育略画之実

際　前篇』・『同　後編』や『学校略画』もある[38]（図1－1・1－2・1－3）。
高等科2年（明治25年）では、鉛筆画の手本を用いて絵を描き、3年になると毛筆画を習った。欧化主義の反動

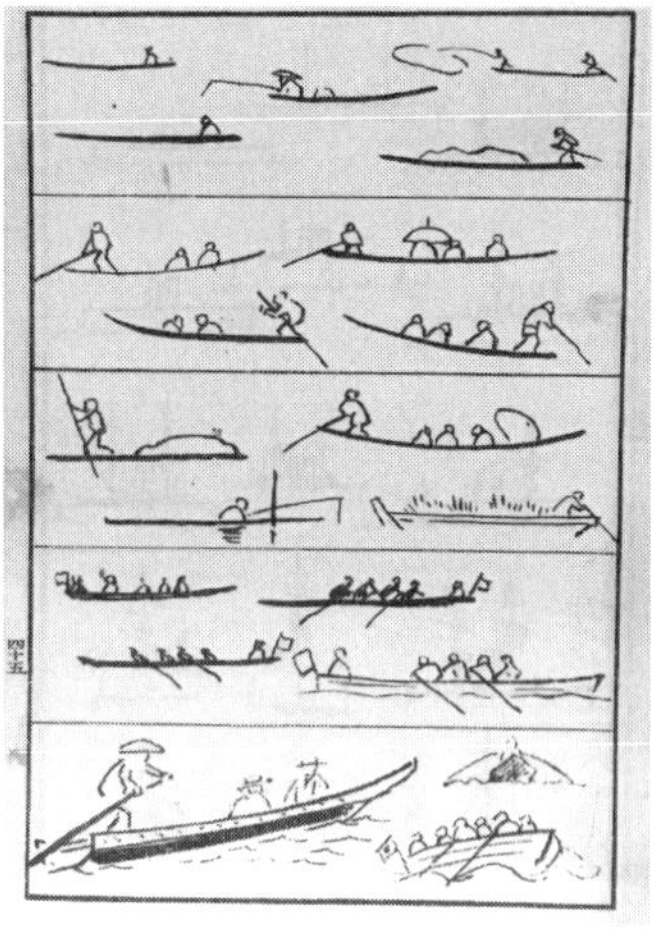

図1-1　赤津隆助『教育略画之実際前編』（1910）「舟各種」

図1-2　赤津隆助『教育略画之実際後編』（1910）「梅花模様各種」

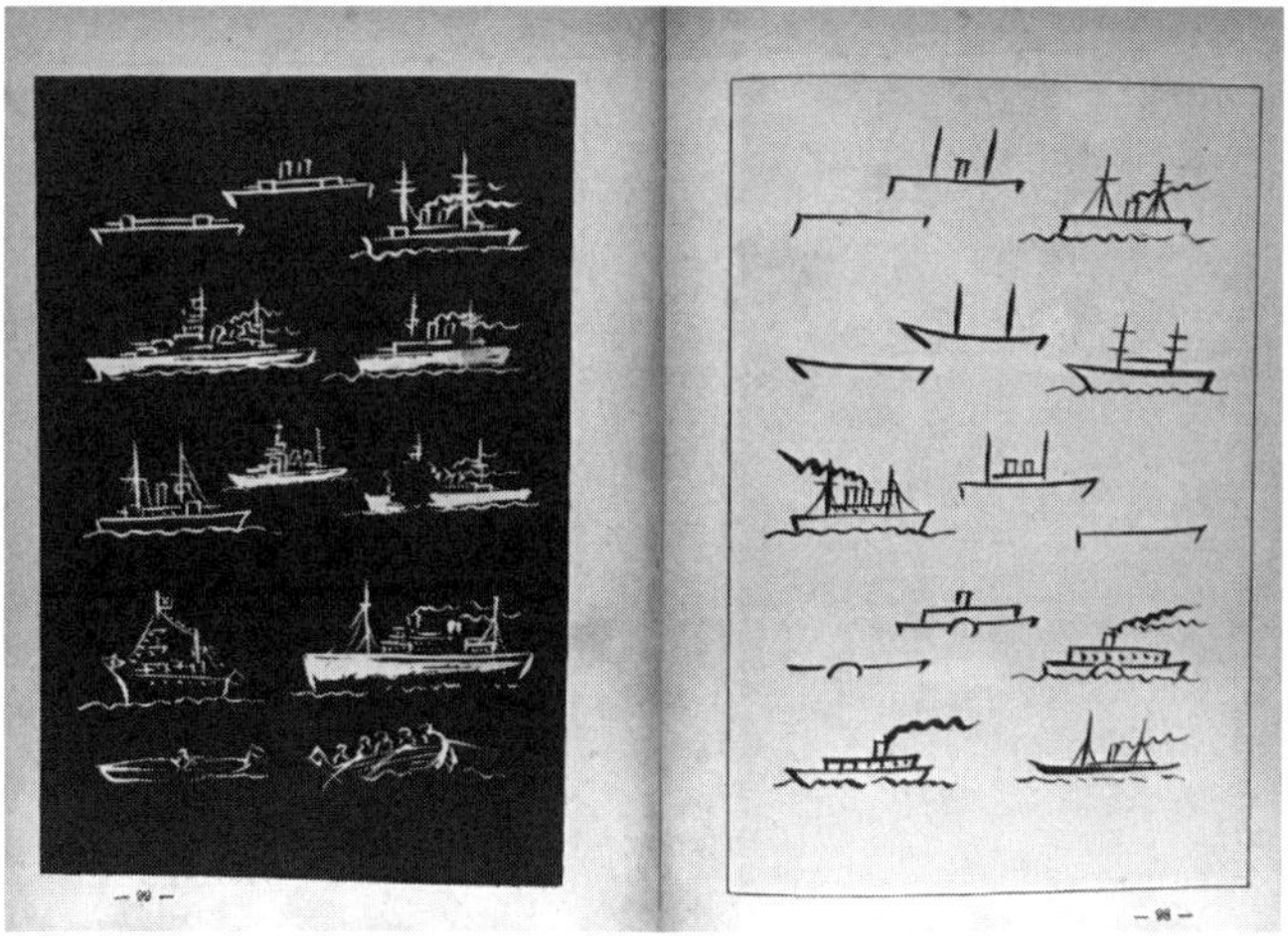

図1-3　赤津隆助『学校略画』（1937）「船車家」

で、国粋保存の運動が盛んとなり、小学校でも日本画をさせた。その時、滝和亭《たきかてい》（1832～1901）筆の『日本画鑑《かがみ》』を手本にした。[39]『日本画鑑』を一枚ずつ習うことは、赤津たち小学生の心の要求にぴったりしないものであった、[40]と述べている。後に、川端玉章《かわばたぎょくしょう》（1842～1913）、橋本雅邦《はしもとがほう》（1835～1908）の毛筆画の手本も用いて絵を習った。

一方、赤津は明治25・26年頃、家では自分で絵具を使い、毛筆で色々な絵を描いていた。高等科2年の時、お寺のお堂前の大燈籠に絵を描くことを頼まれたりした。また、同じ頃、自分の郷里の風景を初めて描いた。父親はそれを見て、感心した様子であったという。その後も、明治28年（1895）には神社に奉納する日清戦争凱旋軍人の姿絵も頼まれ、大きな杉の板の大額が2枚家に担ぎこまれ、そこに絵を描いた。その際、父親は杉板に胡粉を一面に塗るなど手伝いをしてくれたという。また、絵の材料の扱い方などは、既に父親から習っていた。[41]

これらは、赤津隆助の学校外での絵の制作に関わる話である。まだ11から14歳程の少年の頃、赤津が、如何に絵が上手であり、また父親が如何に息子の絵に対する理解があったか、ということを示す事柄である。それと同時に、この時期、将来赤津が絵を描き続けることになる素養が養われたと見ることができよう。

4．赤津隆助の高等小学校卒業後から師範学校入学前まで

赤津隆助は、明治28年（1895）3月、14歳の時に、菊多・磐前・磐城三郡立磐城高等小学校を卒業し、同年4月には同校の補習科（1ケ年）に入った。[42]

赤津は、ここで元平藩士の神林晋という教師から漢文などを学んだ。神林は非常に熱意のある教育者であり、赤津はここで漢文の力を付けた。赤津が、神林から学んだのは、神林が明治23年（1890）より三郡立磐城高等小学校雇を務めた時である。[43]

明治29年（1896）、赤津はできたばかりの福島県尋常中学校磐城分校に併設された小学校准教員候補者養成所平教場（1ケ年）に入学した。本心では福島県尋常中学校磐城分校への入学を望んでいたが、家の経済的理由で学資が多く必要な中学校入学は諦め、中学校に併設された小学校准教員候補者養成所に入ったのである。准教員候補者養成所は、授業料も必要ない上に、毎月勉強をするための補助金も出た。

赤津は、この准教員候補者養成所で、山本才八から指導を受けた。山本は数学・国学・古歌などに優れ、身体は小さかったが信仰家で立派な人格者であった。山本の感化を強く受け、赤津の国学に対する趣味と素養はこの時基礎が築かれた。赤津が、国学や文芸に趣味を持ったのはこの頃からである。(44)

第2節　明治時代中期の小学校図画教科書——『日本画鑑《にほんがかがみ》』を中心として

1．明治時代の図画教育と図画教科書

（1）明治時代前・中期の図画教育と図画教科書

明治時代前期は、小学校図画教科書の変遷の時代区分としては、「無検定自由採択時代（明治5〜18年）」である。(45)

明治5年（1872）の学制発布と同時に、各教科が初めて定められた。美術の関係では、尋常小学の内の上等小学（現小5〜中2）の2年目以上で、「幾何学罫画大意《きかがくけいがたいい》」（その後まもなく単に「罫画」と改称）が必修科目としてスタートした。内容は、幾何学的基本的な形体を正確に写すというものであった。小学校において、「図画」という教科名が用いられるようになるのは、「小学校教則綱領」の制定された明治14年からである。

明治時代前期、教科書は自由発行・自由採択制であった。また、政治・文化同様、教科書に関しても外国の影

響が強く出ており、西欧化の時代とも言える。鉛筆で描かれた鉛筆画向けの教科書が約80種作られた。代表的なものは、日本で最初の図画の教科書、川上寛《かわかみひろし》（1828～1881）編訳『西画《せいが》指南』（大学南校《なんこう》、明治4年刊）、山岡成章《やまおかせいしょう》著『小学画学書』（明治6年刊）、宮本三平編『小学普通画学本』（明治11年刊）等であり、いずれも西洋の影響を強く受けている。

『西画指南』は翻訳書であり、原本（外国）の図版がそのまま取り上げられているが、『小学普通画学本』では題材として日本の日常生活に関係するものも取り上げている。易しい図や形から難しいものへと順を追ってその図や形を写させ（階梯《かいてい》方式）、技術の獲得を目的としている。絵画的（芸術的）要素よりも、図的要素が強い。文部省編『小学習画帖』（明治18年刊）は、無検定自由採択時代最後のものであるが、次期の傾向の芽生えが見え始めている。すなわち、日本的要素が強く、また絵画的要素も強くなってきている。

明治10年代も末の明治時代中期になると、先の西欧化の反動として国家主義・国粋主義が叫ばれるようになり、教育界や美術界においてもその傾向は強くなって行った。明治17年（1884）に設置された図画教育調査会も、その報告書において、普通学校に図画を設ける目的を、様々な実利を図るためであるとして、その目的達成の手段としては、西欧的な鉛筆画などよりも東洋的（日本的）毛筆画の方がよいとしたのである。

その結果、明治時代中期の「第一次検定教科書時代」（検定制度の確立した明治19年から、国定教科書誕生の明治36年まで）には沢山の毛筆画の教科書が作られた。小学校用約１４０種である。鉛筆画の教科書は小学校用約60種であった。この時代の代表的な教科書には、岡吉寿《おかよしひさ》著『小学毛筆図画臨本』（明治27年刊）や川端玉章著『帝国毛筆新画帖』（明治27年刊）などがある。

(2) 赤津隆助が小学生の頃の図画教科書

ここでは、赤津隆助が尋常小学校・高等小学校等で学んだ明治20年(1887)から明治31年(1898)までの、福島県内での図画教科書の存在や内容について述べる。

福島県内の小学校使用教科書は、「福島県教育会」によれば、明治18年(1885)より明治23年(1890)・24年までの教科書の図画は、「文部省編、小学習画法(ママ)」、「井上九衛、小学習画帳(ママ)」であった。(46)また、明治24年(1891)には、「教科用図書審査等ニ関スル規則」が定められ、福島県で採用した小学校教科用図書として、県令で、高等科の部・図画は「小学習画帖(8冊)文部省(明治18年6月)」と示している。(47)明治25年9月の県令による主なる福島県小学校教科書・図画は、「小学校用習画帖(8冊)松井昇、帝国毛筆新画帖(8冊)川端玉章」とされている。(48)

次に、赤津が直接使用した図画教科書に関して述べる。赤津は、授業では写生などはなく、前述したように、教師が黒板に描いた絵を見て描いた。明治25年、高等科2年になって、鉛筆画の手本を用いて描き、高等科3年になって、毛筆画を習った。毛筆画では、高等科4年で滝和亭《たきかてい》の『日本画鑑』(明治27年刊)を手本にし、後に川端玉章の『帝国毛筆新画帖』(本節3項、図1－11、参照)等を習っている。

2. 滝和亭筆『日本画鑑』の指導内容

本教科書は、「第一次検定教科書時代」のものである。これは、前述したように赤津隆助が実際に使っていた教科書であり、加えて臨画の最も臨画たる特徴を持っているものであるので、ここに詳述する。なお、金子一夫は「[日本画西洋画と言う代わりに、筆者註]毛筆画鉛筆画と言い始めたのは、文部省であるということになる。ただ、文部省が具体的にどのような場で言い換え始めたかは明らかではない」としながらも、明治18年（1885）3月の時点で言い換えが始まっている、と述べている。(49) 第一次検定教科書時代に出された毛筆画の教科書（小学校・中等学校合わせて）であり、書名に「日本画」と付けられているのは約2割、と少ない（毛筆画とあるのは5割、その他が約3割である）(50)。

この書のタイトルはまさに「日本画」であり、その鑑《かがみ》、手本のことである。主に「毛筆画」と言われた時代に、あえて「日本画」としているので、専門教育的な色彩が感じられる。しかし、最初の「例言」に、この画帖は、学校又は家庭において、児童に毛筆画の初歩を教える臨本として役立てることを目的として編成している、とあって、あくまで普通教育用のものであるとしている。ここに「家庭において」とあるのは、自学自習できるように、あるいは仮に学校へ行けない児童にあっても学習できるように、ということを考慮していると思われる。それだけに、すべての絵に描き順が示されているなど、学ぶ者にとって親切な内容構成となっている。

『日本画鑑』奥付第1〜6巻（尋常小学校対象）には、「明治廿七年二月十二日発行、編者兼筆者　小畠耕圃《おばたこうほ》、補筆　滝和亭、発行者　吉川半七」とある。第7巻以降（高等小学校対象）は、筆者　滝和亭、編者　小畠耕圃とある。ただし、表紙はすべて「帝室技芸員　滝和亭筆」とある。赤津の持っていたものはすべて、表紙と奥付に文部省検定済とある。(51)

本書の構成は、尋常小学科の第1・2年は年1冊（巻）ずつ、第3・4年は年2冊ずつ配当することとしている。高等小学科は、第1年から4年まですべて年2冊ずつ学習することになっている（計14冊）。『日本画鑑』の指導の特徴を「例言」を基に、ほぼそのまま分かりやすく示すと次のようになる。各文章の最後の〈　〉内は、筆者がその項目のまとめを示したものである。

例言

1．（この画帖は児童に毛筆画の初歩を教える臨本として役立てることを目的として編成していると述べ）そのために、始めは簡単な直線や曲線で分かりやすく易しい形体から段々複雑な形体に移るという趣向である。〈階梯式臨画方式〉

2．画図を模写するには、ひたすら形状を写すことにこだわらず、十分に筆法を理解して筆を運ぶべきだ。〈筆法の理論的理解の必要性〉

3．筆遣いの方法として、先ず姿勢をただすべきである。「懸腕」といって腕を張って筆を運ぶこと。もしも、手首を曲げたり、腕を机上につけたり、身体を傾けたり、指先で描いたりするならば、画図が萎縮して、趣がなくなり、強くてしっかりした思いのままの筆運びにすることができない。〈描画の方法〉

4．既に学んだ画図を応用し、自身の工夫を生かして画図を作る場合は、意匠を練って、想像力を養う上で必要であれば時々考案図を授けて練習させるべきである。そこで若干、教師の参考のために、別に考案図1冊を付ける。〈想像力育成のための考案画の必要性〉

5．各巻の終わりに、本図の補充として、模様画2頁を付けているのは、模様の初歩を授けるという目的からである。〈模様画の初歩教示〉

以上のように、1階梯式臨画方式、2筆法の理論的理解の必要性、3描画の方法、4想像力育成のための考案画の必要性、5模様画の初歩教示、とその指導方針が示されている。「3描画の方法」は書道の指導を思い浮

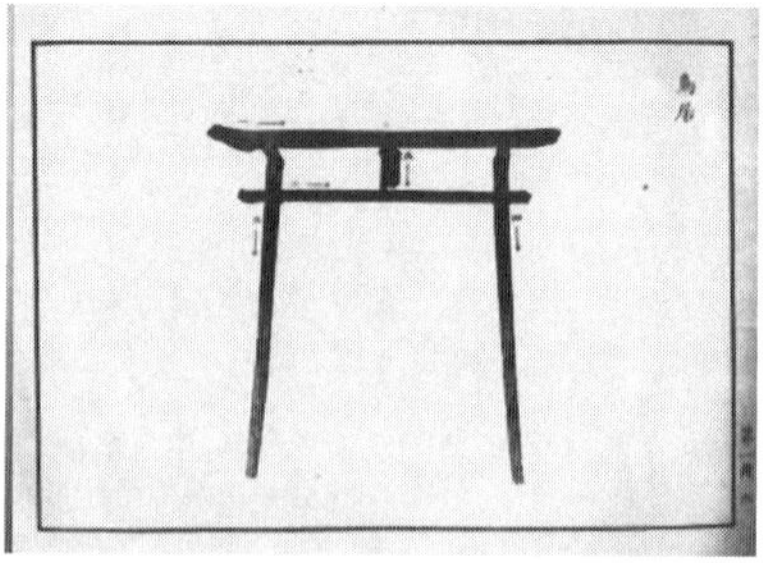

図1-4　第1巻六、鳥居

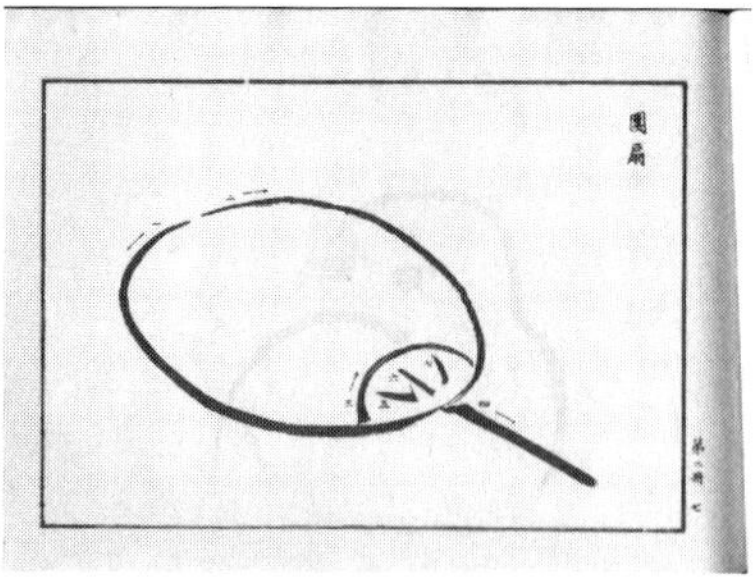

図1-5　第2巻七、団扇

かばせる。

『日本画鑑』には、全冊において描き方の筆順の番号が矢印と共に書き込まれている。そうしたものは、明治24年（1891）発行の手工科研究会編『小学毛筆画帖』に既に見られるが、この『日本画鑑』ではさらに徹底した示され方となっている。『小学毛筆画帖』以外にも、巨勢《こせ》小石《しょうせき》著『小学生徒毛筆画の手ほと記』（明治22年）や野《の》村《むら》文挙《ぶんきょ》著『小学日本画帖』（明治25年）などがあるが、これらは最初の数冊に筆順の番号が付されているのみである。筆順が示されるなどのこうした傾向はその後の教科書においても続いている。

『日本画鑑』の内容を見ると、例えば、第1巻（冊）（尋常小学校1年用）の六に「鳥居」がある。これは絵ではあるが、文字を筆で書くがごときものである（図1－4、第1巻六、鳥居）。筆順5（最後）として、鳥居の中心部分を描くのは、鳥居の絵のバランスをとる上で極めて重要であると納得できる。また、第2巻（尋2用）七の「団扇」の絵（図1－5、第2巻七、団扇）は、最初の筆順1と2とで、左右から全体を大きく捉えてバランスをとり、その後筆順4で柄を付けて団扇の概略を把握させるようにしている。

手工科研究会編『小学毛筆画帖』にも筆順が載っている。ただ、『日本画鑑』が『小学毛筆画帖』と違う点は、『日本画鑑』が舟の帆、扇面、蛤《はまぐり》、蕨《わらび》、模様な

図1-6　第5巻一、富士山

どの描き方において、左右対称、上下対称のものは、徹底的にその左右・上下がつながるように、つまり左側を描いたら右側の同じ部分を描くというように、順序が示されているということである。それに比べて、『小学毛筆画帖』は舟の帆、帽子、蝶、羽子板などが左右対称とつながる筆順ではなく、一貫性がない。左右・上下を対称的に捉えていくという捉え方は、物体をバランスよく、大きく、全体で把握する上で重要である。これらを、『日本画鑑』では第1巻（1年）や第2巻（2年）で直線や曲線の練習を十分に行った上で（あるいは並行して行い）、進めるようにしている。

これら個々の物体に関わることをマスターした上で、単純な風景画「富士山」（第5巻一。尋4年前半に配当）を描かせている（図1－6、第5巻一、富士山）。

物体における左右対称の描き方が修得できていれば、筆順1として一筆で風景としての左右対称の富士山を描くことは簡単であろう。さらに、筆順2・3で山のくぼみ部分を描き、筆順4で雲を描いて全体をうまくまとめている。

この後、鍬《くわ》や鎌などやや複雑な物体の描画に移っていくが、左右対称の部分のバランスをとる描き方はやはり引き継いでいる。

第7巻（冊）以降は高等小学校対象であり、奥付が「筆者　滝和亭」となる。第7巻以降、筆順は冊子後ろの頁に図を縮小した上でまとめて載せている（例

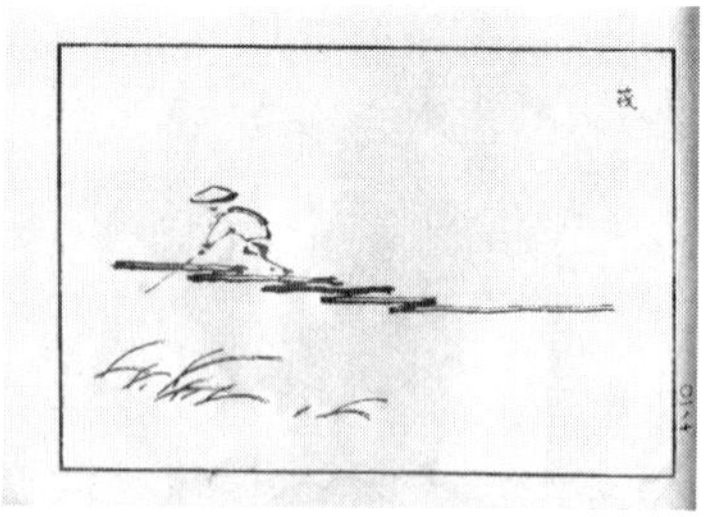

図1-7-①　第7巻十　筏

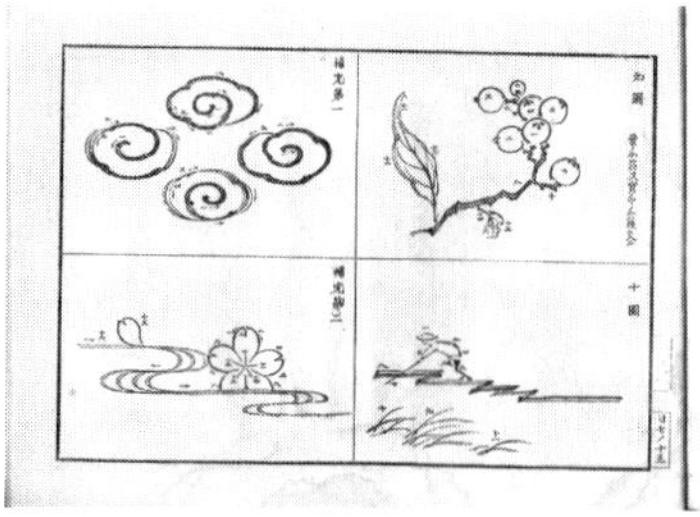

図1-7-②　第7巻（補足の図）　筏

えば、第7巻十の筏《いかだ》。図1－7－①、図1－7－②）。

主体となっている頁ごとの各図は、それぞれが「作品」とも言える優れたものである。しかし、それでも冊子後ろの頁に筆順を付けた図を載せ、説明しているところは驚きでさえある。これらの各図は、後ろに行くに従い作品的（美術的）要素が強くなっていく。また、第7巻十の筏（図1－7－①、図1－7－②）などは、「概念的」と言ってしまえばそれまでであるが、簡単に人物の動きを学ぶのには効果的であろう。

第7巻八の菊花から淡墨が使用され始めている。しかし、冊子後ろの筆順の図に、その説明はない（別のことの説明はあるが）。第7巻九の枇杷子、第8巻一の梅花、同巻五の葡萄《ぶどう》、同巻七の蓮根《れんこん》　慈姑《くわい》、同巻10の女郎花《おみなえし》も同じく、冊子後ろの筆順の図に、その（淡墨の）説明はない。この点は不備と言ってよいかも知れない。第9巻一の林檎《りんご》（図1－8．第9巻一の林檎《りんご》）以降、冊子後ろの筆順の図に「淡墨ハ最後ニ入ル」と淡墨の説明が付く。「淡墨ハ最後ニ入ル」と説明が付くようになってからのものの方が淡墨部分の面積も広く、淡墨に深みも感じられる。淡墨を塗ることにより、線描きだけでは表せない深みが絵に出てくる。

なお、各巻の後ろの補充図については、第1～6巻では単純な幾何学的模様（形体）が描かれている。しかし、第7～14巻ではほぼ具体的な形体と模様化（図案化）された形体とが各巻ごとに描かれている（例、図1－9、第10巻補充図第八、水ニ

図1-8　第9巻一　林檎《りんご》

図1-9　第10巻補充図第八　水ニ千鳥

千鳥）。これによって、尋常小学校ではごく単純な模様を段階的に、高等小学校では元の形と模様（図案）との関連を、教えようとしたのではないかと考えられる。

3. 滝和亭筆『日本画鑑』の教育的意義

ここで、『日本画鑑』の教育的意義を検討してみたい。この教科書は、当時のほとんどの図画教科書がそうであったように、階梯方式を採っている。確かに子どもの興味関心に注意を払わず、ただ形の易しいものから難しいものへと進めていくのは問題であったかも知れない。しかし、当時の時代性を考えた時、この方法が児童に絵や図の描き方を習得させる上で、最も効果的であったのだろうと容易に推測できる。ただ、階梯方式といっても、ある段階、例えば第7巻あたりまで進めば、画題が変化していく程度で、さほど段階的な変化はなく、児童もお手本にある程度興味を持てたのではないだろうか。

また、わずかながら考案画や模様画も取り入れられ、工夫が見られる。ただ、これには明治24年11月に出された「小学校教則大綱」の影響もあるだろう。その第9条図画の記述部分に、「意匠ヲ練リ」や「自己ノ工夫ヲ以テ図案セシメ」という言葉が見られるからである。

次に、第7巻を例に挙げ、臨画に関わる説明を行う。第7巻の配当は高等小学校の1年前半であり、現在の学年に当てはめれば年齢的には小学5年の前半に該

図1-10　第12巻八　梅ニ鶯

図1-11　川端玉章筆『帝国毛筆新画帖』
後編第8巻　草刈女

当する（ただし、尋常小学校、高等小学校というくくりで見れば、高等小学校は現在の中学校にあたる）。この年齢段階は、発達段階的に見れば、「写実の芽生え期」に当たり、自身の観察眼を生かして写実的に描こうとする時期である。[52] そうした時期に、優れたお手本により描き方を指導すれば有益であったであろうと推測できる。また、本書では描画を行う上での、姿勢と筆遣いや筆順を付して、技術面を重視している。

　優れたお手本の有効性については、画家岸田劉生《きしだりゅうせい》（1891～1929）も述べている。岸田はその著『図画教育論』（1925）において、図画教育の四つの方法論を示している。その二番目に「見学法」を挙げ、鑑賞や臨画の重要性を説き、優れた手本であるならば臨画の有効性も認めている。[53] 山本鼎《やまもとかなえ》（1882～1946）が臨画を否定し自由画教育を唱えた（1918）後に、である。

　また、橋本泰幸《はしもとひろゆき》は、「毛筆画教育における美術主義が、表現主体の存在に光をあてたことは事実であり、それまでの技術主義にのみあった図画教育を新たな局面に導いたといえよう」と述べているが、[54] このことは首肯できる。第一次検定教科書時代の毛筆画教科書には『日本画鑑』を始めとして、美術的に優れていると思われるお手本を載せているものが多い。例えば、図1－10、『日本画鑑』第12巻八、梅ニ鴬、図1－11、川端玉章筆『帝国毛筆新画帖』後編第8巻、草刈女、などである。それらは、レベルの高い画家が原画を描いているため、ということも否定できないであろう。

第3節　明治時代中期の師範学校図画教育

1．明治時代中期の教育行政と師範学校教育

「森文相は師範教育制度の改正に立ち上がり、明治19年4月、『師範学校令』を勅令として公布し教育目的を国家主義に焦点づけた」[55]ということは、多くの研究者の認めるところである。それまでのように、中央で大枠を決め、細部は道府県や各師範学校で決めるというのではなく、文部省が定めた規則は即師範学校の諸規定を縛るようになった。「師範学校令」によって、師範学校を官立の高等と、道・府・県立の尋常の2種に分け、国家による教員養成制度は整備されて行った。そして、将来の国家の形成者となる児童・生徒を育てる教員、そのために有益な教員を育成しようとした。

なお、師範学校における寄宿舎教育は、「軍隊式」というように規律のみを重んじる全体教育という点では、教員養成において負の要因が目立つだろう。しかし、生徒の自治を認めつつ集団生活をさせる場合には、没個性的ではない教員を育てることが可能である。こうした点について、舎監として赤津隆助がどのように対応したかを、第3章において詳述し、考察する。

また、儒教的徳目が中心となっている修身教育と合わせ、『御影《ぎょえい》並勅語ノ謄本捧置方』（明治24年、文部省訓令）に

より、御真影と教育勅語とを一定の場所に安置し、天皇・皇后に対し最大の敬意と忠誠とを誓わせる教育が開始されたことは既に述べたが、学校の教員はこうしたことの指導をいっさい任され、かつ完全に遂行すること、こうした思想傾向を忠実に守ることを求められそれに従わねばならなかった。

なお、明治25年（1892）改正の「尋常師範学校ノ学科及其程度」において、同26年4月より、4月1日に始まり翌年3月31日に終わる学年制が採用となった。(56)

2. 明治時代中期の師範学校カリキュラム

(1) 師範学校のカリキュラム

次に、師範学校に関わる規定やカリキュラム等について述べる。明治19年（1886）4月公布の「師範学校令」（勅令）では、学科とその程度、生徒募集、卒業生の服務義務、学資支給等に関する規則が定められた。「師範学校令」およびこれらの一連の諸規則によって、師範教育の制度・内容が整備され、体系化されて行く。

また、同年5月には、「尋常師範学校ノ学科及其程度」が制定された。ここにおいて、学科課程の基本的制度が定められた。学科目は、倫理、教育、国語、漢文、英語、数学、簿記、地理歴史、博物、物理化学、農業手工、家事、習字図画、音楽、体操とし、農業手工及び兵式体操は男子生徒に課し家事は女生徒に課す、とした。師範学校の教育は、教育内容や教授技術を中心とする実践的な面が重視された。各学科目の4年間の学年別時間数と内容程度の要項について基準を示した。英語を正規の必修科目としたこと、男子体操に兵式体操を含めて毎週6時間も課したことなどが特徴である。

また、生徒の入学者数については、明治19年5月の「尋常師範学校生徒募集規則」により、これが定められた。

各師範学校の生徒定員を１００ないし２４０名の範囲で学校毎に定めている。卒業生についても、生徒募集規則の制定と同時に、「尋常師範学校卒業生服務規則」が定められている。卒業生の服務年限は卒業後10年とし、その内の5年は府知事あるいは県令の指定する学校に奉職する義務を有するものとしていた。

同年6月には「尋常師範学校男生徒学資給与要項」も出され、続いて同年7月には「尋常師範学校使用教科書」を定め、尋常師範学校で採用すべき教科用図書の書目を示した。倫理、教育をはじめ各教科にわたって、当時の中等教育の教材が網羅的に挙げられている。しかし、「師範学校の教科用図書も、明治十九年五月の『教科用図書検定条例』、明治二十年五月の『教科用図書検定規則』に従って検定教科書を用いる制度となっていたが、明治二十年代のはじめにはなお検定教科書がほとんどなかったのである」(57)と山田昇が述べるように、検定教科書を用いる制度とはなっていたが、明治20年代のはじめにはまだ検定教科書がほとんどなかった。

このように、文部省から尋常師範学校に関わる様々な規則が次々に出され、細部に至るまで固められて行った。

(2) 図画教育

次に、図画教育について述べる。明治19年（1886）制定の「小学校ノ学科及其程度」において、図画、唱歌、裁縫などが規定されているが、図画は高等小学科で週2時間であり、内容は「図画ハ自在画及用器画」と従来に比べ著しく簡単な説明となった。しかし、それまでと比べ内容そのものに変化はなかった。

明治23年（1890）には「小学校令（第二次小学校令）」が公布され、翌24年には、「小学校教則大綱」が制定された。

図画教育については、「小学校教則大綱」において、「図画ハ眼及手ヲ練習シテ通常ノ形体ヲ看取シ正シク之ヲ画クノ能ヲ養ヒ兼ネテ意匠ヲ練リ形体ノ美ヲ弁知セシムルヲ以テ要旨トス」と規定された。尋常小学校の教科に図画を加える時は、直線・曲線及びその単形から始め、時々直線・曲線に基づいた様々な形を工夫して描かせ、だんだん進んで簡単な形体を描かせる、としている。

高等小学校では、尋常小学校に準じてだんだん進んでから様々な形体に移って実物又は手本について描かせ、時々各自工夫をして図案をさせ、簡単な用器画を描かせる、とした。(58)

また、同「小学校教則大綱」において、「図画ヲ授クルニハ他ノ学科目ニ於テ授ケタル物体及児童ノ日常目撃セル物体中ニ就キテ之ヲ画カセシメ兼ネテ清潔ヲ好ミ綿密ヲ尚フノ習慣ヲ養ハンコトヲ要ス」としている。図画教育の目的が、他の教科や日常児童が見る物を描かせること、そして「清潔を好み綿密を尊ぶ習慣を養う」といった一見図画教育とは関係ないと思われる内容となっている。しかし、当時の道徳教育（修身）を考えれば、目的の中に「清潔と綿密を尊ぶ習慣形成」があるとしても了解はできる。

以上を踏まえて、師範学校における図画教育が行われていた。

明治25年（1892）改正の「尋常師範学校ノ学科及其程度」においては、森有礼文相の時期の学科「倫理」を「修身」と改め、また「教育」に含めていた教科教授法を各科目中に分散させている。

なお、明治25年の「尋常師範学校ノ学科及其程度」の改正時、簡易科、予備科、小学校教員補習科、幼稚園保姆講習科などにおいて正規の課程以外にも臨時的な教員養成課程を設けることになった。

赤津隆助は、これによって明治29年（1896）に福島県平町の中学校併設准教員候補者養成所に1年間入学し、翌年には准教員となっている。

師範学校生は、卒業後すぐに一人前の教員として教えること（いわゆるプロフェッショナリズム）が求められたが、赤津などはよい意味でまさにこうしたタイプの教師となっていったと言えよう。ただし、第二次世界大戦後、大いに求められた「師範学校教育に欠ける教養教育的側面」を、赤津などは自学によって補っていた。師範学校教育に教養教育的な側面が必要であることを自覚していたことは、赤津の優れた点の一つとも言える。

3．明治時代中期の東京府師範学校の教育

（1）東京府師範学校に関わる図画教育以外の全体的なことがら

明治19年（1886）4月に公布された「師範学校令」に続き、「尋常師範学校ノ学科及其程度」（同年5月）など様々な規則が出されたが、東京府師範学校でもそれらの新制度に合わせ、諸規則を改訂した。同年10月に、東京府師範学校では、文部省令に基づいて「尋常師範学科及程度実施方法」を定めて教科用図書を仮定している。(59)

明治20年1月には勅令により「東京府尋常師範学校」と改称、同年4月には尋常師範学校学科課程を実施し、生徒学資支給の方法を改めている。「ただその学科課程、校則、入退学規程などいずれをみても、文部省が用意した範型がほとんどそのまま再現されていることが確認されるのである」(60)と陣内靖彦が指摘するように文部省の意向にほとんど従っている。

明治30年（1897）10月、それまでの師範学校令に代わり、師範教育令が公布された。これに伴い、学校名が明治31年4月より、再び東京府師範学校と改称された。

この頃の変化としては、校舎の移転も二度ほどあった。一度目は、明治22年（1889）8月に、創設以来の内幸町から小石川区竹早町の新築校舎への移転である。二度目は、竹早町から赤坂区青山北町への移転である。明治33年（1900）2月の東京府女子師範学校の設置に伴い、従来の校舎を東京府女子師範学校で使い、東京府師範学

校は青山北町の新校舎へ明治33年8月から同34年4月にかけて移転した。

明治25年（1892）7月11日改正の「尋常師範学校ノ学科及其程度」や同日改正された「尋常師範学校生徒募集規則」・「尋常師範学校卒業生服務規則」等、また同日制定の「尋常師範学校教員免許規則」等は、翌26年4月から施行された。

これら一連の改正や制定に対する東京府尋常師範学校の動きとして、陣内は次の4点を挙げている。[61]「1　本尋常師範学校に、明治二六年度以降も女生徒を置かないこと、2　同じく男生徒に課すべき学科目として、外国語、商業、手工の3科目を加えることにしたこと、3　同じく簡易科を設置したこと、4　同じく予備科を開設したこと」である。

一つ目は、省令第9号「尋常師範学校生徒募集規則中定員改正ノ事」の第3条に対応して、このことを文部大臣に申し出、許可を受けた上で、東京府訓令を出した。二つ目は、省令第8号「尋常師範学校ノ学科及其程度改正ノ事」の第1条において男生徒に課すべき学科目について、東京府尋常師範学校では、外国語、商業、手工の3科目を加えることにした。三つ目は、同じく「学科及其程度改正ノ事」の第4条に対応して実施した。府知事は府下尋常小学校正教員の不足状況を理由に文部大臣宛の簡易科設置許可願を提出し、その許可を得て、東京府尋常師範学校に簡易科を設置する訓令を出した。ただ、簡易科の制度は、明治40年（1907）公布の「師範学校規程」により廃止される。四つ目も、簡易科と同じく、「学科及其程度改正」により予備科開設を行った。こちらは、明治40年の「師範学校規程」後も続く。

東京府における教員養成について見た時、明治初期においては養成よりも現職教員への講習や指導、今でいう教員研修に重きが置かれていた。それが、「明治一九年の『師範学校令』、および関連規定の実施は養成教育の整備、充実に力を注ぐ方向に作用したと推測できる」[62]と陣内は言う。続いて、「しかしその一方で小学校教育現場に視野を移せば、整備された養成教育を受けて『完全なる資格を持つ』教員が出てくるのを待っている余裕も、また、その供給量で賄えるものでもなかった。このような状態に対処するための東京府の事業として、ひとつには伝習所を設置して、講習会による教授法を中心とした現職教員の改良を目指すものと、もうひとつには唱歌、体操、英語、図画などの新しい教科の専科教員を養成するものとがあった」[63]と陣内は言う。

伝習所については、専科教員を養成するために、明治19年（1886）に体操術伝習所が、同20年に唱歌速成伝習所が東京府師範学校内に、中学校内に英語伝習所、番町小学校と常盤小学校（後、久松小学校）を借用して私立小学校教員伝習所が、同21年に小学校簡易科教員伝習所が、23年（1890）4月に図画（毛筆画）伝習所が開所された。しかし、その役割を終えて（と陣内は推測する）、明治22年6月から25年9月の間に閉鎖される。[64]

一方、唱歌は、東京音楽学校の師範科（明治33年規則改正後）、図画は東京美術学校の特別科（明治23年設置）や図画師範科（明治40年設置）で養成するなどの措置が取られた。

明治25年（1892）の「尋常師範学校ノ学科及其程度」の改正によって、府県の状況により小学校教員講習科の設置が認められ、東京府尋常師範学校でもこれを実施することとした。「この講習科が教員不足を解消するためのものというより、すでに現職にある教員の質を向上させる趣旨で開設されたことを示している」[65]と陣内が述べるように、この頃になるとそれまでに比べ、教員の質的向上を考える段階になったと言えよう。

赤津隆助は、明治31年（1898）4月に17歳で上京し、東京府師範学校（小石川区竹早町）に入学した。明治31年4月1日、明治30年発布の師範教育令により、東京府尋常師範学校は名称を東京府師範学校と改称した。明治33年（1900）8月には、滝沢菊太郎校長がここに赴任し、青山（赤坂区青山北町）に校舎を移転した。

赤津は、東京府師範学校時代、兄・内藤諒太郎《ないとうりょうたろう》の勉強ぶりに刺激されよく勉強をした。[66] 赤津隆助は、元は内藤という姓であったが、明治35年に福島県石城郡勿来《なこそ》町赤津貞次郎の養子となり、赤津と改姓している。東京府師範学校入学前に高等小学校補習科時代の神林晋、准教員候補者養成所時代の山本才八両教師の影響《かげひびき》を受け着実に学力を付けていたので、それが生き、東京府師範学校の1年から2年になる時は席順も1番となり、途中、一時成績が下がったこともあったが、卒業のときは2番であった。[67] 明治35年（1902）3月28日、赤津は21歳の時、東京府師範学校を卒業した。

師範学校時代、人格の上で最も多く薫陶を受けたのは、東京府師範学校教諭・同附属学校主事　大戸栄吉《おおとえいきち》、東京府師範学校教諭角谷源之助《すみたにげんのすけ》、同校長滝沢菊太郎《たきざわきくたろう》である。まさにこれらの人びとから「影響・かげひびき」を受けたと言えよう。特に、滝沢校長は恩師の中の恩師であると赤津は言う。[68]

（2）図画・図画教育に関わることから

明治19年（1886）4月に公布された「師範学校令」に続き、「尋常師範学校ノ学科及其程度」（同年5月）など様々な規則が出された。東京府師範学校でもそれらの新制度に合わせ、諸規則を改訂して行い、同年10月に、文部省令に基づいて「尋常師範学科及程度実施方法」を定めている。その中で、図画に関係する部分を挙げてみよう。

「東京府尋常師範学校学科及其程度実施方法」第5条に、「尋常師範学校ノ学科及其程度配当表」がある。この内の学科「習字図画」（習字と図画が一つにくくられている。他にも「農業手工」・「地理歴史」など二つの学科の合わさった表示のものがある）の1週時間（週当たりの時間数）は、第1学年習字と図画で4時間、第2学年で同じく4時間、第3学年では図画のみで1時間、第4学年は図画のみで2時間である。第1・2学年は、習字と図画が2時間ずつと見

て良いだろう。授業の内容は、第1学年が自在画法、第2学年が自在画法と用器画法、第3・4学年は2年に同じである。(69)

教科用図書は、明治19年（1886）10月の府令第29号として、「教科用図書ノ仮定」が定められている（『東京府青山師範学校遠隔史』1926年、79〜85頁に掲載）。その内、「習字図画」の欄には、図書名「小学習画帳（ママ、帖）」著訳者名「文部省編集局編」［明治18年刊行、筆者註］、図書名「用器画法並図式」著訳者名「平瀬作五郎《ひらせさくごろう》纂訳」と掲載されている。(70)

また、『東京府青山師範学校遠隔史』（1926）の明治24年刊の欄に掲載されている「東京府尋常師範学校教科用図書類」の習字図画学科の欄には次のように掲載されている。(71)「書名・著訳者名・出版年月日・出版者」の順に、「小学習画帳（ママ、帖）・文部省編集局編・明治18年6月・文部省編集局」、「用器画法普向（ママ、並図）式・平瀬作五郎纂訳・明治22年3月・金港堂」(72)、「臨画帳・植田竹次郎《うえだたけじろう》編集・明治22年11月・植田竹次郎」、「百工画手本・結城正明《ゆうきまさあき》編・明治21年12月・宮川休全」である。習字関係は記載を省略した。

当時の教員については、「東京府尋常師範学校職員表（二十四年九月一日調）」に、「資格・受持学科　事務・1週受持時数・職名・俸給・氏名」の順で記されている。図画関係では、「（資格、無記載）・画学・学科　5時間・委嘱教員・手当　12(73)・高島　信」、「（資格、無記載）・毛筆画・学科　4時間・委嘱教員・手当　10・永峯茂吉」と2名である。

明治32年（1899）当時の、東京府師範学校の図画関係の教員は大橋郁太郎《おおはしいくたろう》である。「実地授業・受持学科及受持学級・毎週受持時数・俸給・職名・氏名」は、「2・習字　図画・22・参拾円・助教諭・大橋郁太郎」である。

赤津隆助が、明治31年に東京府師範学校入学時の図画教師は、大橋郁太郎（雅彦《まさひこ》）であり、4年生の時に森川清（梅屋《うめや》）となる。共に、日本画を専門としていた。

大橋は、写生・図案・創作などは一度も指導せず、赤津は図画に魅力を感じなかったが、天性絵が好きであったので、大橋から特に可愛がられ、日本画の技法を基礎的に植え付けられたのは幸いであったと言う。[74]

しかし、森川に関しては、「この先生［森川、筆者註］は教育上に相当考へを持たれた方で、（中略）この先生は、毛筆画の表現を鉛筆画に近づけやうとせられ、毛筆の写生を課せられた。私達はこの実物写生をやる様になって初めて図画の新趣味を解した」と赤津は言うが、[75]図画教育については、東京府師範学校時代には未だ、真の師は得られず、といったところであったようだ。

赤津が生徒として関わった頃の東京府師範学校の図画教科書についても触れておきたい。確認できる使用図画教科書は、明治27年（1894）3月時点のものであり、その次は赤津が同校を卒業した年の翌年度（明治35年度）のものとなる。そこで、赤津が使用したと思われる明治27年のものをここに示すこととする。

図画学科は、「小学習画帖　文部省編輯局［明治18年刊、再版は明治20年刊、筆者註］、小学日本画帖　野村文挙著［明治25年刊、筆者註］、用器画法　平瀬作五郎著［明治22年刊『新撰　用器画法』か、筆者註］」である。[76]

†註

（1）太陰暦の5月29日。明治5年（1872）11月9日に太陰暦を廃して太陽暦を採用することが決定される。明治5年12月3日をもって明治6年1月1日とすることになった。本書では、明治5年末までの月日は太陰暦で表示した。

（2）明治8年に東京師範学校に中学師範学科が設置された（明治9年開業）。厳密には、これが高等師範学校（東京高等師範学校）の前身をなすものであり、これによって中等学校教員の養成が開始された。明治19年4月の師範学校令により東京師範学校は高等師範学校と改称し、小学校教員の養成は同年11月の卒業生をもって廃止された。一方、東京女子師範学校は、明治18年に東京師範学校女子部、19年に高等師範学校女子部と改称し、小学師範学科が明治28年3月まで続いた。

（3）東京学芸大学ホームページ（平成28年9月11日現在）の「大学について」の「沿革」「沿革表」に掲載されている。東京府青山師範学校『東京府青山師範学校沿革史』、1926年、207頁。

（4）橋本美保、田中耕治・鶴田清司《つるたせいじ》・橋本美保・藤村宣之《ふじむらのぶゆき》『新しい時代の教育方法』有斐閣、2012年、51・52頁。

（5）陣内靖彦（東京学芸大学創立五十年記念誌編集委員会）『東京学芸大学五十年史　通史編　捕章　大学前史』ぎょうせい、1999年、378頁。

（6）篠田弘・手塚武彦《てづかたけひこ》『学校の歴史　第5巻　教員養成の歴史』第一法規出版、1979年、26・27頁。

（7）『文部省第四年報』（明治9年）明治8年1月より毎年発刊。

（8）水原克敏『近代日本カリキュラム政策史研究』風間書房、1997年、203頁。

（9）前掲、水原克敏『近代日本カリキュラム政策史研究』、224頁。

（10）「小学校教則綱領」（明治14年）第3章　第16条　図画。

（11）前掲、水原克敏『近代日本カリキュラム政策史研究』、233～236頁。『文部省第十年報　明治十五年・二冊』新潟県年報、203頁。

（12）前掲、篠田弘・手塚武彦『学校の歴史　第5巻　教員養成の歴史』、6頁。

（13）文部省『学制百年史（資料編）』ぎょうせい、1972年、173～174頁。

（14）陣内靖彦『東京師範学校生活史研究』東京学芸大学出版会、2005年、34頁。

（15）前掲、水原克敏『近代日本カリキュラム政策史研究』、274頁。
（16）大庭茂美《おおばしげみ》・赤星晋作《あかぼししんさく》編著『学校教師の探究』学文社、2001年、11〜12頁。
（17）同、12頁。
（18）赤津隆助は検定試験に受かる前にわずかの期間ではあるが、教諭心得として師範学校の教員をしている。
（19）三好信浩『日本師範教育史の構造——地域実態史からの解析——』東洋館出版、1991年、14頁。
（20）前掲、水原克敏『近代日本カリキュラム政策史研究』、288頁。ここに橋本美保は、「密告制」の導入もあげている。田中耕治・鶴田清司・橋本美保・藤村宣之『新しい時代の教育方法』有斐閣、2012年、54頁。
（21）森秀夫『教職の意義と職務』学芸図書、2000年、30頁。
（22）須田勇・小林哲也編『教員養成を考える』勁草書房、1982年、4頁。
（23）野口援太郎「師範教育の変遷」『教育五十年史』国民教育奨会編、1922年、375頁
（24）前掲、水原克敏『近代日本カリキュラム政策史研究』、277頁。林竹二解説「倫理書」（『森有礼全集　第一巻』）、152頁。
（25）前掲、水原克敏『近代日本カリキュラム政策史研究』、433頁。
（26）同、289頁。
（27）小原国芳《おばらくによし》『母のための教育学　上、下巻』イデア書院、1926年。
（28）前掲、水原克敏『近代日本カリキュラム政策史研究』、361頁。
（29）同、358頁。
（30）赤津隆助「一　明治のはじめの郷土（福島県）」、千々和実著『社会科の友叢書　4私達の郷土』世界社、1948年、80頁。
（31）『あげつち——平第一小学校一〇〇年史——』編纂者「平一小一〇〇年史」編集委員会、発行所いわき市立第一小学校、1973年、160頁。なお、女児小（学）とは国民大衆用小学の一つ。尋常小学教科の外に女子に手芸を教える学校。
前掲、水原克敏『近代日本カリキュラム政策史研究』、16・54頁。

(32)『あげつち――創立90周年記念――』福島県平市立平第一小学校、１９６３年、17～18頁。
(33)尋常小学校で「図画」が制度上必修となるのは、明治40年の「小学校令」改正の時である。ただし、3年以上。
(34)前掲、赤津隆助「一明治のはじめの郷土（福島県）」、86頁。
(35)明治25年9月7日、県令第72号小学校教則。前掲『あげつち――創立90周年記念――』、72～73頁。
(36)赤津隆助「郷土教育と想画」（目次には、「郷土生活と想画教材」とある）『郷土化の図画手工』教材篇所収、学校美術協会、１９３１年、9頁。
(37)礒部洋司「『ヒュース嬢』と黒板画ブーム――教育略画の系譜に関する研究1――」、『美術教育学――美術科教育学会誌――』第25号、２００４年、39頁。黒板画が盛んになる発端になったのは、ヒュースによると明確に断じるのは、阿部七五三吉（と熊本高工）のみであると礒部は述べる。また、礒部は、完全な黒板画本の登場は、ヒュース来日前、明治33年発行の平川冬嶺『図画独習　塗板画教本』であると言う。礒部洋司・松本昭彦「黒板画の本――教育略画の系譜に関する研究2――」、『大学美術教育学会誌』第37号、２００４年、44頁。
(38)赤津隆助『教育略画之実際　前篇』東京啓発舎、１９１０年。赤津『教育略画之実際　後篇』東京啓発舎、１９１０年。赤津『学校略画』学校美術協会出版部刊、１９３７年。ここにあげた「教育略画」「学校略画」は黒板画のことである。このほか、黒板画のことを「塗板画」、単に「略画」などという。白浜徴は、塗板画の意義を説き、塗板画の必要性は主として師範学校にあるという。白浜徴『文部省講習会　図画教授法』大日本図書、１９０４年、82～92頁。
(39)増田金吾「明治20年代の図画教育と図画教科書――赤津隆助と図画教科書との関係、特に瀧和亭筆『日本画鑑』の指導内容を中心として――」、中研紀要『教科書フォーラム』No.3、２００５年、13頁。
(40)赤津隆助「図画教育三十年を体験して」新興美育協会編集兼発行『新興美育』第4巻第4号、１９３７年、3頁。
(41)前掲、赤津隆助「郷土教育と想画」、『郷土化の図画手工』、8～10頁。
(42)明治29年（1896）4月1日には、福島県尋常中学校磐城分校（福島県立磐城高等学校の前身）ができ、三郡立磐城高等小学校が廃止されるため、平の小学校は尋常科と高等科を合わせて平町立平尋常高等小学校となった。従って、赤津の入った補習科は、三郡立磐城高等小学校補習科である。

（43）『磐中物語　1』磐中物語刊行会発行、1977年、49・53頁。神林晋は、明治29年9月29日より、31年11月まで福島県尋常中学校磐城分校の書記兼助教諭心得も務めている。福島県立磐城高等学校・創立百周年記念事業実行委員会・百年史編集委員会編『創立百年』福島県立磐城高等学校同窓会発行、1996年、77・86・89頁。

（44）赤津隆助「五人の子等に」、『小さい影』赤津先生記念出版会発行、1927年、14頁。

（45）山形寛の『日本美術教育史』における「小学校図画教科書の変遷の時代区分」による。次の「第一次検定教科書時代」についても同じ。

（46）福島県教育会発行、1934年、118～121頁。「文部省編、小学習画法」は「文部省編、小学習画帖」明治18年刊、「井上九衛、小学習画帳」は「井上九衛著、小学画学帖」明治20年刊、が正しい。

（47）福島県編集・発行『福島県史　第21巻　各論編7　文化2』、1967年、959頁。

（48）同、960頁。「小学校用習画帖」、「帝国毛筆新画帖」共に明治27年刊行である。

（49）金子一夫「明治中期普通教育図画における毛筆画の発生と展開（一）」、『茨城大学五浦美術文化研究所報』第12号、平成元年、6頁。

（50）山形の作成した教科書一覧表をもとに筆者が数えた。前掲『日本美術教育史』、107～130頁。

（51）東書文庫所蔵のもの（第8巻以外はすべてそろっている）には、検定済の文字は全巻で見られない（ただし、別の同文庫所蔵教科書（第1・12・13巻）には検定済とある）。奥付部分は赤津の持っていたものとほぼ同じ（彫刻兼印刷者名が、木村と木邨の違いのみ）であり、何故そうなのか現在不明。

（52）これをV・ローウェンフェルド（Lowenfeld, Viktor 1903～1960）は「写実的傾向の芽生え」の時期と呼び（1947年）、自己意識が拡大し、視覚によってとらえた現実を再現するようになる時期であるとしている。9～11歳の頃。

（53）岸田劉生『図画教育論』改造社、1925年、59・61頁ほか。

（54）橋本泰幸「毛筆画教育移行への要因――開発教授と毛筆画教育――」、『美術科教育学会誌』第6号、1984年、88頁。

（55）前掲、大庭茂美・赤星晋作編著『学校教師の探究』、17頁。

（56）文部省『学制百年史（資料編）』13版、ぎょうせい、1979年、664頁。小学校における4月始期の学年制が法規の上で明文化されるのは、明治33年の小学校令施行規則においてである。
(57) 前掲、篠田弘・手塚武彦『学校の歴史　第5巻　教員養成の歴史』、49頁。
(58) 明治24年11月17日の文部省令「小学校教則大綱」第9条。
(59) 東京府青山師範学校『東京府青山師範学校沿革史』、1926年、74・209頁。
(60) 前掲、陣内靖彦（東京学芸大学創立五十年記念誌編集委員会）『東京学芸大学五十年史　通史編　捕章　大学前史』、387頁。
(61) 陣内靖彦『東京・師範学校生活史研究』東京学芸大学出版会、2005年、57～59頁。
(62) 同、60～61頁。
(63) 同、61頁。
(64) 同、62頁。
(65) 同、63頁。
(66) 赤津の兄・内藤諒太郎が赤津隆助より早くに東京に出て来ており、当時法学院（現中央大学）の学生（特待生）をしていた。この兄は後に、大審院（現最高裁判所）判事・検事を務めた。前掲、赤津隆助『小さい影』「五人の子等に」、15～17頁。
(67) 前掲、赤津隆助『小さい影』「五人の子等に」、17頁。
(68) 同、18頁。
(69) 東京府青山師範学校編『東京府青山師範学校沿革史』、1926年、74～78頁。
(70) 同、84頁。図書名「用器画法並図式」著訳者名「平瀬作五郎纂訳」について、平瀬は『用器画法図式』（中近堂蔵版、明治15年刊）および『用器画法』を著しているので、「用器画法並図式」はこの2冊を指していると思われる。
(71) 同、113頁。
(72) 「用器画法普向（ママ、並図）式」について、明治22年刊行、平瀬作五郎著、金港堂発行のものは、『新撰　用器画法』である。となると、註70で述べた2冊は、『用器画法図式』（中近堂蔵版、明治15年刊）および『新撰　用器画法』（金港堂、明治22年刊）であろう。
(73) 単位は円。明治25年当時の東京府尋常師範学校卒業生の初任給は12円。
(74) 赤津隆助「図画教育三十年を体験して」、『新興美術』第４巻第４号、１９３７年、３〜４頁。
(75) 同、４頁。
(76) 東京都立教育研究所編集発行『東京教育史資料大系　第７巻』１９７３年、40〜43頁。「東京府師範学校用図書目録」より、図書名と著訳編述者氏名のみを抜き出して記した。

第2章　赤津隆助の図画教育研究への接近と師範学校附属小学校における実践

はじめに

本章では、赤津隆助の東京府師範学校卒業直前の頃、並びに東京府師範学校を明治35年（1902）3月に卒業し、同附属小学校訓導に任ぜられて児童の指導を行うことになるまでの間について述べる。

まず赤津が図画教育に関心を持ち始めた第一歩、そして図画教育に関して教えを受けた白浜徴《しらはまあきら》（1865～1928）との関係について触れる。次に、当時東京府師範学校附属小学校で行われていた指導や研究の状況について述べる。

明治41年（1908）に東京府師範学校附属小学校から、さらに明治42年（1909）に校名が改称された東京府青山師範学校附属小学校[1]から出された「図画科教授細目」等[2]の分析を通して、明治時代後期の小学校の教育現場における、図画教育の指導の実態を明らかにする。

教育に実践と理論の両方が必要であることは、論を俟たない。しかし、この時代の、理論から実践へとつながる図画教育の先行研究はほとんど見当たらない。そこで、一事例には過ぎないが、当時の教育界に大きな影響力を持っていた小学校での指導法を明確にすることで、その一端を知ることができると考えた。

また、当時の文部省などから出された図画教育の理念が、実際の教育現場ではどのように受け止められ、生かされていたのかについても触れていく。

第1節　白浜徴との出会い

1．赤津隆助が図画教育に関心を持ち始めた第一歩

次のことは、白浜徴とは直接関係のないことであるが、赤津隆助が白浜と出会う直前の、赤津が図画教育に関心を持ち始めた頃の事柄として、取り上げておきたい。

明治35年（1902）のことである。赤津が東京府師範学校の教生として、尋常科第1学年の修身の時間におとぎ話をするのに、大きな着色画を描いて、児童にそれを示しながら話をしたところ、子どもたちは非常に喜び、予想外の効果があった。その後も、高等科第1学年を対象とした理科教授や地理教授で図画を利用し、自分でも盛んに図を描いて説明し、児童の側にも図をもって記録し表現させることを求めた。これも非常に効果的であった。(3)

その後、赤津は図画教育を目指すことになる大きな転機がやってきたことを次の様に述べる。

其時丁度英国から、ヒュース嬢といふ女流教育家が来て、教育教授の上に図画を利用すべきことを説いた。嬢は女高師の講堂などで講演をして日本は美術国であるから、教育上に図画を利用することが理想的に行はれて居ると思つて、それを見せて貰ひたいこと［貰ひたいと、筆者註］望んで来た。然るに実際は、どこへ行つても見ることが出来ない。誠に遺憾なことであるなどといつた。其後、私の学校へ参観に来て、私がやつて居るのを見て、非常に喜び、青山へ来て始めて希望が満されたといひ、御土産にといつて私の教授用に描い

たものを、澤山持つて行かれた。これが抑々《そもそも》私が図画教育といふものに関心を持ち始めた第一歩である[4]

ヒュース嬢については第1章で、「教授の方法としてしての『黒板画』は、明治34年（1901）に来日した英国の教育家・E・P・ヒュース嬢（Hughes, Elizabeth Phillips 1851～1925）の発言が発端になり盛んになった」と礒部洋司の言を示した。そうした点において、ヒュースの望みをかなえた赤津は大きな貢献をしたと言える。

礒部も、ヒュースが日本の教育事情をつぶさに見てそのレベルに失望した、と述べる[5]。ヒュースが東京府青山師範学校へ参観に来たのは、明治35年（1902）である[6]。引用の赤津の言葉からすれば赤津によって、日本の図画教育の名誉が幾分挽回されたとも言えよう。

一方、赤津自身にとっては、こうしたことが自信につながり、赤津に図画教育の研究を始めさせるきっかけとなる出来事となった。

2. 図画教育法における白浜徴

まず、白浜徴という人物像について、図画教育に関わる部分を中心に述べる。

白浜徴は、慶応元年（1865）に肥前《ひぜん》（長崎県）五島藩の家老の家に生まれた。7歳の時に父親の死に会い、その後は厳格な母親に育てられた。長崎県福江中学校卒業後、長崎の長崎外国語学校にて専ら英語を学ぶが、中退して東京に出た白浜は、明治17年（1884）東京大学予備門に入学した。しかし、ここでも病気のため退学することになる。予備門の同期生には、夏目漱石（1867～1916）、正岡子規《まさおかしき》（1867～1902）、正木直彦《まさきなおひこ》（1862～1940）らがいた。

その後、白浜家は借財を重ね、彼への仕送りも途絶えた。やむなく帰郷し、英語力を買われて長崎県庁外事課へ勤めることになる。そんなある日、東京美術学校が開校されることを知り、その方面に進むことを決意し、再び上京する。

以前より白浜の非凡な才能を認めていた中学時代の親友が、彼の妹を白浜にめとらせると共に、学資一切を賄うことを約束した。こうしたことがあって、白浜は志望していた東京美術学校に、明治22年（1889）に入学することができた。白浜は、在学中飛び抜けて優秀であったので特待生を続けた。

明治27年（1894）、白浜は東京美術学校卒業と同時に、長崎県の活水《かっすい》女学校図画科教授嘱託となったが、翌年には東京高等師範学校長の嘉納治五郎《かのうじごろう》（1860～1938）に熱望され、同校に助教授として赴任することになった。当時、東京高等師範学校図画手工専修科には、浅井忠《あさいちゅう》（1856～1907）、小山正太郎《こやましょうたろう》（1857～1916）、松岡寿《まつおかひさし》（1862～1944）らがいたが、そこへ白浜は図画科の主任として着任した。また、文部省中等教員検定委員なども受け持った。

明治34年（1901）8月には、かつて大学予備門時代に同期生であった正木直彦が東京美術学校長となった。正木は、美術学校の技術本位の科目だけに飽き足らず、白浜の意見も聞いて美術教育面にも目を向け、新たに図画教員課程を新設することにした。同年11月に白浜を美術学校に教授として迎え入れ、翌35年1月には白浜を東京美術学校図画教育課程主任に任じた。

明治35年（1902）1月、文部省は「普通教育ニ於ケル図画取調委員会」を発足させる。東京美術学校の教授になったばかりの白浜徴は7名の委員の一人に加えられた。委員長は正木直彦であった。この委員会から、明治37年（1904）8月には報告書が官報を通じて発表される。ここでの方針に基づいて『新定画帖』が編纂されていく。

明治36年（1903）8月には、文部省主催の東京美術学校における図画教授法講習会があり、白浜は図画教授法を講義した。この講習会は、中等学校の教員、つまり、師範学校、中学校、高等女学校の図画科教員を対象としたものであった。赤津隆助は、師範学校の教員の一人として（最初は師範学校附属小学校教員の立場で）この講義を聞いた。

翌明治37年（1904）3月、白浜徴は正木に命ぜられて渡米し、ボストンのマサチューセッツ州立美術師範学校の第4学年に編入を許され、1年間で卒業した。日本への帰国の途中、イギリス、ドイツ、フランスを視察研究し、明治40年（1907）3月に帰国する。

その後、明治40年6月に増設された東京美術学校図画師範科で、白浜は主任教授として美術教育を講義する。この後、昭和3年（1928）に没するまでの22年間、図画手工教員の養成や『新定画帖』などの図画教科書の編集等を行い、日本の美術教育の発展に尽力した。(7)

なお、赤津の弟子・倉田三郎（1902～1992）は、「白浜徴の美術教育界に残した業績は、美術の教育を普通教育の段階から施すことの意義に目覚めたことにあり、その具体策として、小学校から図画・手工科を正課に位置付けること、そしてその指導内容を明示するために新たに教科書を作成し、これを基準化することとし、この考え方から新定画帖を編纂して文部省発行とした」(8)と述べる。この「美術の教育を普通教育の段階から施すことの意義に目覚めたこと」は極めて重要なことであり、それまでの普通教育における位置付けの不満足さを解消することに役立った。

「具体策として、小学校から図画・手工科を正課に位置付けること」は、手工はともかくとして、明治40年に、尋常小学校においても図画が必修になることなどに結びついている。また、「指導内容を明示するための新たな教科書の作成」、すなわち『新定画帖』誕生は図画教育史上大きな役割を果たした。

倉田はまた、美術教育の理論家、白浜徴の別の面も見ている。「［教育実習校で、増田註］その水際立った授業のうまさに筆者［倉田のこと、増田註］は目を見張った。黒板全面の利用法、チョークによる文字や絵の絶妙さ。筆者［倉田のこと、増田註］はつくづく、師［白浜のこと、増田註］の貫禄の奥に潜む実力の容易ならざるもののあったことを知らされ、敬服の念の新たに湧き出るのを抑えがたかった」(9)と述べる。美術教育理論に優れた白浜の、教育実践面においても実力があったことを物語る話である。

3．赤津隆助の教育実践と白浜徴との関係性

明治35年（1902）3月31日、赤津隆助は成績が優秀であったため、東京府師範学校卒業と同時に、同校附属小学校訓導に任ぜられた。

なお、明治39年（1906）11月1日当時、東京府師範学校附属小学校の本校である東京府師範学校の「図画」担当教員は、東京美術学校を卒業した鵜《う》川《かわ》俊《しゅん》三郎《ざぶろう》教諭であった。鵜川は明治38年4月より勤務している(10)。

赤津は、明治41年（1908）3月31日、27歳の時に本校兼務となる。教諭（最初は教諭心得）兼訓導、つまり本校と附属小学校とを掛け持ちしていた。中等学校卒の赤津は、本来師範学校（中等学校）で教える資格はなかったが、附属小学校での実績を評価されたものと思われる。奮励して翌明治42年12月には「文検《ぶんけん》（文部省教員検定試験）（図画 鉛筆画用器画）」に合格し、中等学校教員免許状を取得し、正式に師範学校教員（中等学校教員）の資格を得ている。さらに、明治43年には、「文検（図画毛筆画用器画）」にも合格する。

なお、明治41年11月に、東京府師範学校は、東京府で2校目の男子師範学校・東京府豊島師範学校設置に伴い、

東京府青山師範学校と改称された。
明治36年（1903）、赤津隆助が22歳の、東京府師範学校附属小学校訓導2年目の8月に、前述した文部省主催の東京美術学校における図画教授法講習会があり、赤津は出席した。受講者は、師範学校・中学校・高等女学校等の図画・手工担当の教師たちであったが、当時東京府青山師範学校附属小学校訓導であった赤津隆助も出席している（訓導6年目で本校、すなわち師範学校と兼務となる）。
その講習会で、赤津は白浜徴から、後の教育・美術教育思想を形成する上で有益な指導を受けているが、そもそも赤津が図画教育ということについて、啓発されたのはこの時であったという。[11]
前述したように、前年の明治35年にヒュース嬢との出会いがあって図画教育に関心を持ち始め、また今回白浜に教授されて啓発されたことは、図画教育の道に進む大きな要因となったことであろう。
その講習会で、赤津は図画教育（図画教授法）を白浜徴に指導され、以後赤津はこの種の講習会に毎回出席し、その回数は昭和5年（50歳）までで7回に及んでいる。
この講習会で白浜は、最初に初等教育における図画の重要なことを説き、図画の意義や価値を述べている。続いて、ドイツ等諸外国、並びに日本の図画教授の沿革についてふれ、図画教授の目的、材料、教授上の注意、教室設備について述べている。[12]
白浜徴は、外国の美術教育諸説を随所に紹介しつつ論じているが、白浜の主張を明確に示しているのは、『文部省講習会　図画教授法』の「第八章　図画教授上の注意」である。「日本人は手先が器用だけれどそれが故に見方の教育を怠る。そこで、幾何形体を利用して、根本的正確なる幾何的写生をなさしむる事など」を奨励している点、[13]などが記されている。

図画教育の講習会は日本で初めてのことであり、白浜が外国の図画教育の動向を交えて、図画教育のしかも初等教育におけるその重要性を論理的に述べた話に、赤津は魅了された。

後に（昭和7年）、赤津は文部省より欧米の図画教育に関する調査を嘱託され、外国の図画教育を実見することになるが、こうした講習会での体験がその契機になっているということはあり得るだろう。

赤津は、白浜から受けた講習の要項を金科玉条として、それを実践した。その際、理論面には詳しいが、指導における実際面での事柄に不足しがちな白浜の側面を、赤津は自らの実践により、確認し補った。この明治36年の講習会で、白浜の主張した「見方を重視した正確な幾何的写生」という理念は、後の新図画教育会著作『図画教育の理想と実現』(1922) における赤津執筆部分の「図画教育の方法」に生きている。

赤津は、「形の観察の材料としては、なるべく形の判明な、色や模様などの複雑でないものがよいと思ひます。（中略）基礎的観察又は説明用として石膏製等の幾何形体や、木製又は金属製の幾何形体や、形体、陰影、遠近等を観察させるのに適当な材料を備へるといふことは、大切なことです」[14]と述べ、また「観察の方法としての基礎は直観であります。色は色を見、形は形に触れる、直接対象にぶつかることが直観でありまして、これが物の観察の基礎であります」[15]と言う。さらに、「絵を見て絵を描かせるのではなく、物を見て画を描かせる様にしたい」[16]とも言う。こうした考えは、新図画教育会の主張する造形主義美術教育としての美術教育思想に集結していくと捉えられる。

文部省主催東京美術学校における図画教授法講習会後、明治37年（1904）、白浜は洋行する。白浜帰国後の講習会でも赤津は熱心に話を聞き、系統的にまとめ、それを教育実践に生かした。赤津は、白浜の理論を実践に生かし、また白浜も赤津を図画教育の実際家として認めていた。[17]

なお、白浜は赤津を頼りにして、毎年のように東京美術学校の、卒業期の教員志望の生徒を東京府青山師範学校に参観に連れてきており、二人の信頼関係がしっかりと築かれていたことがわかる。[18]

第2節　明治時代後期の東京府師範学校附属小学校における図画教育

1．明治時代後期の教育行政と図画教育

明治33年（1900）8月には、「小学校令」が改正された（第3次小学校令公布）。これにより、尋常小学校の修業年限は4ケ年に統一され、高等小学校の修業年限は2ケ年・3ケ年・4ケ年の3種類となった。義務教育は、尋常小学校の全カリキュラム修了が原則とされ、この時初めて義務教育の授業料が原則無償となった。[19]

明治33年に新たに制定された「小学校令施行規則」によって小学校教育が統一整備されるに至った。この後、教育の中央集権化が始まり、「小学校令施行規則」によって示されたカリキュラムは、昭和16年（1941）の「国民学校令」公布（「小学校令」改定）まで小学校教育に大きな影響力を持つこととなる。

なお、この「小学校令施行規則」の第1章　教科及編成、第1節　教則、第1条では、①小学校令第1条の趣旨を遵守して教育すること、②道徳教育・国民教育の全教科目における重視、③知識技能は生活に必須の事項を選んで教授し、反復練習の上自由に応用できるようにすること、④児童の健全な発達を目指して全教科目において発達段階に則した指導を行うこと、⑤男女の特性と将来の生活に注意して教育すること、⑥各教科目の教授は目的・方法を誤らずに相互に連絡しあって効果を上げること、が挙げられている。

明治33年の「小学校令」（第3次小学校令）の本旨は、明治23年（1890）の「小学校令」（第2次小学校令）と全く同

じであると言ってよい。[20] 明治33年の「小学校令施行規則」と、明治23年の「小学校令」に基づく明治24年の「小学校教則大綱」とを比べてみると、前述の「①小学校令第1条の趣旨を遵守して教育すること」を始め、②・③・⑥の4点は共通して示されているが、「④児童の健全な発達を目指して全教科目において発達段階に則した指導を行うこと」、「⑤男女の特性と将来の生活に注意して教育すること」が今回新たに加えられている。こうした点に、文部省の教育への意気込みが感じられる。これは、日清戦争で勝利し、本格的な資本主義国家としての準備を整えた政府の姿勢が背後にあるだろう。

図画科に目を向けると、明治23年(1890)の「第2次小学校令」公布の時と同じく、尋常小学校「図画」随意、高等小学校「図画」必修である(「手工」尋常・高等小学校共に随意)。

明治24年の「小学校教則大綱」で、「図画ハ眼及手ヲ練習シテ通常ノ形体ヲ看取シ正シク之ヲ画クノ能ヲ養ヒ兼ネテ意匠ヲ練リ形体ノ美ヲ弁知セシムルヲ以テ要旨トス」と規定された図画科の要旨(目的)は、今回「小学校令施行規則」第8条では「図画ハ通常ノ形体ヲ看取シ正シク之ヲ画クノ能ヲ得シメ兼ネテ美感ヲ養フヲ以テ要旨トス」と変えられた。

こうした図画教育においても、水原克敏が、「前回の規定の『眼及手ヲ練習シテ』と言う開発主義の影響が感じられる項目は削除され、簡潔な内容となった[21]」というように、明治20年前後には開発主義(実利的教育説)が一世を風靡していた。

また、前述[22]したが、明治24年制定の「小学校教則大綱」における「清潔を好み綿密を尊ぶ習慣を養う」といった一見図画教育とは関係ないと思われる内容は、前回の規定そのままである。当時の道徳教育(修身)のことを考えれば、「清潔と綿密を尊ぶ習慣形成」の点は理解できる。

なお、明治33年（1900）の「小学校令」改正（第3次小学校令）、同年新たに制定された「小学校令施行規則」による教育改革は、水原が「今回のカリキュラム改革は、この後、一九〇七年の義務教育延長、一九二六年の高等小学校のカリキュラム改革など小さな修正はされるものの、一九四一年（昭和一六）国民学校令によるカリキュラム改革を迎えるまで、基本的内容に大きな変化はなかった。その意味で、一九〇〇年のカリキュラム改革は戦前日本を支配した重要な改革であった」(23)というように、日本教育史上大きな節目となるものであった。

明治40年（1907）3月には、小学校令、並びに小学校令施行規則が大きく改正された。やはり、その第8条に、図画の要旨が示されている。(24)なお、この小学校令施行規則は、明治40年3月25日に改正され、第8条を含む大部分が明治41年4月1日より施行された（一部、40年4月1日施行）。

明治40年の小学校令改正により尋常小学校義務教育年限が4年から6年に延長された。施行は、翌年4月からである。尋常小学校で初めて図画が必修科目（第3学年以上）となる。これによって、尋常小学校においても図画を行う学校が激増し、図画科は大きく発展した。内容は、第3学年が「単形　簡単ナル形体」、第4学年から第6学年までは「簡単ナル形体」と、簡単な形体を描かせることであった。週あたりの時間数は、第3・4学年が1時間、第5・6学年は男子が2時間・女子が1時間である。

高等小学校は図画必修で、それまでと変わっていない。内容は、第1学年が「諸般ノ形体」、第2学年は「諸般ノ形体（簡単ナル幾何画）」で、3年制の高等小学校では第1学年が「諸般ノ形体」、第2学年は「諸般ノ形体（簡易ナル幾何画）」、第3学年は「諸般ノ形体（簡易ナル幾何画）」であり、様々な形体を描かせることと第2・3学年ではそれに加えて簡単な幾何画を描かせることであった。週あたりの時間数は、第1・2・3学年共、男子が

2時間・女子が1時間である。

明治44年（1911）に、さらに小学校令が改正されるが、前回明治40年の改正と同じく、尋常小学校で図画必修、手工随意、高等小学校で図画必修、手工随意である。高等小学校の図画の内容は前回と同じだが、週あたりの時数における男女の区別はなくなり、すべて1時間となる。手工は高等小学校の授業時数が3倍（女子は2倍）となるが、結果的には設備や指導力の点で消化しきれなかったこと、選択方法が変わり取りにくくなったことなどの理由により、加設校は激減し、その影響は尋常小学校にも及んだ。

話を明治40年に戻すと、水原が「やはり、義務教育延長は、産業革命による労働過程の変化に対応できるマン・パワーの養成という課題に対応したものであった。だからこそ、後にみるように、教科目では、理科と手工科の設置義務と奨励とがなされたのである」[25]というように、日本における産業革命による経済発展や資本主義の発達のために、4年から6年への義務教育延長が必要であった。

義務教育年限が6年になることにより、高等小学校あるいは中学校（高等女学校）への進学時期が同じになった。このことにより、上級学校へ接続しない高等小学校の存在が、より明確に一般市民層のための学校に位置付けられた。この点を、水原は「カリキュラム・内容政策の観点から見れば、中学校・高等学校・大学へ連なる学問・真理教育の系譜とは別の、端的に言えば、国民教化装置としてまた低賃金労働者用の知識・技能・態度教育の系譜として成立したことを意味する」[26]とまで述べている。

これに反し尋常小学校については、「そして、尋常小学校は、エリート教育の基礎であると同時に国民教化の基礎としても位置付けられ、国民すべての共通基礎形成を担う学校となったことを意味する」[27]と水原は述べる。このことは、それまでの尋常小学校と高等小学校とが組み合わさっていた「小学校教育」の形を崩し、尋常小学校から高等小学校へと進む者と尋常小学校から中学校（高等女学校）へと進む者とに大きく隔てるかに見えたが、国民の大半は高等小学校へ進んでいたので小どもたちには疎外感はそれほど感じなかった、と思われる。

一方、明治35年に文部省に設置された、正木直彦、黒田清輝《くろだせいき》（1866～1924）、滝精一（1873～1945、和亭の子）、上原六四郎《うえはらろくしろう》（1848～1913）、白浜徴、溝口禎二郎《みぞぐちていじろう》（1872～1945）、小山正太郎、鵜川俊三郎（1873～1935）を委員とする「普通教育ニ於ケル図画取調委員会」の調査結果が、明治36年（1903）夏の文部省主催の図画教授法の講習会で発表された。

正式な発表は、明治37年（1904）8月の官報の学事としてなされた。これは、金子一夫が「事実この報告内容が明治後期の図画教育政策の目標となったのであった」[28]と述べているように、その後の図画教育に大きな影響を与え、一方これは教育的図画の発端ともなった。

そして、国定教科書制度が発足した。贈収賄事件などを理由として、小学校の教科用図書の著作権を文部省が持つことと規定されたのは、明治36年4月13日改正の「小学校令」によってである。明治37年度から実施された。少し遅れたが図画科は、明治37年10月から38年1月にかけて最初の国定図画教科書、文部省著作・画者小山正太郎の『鉛筆画手本』、同・画者白浜徴の『毛筆画手本』が発行され、教科書翻刻、供給実施が、明治38年度から行われた。

図画は「小学校令」では国定を原則としながらも、「小学校令施行規則」（明治36年4月29日改正）によれば、国語書き方、算術などと共に教科書は使用しなくても良いということであった。[29]東京府青山師範学校附属小学校では、こうしたことと共に、後述する東京府青山師範学校附属小学校独自の指導を行うことにより、国定図画教科書『鉛筆画手本』や『毛筆画手本』を使わなかった。

前述のように、『鉛筆画手本』『毛筆画手本』は、図画取調委員会の報告書が発表されてから発行されたものである。しかも、小山と白浜は図画取調委員会と国定図画教科書の両方に深く関わっていたのであるから、報告書の精神が教科書に生かされてよいはずだが、十分に生かされるに至っていない。山形寛は、その理由は時間的余裕がなかったためかと思われると述べている。(30)

以上述べたように、明治後期になって、学校教育、並びに図画教育が整備され、拡充された。これが、明治43年(1910)の『新定画帖』の発行となるに及び、更に新しい展開を迎える。なお、この『新定画帖』は、著者の一人・白浜徴が海外視察で得たものが大いに関係し、アメリカの美術の教科書、H・B・フレーリッヒ(Froehlich, Hugo B.)とB・E・スノウ(Snow, Bonnie E.)の共著 *Text Books of Art Education* を参考に編纂された。

一方、文部省より諮問を受けて明治42年に全国連合教育会が答申した各教科内容の改善案に、「図画では、写生を主とし、簡単な図案画・意匠・模様画そして彩色法を内容に取り入れること」(31)とあるが、写生を始めとしそうしたことが『新定画帖』に反映されていることに注目したい。

2. 東京府青山師範学校附属小学校の指導体制

東京府師範学校は、東京府豊島《としま》師範学校の誕生に伴い明治41年(1908)11月に東京府青山《あおやま》師範学校と改称された。これに伴い、附属小学校は「東京府青山師範学校附属小学校」(以後、原則として青山師範附属小と略称する)となる。

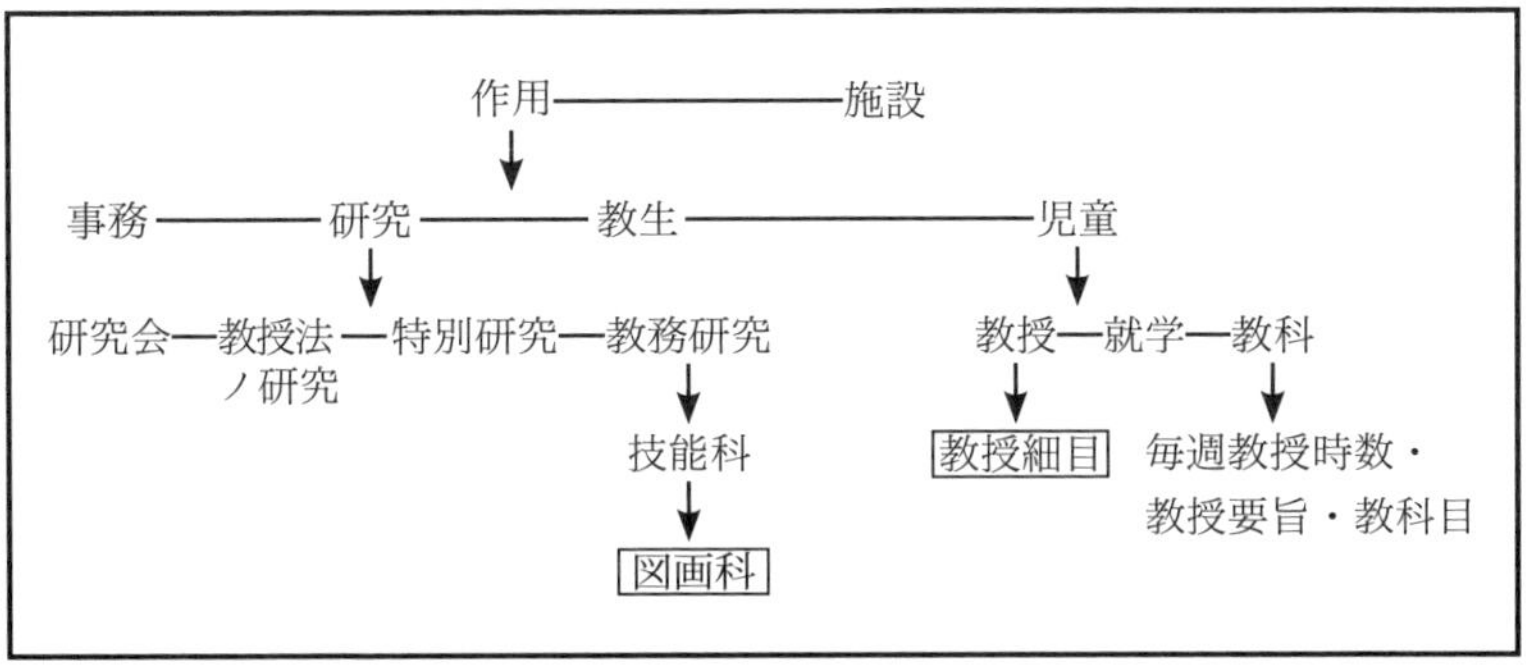

図2-1　「附属小学校教育概覧」（東京府青山師範学校附属小学校における教育指導と研究の体制）（筆者により簡略化したもの）

当時の青山師範附属小の教育指導・研究組織について記しておく。明治42年（1909）に出された『明治四十二年七月　東京府青山師範学校附属小学校一覧』[32]の冒頭に掲載されている「附属小学校教育概覧」を基にそれを筆者が簡略化した図（図2-1）を示す。項目として省略した部分が多いが、ここでは各項目が分化していく状態を表示することをねらいとして作成している。

このような形によって、当時の青山師範附属小では教育指導と研究の体制が組織的に組まれ、行われていた。

〈作用〉↓〈児童〉↓〈教科〉と細分化していき、この〈教科〉の中は、〈教科目〉・〈教授要旨〉・〈学年〉・〈学期〉・〈休業日〉・〈毎週教授時数〉が示されている。

この内、〈教科目〉欄には尋常科と高等科（修業年限二ケ年）とがあり、いずれにも図画が置かれている。〈教授要旨〉の欄には、「小学校令施行規則第一条乃至第十六条ニ準拠ス」[33]とある。〈毎週教授時数〉欄の図画は、尋常科第1学年から第4学年は各1、同第5学年から高等科第2学年は各学年男子2・女子1とある。

これは小学校令施行規則（明治40年）よりも若干充実したものとなっている。施行規則では、欄外に「[尋常小学校の、筆者註]図画ハ第一学年第二学年ニ於テハ毎週一時之ヲ課スルコトヲ得」とあり、表中の時数欄は空白となっていて、尋常科第1学年・2学年は時数が明示されていない。

次に、「附属小学校教育概覧」の〈作用〉↓〈児童〉↓〈教科〉と細分化された内の〈児童〉の中の、〈教授〉という欄に注目する。この〈教授〉の最初に、〈教授細目〉の欄があり、「教務研究部ニ於テ調査立案シ職員会議ヲ経テ主事之ヲ定ム」とある。このように、教科を指導するに当たって教授者は、教授細目を立案することになっている。

「附属小学校教育概覧」の〈作用〉の内、〈研究〉の欄に〈教務研究〉・〈特別研究〉・〈教授法ノ研究〉などが位置づけられている。

〈教務研究〉の一つに技能科があり、その中に、遊戯体操科、唱歌科、図画科、裁縫科、作法科、手工科があり、各教科が毎週1回の割りで研究会を開いている。

〈特別研究〉欄には、「教材及ビ教授法ニツキテ各訓導ハ一科目以上ヲ専攻科トシテ特別研究ス」とある。また、〈教授法ノ研究〉欄には、「教授法ノ研究、訓導ノ模範教授、訓導相互ノ批評教授（毎週1回）」とある。

以上のような形によって、当時の青山師範附属小では教育指導と研究の体制が組織的に組まれ、行われていた。

3. 東京府青山師範学校附属小学校の指導について対象として扱った資料

ここで扱った資料（形は、手書き冊子体）は、

① 「明治四十一年度起　技能科研究部記録　図画科研究部」

② 「明治四十一年四月　図画科細目　東京府師範学校附属小学校　図画科調査部」

③「明治四十一年十月　図画教授細目　附属小学校」
④「明治四十二年四月改定　図画科教授細目　東京府青山師範学校附属小学校」、の4冊[34]である。
ただし、③「明治四十一年十月　図画教授細目　附属小学校」は、②「明治四十一年四月　図画科細目　東京府師範学校附属小学校　図画科調査部」を手直ししたものなので③の十月版の方を使用する。

従って、実質的には、①・③・④の3冊について検討することとする。[35]

前述した3資料を、①・③・④の順で検討していく。

その方法として、この3資料について本章論述上重要と思われる部分ついて、これらを作成する際参考にしたであろうと考えられる次のa・b・cの3点と照らし合わせて検討し、考察・論述していく。

「a．明治40年3月改正の小学校令施行規則第8条」。これは、この3点中年代的には最後のものであるが、法規であり、また明治33年のものとあまり変化がないので最初に確認することとした。

「b．『普通教育ニ於ケル図画取調委員会』の報告」（明治37年8月官報報告）。

「c．国定図画教科書『鉛筆画手本』『毛筆画手本』」（明治38年4月供給実施）。

これらa・b・cは、通常の形態を見て正確に描くこと、併せて美感を養うことを目指している点は共通しているが、微妙に違う点もあるのでそれぞれ見ていくこととする。

なお、青山師範附属小における資料と小学校令施行規則（明治40年）は、尋常小学校6ケ年間（義務教育）と高等小学校2ケ年間のものであり、図画取調委員会報告と国定図画教科書『鉛筆画手本』『毛筆画手本』に関しては、尋常小学校4ケ年間[36]（義務教育）、高等小学校4ケ年間に関わるものである点を考慮して検討しなければならない。

ここで以下の4.（第4項のこと）「明治四十一年度起　技能科研究部記録　図画科研究部」、5.（第5項のこと）「明治四十一年十月　図画教授細目　附属小学校」、6.（第6項のこと）「明治四十二年四月改定　図画科教授細目　東京府青山師範学校附属小学校」の構成について触れておきたい。
「4.」と「5.」においては、指導内容の実態をより具体的に伝えようとしたために、引用部分がやや多い。また、考察を逐次行っている。そして、「4.」と「5.」で項目の重なる部分は、「4.」でまとめて述べた。
しかし、「6.」は、「4.」と「5.」との集約的意味合いを持つものであり、資料をまとめた形式で示した。

4.「明治四十一年度起　技能科研究部記録　図画科研究部」

(1)概要、並びに図画科目的・週時数

①概要

「明治四十一年度起　技能科研究部記録　図画科研究部」を含む今回実見した「3.　東京府青山師範学校附属小学校の指導について対象として扱った資料」の対象資料すべてが、毛筆による手書きのもので、縦書きである。頁は付されていない。

この資料の編者は、東京府師範学校附属小学校の図画科研究部である。本冊子の最初の方に、調査部員　服部《はっとり》訓導とある。服部訓導とは、服部蓊《はっとりしげる》のことである。(37)

「明治四十一年度起　技能科研究部記録　図画科研究部」で扱った期間は、明治41年と42年度である。次に示す目録［目次のこと、筆者註］の第五と第十については、別冊が付いている。

本文の最初に、目録が載っている。その内容は次の通りである。

＊第一、図画科細目編成の標準
第二、用器画教材について(38)
＊第三、図画科細目教材選択の標準
＊第四、図画教授上の注意
第五、図画科細目
第六、随意画、看取画、用器画
＊第七、新教授細目に関する調査
＊第八、図画科教授に於ける批正法
第九、劣等児取扱法
第一〇、図画科細目
この内、＊印を付したものは本項で取り上げた項目である。

この目録「第五、図画科細目」の本文は、「第五、図画科細目（四十一年四月実施）別冊」とあり、それ以外の説明はない。この別冊というのが、本節の「3.（第3項のこと）」で述べた②の「明治四十一年四月　図画科細目　東京府師範学校附属小学校　図画科調査部」（「明治四十一年十月」版のもとのもの）である。

また、同「第一〇、図画科細目」の本文は、「第一〇、図画科細目（四十二年四月実施）別冊」とあり、この別冊は同じく本節の「3.」の④「明治四十二年四月改定　図画科教授細目　東京府青山師範学校附属小学校」のことである。
これら、明治41年10月版（明治41年4月版を改定したもの）と42年4月版の図画科細目は、別の項で扱う。

②図画科目的

この技能科研究部記録中に、図画の目的の項はない。「明治四十一年十月　図画教授細目　附属小学校」においてもしかりである。

しかし、書籍『明治四十二年七月　東京府青山師範学校附属小学校一覧』の「第五　規則」において、「明治40年3月改正の小学校令施行規則第8条」を示して、図画の要旨（目的）を掲げている。従って、「目的」はこれによって、代えていると解釈できる。

そうした場合、青山師範附属小の図画科目的は、図画取調委員会報告における「正確に見て自由に描写する」という視点[39]はないものの、その時代の図画科の目的に沿ったものであったと言えよう。

③毎週図画時数

これは、2項「東京府青山師範附属小の指導体制」で述べた通り、尋常科第1学年から第4学年は各1、同第5学年から高等科第2学年は各男子2・女子1である。

小学校令施行規則では、尋常科第1・2学年では、図画はやってもやらなくてもよいことになっており、青山師範附属小の方が若干充実したものとなっている。

図画取調委員会報告では、尋常科第1学年から4学年、高等科第1学年から4学年全体を通して、手工を含め図画科が毎週計3時間となっている。手工を除くと、全学年2時間の計算になる。しかし、実際に教授する場合には、必ずしも1時間を単位としないで、科目の種類によっては1時間を分割して他の教科を教えてもよい、としている。従って、図画取調委員会報告のものに比べれば青山師範附属小の図画科時数は少ないが、現実的には青山師範附属小の方が充実していたと言えよう。

この後、本項「4．明治四十一年度起　技能科研究部記録　図画科研究部」の目録（目次）中、本章論述上重要と思われる項目を取り上げ、内容を記した上で、第2節の「3．東京府青山師範学校附属小学校の指導について対象として扱った資料」の「a．明治40年3月改正の小学校令施行規則第8条」、「b．『普通教育ニ於ケル図画取調委員会』の報告」、「c．国定図画教科書『鉛筆画手本』『毛筆画手本』」との関連を見ながら、考察し論述していく。

(2)「第一、図画科細目編成の標準」

ここでは、「一、方法的種類及び其割合」と「二、主として授くべき画法形式」を挙げている。

①方法的種類及びその割合

まず、方法的種類及びその割合が表になっているので、ここに示す（表2－1）。

次に、図画取調委員会報告に見られる教授時数が表（表2－2）になっているので、これを掲げ、「明治四十一年度起　技能科研究部記録　図画科研究部」（表2－1のこと）と比較検討する。

なお、比較の前に、今日では使われなかったり、意味が変わってきたりしている画法名も多いので、言葉の意

表2-1　青山師範附属小における技能科研究部記録の方法的種類及びその割合

用器画	考案画	書取画　記憶画	臨画	看取画　写生画	随意画	画法／学年
〇	一	二	二	一	四	尋一
0	10	20	20	10	40	
〇	一	二	二	三	二	尋二
0	10	20	20	30	20	
〇	一	二	二	三	二	尋三
0	10	20	20	30	20	
〇	二	二	二	三	一	尋四
0	20	20	20	30	10	
一	二	二	二	三	〇	尋五
10	20	20	20	30	0	
一	二	二	二	三	〇	尋六
10	20	20	20	30	0	
一	二	一	二	四	〇	高一
10	20	10	20	40	0	
一	二	一	二	四	〇	高二
10	20	10	20	40	0	

*尋一とは、尋常小学校第一学年のこと。高一とは、高等小学校第一学年のこと。
*各学年の下段は、学年ごとに各画法が割り振られた割合（%）である。

表2-2　「普通教育ニ於ケル図画取調委員会」の報告、における教授時数

計	考案画	幾何画（用器画）	記憶画	書取画	看取画	写生画	臨画	随意画	
八〇	｜	｜	｜	｜	｜	｜	三〇	五〇	尋一
100							38	63	
八〇	｜	｜	一〇	二〇	｜	｜	五〇	｜	尋二
100			13	25			63		
八〇	｜	｜	一〇	一五	二五		三〇	｜	尋三
100			13	19	31		38		
八〇	一五	｜	一〇	｜	三〇		二五	｜	尋四
100	19		13		38		31		
八〇	一五	｜	一〇	｜	一〇	二五	二〇	｜	高一
100	19		13		13	31	25		
八〇	一五	｜	一〇	｜	一〇	二五	二〇	｜	高二
100	19		13		13	31	25		
八〇	一五	二〇	｜	｜	一〇	二五	一〇	｜	高三
100	19	25			13	31	13		
八〇	二〇	二五	｜	｜	一〇	二五	｜	｜	高四
100	25	31			13	31			

*各学年の上段は、教授時数。元の表は、120時と見なして作成されたものであるが、ここでは全学年において40時の手工部分を削除して作り直してある。そのため、左端の学年ごとの計が80となっている。
*各学年の下段は、学年ごとの画法の割合（%）。

味を確認しておきたい。

まず、写生（画）は、実物をなるべく正確に描くことである。看取画《みとりが》とは、形態を正しく観察して、その要点を頭脳の中に入れてから描く絵のことである。[40] 記憶画とは、「一度描いた図を再び記憶のみを頼って描く方法」[41]である。書取画《かきとりが》は、簡単な形体や模様などについて、それを口で伝えて絵に描かせるものである。考案画は、自己の創意もしくは工夫によって描くもの。工夫画ともいう。[42] 用器画は、図法製図等の語がこれに該当する。[43] 幾何画も同じ意味に捉えられる。

青山師範附属小（表2－1）と図画取調委員会（表2－2）の両者を比較した結果、見えてくる主な点は次の通りである。臨画に代表されるように、青山師範附属小の方は全学年を通じて各画法がやや平均的に実施されているのに対し、図画取調委員会報告の方は、学年段階により大きく変化しているということ、である。

このことは、図画取調委員会報告の方が、児童の発達により即した捉え方をしているが故と見ることができよう。しかし、図画取調委員会報告のように随意画を尋常科第1学年でやめてしまわず、青山師範附属小の方は学年が進むに従い少なくなってはいくが尋常科第4学年まで続けていること、用器画（幾何画）を高等科第3・4学年で行うだけでなく、青山師範附属小の方は尋常科第5学年から始めている点などは、発達段階的な見方をする際、極端な切り方をしていない東京府青山師範学校附属小学校の方が自然な形となっているのではないかと考える。[44]

また、図画取調委員会報告での臨画は、学年を追うごとに減っていく。その代わり、写生画や考案画が増えていく。臨画をそれらの基礎と捉えれば納得がいく。一方、青山師範附属小の方も写生画・看取画や考案画が、[45] 学年が進むに従い増えていく。しかし、臨画は変わらない。これは、高学年において臨画が教育的意義を持つことを理解していたためと受け取れないだろうか。

青山師範附属小において、この時既に写生画・看取画を尋常小学校1・2年生でも行っていた点は注目すべきであろう。

②主として授くべき画法形式

ここでは、位置法、(46) 遠近法、彩色法などの画法形式が、どの学年から教えられるべきかを示している。

青山師範附属小では、位置法は、尋常科第1学年から、遠近法は同第3学年から、明暗法は同第4学年から、彩色法は同第5学年からそれぞれ指導するようになっている。「明治四十一年十月　図画教授細目　附属小学校」で、技能科研究部記録と同じものが「教材ノ配当」中の二つ目の表として挙げられている。

この画法形式に関しては、「a．明治40年3月改正の小学校令施行規則第8条」、「b．『普通教育ニ於ケル図画取調委員会』の報告」、「c．国定図画教科書『鉛筆画手本』『毛筆画手本』」では、いずれにおいても触れていない。

(3)「第三、図画科細目教材選択の標準」

内容は次の通りである。

1．他教科に於て教授したるものか或は児童日常（日常児童）目撃するものなること

2．児童の嗜好に適し又其心意発達の程度に適するものなること
3．美感の養成に適するものなること
4．簡単にして明瞭に看取し得らる（易キ）ものなること
5．実物は児童各自に所持せしめ得べきか又は多数児童の同時に観察せしめ（シ）得べき便あるもの（アルモノナルコト）
6．図画の形式的順序に適合するものなること

＊（　）内は、「明治四十一年十月　図画教授細目　附属小学校」において記載されていた表現。その直前の傍線部分を「十月版」で変えたという意味である。

「明治四十一年度起　技能科研究部記録　図画科研究部」と「明治四十一年十月　図画教授細目　附属小学校」とは、文章も趣旨は同じであるが、「明治四十一年十月　図画教授細目　附属小学校」の方が文章は練られた感がある。また、順序として、上記1番と2番とが逆であり、「明治四十一年十月　図画教授細目　附属小学校」では「児童の嗜好に適し又其心意発達の程度に適するものなること」が最初に来ている。

上記1と3は、「a．明治40年3月改正の小学校令施行規則第8条」でもうたっていることである。また、3の内容は「b．『普通教育ニ於ケル図画取調委員会』の報告」の図画の目的部分後半に、また「c．国定図画教科書『鉛筆画手本』『毛筆画手本』」凡例の5にある。

しかし、それ以外は青山師範附属小独自のものと見ることができよう。とりわけ、2の、児童の嗜好や発達の段階について考えている点は注目に値しよう。小学校令施行規則でも発達のことには触れているが、嗜好のこと

は触れていない。教材を選択する際、嗜好のことまで踏まえて実施させることは重要な視点の提示と言えよう。

（4）「第四　各教法上の諸注意（第四、図画教授上の注意）」

目録（目次）には、「第四、図画教授上の注意」とあるが、本文中では「第四、各教法上の諸注意」となっている。

この部分は、「明治四十一年十月　図画教授細目　附属小学校」では、「教授上ノ注意」の後半部分に記されているものである。「明治四十一年度起　技能科研究部記録　図画科研究部」には、「明治四十一年十月　図画教授細目　附属小学校」の「教授上の注意」前半部分はない。

以下、本箇所の内容を掲げるが、長くなるので画法ごとに考察を加えていくこととする。

一、随意画（随意画教授ハ）

図画科固有の形式によらず児童発達の階段に従ひ半（バ）遊戯的に半（バ）作業的に課し図画につきての（ツイテノ）興味を喚起するに務むべし（スルコトニカムベシ）

＊（　）内は、「明治四十一年十月　図画教授細目　附属小学校」記載の表記である。この項は「明治四十一年度起」のことを述べる部分であるが、「十月版」で新しくしたことがよくわかるように「十月版」を合わせて記した。（　）内直前の傍線部分は「明治四十一年度起」のもので、「十月版」において（　）内に変えた、という意味である。以下、本項において同じ。

「b．『普通教育ニ於ケル図画取調委員会』の報告」における教授上の注意の随意画に関する事項では、図画についての興味を喚起するという点は共通するが、他は異なる。

「明治四十一年度起　技能科研究部記録　図画科研究部」で言う「図画科固有の形式によらず児童発達の階段に従ひ半遊戯的に半作業的に課し」という部分は重視したい。それは、児童の発達段階を考慮しつつ、半ば遊び的に、半ば作業的にというところがよいと捉えるからである。

遊びに傾き過ぎている今日の「造形遊び」に取り入れたい要素であると考える。

一、臨画

臨画教授に於ては実物と手本とにつき比較し実物と絵画との関係を明にすべし

「b．『普通教育ニ於ケル図画取調委員会』の報告」の臨画の項目で述べている「臨画ハ教授ノ際成ルヘク実物若クハ模型ヲ示シテ範本ト対照シ児童ヲシテ画中形相ノ意義ヲ十分ニ理解セシメタル（後略）」ということを、ここでは、簡単に、臨画教授では実物と手本とを比較し、実物と絵画との関係を明らかにすべし、と述べている。

一、考案画

初めは幾何画的のものより漸次進むに従ひ自然物につき自ら工夫創造するに至らしむべし

考案画については、「明治四十一年十月　図画教授細目　附属小学校」の「教授上ノ注意」にその記述はない。

「b．『普通教育ニ於ケル図画取調委員会』の報告」の考案画の項目では、考案画は児童の自己創作力を養うもので、その種類が図案と作画の二種類ある、と言っている。「明治四十一年度起　技能科研究部記録　図画科研究部」の記述は、図案を中心としたものとなっている。

また、「c．国定図画教科書『鉛筆画手本』『毛筆画手本』」の尋常・高等小学校の共に凡例2において、本書で著しく絵の数を少なくしたのは、考案画・記憶画・写生画等を課する余裕を作るためだとしている。加えて、『高等小学毛筆画手本』凡例6では、考案画は創作力を養成するのに最も必要なものであると言っている。

このように、「b．『普通教育ニ於ケル図画取調委員会』の報告」、「c．国定図画教科書『鉛筆画手本』『毛筆画手本』」と同様、「明治四十一年度起　技能科研究部記録　図画科研究部」においても、考案画は創造性を養うのに適した画法であるとしている。

一、用器画
教授の際正確に画かしめ実際の応用を主とし自在画、手工科と連関し抽象的に流れざる様にすべし

用器画についても、「明治四十一年十月　図画教授細目　附属小学校」の「教授上ノ注意」にその記述はない。「a．明治40年3月改正の小学校令施行規則第8条」では、高等小学校で土地の状況によっては幾何画（用器画も同義）を行うとしている。

また、「b．『普通教育ニ於ケル図画取調委員会』の報告」における教授上の注意の幾何画に関する事項と同じ趣旨のことを、より明解に述べている。

これは、「a．明治40年3月改正の小学校令施行規則第8条」、「b．『普通教育ニ於ケル図画取調委員会』の報告」に則しているとみてよい。

一、見取画（見取画教授ニ於テハ）〔見取画は、看取画に同じ、筆者註〕

実物の特徴及び要点を失はざる様注意し漸次時間を短くし（短シ）記憶により描き得るに至らしむべし

「b．『普通教育ニ於ケル図画取調委員会』の報告」における教授上の注意において、見取画は物の要点を抄写すべき性質のものなので、その学習方法は写生とは違って、必ず一定時間内に描き終えることとある。「明治四十一年度起　技能科研究部記録　図画科研究部」にあるものも、これとほぼ同じであるが、見る時間をだんだん短くしていき、記憶によって描けるまでにするという点は異なる。

一、記憶画（記憶画教授ニ於テハ）

始めは児童が一度学習したる図画を想ひ起さしめて描かしめ後には未だ描写せざる実物を一定時間内熟視し然る後記憶によりて之を写し得るに（出サシムルニ）至らしむべし

「b．『普通教育ニ於ケル図画取調委員会』の報告」における教授上の注意において、記憶画と書取画の練習は図画を実際に応用するための準備として、また考案画の入門部分として欠くことができないと述べ、その後記憶画・書取画の説明に入る。このうち、記憶画の説明に関し、ここに引用した「明治四十一年度起　技能科研究部

記録　図画科研究部」の記述は、図画取調委員会報告のものとほぼ同じである。

また、「c．国定図画教科書『鉛筆画手本』『毛筆画手本』」の記憶画に関する記述は、次の写生画に関する記述と共に、先に「一、考案画」部分で述べたことと同じである。

一、写生画（写生教授ニ於テ注意スベキコト左ノ如シ）

1．物体を観察せしむるには主として左の要点につき（テ）観察せしむべし

イ．位置（位置、「十月版」において記号のイは付いていない。以下、写生における記号についてはすべて同じ）

ロ．形状

ハ．遠近

ニ．明暗

ホ．色彩（彩色）

ホの「色彩」が「彩色」に替わるのみで、写生画の内容については、「明治四十一年十月　図画教授細目　附属小学校」においても同じ表記である（ただし、平仮名部分がカタカナに替わっている）。

「b．『普通教育ニ於ケル図画取調委員会』の報告」における教授上の注意において、写生を教えるにはまず児童に物体の位置、距離及び光線の関係によって形相に変化があるわけを明示し、それから描かせよとある。

「明治四十一年度起　技能科研究部記録　図画科研究部」では、これに色彩のことが加わっている。「明治四十一年四月　図画科細目　東京府師範学校附属小学校　図画科調査部」において、彩色は尋常科第4学年までは色

鉛筆を、尋常科第5・6学年、高等科は毛筆を用いることを主としている。そして、尋常科第1学年2学期の題目（題材）の教法に「写生着色」が登場し、もみじばの実物を各自に持たせて行うものなどがある（「明治四十一年十月　図画教授細目　附属小学校」、すなわち「明治四十一年十月」版にも同じものあり）。

当時の図画教育の状況を考えた時、色彩に関するこうしたことは卓見であると言えよう。

次の「一、写生画　2．物体を観察せしむるには其種類により左の場合中最適当なる配置をなすべし」以下については、写生画に関して「b．『普通教育ニ於ケル図画取調委員会』の報告」に関わる記述はない。「一、写生画」について、この後、3．観察対象の物体の置き方（組み合わせ、高さ、光線など）に関すること、4．物体を観察する際の道具や方法に関すること、5．物体を描写する際の姿勢や目の高さなどに関することなど、それぞれ具体的な方法が示されている。

以上のように、写生画に関しては、非常に詳しく述べられている。これは、それだけ青山師範附属小では写生に力を注いでいたということである。

（5）「第六、随意画、看取画、用器画」「第七、新教授細目に関する調査」

①「第六、随意画、看取画、用器画」

目録（目次）ではこう示されているが、文中では、「第六、図画科に関する調査（四一、一一、一四）随意画、看取画、用器画」と記されている。

随意画、看取画、用器画については、既に（4）「第四　各教法上の諸注意（第四、図画教授上の注意）」において指導法を述べたので「第六」は省略する。

② 「第七、新教授細目に関する調査」

文中タイトルの脇に「(全国附属小学校の新研究[47]に載す)」とある。その全体像を以下に示す。

図画科教授細目例(書籍『全国附属小学校の新研究』では、ここに「教科書ヲ採用セズ」と付している)

尋常科第四学年第二学期

教材[48]、茶筒　写生　第一週一時間

要旨、茶筒を写生せしめて円柱形透視図法を授くるを以て要旨とす

要項、一、円柱形透視図法を授く

二、円柱所属物体の明暗の見方表はし方を授く

三、画面の中央にある画の位置法を授く

四、彩色(『全国附属小学校の新研究』には、ここが「彩色画」となっている)練習

連絡、なし

準備、茶筒、円柱模型、(『全国附属小学校の新研究』には、ここに「模範画」が加えられている、)円柱透視説明説《ママ》(『全国附属小学校の新研究』は、「円柱透視説明図」となっている)

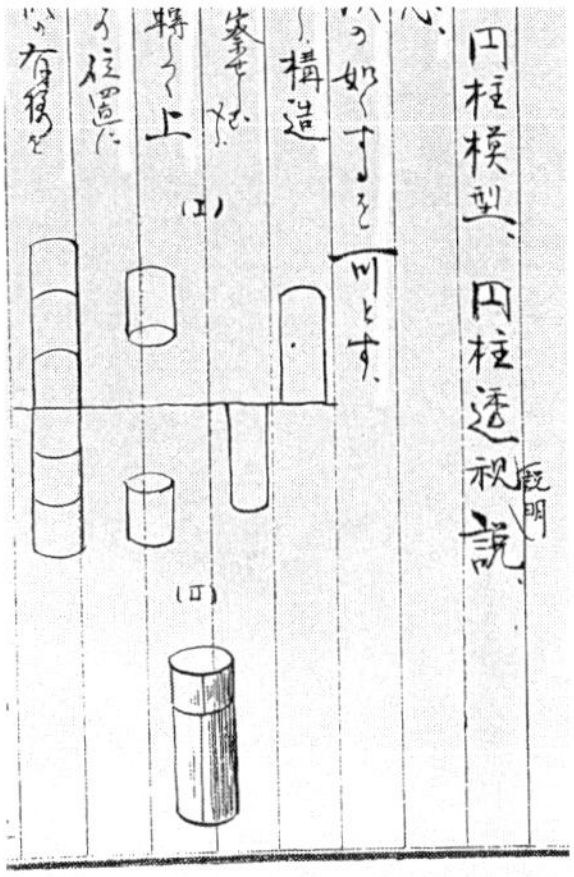

図2-2　教授細目　例の図

教授上の注意

一、教順は次の如くするを可とす（図2－2）

イ、茶筒を示し、構造形状を観察せしむ

ロ、茶筒を回転しつつ上面と底面との位置によりて変形の有様を観察せしむべし

ハ、第二図の如き位置に置きて先づ描法を問答し、基本形を発見せしめ後描かしむべし

ニ、明暗につきて観察せしめ、光線の方向と明暗との関係明暗の見方につきて知らしむべし

ホ、暗部の表し方の模範を板上に示して掲ぐべし（『全国附属小学校の新研究』では、「掲かしむべし」とある）

ヘ、各自の工夫にまかせて淡彩を施さしむべし

ト、応用として円柱所属形物体（『全国附属小学校の新研究』には、「円柱形所属物体」とある）の名をあげしめ又は瓶筆立など描かしむべし

二、児童は上面楕円を描くに徃々（『全国附属小学校の新研究』には、「往々」とある）両端著しく稜をなすを以て予め注意して描かしむべし

三、実物は写生台上に置きて周囲より見て描かしむべし

以上（『全国附属小学校の新研究』には、「以上」の記載はない）

図についても、図2−2と同じものできれいに描かれたものが『全国附属小学校の新研究』に載っている。

前述したように、東京府青山師範学校附属小学校では、国定図画教科書『鉛筆画手本』や『毛筆画手本』を使っていなかった。そうすることが許されたのである。(49) 尋常小学校4年生に写生をさせる際の指導の仕方が明確に示されている。観察を重視した姿勢がうかがえる。

(6)「第八、図画科教授に於ける批正《ひせい》法(50)」

これも、文中タイトルの脇に「(全国附属小学校の新研究に載す)」とあり、実際に『全国附属小学校の新研究』に載っている。

第一、批正の要点、第二、批正の方法、第三、成績批評、について述べている。しかし、「a．明治40年3月改正の小学校令施行規則第8条」、「b．『普通教育ニ於ケル図画取調委員会』の報告」、「c．国定図画教科書『鉛筆画手本』『毛筆画手本』」に関しては、批正の記述はない。ここでは「第一、批正の要点」の内の、「(二) 教授法より見たる要点」を挙げておく。

（二）教授法より見たる要点

1、臨画

イ、手本観取の適否

ロ、手本の形相を正確に発表したるか

2、写生（『全国附属小学校の新研究』には、「画」が付いている）

イ、実物観取の適否

ロ、実物の形相を正確に発表したるか

3、考案画

イ、工夫考案の巧拙

ロ、美的要素を備へたるか

4、記憶画

イ、記憶は正確なりや

ロ、記憶を正確に発表したるか

5、随意画

要件の適否

6、用器画

イ、正確に発表し得たるか

ロ、用具使用の適否

ハ、要件の適否

これらの観点を見ると、対象物観取《かんしゅ》の適否、形相や記憶等の正確さ、工夫や考案の巧拙、美的要素の有無、等の言葉が目立つ。つまり、「a．明治40年3月改正の小学校令施行規則第8条」や「b．『普通教育ニ於ケル図画取調委員会』の報告」の目的に合致するか否かという問題に帰結する。

5．「明治四十一年十月　図画教授細目　附属小学校」

これは、明治41年（1908）10月に出されたものである。前述したように、「明治四十一年度起　技能科研究部記録　図画科研究部」の、目録（目次）の第五の図画科細目（41年4月実施、別冊）を書き直し、整理したものなので、この10月版を用いて検討することとする。なお、「明治四十一年十月　図画教授細目　附属小学校」は、漢字とカタカナで書かれている（各学年の細かい説明に入るまでは、すべて漢字とカタカナである）。

この「明治四十一年十月　図画教授細目　附属小学校」については、既に「明治四十一年度起　技能科研究部記録　図画科研究部」において述べたものが多い。それら既述したものは、「教材ノ撰択」（「明治四十一年度起　技能科研究部記録　図画科研究部」では、本項4．（3）「第三、図画科細目教材選択の標準」）、「教材ノ配当」（「明治四十一年度起　技能科研究部記録　図画科研究部」では、本項4．（2）「第一、図画科細目編成の標準」）、「教授上ノ注意」（後半）（「明治四十一年度起　技能科研究部記録　図画科研究部」では、本項4．（4）「第四、各教法上の諸注意（第四、図画教授上の注意）」）である。

なお、「教材ノ配当」は、「明治四十一年度起　技能科研究部記録　図画科研究部」では「青山師範附属小における技能研究部語録の方法的種類及びその割合」（表2－1）であったが、ここでは画法という呼び方が教法に替わり、随意画の次に臨画が来て順番が変わり、書取画が記憶画にカッコつきで付されるように変わっている。各学年における画法（教法）配当割合は変わっていない。

「明治四十一年度起　技能科研究部記録　図画科研究部」で触れていないところは、「教材ノ配列」、「教授上の注意（前半）」、また多くの紙数を占める尋常科第1学年の第1学期から、高等科第1・2学年（女）の第3学期まで、である。

以下、「4．明治四十一年度起　技能科研究部記録　図画科研究部」で触れていない部分について述べる。

(1)「教材ノ配列」

ここに掲げられたものは、以下の通りである。

1、図画ノ形式的順序ニ適合スルコト
2、季節ニ適合スルコト
3、他教科目ノ教材ニ連絡スルコト　特ニ手工科トノ関係密ナルコト
4、考案画ハ初ハ幾何画的ノモノヨリ漸次進ムニ従ヒ自然物ニツキ自工夫創造スルニイタルコト
5、用器画ハ手工科ニ於テ製作図等ヲ描カシムル際課スルヲ以テ　先写生及ビ考案画ニ必要ナルモノヨリ始メ高等科ニ至リテ其知識ヲ整理スルコト

上記3の「他教科目ノ教材ニ連絡スルコト」は、「a．明治40年3月改正の小学校令に画手本』『毛筆画手本』の凡例4の後半にもある。

上記4の考案画に関する記述は、『高等小学毛筆画手本』凡例6と似たものである。

（2）「教授上の注意（前半部分）」

「明治四十一年十月　図画教授細目　附属小学校」に掲げられた教授上の注意は以下の通りである。考察は、項目ごとに加えていくこととする。

一、教授上注意スベキ事項ハコレ各題目ノモトニ掲ゲタリ

これは、今触れている「教授上の注意」の後に、学年・学期・題目ごとの題材が登場するが、それを指している。題目ごとに、簡単に「教授上の注意」として、教授上の注意すべきことがらが述べられている。

一、本細目ハ鉛筆ヲ以テ描クコトヲ主トシタルモノニシテ従来鉛筆画ヲソノママ課スルモノニアラズ上級ニ至リテハ唯輪郭ノ線ヲ鉛筆ニテ描キ毛筆ヲ以テ彩色ヲ施ス

「b．『普通教育ニ於ケル図画取調委員会』の報告」の「用具ノ種類」では、尋常科第1・2学年は主として鉛筆を、第3学年以上は教授すべき図画の程度によって用具を変えるとある。

「c．国定図画教科書『鉛筆画手本』『毛筆画手本』」は、鉛筆と毛筆とに分かれたものとなっているが、『毛筆画手本』の「教授上一般ノ注意」欄に、下書きは鉛筆を使用させるようにと書いてある。これは尋常科第2学年からのものであるが、「明治四十一年十月　図画教授細目　附属小学校」と似たところがある。「明治四十一年十月　図画教授細目　附属小学校」をそのまま読めば、青山師範附属小では鉛筆で描くことを中心にするが（従来の鉛筆画をそのまま課すのではない）、学年が上がれば輪郭線は鉛筆を用いるものの毛筆で描く、という方法を採っていた。

一、彩色ハ尋常科第四学年マデハ色鉛筆ヲ用ヒ尋常科第五六学年及ビ高等科ニ於テハ毛筆ヲ用フルコトヲ主トス

「b．『普通教育ニ於ケル図画取調委員会』の報告」の「色彩ノ識別及著色《ちゃくしょく》」では、初等の段階から色鉛筆を使うのはいけないことではないが、水彩絵の具は尋常科第3学年以上に限る、としている。「c．国定図画教科書『鉛筆画手本』『毛筆画手本』」は、『鉛筆画手本』では、高等科で、最終において水彩画の初歩を授ける、とある。また『毛筆画手本』では、高等科第3学年で濃淡、第4学年で彩色を施すとある。「b．『普通教育ニ於ケル図画取調委員会』の報告」、「c．国定図画教科書『鉛筆画手本』『毛筆画手本』」と比較した場合、「明治四十一年十月　図画教授細目　附属小学校」の方がはるかに進んでいると言えよう。

一、明暗法ハ初級トイヘドモ陰影ノ明瞭ナルモノニハ施サシメ尋常科第四学年ヨリ其知識ヲ整理スルモノトス

（考察、略）

一、美ニツキテノ知識ハ高等科第一学年ヨリ整理スルモノトス

「b.『普通教育ニ於ケル図画取調委員会』の報告」では、「美術作品ノ閲覧及講話」において、教員は児童になるべく多くの機会を利用して、美術・工芸の作品、あるいはその正確な複製品を見せ、美術に関するごく易しい講話をすることが必要、とある。しかし、具体的にいつからとは書いてない。

「明治四十一年十月　図画教授細目　附属小学校」では、このように「美に関する知識を高等小学校第1学年から」と具体的に示しているが、当時としてはやや早めだったかも知れない。

一、尋常科第一学年ニ於テ随意画ノ外ニ臨画、写生、考案画等ヲ課スルトイヘドモ之モマタ随意画的ニ授ケ漸次図画形式ノ必要ナルヲ感ゼシムル様力ムベシ

「b.『普通教育ニ於ケル図画取調委員会』の報告」を意識してのものと思われる。随意画的という言葉は、あいまいではあるが分からないでもない。

(3) 全学年の年間題材一覧

この後、最後まで題材が具体的に載っている。形式は、最初に週が第1週・2週・3週……とあり、以下、題

目、教法、教便、(51)教授上の注意の順で載っている。次に、一例を挙げておく。

例、尋常科第6学年（男）、第2学期、第14週、1時、題目—校門、教法—写生、教便—附属小学校門、(52)教授上の注意—野外写生法心得、同2時、以下同じ。同学年女子用にも同じ題目がある。ただし、時間は1時のみ。

全題材を調べてみると、国定教科書はごくわずかに利用されているのみである。それは、『尋常小学鉛筆画手本』第3学年用の「セキジュージノハタ」と「明治四十一年十月　図画教授細目　附属小学校」の第3学年3学期の「赤十字旗」（教法—臨画・着色、教便—模範画）などの特殊なものから、『尋常小学毛筆画手本』第2学年用の「ヤ　ト　マト」と「明治四十一年十月　図画教授細目　附属小学校」の第2学年2学期の「矢、マト」（教法—臨画、教便—実物・模範画）などである。『鉛筆画手本』『毛筆画手本』両方から採っている。

6.「明治四十二年四月改定　図画科教授細目　東京府青山師範学校附属小学校」

「明治42年4月改定　図画科教授細目」は、明治42年（1909）4月に出された。「改定」とあり、それまでのものが改定されたものである。

内容は、最初に尋常科第1学年から第6学年までの年間の題材一覧が載っており全体が見渡せる。次に、尋常科第1学年第1学期から題目（題材名のこと）が、教法などと共に出ている。ここでは、学年の学期の全容が示され、続いて題材ごとの詳しい説明がなされている。こうした要領で尋常科第6学年まで続く。

各学期の計画における項目は、上から順に、週、題目、教法、連絡（他教科との関連）、教便、応用（他のこのような題目にも応用できるという意味）、教授上の注意、備考（ここには巧みな略図が描かれている）の順で示されている。

次に、1頁ほどを割いて題材ごとに詳しい解説が載っている。組み方は、教材名（題材名）、教法、第何週かということ、費やす時間数、これらが1行でまず載っている。

続いて、目的が簡単に書かれ、さらに要項がある程度詳しく書かれている。この「要項」は、まず略図（前述の備考に載っていたものと同じものか、それより若干詳しいもの）が描かれ、その下に文章が3〜5行ほど箇条書きで載っている。

その後に、連絡、教便、教授上の注意が示されている。

各題材は、全体的に簡単なものではあるが、略図も付してあり、要領よくまとめてある。分かりやすいものであり、使用に耐えるものであっただろう。

ここに取り上げられた題材の内、略図として描かれた図を『鉛筆画手本』『毛筆画手本』と比べてみると、これらの教科書から採ったと思われるものが若干あった。しかし、指導の仕方が書かれている「要項」欄に、「模範画を示すべし」とか「模範を黒板上に示すべし」などの記述が多々見られたが、教科書を写せと書かれたところはない。

「本項4（5）」の②「第七、新教授細目に関する調査」でも触れたように、青山師範附属小は『全国附属小学校の新研究』で図画の「教科書ヲ採用セズ」と明言し、国定教科書とは一定の距離を置いていた。

さらに、実物と模範（画）の両方を使っている題材も多かった。ここにも写生重視の姿勢がうかがえる。

また、毛筆や色鉛筆を第1学年から使用させる記述もある。とりわけ、尋常科第1学年3学期の「凧（羽子）」の写生に、「毛筆（又ハ色鉛筆）にて塗らしむべし」という毛筆や色鉛筆を使わせようとする記述がある。新定画帖発行1年前のことである（新定画帖では、尋常小学校1年生より色鉛筆を使わせている）。「明治42年4月改定　図画科教授細目」は、「明治四十一年十月　図画教授細目　附属小学校」を更に進歩させたものと言え、「明治四十一年度起　技能科研究部記録　図画科研究部」以来の集約ともとれる。

以上、青山師範学校附属小学校における明治41・42年当時の図画の指導法について、「明治四十一年度起　技能科研究部記録　図画科研究部」と「明治四十一年十月　図画教授細目　附属小学校」・「明治42年4月改定　図画科教授細目」を用いて、「a．明治40年3月改正の小学校令施行規則第8条」、「b．『普通教育ニ於ケル図画取調委員会』の報告」、「c．国定図画教科書『鉛筆画手本』『毛筆画手本』」と比較考察した。

その結果、青山師範附属小の教授細目等について、次のことが言えよう。

1．「a．明治40年3月改正の小学校令施行規則第8条」・「b．『普通教育ニ於ケル図画取調委員会』の報告」・「c．国定図画教科書『鉛筆画手本』『毛筆画手本』」をよく読み、理解して作成されたものであること。

2．「b．『普通教育ニ於ケル図画取調委員会』の報告」等を踏まえながらも、それを進めた内容のものとなっていること。

その主な点は、①画法の学年配列について、「b．『普通教育ニ於ケル図画取調委員会』の報告」などよりも自然な発達段階的観点で捉えていること、②児童の嗜好や発達の段階を考慮して、教材の選択をしていること、③各教法上の諸注意の内、随意画について、児童の発達段階を考慮し、半ば遊び的、半ば作業的に捉えていること、④毛筆・色鉛筆の違いにこだわらず、しかも尋常科1年から使用させていること、⑤着色（色鉛筆）の写生を尋常小学校1年から行っていること、などである。

3．「c．国定図画教科書『鉛筆画手本』『毛筆画手本』は採用していなかったこと。

これら国定教科書にこだわらず、独自の模範画を考え、その示し方も黒板を生かしたり、実物を示したりするなどしていた。

以上により、明治後期における文部省などから発せられた図画教育の理念と教育現場との関係、小学校における図画指導の実際など、それらの一端を明らかにできたと考える。

第3節　東京府青山師範学校附属小学校と『新定画帖《しんていがちょう》』

1．東京府青山師範学校附属小学校の国定教科書等への対応

本章第2節において、青山師範附属小の教授細目等を分析しつつ明治時代後期の小学校図画科における指導実態の一端を明確化した。そこにおいて、青山師範附属小の実践は、「普通教育ニ於ケル図画取調委員会」の報告等を踏まえながらも、それを一歩進めた内容のものであった、と結論付けた。

ここでは、当時重要な役割を果たした『新定画帖』に関する青山師範附属小の対応を通して見られる明治時代後期の小学校図画教育における指導の実態を、さらに追究することとする。

『尋常小学新定画帖』は明治43年（1910）春より発行され始めたが、青山師範附属小では、同年9月には早くも『新定画帖』に関する調査を行っていた。また、「図画科教便一覧」を明治43年4月に記している。(53) なお、単に「図画科教便一覧」とのみ題目の付けられた部分も『新定画帖』に対応したものである。文部省が国定教科書（明

治44年度使用の国定教科書）に対する意見報告を全国の師範学校に命じたのは、明治45年（1912）6月のことであり、その具体的な報告書『国定教科書意見報告彙纂《いさん》第一集』が発行されるのは、大正2年（1913）3月のことである。(54)青山師範附属小の『新定画帖ニ関スル調査　技能科研究部図画研究部（手書き）』の作成は、このように文部省の報告書発行命令より、2年以上も前に行われている。

なお、すでに何度か触れたように第一期の国定教科書『鉛筆画手本』『毛筆画手本』を青山師範附属小では採用していなかった。その後、尋常小学校義務教育年限が4年から6年に延長された明治40年（1907）の「小学校令」改正を受けて、第二期国定教科書『毛筆画帖』『鉛筆画帖』『新定画帖』が3種類ほぼ同時に発行された。(55)前回国定教科書を採用しなかったこの学校が、実質的には、またもや国定教科書の『新定画帖』を採定しなかった。(56)赤津隆助は、この辺の事情について次のように述べている。

> ［新定画帖は、筆者註］当時としては相当進歩し又よく統合せられたものであつた。然し中に臨画の手本が相当に入つて居たので、写生や図案の参考にすべきものも、之を臨画として取扱ふ向が多かったので、編集の趣旨は充分に徹底しなかつた憾《うら》みがあつた。又其絵が印刷も粗悪であり、手本の画も芸術味の乏しいものであつたので、私はやはり之を使用せず、写生を中心として、図案用器画を加えた教授細目を編製し、附属小学校も、本校も全く教科書に依らず教授することを貫行した(57)

これに対しては、当時相当な反発があった。赤津は、何故に新定画帖を採用しないかとか、何故に青山師範では教科書を使用しないかとか、当局や各方面から詰問やら、質問を受け、甚だしきは教科書出版屋から、採用を懇望せられたり、時には種々の手を経て圧迫がましい勧誘を受けたこともあったが、私は敢然私の主張を述べて、悉《ことごと》く之を拒絶した(58)

と言う。

『毛筆画帖』『鉛筆画帖』はもとより、『新定画帖』を使用しなかったのは、よく調べた上での赤津の考えによるものであったが、背景には小学校令施行規則があった。(59) 加えて、滝沢菊太郎校長や主事の理解があったと推測できる。

国定教科書を使用しない代わりに、青山師範附属小では、後述するように独自の教授細目を作りそれによって指導を行っていた。

また、本校では良い教科書は二、三部づつ備えて、常に参考にさせ、鑑賞させることはした。教科書をバラバラに切って台紙に貼り、教室に掲げて示すようなことは絶えずやっていた、と赤津は述べる。

2. 『尋常小学新定画帖』と『高等小学新定画帖』

『新定画帖』は、白浜徴・正木直彦・上原六四郎・小山正太郎・阿部七五三吉《あべしめきち》(1873～1941)により編纂された。画者は、白浜徴・小山正太郎で、教師用書は阿部七五三吉が書いたと言われている。内容的には、白浜が海外視察で得たものが大いに関係を持っていた。アメリカの美術の教科書、H・B・フレーリッヒとB・E・スノウの

共著 *Text Books of Art Education*（1904）を参考にして編纂された。

『尋常小学新定画帖』は、明治43年（1910）の発行である。児童用は第3学年から第6学年まであり、第5学年と第6学年には、男生用（男子児童用）と女生用（女子児童用）とがある（第1学年と第2学年の児童用はない）。教師用は、第1学年から第6学年まであり、趣旨が詳しく書かれている。

『高等小学新定画帖』は、児童用が明治44年から大正元年（1912）にかけて、教師用が明治44年から大正2年にかけてそれぞれ出されている。第1学年から第3学年まであり、児童用は男生用・女生用・男女共用がある。『尋常小学新定画帖』との関連が図られている。

1学年間の教授週数を40週として、尋常小学校第5・6学年並びに高等小学校の男生のみ2時間、他はすべて1時間として教材を扱うようになっている。高等小学校男生2時間は第1学年のみ、第2学年は男女共1時間である。[60] また、鉛筆画と毛筆画の用具上の区別をなくし、児童の発達に応じて鉛筆・毛筆のいずれも使用させるようにしている。どちらかといえば、低学年では鉛筆を、高学年では毛筆を多く使用させている。尋常小学校第1学年より色彩を使わせるようにして、尋常科第1学年から第4学年までは色鉛筆も使用させ、第5学年以上では絵の具を使わせている。更に、低学年では記憶画を重んじ、高学年では写生を重んじるなど、児童の心理的発達を考慮した美術教育が考え始められるようになった。

児童の心身の発達について考慮した最初の法令的な記述は明治33年（1900）の小学校令施行規則第1条に掲げられているが、図画の教科書に心身の発達のことが具体的に入って来るのはこの時が初めてである。

『新定画帖』はこれらの多くの優れた点に加えて、写生材料・季節と関係する教材・画用紙（の種類）と大きさ・描画材料などについて弾力性を許した指導内容となっている。また、尋常小学校教師用書には児童用の絵は説明・

彩色練習・考案画資料・模写のための4種を集めたものであり、児童用書に載せてある絵を全部臨画させるものではないと明記されている。

こうした教師用書の説明にもかかわらず、受け入れ側である大方の教育現場との間には大きな考え方の隔たりがあったために、実際には趣旨がなかなか行き渡らない面があった。とりわけ、従来と変わらない「臨画教科書」としての使われ方がされたと言われている。

3. 対象とした資料

前述した『新定画帖ニ関スル調査　技能科研究部図画研究部（手書き）』に載っている「明治四十三年四月　図画科教便一覧　図画科調査部」・「明治四十三年九月調査　新定画帖　実質的教材分類表　図画科調査部」・「明治四十三年九月調査　教授法より見たる新定画帖の教材　図画科調査部」などには、どのように新定画帖を捕らえたかの説明は示されていない。そこで、分析資料として使用するには若干難があるが、教育現場での対応ということを重視し、書かれている事実のみを基に検討することとする。

加えて、次の印刷物を分析対象資料として用いた。すなわち、『尋常小学新定画帖』『高等小学新定画帖』各学年の児童用と教師用の教科書、青山師範附属小編『尋常小学　各科教授細目　第三編』[61]、青山師範附属小編『高等小学　各科教授細目　第一編』[62]、『国定教科書意見報告彙纂第一集』、『国定教科書意見報告彙纂第二集』[63]である。

まず、『新定画帖ニ関スル調査　技能科研究部図画研究部』に載っている⑴「明治四十三年四月　図画科教便一覧　図画科調査部」・⑵「明治四十三年九月調査　新定画帖　実質的教材分類表　図画科調査部」・⑶「明治四

十三年九月調査　教授法より見たる新定画帖の教材　図画科調査部」について、この順で考察を加える。

次に、尋常小学校と高等小学校の各学年順に、以下の資料について述べていく。①『新定画帖』と『国定教科書意見報告彙纂第一集』・『国定教科書意見報告彙纂第二集』との比較(64)を行う。また、②『新定画帖』と青山師範附属小編『尋常小学　各科教授細目　第三編』・青山師範附属小編『高等小学　各科教授細目　第一編』との比較を行う。

なお、上記の①と②について、発行年は、『各科教授細目』の方が、『国定教科書意見報告彙纂』よりも先であるが上記の順で示した。その理由は、前述したように、既に早くから『新定画帖』を検討して来たことであるし、『新定画帖』における問題点の指摘を基に、青山師範附属小の考え方を教授細目の形で代案として示していると捉えた方が分かり易い、と考えたからである。

4．「新定画帖二関スル調査　技能科研究部記　図画研究部」

(一)「明治四十三年四月　図画科教便一覧　図画科調査部」

これは、『新定画帖』教師用書に関する尋常科第1学年第1学期から第6学年第3学期までの記述である。項目は、「週」(第何週目という意。題目の順序)、「題目」(題材名の意)、「教法」(臨画、写生、など)、「用紙」(画用紙の大きさ)、「教便」(教具のこと。『新定画帖』教師用書における「準備」に該当する意味を持つ)である。

全学年を通して、全体的に言えることは次の通りである。

①週、題目、教法、用紙、は『新定画帖』と全く同じである。

②教便は、『新定画帖』と異なる。特に、『新定画帖』教師用書に記載されている「範画」が青山師範附属小の

表2-3　青山師範附属小調査による教材分類表　（単位:枚）

学年	景色	動物	器物	玩具	植物	模様	基本形	工作図	その他	計
1	10	6	13	4	5	0	0	0	2	38
2	9	5	9	1	10	5	0	0	1	39
3	7	2	18	1	6	1	4	0	1	39
4	1	5	7	0	6	2	8	7	1	36
5	0	2	9	0	12	10	7	5	0	45
6	0	9	16	0	3	2	5	4	1	39
計	27	29	72	6	42	20	24	16	6	242

*元の表は、右側から見るようになっているものを左側から見るように筆者が直した。また、「その他」は筆者が確認の上、すべてを挙げる上で必要と考え付け加えたもの。

方には第3学年までは載っていない。第4学年からは登場する（なお、4学年以上には、『新定画帖』同様に参考図、掛図なども記載されている）。

③青山師範附属小では、教便として用意するものの中で、描く対象物の「実物」を示し、それを用いることを強調している。

(2)「明治四十三年九月調査　新定画帖実質的教材分類表　図画科調査部」

これは『新定画帖』教師用書における尋常小学校第1学年から第6学年までの教材（前掲の「題目」のこと。以下このことは、原則として題目で統一する）について、それぞれの種類ごとに分類したものである。

種類は次の通りである。景色（運動会も含む）、動物（人物も含む）、器物（建築物も含む）、玩具（折紙細工を含む）、植物（果物を含む）、模様（幾何形の描き方もあり）、基本形（線、形、色の基本、及び位置法、透視図法を含む）、工作図（展開図、投影図を含む）。ここに示した（　）内の記述は、原資料の「備考」欄から取ったものである。各教材（題目）をそれぞれの種類ごとにすべて記載した上でその数字を集計して表にしている。これを表にしたものが原資料に載っているので、整理してここに示しておく（表2－3）。

本表から見る限り、景色や玩具は低学年に多く、学年が進むに従い少なくなっていること、基本形や工作図は低学年では現われていないこと、などが分かる。

(3)「明治四十三年九月調査　教授法より見たる新定画帖の教材　図画科調査部」

これは『新定画帖』教師用書の尋常小学校第1学年から第6学年までの教材(題目)について、それぞれの教法(写生、臨画など)ごとに青山師範附属小が分類したものである。

種類は次の通りである。写生、臨画、記憶画、考案画、説明、である。各教材(題目)を教法ごとにすべて記載した上でその数字を表にしたものが青山師範附属小作成の原資料に載っている。それを基に、筆者がパーセントに直して作成したものが次の表(表2－4－2)である。

青山師範附属小で作成した表2－4－2を見る限り、『新定画帖』教師用書に載っている表(表2－4－1)のように滑らかではない。『新定画帖』教師用書では、意図的にこのように作成した感がある。青山師範附属小では、同校の教師たちが『新定画帖』教師用書に載っている数字に疑問をもったため数え直したのであろう。

青山師範附属小で作成した表を見ても、低学年で記憶画が多く出ている。この表では記憶画と考案画とを別々に数えている点に注目したい。『新定画帖』教師用書掲載の表では、「記憶画・考案画」としてひとくくりにされているので誤解を受けやすい。このように、『新定画帖』教師用書掲載の表と青山師範附属小作成の表とでは数値が異なる。

5.『尋常小学新定画帖』と東京府青山師範学校附属小学校の指導

『新定画帖』と青山師範附属小の指導との比較を行う。東京府青山師範学校附属小学校編関係について、『尋常小

学　各科教授細目　第三編』を中心に若干の説明をしておく。『尋常小学　各科教授細目　第三編』において凡例が5項目あるが、その要点を挙げると次の通りである。

1. 指導の際は、『新定画帖』教師用書を参照すること。

2. 本細目中の指導上の注意は特に必要事項のみを挙げたものであり、実施の際は『新定画帖』教師用書に挙げた諸注意も参考にすること。

表2-4-1　『新定画帖』教師用書に載っている教材（題目）の教授法の分類割合　（単位:%）

<table>
<tr><th>学年</th><th>写生</th><th>臨画</th><th>記憶画</th><th>考案画</th><th>計</th></tr>
<tr><td>1</td><td>25</td><td>25</td><td colspan="2">50</td><td>100</td></tr>
<tr><td>2</td><td>25</td><td>35</td><td colspan="2">40</td><td>100</td></tr>
<tr><td>3</td><td>35</td><td>40</td><td colspan="2">25</td><td>100</td></tr>
<tr><td>4</td><td>40</td><td>35</td><td colspan="2">25</td><td>100</td></tr>
<tr><td>5</td><td>50</td><td>25</td><td colspan="2">25</td><td>100</td></tr>
<tr><td>6</td><td>50</td><td>20</td><td colspan="2">30</td><td>100</td></tr>
</table>

表2-4-2　東京府青山師範学校附属小学校調査による教材（題目）の教授法の分類　（単位:%）

<table>
<tr><th>学年</th><th>写生</th><th>臨画</th><th>記憶画</th><th>考案画</th><th>説明</th><th>計</th></tr>
<tr><td>1</td><td>26</td><td>36</td><td>36</td><td>2</td><td>0</td><td>100</td></tr>
<tr><td></td><td></td><td></td><td colspan="2">38</td><td></td><td></td></tr>
<tr><td>2</td><td>24</td><td>32</td><td>27</td><td>17</td><td>0</td><td>100</td></tr>
<tr><td></td><td></td><td></td><td colspan="2">44</td><td></td><td></td></tr>
<tr><td>3</td><td>38</td><td>43</td><td>10</td><td>10</td><td>0</td><td>101</td></tr>
<tr><td></td><td></td><td></td><td colspan="2">20</td><td></td><td></td></tr>
<tr><td>4</td><td>38</td><td>35</td><td>3</td><td>8</td><td>18</td><td>102</td></tr>
<tr><td></td><td></td><td></td><td colspan="2">11</td><td></td><td></td></tr>
<tr><td>5</td><td>33</td><td>29</td><td>0</td><td>21</td><td>17</td><td>100</td></tr>
<tr><td></td><td></td><td></td><td colspan="2">21</td><td></td><td></td></tr>
<tr><td>6</td><td>43</td><td>27</td><td>0</td><td>14</td><td>16</td><td>100</td></tr>
<tr><td></td><td></td><td></td><td colspan="2">14</td><td></td><td></td></tr>
</table>

* 表2-3同様、元の表は、右側から見るようになっているものを左側から見るように直した。また、この表は東京府青山師範学校附属小学校で作成したものを筆者が%に直したものである。%は、小数点以下第一位を四捨五入したため、合計が100にならないところがある。東京府青山師範学校附属小学校では、第1学年第9課「家」は「臨画又は記憶画」、第5学年第21課「模様」は「臨画と考案画」となっているが、これらをそれぞれ二つずつに数えて各計を出している。なお、原表では別々になっていた記憶画と考案画とを合わせたものを作成したのは、新定画帖の表と比較するためである。

3．本細目では、第1・2学年にも図画を課すこととして、その配当を定めた。
4．範画はいずれの題目にも必要なものであり、あらかじめ準備しておくこと。特に必要なものは、記載した。
5．指導に要する実物等はあらかじめ準備しておくこと。ことに数日ないし数週間前に準備する必要のあるものを示した。

また、図画科は、第1～4学年が各週1時間、第5・6学年は、それぞれ男子週2時間・女子週1時間である。『尋常小学　各科教授細目　第三編』に、図画科教科用図書は、『尋常小学新定画帖』採定、(56)とある。この細目は、青山師範附属小がこの教材を実地に適応可能とするために、各地方や各学校に当てはめられるようにした。しかし、この教材を青山師範附属小と事情の異なる小学校で参考にしようとするならば、適宜斟酌することが必要、とあり、自分たちの指導についての自負もうかがえる。

なお、高等小学版教授細目については、大方尋常小学版と同じ内容であるので省略する。

(一) 第Ⅰ学年

①『新定画帖』と『国定教科書意見報告彙纂第一集』との比較

この第一集において青山師範附属小では、『尋常小学新定画帖』についてのみ、答えている。第二集でも『高等小学校新定画帖』についてのみで、『国定教科書意見報告彙纂』全五集において、『鉛筆画帖』『毛筆画帖』については触れていない。

イ・ロ・ハの順番で、「イ」として、最初に教科書教材の適否について答え、その後「ロ」～「ヘ」では各学年に関して答えている。

教科書教材の適否では、低中学年においてシルエットを課すことに批判的である。[65]こうした批判は、他の師範学校からもあり、ある程度多かった。その理由として、青山師範附属小では、児童には困難であることやこうしたことに比較的児童の興味が少ないということ、むしろ「鉛筆画」（描画法）が適当であると述べている。同趣旨のことを他の複数の学校でも述べている。

また、尋常科第1学年については、主に1年生には題目が難し過ぎるという指摘がある。このように児童のレベルを超える題目があることも全国的に指摘されたことである。

②『新定画帖』教師用書と東京府青山師範学校附属小学校編『尋常小学　各科教授細目　第三編』との比較

以下、高等小学校を含め、各学年とも「教材配当表」、「教授細目」の順で述べる。

第1学期における題目は、ほぼ『新定画帖』の通りである。ただし、『新定画帖』第2課（以下「課」は、『新定画帖』教師用書におけるものを指す。「課」のナンバリングは1年間を通したものである）の「木」が東京府青山師範学校附属小学校編『尋常小学　各科教授細目　第三編』では削除され、東京府青山師範学校附属小学校編『尋常小学　各科教授細目　第三編』第7週（以下「週」は、東京府青山師範学校附属小学校教授細目を指す。「週」のナンバリングは学期ごとのものである）には「日の出」が置かれているなど、若干『新定画帖』と異なるところがあるが、第1学年の東京府青山師範学校附属小学校編『尋常小学　各科教授細目　第三編』における題目、並びに題目の並び方は、『新定画帖』教師用書におけるそれらと大差がない。

また、『新定画帖』教師用書では、題目、臨画等教授法の別、使用時間、要旨、準備、教授、の順で説明している。教授は、「1．観察」、「2．書方」、「3．注意」の項目順に述べている（これに「問答」や「折方」等が加わる場合がある）。

一方、東京府青山師範学校附属小学校編『尋常小学　各科教授細目　第三編』では、題目、描画材料、自在画や用器画の別、臨画等教授法の別、使用時間数、要旨、準備、教授上の注意、の順で説明している。教授に関する説明は、『新定画帖』教師用書の方が詳しく書かれている。

『新定画帖』教師用書は、第1学年第1学期の中ほどの第7課になってようやく臨画から考案画に入り、8課で写生となる。低学年で記憶画や考案画が多く、写生や臨画が少ないと表（表2－4－1）では示しているものの、学年の初め（第1課）から第6課まで臨画が続くのでは児童にとって退屈なのではないか。第6週で考案画、7週で記憶画、8週で写生に入る東京府青山師範学校附属小学校編『尋常小学　各科教授細目　第三編』の方がわずかながらよいように思える。

第11課「梯子」は、絵がかなり図的であるにもかかわらず、教授法は「写生」となっている。しかも、要旨の「梯子の書方を授けて、前課と同様に正確なる縦横の線の書方練習をなす」や教授の「2．書方」の「梯子の模型を眺めつつ…」として書かせる書き方からすると、一般の小学校教師がこの題目を児童に「臨画」させたのも無理ないことと考える。なお、東京府青山師範学校附属小学校編『尋常小学　各科教授細目　第三編』ではこの題目を『新定画帖』教師用書のように「写生」とはせず「臨画」として示している。このように、青山師範附属小の方が、臨画と写生の区別を明確に設けていた。

正確に書き写すことに中心を置いた内容の教材を「写生」などとはせず、はっきり「臨画」として位置付けていた姿勢は、あいまいさをなくす上で意義深いと言えよう。また、こうしたことは、明確に自由画教育時代の前段階とも位置付けられないだろうか。

第12課、第12週の「折紙の奴凧」や第13課、第13週の「折紙の提灯」について、東京府青山師範学校附属小学校編『尋常小学　各科教授細目　第三編』では「連絡」の項目を設け、そこに「手工科折紙」と明記している。『新定画帖』教師用書でも、「教授」の「折方」のところで手工との関係を述べている。このように他教科との関連に触れるのは必要なことである。

第2学期、第21課、第6週の「柿」の題目では、『新定画帖』教師用書、東京府青山師範学校附属小学校編『尋常小学　各科教授細目　第三編』共、早くも遠近の区別を知らしめようとしている。

ところで、『新定画帖』教師用書の各題目の要旨には、ほとんど「練習をなす」という言葉が使われている。この練習という言葉は、記憶画や考案画、写生、と言っても、臨画とさほど差のないものを思わせる。「練習をなす」という言葉の使用は、東京府青山師範学校附属小学校編『尋常小学　各科教授細目　第三編』においても言えることである。明治末期のこの時期としては受け入れざるを得ないことであって、指導法に対する限界と見るべきなのかも知れない。

(2) 第2学年

① 『新定画帖』と『国定教科書意見報告彙纂第一集』との比較

尋常科2年については、シルエットの批判のみ記載されている。

② 『新定画帖』教師用書と東京府青山師範学校附属小学校編『尋常小学　各科教授細目　第三編』との比較

教材配当表は第1・2・3学期における題目が、全く『新定画帖』の通りである。第1学期第7課、第7週の「麦」について、『新定画帖』教師用書の教授「2．書方」で、「挿画は穂を緑色にて画きたれども、若し実物が黄色を帯たる場合には黄色にて画かしむべし」とある。この説明は「写生」の趣旨に合致していると言えよう。こうした点を見れば、『新定画帖』の方が写生の意味をよく理解していなかったというわけではない。

第9課、第9週の「折本と状袋」について、共に描く順序にまで触れている。特に『新定画帖』では、描く順番が番号で図に示されているが、この方法は毛筆画時代の教科書、滝和亭筆『日本画鑑』（明治27年刊）などに見られるように、古い描き方である。『新定画帖』には、こうした古い指導の要素も含まれているということである。第13課、第13週の「酸漿《ほおずき》」でリアルなほおずきを臨画させ、次の第14課、第14週の「模様」でほおずきの模様化されたものを考案画として描かせ、第15課、第15週の記憶画「蜻蛉《とんぼ》」で、とんぼを描かせ同時に模様考案の練習をさせている。こうした題目の配列は指導の順序として適当と思われる。

第2学期、第26課、第11週の記憶画「かばん」の描き方について、『新定画帖』教師用書では教授「2．書方」で「挿画の如き図を画くには、先づかばんの位置を定めて長方形を書き、…」としているが、東京府青山師範学校附属小学校編『尋常小学　各科教授細目　第三編』では「各自の記憶せるかばんを画かしむべし」としている。『新定画帖』の指導法では、教授法が「記憶画」ではなく、「臨画」となってしまうだろう。記憶画の扱いも青山師範附属小の方が、記憶画本来の指導法を採っていると言えよう。

第3学期、第36課、第6週の臨画「鳥居」は、共に遠近法について指導している。今日的観点からすれば、2年生で遠近法の指導は余りにも早すぎると思われる。第37課、第7週の記憶画・考案画「燈篭《とうろう》」についても同じことが言える。
第40課、第10週の臨画「犬」について、東京府青山師範学校附属小学校編『尋常小学　各科教授細目　第三編』の教授上の注意、「手本のみによらず各自の思想を十分発表せしむる様注意せしむべし」とあるのは、指導される側にそれに応え得る力が要求され、同時に指導する側にもそれなりの力が要求されるだろう。しかし、理想的なあり方ではあると言えよう。青山師範附属小の指導に創造主義的な姿勢がうかがわれる。

(3) 第3学年

①『新定画帖』と『国定教科書意見報告彙纂第一集』との比較

尋常科3年については、あじさいの扱う時期が早すぎるという指摘のみである。

②『新定画帖』教師用書と東京府青山師範学校附属小学校編『尋常小学　各科教授細目　第三編』との比較

第1・3学期における題目は、全く『新定画帖』の通り、第2学期における題目は、ほぼ『新定画帖』教師用書の通りである。

第1学期、第9課、第9週の写生「煙草盆《たばこぼん》」における東京府青山師範学校附属小学校編『尋常小学　各科教授細目　第三編』の教授上の注意に「実物と比較して自己訂正をなす習慣を養うべし」とあるのは、適当な指摘と言えよう。第12課、第12週の写生「折紙の兜」、第13課、第13週の写生「折紙の蝉」について、東京府青山師範学校附属小学校編『尋常小学　各科教授細目　第三編』では両題目共、「連絡」として手工科折紙との関連について触れているが、『新定画帖』では手工科との関連について触れていない。なお、第1学年第1学期に似たような題材（折紙の奴凧など）があったが、その時は『新定画帖』教師用書でも手工科との関係について触れていた。

（4）第4学年

① 『新定画帖』と『国定教科書意見報告彙纂第一集』との比較

尋常科第4学年については、「ホ、尋常科第四学年　一、工作図及説明多キニ過ギ一体ニ無趣味ナリ」とある。この種の意見は、他校においても複数ある。表2－3の青山師範附属小調査による教材分類表によれば、工作図は第4学年で最も多い。しかも、第1～3学年では現われていない。この指摘は児童の教材に対する興味関心を考えた時、出てくる言葉であろう。

② 『新定画帖』教師用書と東京府青山師範学校附属小学校編『尋常小学　各科教授細目　第三編』との比較

第1・2・3学期における題目は、全く『新定画帖』教師用書の通りである。

第1学期、第4課、第4週の説明「景色の透視図」においては、『新定画帖』教師用書と東京府青山師範学校附属小学校編『尋常小学　各科教授細目　第三編』共、徹底した透視図法の説明がなされている。

第2学期、第17課、第2～3週、臨画「金魚」については、この題目から初めて使用時間が2時間のものが出てくるが、その後また1時間のものが続く。この後、2時間続きの題目は4年生では二つあるのみである（第5学年では、約75％が2時間となる。中には3時間の題目が2件ある）。

第18課、第4週の写生「立方体の工作図」について、共に写生としているが、これは風景を見て描くようないわゆる写生ではない。また、東京府青山師範学校附属小学校編『尋常小学　各科教授細目　第三編』では、鉛筆による用器画で、「連絡」——手工科としているが、『新定画帖』教師用書には、連絡のことを始め、東京府青山師範学校附属小学校編『尋常小学　各科教授細目　第三編』で示している鉛筆、用器画、などの言葉は出てこない。多くの小学校教師が、『新定画帖』教師用書の説明に従わず従来の臨画本と変わらない扱い方をしてしまったことも、こうした状況ではやむを得ないであろう。

第23課、第10週の写生「萩の葉」は、写生と便化とを組み合わせた題目である。更に、次の24課、11週の考案画「模様」が続いている。この連続性は今日のデザイン教育にもつながる内容であると考える。また、第27課、第14週の写生「慈姑《くわい》」の『新定画帖』の図版においては混色（重色）に関わるものが登場している。この辺から図版上で、分析的な色彩教育が始まっている。東京府青山師範学校附属小学校編『尋常小学　各科教授細目　第三編』には、図版が載っていないので正確には分からないが、記述に色彩のことは書かれていない。東京府青山師範学校附属小学校編『尋常小学　各科教授細目　第三編』で、色彩のことが明確に出てくるのは5年生からである。

（5）第5学年

当時の週あたりの授業時間数が、女子は1年生から6年生まで1時間であったのに対し、男子は1年生から4年生までは1時間であるが5・6年生では2時間であったことに触れておかねばならない。

①『新定画帖』と『国定教科書意見報告彙纂第一集』との比較

尋常科第5学年については、「へ、尋常科第五学年　一、第十二課蝸牛ノ彩色ニ二種アルモ淡彩ノ方適当ト認ム」とある。これはかたつむりの彩色の仕方が、教師用書の方が、色が濃すぎるという意味である。男生用と女生用の図版と、教師用書の図版とでは絵が微妙に異なる。男生用と女生用の図版は淡彩で描かれている。

②『新定画帖』教師用書と東京府青山師範学校附属小学校編『尋常小学　各科教授細目　第三編』との比較——男子——

第5・6学年は、男子と女子とが別である。第1学期における題目は、ほぼ『新定画帖』教師用書の通りである。第2学期と第3学期における題目は、全く『新定画帖』教師用書の通りである。

第1学期、第4課、第3週の写生「菜の花」について、東京府青山師範学校附属小学校編『尋常小学　各科教授細目　第三編』では、「連絡」として「理科　菜の花」と明記している。初めて登場した手工科以外の他教科との連絡である。更に、直後に出てくる「蝶」、「たんぽぽ」も理科との連絡が示され、第5学年になってからは理科との連絡が目立つ。こうした他教科との関連を考えての指導は重要である。

第10課、第7～8週の臨画「砲弾」には、初めて明暗の表わし方が、『新定画帖』教師用書と東京府青山師範学校附属小学校編『尋常小学　各科教授細目　第三編』共に登場する。第14課、第11週の説明「位置の取方」では、初めて両者共位置（構図）の取り方の説明が登場する。また、第18課、第15週の写生「茄子」については、東京府青山師範学校附属小学校編『尋常小学　各科教授細目　第三編』の題目名の下に「鉛筆彩色　自在画」とあって、かつ教授上の注意欄に、「教師用［『新定画帖』、筆者註］には毛筆にて輪郭を画かしむる様に記しあれども鉛筆にて画き彩色のみを毛筆にて施さしむべし」とある。これは明らかに東京府青山師範学校附属小学校編『尋常小学　各科教授細目　第三編』が『新定画帖』教師用書とは異なるということを強調している。

第2学期、第20課、第2週の説明「配色図」の『新定画帖』教師用書の教授「2．注意」には、「成るべく多くの参考図を準備すべし」とあって、固定化しない制作への広いアイデアへの可能性の展開や、鑑賞に関する弾力的な意識がうかがえる。このように『新定画帖』教師用書にも優れた点が見出せる。

第23課、第4週の臨画「本箱の工作図」と第24課、第5週の写生「机の工作図」について、『新定画帖』教師用書では両課が寸法を記入させるなどほとんど同じ内容であるが、東京府青山師範学校附属小学校編『尋常小学各科教授細目　第三編』では、臨画と写生とを明確に区別した内容となっている。こうしたことは、『新定画帖』教師用書に対して、青山師範附属小では教授法のあり方における明確な意識を持ち、それを公に示していた、という点でその主体性を評価できよう。

第33課、第14週の考案画「柿と栗」は、両者共前課の応用として柿と栗とを記憶で描かせ、位置の取り方の練習をさせているが指導の順序として適当である。

第3学期、第42課、第8週の臨画「巻物」について、『新定画帖』教師用書では細かく指示しその通りに描かせようとしているが、東京府青山師範学校附属小学校編『尋常小学　各科教授細目　第三編』では、教授上の注意に、「模様は各自の記憶又は考案によりて画かしむべし」として、臨画といえども柔軟性がある。

また、第45課、第10週の考案画「模様」について、東京府青山師範学校附属小学校編『尋常小学　各科教授細目　第三編』では、教授上の注意で「模様は富士山を題とすべし」としている。考案画を描かせる際、題だけは、それと示して描かせるという意図がうかがえる。こうした縛りは必要と思われる。題を示さない場合、掲載されている図版をそのまま臨画することになりかねないからである。

③『新定画帖』教師用書と東京府青山師範学校附属小学校編『尋常小学　各科教授細目　第三編』との比較――

女子――

『尋常小学新定画帖』の「凡例　15」に本書の第5・6学年用の教師用書は、男生の教授時数を標準として教材の数を選択して示した。それ故、同学年における女生に対しては、女生用書に示したものの他は適宜取捨して教授するようにと述べられている。第1・2・3学期における題目は、『新定画帖』教師用書の通りである。

東京府青山師範学校附属小学校編『尋常小学　各科教授細目　第三編』について、女生用は男生用に比べ、教授上の注意と準備の項目について、それぞれ二箇所多くの説明があるのみで、他は同じである。ただ、第3学期第7～8週の臨画「巻物」について、教授上の注意に、「模様は各自の記憶又は考案によりて画かしむべし」と男生同様記載があるが、準備（教便。教具のこと）に男生用にはない巻物が挙げられている。

男生用と女生用の差は、時間数以外ほとんど見られないと言ってよいだろう。男生用として「砲弾」「釜」などが挙げられている。性別が特に強く意識されているとは思われない。

(6) 第6学年

①『新定画帖』と『国定教科書意見報告彙纂第一集』との比較

第6学年については、記載がない。

②『新定画帖』教師用書と東京府青山師範学校附属小学校編『尋常小学　各科教授細目　第三編』との比較――

男子――

第1・3学期における題目は、ほぼ『新定画帖』教師用書の通りである。第2学期における題目は、『新定画帖』の通りである。

第1学期、第14課、第14週の写生「羽箒《はねぼうき》」において、『新定画帖』教師用書と東京府青山師範学校附属小学校編『尋常小学　各科教授細目　第三編』共に、羽の質感を表わすよう注意を与えている。

第2学期、第18課、第3週の「茶筒の工作図」について、『新定画帖』教師用書では「写生」となっているが、東京府青山師範学校附属小学校編『尋常小学　各科教授細目　第三編』では、鉛筆・用器画の記載があるのみで、教授法については記述がない。『新定画帖』教師用書の教授「2. 書方」の「製図」や「寸法を正しく記入し」などの言葉からすると、明らかに写生ではない。更に、東京府青山師範学校附属小学校編『尋常小学　各科教授細目　第三編』では、「連絡」――手工科、としていて、工作図としての意識が強い。第19課、4週の考案画「筆立の工作図」において、共に模様を第17課で写生した桔梗《ききょう》や薄《すすき》を便化《べんか》したものを使わせようとしていて、教材の発展性を感じさせる。第23課、第8週の、説明と臨画「立体の陰影図」では、陰影法が初めて登場し、その描き方練習をさせている。

第3学期、第36課の写生「手と足」の教授の注意に、「教授時間の都合により、挿画の足を臨画せしむべし」とあるが、写生の題目で時間の都合により、臨画をさせるというのはいかがなものか。『新定画帖』を臨画本にする危険性を増す記述となる。第38課、第8週の、説明と臨画「位置の取方」について、共に景色の位置の取り方が初めて登場する。これは墨で描いた臨画の手本であるが、『新定画帖』教師用書では「便宜之を他の色にて画かしむるも可なり」と教授の注意で述べている。一方、東京府青山師範学校附属小学校編『尋常小学　各科教授細目　第三編』では、同所が「他の色にて画かしむべし」とより強い語調となっている。第39課、第9週の、説明と写生「円錐の工作図」については、写生とはいうものの、『新定画帖』教師用書の挿絵には寸法まで入っている。

③『新定画帖』教師用書と東京府青山師範学校附属小学校編『尋常小学　各科教授細目　第三編』との比較——女子——

第1学期における題目は、『新定画帖』の通りである。第2・3学期における題目は、ほぼ『新定画帖』教師用書の通りである。

第5学年同様、題目の順序が若干異なるのみで、東京府青山師範学校附属小学校編『尋常小学　各科教授細目第三編』の内容は、男生用と同じである。男女の違いは、余りないが、第22課、説明と臨画「立体の陰影図」(男生用)、第32課、臨画「蝦」(男生用)、第36課、写生「手と足」(男生用)などに見られるように、男生用は女生用に比べやや高度であると思われる。これは、授業時間数が関係していると言えよう。

(7) 尋常小学校におけるまとめ

今まで見てきたことを基に、以下に、①『尋常小学新定画帖』教師用書の特徴、②『尋常小学新定画帖』に対する東京府青山師範学校附属小学校の捉え方(批判を含む)と指導法の特徴、について要点を示す。

①『尋常小学新定画帖』教師用書そのものの特徴

1．従来型のような階梯方式ではなく、具体的なものを最初から描かせようとしている。これは子どもの興味(心理)を考えたものである。

2. 描き方を学ぶ順序が明確になっていて、学年ごとに学ぶべきことがらがはっきりとしている。第2学年で遠近法、第4学年で徹底した透視図法、混色（重色）、第5学年で明暗の表わし方、位置（構図）の取り方、第6学年で質感表現、陰影法、景色の位置の取り方が出てくる。

3. 題目が臨画、模様化、模様考案、あるいは写生、便化、模様などへと進められて行き、指導に発展性が示されている（青山師範附属小も同じ）。

4. 男女の指導の違いはあまりないが、内容的に男生用は女生用に比べやや高度である。

5. ほとんどの題目の要旨に「練習をなす」という言葉が用いられていて（青山師範附属小も同じ）、訓練的な要素が感じられる。一方で、若干の融通性が見られる。

6. 『新定画帖』教師用書の説明では、「写生」や「記憶画」を、これを読む側に「臨画」と受け止める恐れを持たせるものになっているものがある。

② 『尋常小学新定画帖』に対する青山師範附属小の捉え方（含批評）と指導法の特徴

1. 『新定画帖』の題目やその配列に対しては、大方『新定画帖』を支持している。しかし、指導内容としては、『新定画帖』教師用書とは違う独自の姿勢を持っている。

2. 東京府青山師範学校附属小学校編『尋常小学　各科教授細目　第三編』の説明文は、『新定画帖』教師用書より短い。縛りがゆるやかということにもなる。概して弾力性を持つ表現や内容となっている。

3. 東京府青山師範学校附属小学校編『尋常小学　各科教授細目　第三編』では、使用描画用具や自在画と用器画の別、他教科との関連などにも触れていて分かり易い。特に、「手工科」との関連を挙げ、図画科と手工科とを関連付けて見る姿勢がうかがえる。

4．東京府青山師範学校附属小学校編『尋常小学　各科教授細目　第三編』の方が、『新定画帖』教師用書よりも「写生」に対して今日的意味に近い扱いをしている。特に、臨画と写生との区別を明確に付けている。描く対象物も実物を用いることを強調している。また、「記憶画」についても記憶画としてきちんと捉えている。

5．東京府青山師範学校附属小学校編『尋常小学　各科教授細目　第三編』には、創造主義的な姿勢のうかがわれる指導法がある。

6．『新定画帖』の低・中学年におけるシルエットの描法は難し過ぎる、児童が興味を持たない、などと批判的姿勢を示している。

7．『新定画帖』には、児童のレベルを超える題目があるという点で批判的である。

8．『新定画帖』は、第4学年では工作図や説明が多く（第1～3学年ではなし）、無趣味であると批判的である。

6．『高等小学新定画帖』と東京府青山師範学校附属小学校の指導

（1）第1学年

①『新定画帖』教師用書と『国定教科書意見報告彙纂第二集』との比較

この第二集において青山師範附属小では、『高等小学新定画帖』についてのみ、答えている。「第一」として、最初に「一般ニツキテノ批評」について答え、その後「第二」として、「各学年ニ関スル事項」について答えている。

青山師範附属小の「一般ニツキテノ批評」の要点は、次の通りである。1．材料（題目）が多すぎるので、同

一材料について、写生・速写・記憶画・考案画等で描かせるのがよい。2．水彩画は難しいので、毛筆画又は鉛筆画に着色させるくらいにとどめた方がよい。3．考案画を増やして、全体の3割くらいにした方がよい。4．女子用は水彩画を少なくして、毛筆画を増やした方がよい。5．工作図寸法線の入れ方を教師用書に図示して欲しい。また、「各学年ニ関スル事項」で高等科第1学年について、図版の質があまりよくないことや一教材に費やす時間数が少ないこと、など細かく注文を付けている。

②『新定画帖』教師用書と東京府青山師範学校附属小学校編『高等小学　各科教授細目　第一編』との比較――男女共用――

『高等小学新定画帖』は、『尋常小学新定画帖』に比べ、教材数が少ない。明治44年（1911）7月の小学校令施行規則改正に伴い、高等小学校の図画の授業時数が男女共週1時間になった。東京府青山師範学校附属小学校編『高等小学　各科教授細目　第一編』は、『新定画帖』高等科第1・2学年男女共用に対して編纂したものである。東京府青山師範学校附属小学校編『高等小学　各科教授細目　第一編』の内容は、大方『新定画帖』教師用書の通りである。しかし、尋常小学校と比べると、題目の順序や題目名等、『新定画帖』教師用書との違いは多い。第2学期、第27課、第9週の「器物の形」については、『新定画帖』では教授法は「説明と考案画」で「2時間」の題目であるのに対し、東京府青山師範学校附属小学校編『高等小学　各科教授細目　第一編』では「説明（のみ）」、「1時間」となっており異なる。しかも、東京府青山師範学校附属小学校編『高等小学　各科教授細目　第一編』の注意欄には、「美的（目的・実用）尚進みては製作に都合よきこと等の要件を供ふべきことを知らしむべし」と、小学校の教授細目で「美的」と、芸術性に関わる記述をこの時代にしていることは注目したい（なお、

「美観」という言葉は、既に東京府青山師範学校附属小学校編『尋常小学　各科教授細目　第三編』の5年2学期の説明「配色図」に登場している)。

第3学期、第39課、第6～7週の写生「鳥の各部の形」について、『新定画帖』教師用書では3時間を使っているのに対して、東京府青山師範学校附属小学校編『高等小学　各科教授細目　第一編』では2時間である。しかも、教授上の注意で、「第一時間に於て説明及び手本につきて臨画せしめ第二時に於て写生せしむべし」としている。こうした順序性を持つ方法は、さほど悪くはないであろう。

(2) 第2学年

①『新定画帖』と『国定教科書意見報告彙纂第二集』との比較

「各学年ニ関スル事項」で高等科第2学年についても、図版の質があまりよくないことが強調されるなど、多くの指摘がある。

②『新定画帖』教師用書と東京府青山師範学校附属小学校編『高等小学　各科教授細目　第一編』との比較——男女共用——

『新定画帖』と東京府青山師範学校附属小学校編『高等小学　各科教授細目　第一編』と、ほとんど同じである。両者の違いは、題目名に若干異なるものがある程度である。この学年になると、概して一題目にかける時間が多いので、題材数が非常に少なくなってきている。

（3）高等小学校におけるまとめ

①『高等小学新定画帖』教師用書そのものの特徴

1．内容は、『尋常小学校』教師用書に続くものである。

2．説明が長くて、理解しにくい。『尋常小学新定画帖』教師用書以上に長くなっている。

②『高等小学新定画帖』に対する東京府青山師範学校附属小学校の捉え方（含批評）と指導法の特徴

1．『新定画帖』は、材料（題目）が多すぎるので、同一材料の中で写生・記憶画・考案画などをやらせるとよいと批評している。

2．『新定画帖』は、水彩画を減らして、毛筆画を増やした方がよい、と批評している。

3．『新定画帖』は、考案画を増やして、全体の3割くらいにした方がよい、と批評している。

4．『新定画帖』は、載っている絵の質が、あまりよくないと批判的である。

7．第3節のまとめ

「第3節　東京府青山師範学校附属小学校と『新定画帖』」の要点をまとめると、次のようになる。

『新定画帖』にはよい点も多々ある。また、「丁寧におしえるべきこと」も、不十分さはあるとしてもはっきりと見出せた。しかし、他方で、当時の教育現場における教師たちに誤解を与える、あるいは説明不十分の部分があったことも確かであろう。そのために、現場の教師たちの多くは、従来どおりの臨画本として、この教科書を使っていたと思われる。

当時の小学校で具体的にどのような受け止め方をしていたかについて、青山師範附属小を中心に調べてみた。その結果、説明や意図について、当時としてはかなり進歩的な見方をし、なおかつ自分たちで指導案を考え、「教授細目」など作って対応していた教師たちの姿が浮き彫りになった。

『新定画帖』は、階梯方式から児童の心理的要素を重視した内容のものに変わった、と言われている。しかし、その心理的要素とは、今日言うところの心理的要素そのものとは違っていた。歴史の発展過程において、初期は実用のために作られ、使われていた教科書が、この頃には、方法的には造形的要素を持ったものとなり、そこに心理的な要素を加味したのがこの『新定画帖』であった。しかし、編纂者側の考え方の不十分さや記述・説明の不十分さから、その趣旨を伝えきれず、また生かしきれなかった。

とりわけ、記述の仕方や説明の不十分さの問題が大であったと捉えられるが、当時の多くの教師たちにとっては難しすぎた、ということが言えるだろう。

東京府青山師範学校附属小学校の教授細目には、『新定画帖』にプラスされる多くの有益な指導法があると言えよう。特に、やがて全国的にやって来る写生を中心とする自由画教育時代を前に、「臨画」と「写生」とを可能な限り明確に区別して臨んだ点は評価できる。また、東京府青山師範学校附属小学校の指導内容は、弾力性を持ち、創造主義的要素の見られる指導法であった。これらのことにより、次の時代へと一歩踏み出しているものを見つけることができた。

†註

（1）明治41年、東京府師範学校（現東京学芸大学）は東京府青山師範学校と校名が変更された。同時に、東京府師範学校附属小学校（現東京学芸大学附属世田谷小学校）も東京府青山師範学校附属小学校と改称された。

（2）教授細目等の閲覧に際し、東京学芸大学附属世田谷小学校小鴨成夫教諭（当時）の協力を得た。

（3）赤津隆助「図画教育三十年を体験して」新興美育協会編集兼発行『新興美育』第４巻第４号、１９３７年、２頁。

（4）同、２頁。

（5）礒部洋司「『ヒュース嬢』と黒板画ブーム――教育略画の系譜に関する研究１――」、『美術教育学――美術科教育学会誌――』第25号、２００４年、38頁。

（6）日にちははっきりしないが、赤津が東京府青山師範学校の教諭になった明治35年の４月からヒュースが西日本に出かけ離日する前の同年10月15日までの間である。前掲、礒部「『ヒュース嬢』と黒板画ブーム――教育略画の系譜に関する研究１――」を参照した。

（7）白浜徴の経歴については、倉田三郎執筆「白浜徴 美術教育の先駆者――」、唐澤富太郎編著『図説　教育人物辞典――日本教育史のなかの教育者群像――中巻』ぎょうせい、１９８４年、８６６～８６７頁などを参照した。

（8）倉田三郎「白浜徴 美術教育の先駆者――」、唐澤富太郎編著『図説　教育人物辞典――日本教育史のなかの教育者群像――中巻』、前掲書、８６７頁。

（9）同、８６８頁。

（10）鵜川は、東京美術学校本科絵画部を卒業。この時は、習字は別に担当者がおり、明治36年9月、初任の文検合格者教諭・長谷部亀太郎であった。東京府青山師範学校編『東京府青山師範学校沿革史』、１９３０年、１６１頁。

（11）赤津隆助「白浜先生と私」、『小さい影』赤津先生記念出版会発行、１９２７年、１２８頁。

（12）白浜徴『文部省講習会　図画教授法』大日本図書、１９０４年、１４～１６６頁。

（13）同、１５８～１５９頁。

（14）新図画教育会著作『図画教育の理想と実現』培風館、１９２２年、１５５～１５６頁。

(15) 同、157頁。
(16) 同、179頁。
(17) 前掲、赤津隆助『小さい影』「白浜先生と私」、129～131頁。
(18) 同、131頁。
(19) 「小学校令改正」(明治33年)、第57条「市町村立尋常小学校ニ於テハ授業料ヲ徴収スルコトヲ得ス」とある。
(20) 明治23年では「……其生活……」、明治33年では「……其ノ生活……」部分は違う。
(21) 水原克敏『近代日本カリキュラム政策史研究』風間書房、1997年、415頁。
(22) 第1章、第3節、「2. 明治時代中期の師範学校カリキュラム」の「(2)図画教育」。
(23) 前掲、水原克敏『近代日本カリキュラム政策史研究』、421頁。
(24) 明治40年に出された改正小学校令施行規則第8条について、「図画ハ通常ノ形態ヲ看取シ正シク之ヲ画クノ能ヲ得シメ兼テ美感ヲ養フヲ以テ要旨トス」までは明治33年のものと変わらないが、その後の二項・三項は若干変更されている。
(25) 前掲、水原克敏『近代日本カリキュラム政策史研究』、458・459頁。
(26) 同、466頁。
(27) 同、466頁。
(28) 金子一夫『近代日本美術教育の研究――明治時代――』中央公論美術出版、1992年、321頁。
(29) 小学校令施行規則中改正、明治36年4月、第53条「小学校教科用図書中修身、国語、算術、日本歴史、地理、図画ヲ除キ其ノ他ノ図書ニ限リ文部省ニ於テ著作権ヲ有スルモノ及文部大臣ノ検定ヲ経タルモノニ就キ府県知事之ヲ採定ス但シ体操、裁縫、手工、理科及尋常小学校ノ唱歌ニ関シテハ児童ニ使用セシムヘキ図書ヲ採定スルコトヲ得ス又国語書キ方、算術、図画ノ教科用図書ハ学校長ニ於テ之ヲ児童ニ使用セシメサルコトヲ得」とある。
(30) 山形寛『日本美術教育史』黎明書房、1967年初版、1982年復刊第1刷、282頁。
(31) 前掲、水原克敏『近代日本カリキュラム政策史研究』、486頁。
(32) 東京府青山師範学校附属小学校編『明治四十二年七月　東京府青山師範学校附属小学校一覧』1909年、表紙裏の折り込み。

（33）上記小学校令施行規則第1条乃至第16条についてその内容をここに示しておく。施行規則の第1条においては、最初に、小学校令「第一条　小学校ハ児童身体ノ発達ニ留意シ道徳教育及国民教育ノ基礎並其ノ生活ニ必須ナル普通ノ知識技能ヲ授クルヲ以テ本旨トス」の趣旨を遵守して教育するようにとあり、続いて道徳教育及び国民教育、知識技能、児童身体の発達等のことについてふれ、最後に各教科は連絡し合って教授せよ、とある。第16条は、仮名・漢字の使用等についてのことがらである。青山師範附属小一覧においては、小学校令施行規則16条は削除となっている（同書24頁）が、明治40年までの施行規則改正にそうした記載は見当たらない。内閣官報局編『明治年間　法令全書（第三十三巻―6）』原書房、1983年、454～456・462頁。『同（第四十巻―4）』90～93頁、ほか関係法令全書。

（34）この対象資料の①・②・③・④は、すべて東京学芸大学附属世田谷小学校所蔵のものである。

（35）今回実見できたものの中に「明治四十一年四月　図画科教授細目　図画手工連結教授細目　附属小学校」もある。本資料も東京学芸大学附属世田谷小学校所蔵。手書き。これは図画科と手工科との関連性を見る上では有意義であるが、両科共、各題目・要項・教便しか載っておらず（指導法は不明確）、本書の趣旨に沿わないものなので、ここでは取り上げないこととする。

（36）ただし、『尋常小学鉛筆画手本』『尋常小学毛筆画手本』は、第1学年用はない。

（37）服部蓊は、明治41年3月より44年3月まで訓導として在職した。東京府青山師範学校附属小学校編『昭和十年七月　東京府青山師範学校附属小学校一覧』昭和10年、201頁。また、明治42年度の職員及担当事項によると、特別研究科目・図画は服部一人である。また、教務調査は、技能（科）図画（科）・服部訓導となっている。前掲『明治四十二年七月　東京府青山師範学校附属小学校一覧』、267～270頁。なお、ここに赤津が関わっていたか否かについては、大正10年3月現在でも教諭兼訓導と職名がなっている点を考えると、名前は出ていないが関わっていた可能性は高い。東京府青山師範学校編『大正拾年三月　東京府青山師範学校一覧』1921年、125頁。

（38）「工作図」・幾何画などである。自在画〈臨画、考案画（図案のこと）、記憶画（臨画や観察の後、そのものを見ないで描く絵）、写生画（見ながら描く絵）〉に相対する言葉である。

(39) 図画取調委員会の普通教育ニ於ケル図画ノ目的は、次の通り。「普通教育ニ於ケル図画ハ物ノ形相ヲ正確ニ看取シ且之ヲ自由ニ描写スルノ能ヲ得シメ兼テ美感ヲ養フヲ以テ目的トス」。

(40) 小学教育研究会『小学教育実際叢書第三巻』目黒分店、1916年、38～39頁。

(41) 別名復画と呼ばれ、明治10年代から導入されていた。前掲、金子一夫『近代日本美術教育の研究――明治時代――』、33頁。

(42) 前掲、小学教育研究会『小学教育実際叢書第三巻』、40頁。

(43) 用器画は自在画に対する用語として明治19年の法令改正以来用いられてきたが、現在は殆んど使われなくなった。倉田三郎ほか『造形教育大辞典』不昧堂書店、1954年、1815頁。

(44) 表2－1での高2と表2－2での高4とは、年齢は同じだが高4の方がより大人に近いと捉えられよう。

(45) 「見取画」と同じ。特徴・要点を記憶してかくもの。

(46) 位置の取り方。画を描かせる際、画面に対し絵（図）の大きさを適当なものにさせると共に、画面のいかなる部分に描かせるか、というもの。山松鶴吉『小学校各科教授の進歩』同文館、1911年、506～507頁。

(47) 「全国附属小学校の新研究」は書名で、全国師範学校附属小学校33校、53編の実際教育の研究成果が載っている。この内、青山師範附属小は、「第一　我が校の教育概観」から第4篇までを執筆している。なお、他に大分県師範学校附属小や徳島県師範学校附属小などの図画教育にかかわる記述があるが、ここではテーマからそれるので割愛した。金港堂編集部編『全国附属小学校の新研究』金港堂書籍、1910年、10～13、31～32頁。

(48) この部分や各題材部分で用いている「教材」は、「題材（名）」の意味と取れる。

(49) 小学校令施行規則中改正、明治36年4月、第53条「小学校教科用図書中（中略）又国語書キ方、算術、図画ノ教科用図書ハ学校長ニ於テ之ヲ児童ニ使用セシメサルコトヲ得」とある。

(50) 批正とは、一般には、すべての学習上の誤謬を指摘し批評・訂正することであるが、普通、綴り方、書き方、図画等の教授に際して、学習上の誤謬を批評・訂正することをいう。小林澄兄著『教育百科辞典』慶応出版社、1950年、815頁。

(51)「何によるか」ということ。教弁。教具に同じ。例として、模範画、実物、などがある。

(52)「附属小学校門」を見て描く、という意味。

(53)青山師範附属小でまとめた手書きのもの（一部、活字のものもあり）。表紙に『新定画帖ニ関スル調査　技能科研究部図画研究部』とあり、中に「明治四十三年九月調査　新定画帖　実質的教材分類表　図画科調査部」、「明治四十三年九月調査　教法上より見たる新定画帖の教材　図画科調査部」、「明治四十三年四月　図画科教便一覧　図画科調査部」がこの順で収められている。東京学芸大学附属世田谷小学校所蔵。

(54)文部省図書局『国定教科書意見報告彙纂第一輯』１９１３年3月15日発行。

(55)筆者が確認したところでは、教師用・児童用で最も早い翻刻発行日（実際の発行日）のものは、それぞれ『毛筆画帖』『鉛筆画帖』の尋常3年児童用が明治43年1月31日（文部省発行日は明治42年12月）、『新定画帖』の尋常6年男生用と女生用がそれぞれ明治43年3月28日である。これで見る限り『毛筆画帖』・『鉛筆画帖』と『新定画帖』との翻刻発行日の差は２ヵ月弱であり、時間的にはほとんど違わないと見てよい。

(56)以前筆者は、「青山師範附属小学校で、『新定画帖』を採定した」と述べた。増田金吾「明治後期の小学校における図画の指導法（その2）――『新定画帖』に対する東京府青山師範学校附属小学校の捉え方を通して――」美術科教育学会誌『美術教育学』第28号、２００７年、３６０頁。東京府青山師範学校附属小学校編『尋常小学各科教授細目　第三編』広文堂書店発行、１９１１年、には尋常小学新定画帖採定とあり、１９１２年発行の『高等小学各科教授細目　第一編』には、高等小学校（ママ）新定画帖採定とあるが、ここで、実質的には採定しなかったと訂正する。

(57)赤津隆助「図画教育三十年を体験して（二）」、新興美育協会編集兼発行『新興美育』、第４巻第5号、１９３７年4月20日発行、2～4頁。

(58)同、2～4頁。

(59)小学校令施行規則中改正、明治40年3月。これは、前回の明治36年4月の第53条「小学校教科用図書中修身、国語、算術、日本歴史、地理、図画ヲ除キ其ノ他ノ図書ニ限リ文部省ニ於テ著作権ヲ有スルモノ及文部大臣ノ検定ヲ経タルモノニ就キ府県知事之ヲ採定ス但シ体操、裁縫、手工、理科及尋常小学校ノ唱歌ニ関シテハ児童ニ使用セシムヘキ図書ヲ採定スルコトヲ得ス又国語書キ方、算術、図画ノ教科用図書ハ学校長ニ於テ之ヲ児童ニ使用セシメサルコトヲ得」に、但書き中「尋常小学校」の下に「第四学年以下」が加わった省令である。

(60) 明治44年7月の小学校令施行規則の改正により、図画科の授業時数が男女共週1時間に減ったため。

(61) 東京府青山師範学校附属小学校編『尋常小学　各科教授細目　第三編　図画科・手工科・裁縫科・修身科（附作法科）』広文堂書店、明治44年7月5日発行。内「尋常小学図画科教授細目」は、1～110頁に掲載されている。

(62) 東京府青山師範学校附属小学校編『高等小学　各科教授細目　第一編　国語科・図画科・手工科・裁縫科』広文堂書店、大正元年11月28日発行。内「高等科図画科教授細目」は、199～226頁に掲載されている。

(63) 文部省普通学務局『国定教科書意見報告彙纂第二輯』大正3年12月20日発行。この後、第三輯（大正4年9月）、第四輯（大正5年12月）、第五輯（大正8年9月）がそれぞれ発行されるが、図画科において青山師範附属小が関係するのは第一・二輯のみである。

(64) 青山師範附属小に関しては、『尋常小学新定画帖』と『国定教科書意見報告彙纂第一輯』が、また『高等小学新定画帖』と『国定教科書意見報告彙纂第二輯』が対応している。

(65) 輪郭を描き、中が黒く塗りつぶされた平面的な絵である。

第3章　赤津隆助と師範学校教育

はじめに

本章では、赤津隆助が東京府師範学校の教員となり、本格的に師範学校教育、すなわち教師教育を行ったことがらについて述べる。岩田康之は、「教員（養成）」は制度的・量的な面、「教師（教育）」は質的・個別的な面をそれぞれ指すとしているが、[1] 赤津は師範学校の教育をまさに後者のように捉えている。教師を育てるということを、筆者もそれと同じ意味で「教師教育」という言葉で表す。

赤津は、家庭生活としては、明治42年（1909）1月（満28歳）に福島県棚倉町の仁平将胤の四女キクと結婚し、同年11月には、長男・実が誕生している。[2]

赤津隆助に関し師範学校教育を見るためには、当該の師範学校に目を向けるだけでは不十分である。明治時代後期から昭和戦前期の師範学校の置かれた制度上（特に法規上）の規制を押さえておく必要があると考え、「第1節　明治時代後期から昭和戦前期までの師範学校教育」、「第2節　明治時代後期から昭和戦前期までの東京府青山師範学校の教育」として、青山師範学校を含む師範学校全体の制度上の規制等に目を向けた。

第1節　明治時代後期から昭和戦前期までの師範学校教育

1．明治時代後期の師範学校教育

赤津隆助が、東京府師範学校に入学した明治31年（1898）は、明治19年（1886）制定の「師範学校令」に代わって明治30年（1897）に制定された「師範教育令」（勅令）を基盤とする師範学校体制が確立し、整備された時期である。

師範教育令制定により、尋常師範学校の名称は「師範学校」と改められ、従来各府県に1校であった師範学校を各府県に1校又は数校設置することができるようになった。これにより、明治33年から独立の「女子師範学校」が設置された。

また、師範教育令は、第1条で、高等師範学校、女子高等師範学校、師範学校について規定し、「師範学校は小学校の教員を養成する所」としている。これらの学校では、順良・信愛・威重の徳性を涵養することに務めよ、としている。師範教育令は師範学校教育の根幹となったものであるが、昭和18年（1943）に師範教育令改正[3]に至るまで、46年間という長い期間同じ法令が出され続けた。師範教育令は、学齢児童の就学率の増加、正教員の需要の増大に対応してのものであった。

なお、この勅令の制定される前に発布された「大日本帝国憲法」（明治22年発布）や「教育ニ関スル勅語」（明治23年発布）、「小学校令」（明治23年公布）など、国家主義体制を担う国民育成のための大きな枠組み作りがなされた時期を経た上で、この時代の師範教育があったことを押さえておく必要がある。

明治40年（1907）4月には、同年3月の「小学校令」改正（尋常小学校修業年限6年制化）に伴い、「師範学校規程」が制定された（実施は翌年4月より）。これによって、従来通り高等小学校卒業後入学する第一部（予備科1ヶ年、本科4ヶ年）と、中学校や高等女学校を卒業後に入学する第二部（男子は1ヶ年、女子は1ヶ年又は2ヶ年）の制度が新設された。

この本科第二部の開設は、師範学校史上大きな意味を持つ。第二部が設置されたことにより、師範学校（第二部）へは中学校や高等女学校（中等教育学校）を経て入学することになったからである。つまり、本科第二部を開設して、本来同格であるべき中等学校の中学校・高等女学校の上に接続させたということである。このことはその後、師範学校が中等教育学校から専門学校に格上げされることにつながる、ということになるからである。一方、本科第一部は、高等小学校（2年制）から予備科を経て師範学校（第一部）へつながる課程に位置づけ、第二部・第一部ともに体系化された。

明治後期に第二部の制度が発足する以前は、師範学校（尋常師範学校）は第一部のみであった。二部制となった後、最初は第一部に二部が付随する形であったものが、昭和時代になると第二部中心の体制（昭和6年）になっていった。

当時、各師範学校の授業実施に至るまでには次のような法令的な段階や道筋があった。勅令「師範教育令」、文部省令「師範学校規程」、文部訓令「師範学校教授要目」、北海道庁・府県地方長官（「府令」など）の命、各師範学校長の命、の順である。この後、これを受けて教師が具体的に指導（授業）に当たった。

これらの中で、各教科内容に関わる記述が出てくるのは、「師範学校規程」の段階からである。

次に、「師範学校規程」、「師範学校教授要目」等について、その成り立ちを述べる。

（1）「師範学校規程」

明治30年（1897）の「師範教育令」を受けて、明治40年（1907）4月に「師範学校規程」が制定された。これはその後、大正14年（1925）、昭和6年（1931）に改正される。

この規程と相まって明治43年（1910）5月に定められた「師範学校教授要目」とにより、師範教育の内容が規制されるに至った。

「師範学校規程」第1章　生徒教養ノ要旨、第1条に、生徒に教え育てるべき事項として、忠君愛国、精神鍛錬、規律遵守、秩序保持、などが教員にとって重要であり、小学校令や小学校令施行規則に準じて、常に教授法に留意した教育に務めるべしとしている。(4) これは、明治25年（1892）の「尋常師範学校ノ学科及其程度」の第9条を継承したものである。

なお、当時の教科書の扱いは、地方長官が学校長の意見を聞いた上で、意見を文部大臣に申し出ることとなっていた。師範学校教科書の検定制度が確立するのは、明治44年（1911）の「師範学校規程」の改正(5)からである。

（2）「師範学校教授要目」

「師範学校規程」を受けて位置付けられたものとして、文部訓令「師範学校教授要目」（明治43年制定）がある。これも、「師範学校規程」に合わせ、大正14年（1925）、昭和6年（1931）に改正されている。

「師範学校教授要目」は文部省で定め、地方長官が各師範学校長に、この教授要目に準拠して地方の状況に則した教授細目を定めさせ、各学科目の教授効果を徹底させようとしたものである。今日の学習指導要領に似た要素を持っている。

最初のものは、文部省から明治43年5月に出された。初めに、本要目実施上の注意を挙げ、その後学科目「修身」から「商業」までを詳細に記している。[6]「師範学校規程」及び「師範学校教授要目」は、その後社会の情勢の変化に伴ってしばしば改正されていき、その後の師範教育を規制していくこととなる。

(3)「師範学校学則」

「師範教育令」、「師範学校規程」、「師範学校教授要目」を受け、北海道庁・府県地方長官の命（「府令」など）となる「師範学校学則」があり、その次に各師範学校長の命へと続いている。

教師たちは、以上の法規を踏まえつつ、直接的には各師範学校長の命を受けて授業を行い、生徒の指導に当たっていた。前述したように、これらの法規の中で、各教科内容に関わる記述が登場するのは、「師範学校規程」の段階からである。

(4)「師範学校規程」「師範学校教授要目」「師範学校学則」（「東京府男子師範学校学則」）の比較

次に、「東京府男子師範学校学則」を含め、これらを一覧表にして比較することとする（「表3－1　明治期図画科教員養成の法令比較表」、「師範学校規程」「師範学校教授要目」は、文部省教育調査部『師範教育関係法令の沿革』昭和13年より引用等）。

表3－1から言えることは、次のAからDまでのことである。

表3―1　明治期図画科教員養成の法令比較表

項目＼法令	全体的な目標など（筆者によるまとめ）	教科書
師範学校規程（明治40年4月制定）	第1条　師範教育令の旨趣に基づいて、師範学校生徒に教えること ○忠君愛国、精神鍛錬、規律遵守、秩序保持など ○小学校令や小学校令施行規則に準じさせること ○教授の方法の会得 ○学習方法は教授によるだけでなく、生徒自ら学識を深め技芸に励む習慣を養うこと	第47条 予備科及本科の教科用図書を定め又は之を変更する必要ありと認めたる［と、筆者補足］きは地方長官は其の意見を文部大臣に申出ずべし此の場合に於ては地方長官は学校長の意見を聞くことを要す
師範学校教授要目（明治43年5月制定）	文頭 ○地方長官は各師範学校長に、本要目に準拠しつつ地方の状況にふさわしい教授細目を決めさせよ ○各学科目教授の効果を出し、師範教育の本旨にそうことを期待する 本要目実施上の注意 ○各学科目を教授するにあたっては、それぞれの目的に達するように努め、各学科目間で互いに補い合いつつ全体の統一をとるように ○本要目に掲げたものやその順序は、斟酌してよし ○教授用具は教授上差し支えない限り、なるべく日用品を利用し、又は教員手製のものを当てるように。また、各学科目間で共通するものはなるべく兼用せよ	（本項目に関わる記載なし）
東京府男子師範学校学則（明治44年1月制定のもの。最初の明治41年2月版から変わった部分には＊印を付け、解説を加えた）	（本項目に関わる記載なし）	（本項目に関わる記載なし）

「全体的な目標など」以外は、引用

図画科の内容		
○予備科、本科第一部 第21条 図画は物体を精密に観察し正確且自由に之を画くの能を得［せ、筆者補足］しめ且小学校に於ける図画教授の方法を会得せしめ兼て意匠を練り美感を養ふを以て要旨とす 図画は写生画を主とし臨画及び考案画を加え授け黒板上に於ける練習を為さしめ又幾何画を授け且教授法を授くべし	○予備科（男女） ・写生画、臨画――幾何形体、器物、模型、植物 ・考案画――主として幾何的模様を授くべし ・色彩――写生画及臨画には簡易なる著色を施すことを得 ○本科第一部（男女） ○第1学年 ・写生画、臨画――器物、模型、植物、動物 ・考案画――幾何的模様及天然物より変成したる模様を授くべし ・幾何画――直線、角、円、多角形、曲線、簡易なる立体の平面図、立面図、側面図、展開図を加ふべし ・黒板上の練習 ・色彩――写生画臨画にて著色の練習をなさしめ考案画にて配色の応用を授くべし ○第2学年 ・写生画、臨画――器物、植物、動物、建築物、人物 ・考案画――幾何的模様及天然物より変成したる模様を授くべし ・幾何画――立体の平面図、立面図、側面図、展開図、切断図、等角図 ・黒板上の練習 ・色彩――写生画臨画にて著色の練習をなさしめ考案画にて配色の応用を授くべし ○第3学年 ・写生画――植物、動物、建築物、人物、景色 ・考案画――幾何的模様及天然物より変成したる模様を授くべし、更に器物図案を授け便宜既習の模様を之に応用せしむべし	○予備科（男） ・写生画 ・臨画 ・考案画 ○本科第一部（男） ○1学年 ・写生画 ・臨画 ・考案画 ・幾何画＊この項目が増えた ・黒板上の練習＊この項目が増えた ○2学年 ・写生画 ・臨画 ・考案画 ・幾何画 ・黒板上の練習＊この項目が増えた ○3学年 ・写生画 ・臨画＊この項目が無くなった ・考案画

図画科の内容

○本科第二部（新設）
第38条
図画は第21条に準じ
既得の知識技能を補習せしめ
又黒板上に於ける練習を為さし
め
且教授法を授くべし

・幾何画——立体の平面図、立面図、側面図、展開図、
切断図、等角図、更に透視画法の一斑を加ふべし
・黒板上の練習
・色彩——写生画臨画にて著色の練習をなさしめ考案
画にて配色の応用を授くべし
・小学校に於ける図画教授法——教授の要旨、教授材
料の選択及配列、教授の方法、教授用具及教授上必要
なる注意、小学校に於ける図画教科用図書の研究
○第4学年
・写生画——植物、動物、建築物、人物、景色
・考案画——幾何的模様及天然物より変成したる模様
を授くべし、更に器物図案を授け便宜既習の模様を之
に応用せしむべし
・黒板上の練習

本科第二部（男）
○第1学年
・写生画——本科第一部第3学年及第4学年に準ず
・考案画——本科第一部第3学年及第4学年に準ず
・黒板上の練習——本科第一部第3学年及第4学年に準ず
・小学校に於ける図画教授法——本科第一部第3学年
に準ず

本科第二部（女、修業年限2箇年のもの）
○第1学年　毎週一時
・写生画—本科第一部第3学年に準ず
・考案画—本科第一部第3学年に準ず
・黒板上の練習—本科第一部第3学年に準ず
・小学校に於ける図画教授法—本科第一部第3学年に
準ず

・幾何画＊この項目が増えた
・黒板上の練習＊この項目は
「黒板練習」だった

・教授法

○4学年
・写生画
・臨画＊この項目が無くなっ
た
・考案画
・黒板上の練習＊この項目は
「黒板練習」だった

本科第二部（男）
○1学年
・写生画＊この項目が増えた
・考案画＊この項目が増えた
・黒板上ノ練習＊この項目が
増えた
・教授法
＊明治41年版では「自在画」
「教授法」のみだった

図画科の内容	図画科の毎週の授業時数
	○予備科（男女）は2時間 本科第一部 ○第1～3学年（男女）は手工と合わせて3時間 ○第4学年は男3・女2時間
○第2学年　毎週一時 ・写生画――本科第一部第4学年に準ず ・考案画――本科第一部第4学年に準ず ・黒板上の練習―本科第一部第4四学年に準ず 本科第二部（女、修業年限1箇年のもの） ○第1学年　毎週一時 男生徒の部に準ず 注意 1、自在画教授の際には成るべく陰影画法及透視画法に就き簡易に其の理法を説明すべく又時々記憶画及見取画の練習をなさしむべし 2、色彩を授くるには著色法の外六色及其の明色と暗色との区別を知らしめ更に色の性質対比及調和を示すべし 3、描写には主として鉛筆及毛筆を用いしむべし但し便宜色鉛筆及ペン等を使用せしむるも可なり 4、生徒をして成るべく名作品又は其の複製品を見せしめ趣味の涵養に資すべし	○予備科（男女）は2時間 本科第一部（男） ○第1学年は2時間 ○第2学年は1時間 ○第3学年は2時間 ○第4学年は1時間
	○予備科は2時間 本科第一部（男） ○第1学年は2時間 ○第2学年は1時間＊2時間から減った ○第3学年は2時間＊1時間から増えた ○第4学年は1時間

図画科の毎週の授業時数	本科第二部（男） ◯第1学年は手工と合わせて3時間 本科第二部（女、修業年限2箇年のもの） ◯第1学年は手工と合わせて3時間 ◯第2学年は手工と合わせて2時間 本科第二部（女、修業年限1箇年のもの） ◯第1学年は手工と合わせて3時間	本科第二部（男） ◯第1学年は1時間 本科第二部（女、修業年限2箇年のもの） ◯第1学年は1時間 ◯第2学年も1時間 本科第二部（女、修業年限1箇年のもの） ◯第1学年は1時間	本科第二部（男） ◯第1学年は1時間

A．全体的な目標などについて

a．「師範学校規程」では、小学校令や小学校令施行規則に準じることを求めつつ、忠君愛国、精神鍛錬、規律遵守、秩序保持など基本的な人間形成に係わる部分を示し、「師範学校教授要目」では各学科目の教授において、その目的達成に努め、学科目間全体の統一指導を目指した効果的な師範教育を教師となる者に期待している。「東京府男子師範学校学則」では、ここに示した部分についてうたっていない。

b．「師範学校規程」においては、教授の方法の会得と、授業だけでなく生徒自ら学識を深め技芸に励む習慣を養うことを求め、又「師範学校教授要目」では本要目に準拠しつつ地方の状況にふさわしい教授細目を決めさせようとしている。

c．「師範学校教授要目」は、要目やその順序に弾力性があり、教授用具も日用品を利用し、又は教員手製のものを当てるようにするなど縛りはそれほど強くない。

B. 教科書について

a. 教科書については、「師範学校規程」において、採用や変更ある時は地方長官が文部大臣に学校長の意見を聞きつつ申し出ることになっている。

b. 「師範学校教授要目」や「東京府男子師範学校学則」では、教科書について規定していない。

C. 図画科の指導内容について

a. 「師範学校規程」においては、図画科の目標を示しているが、「師範学校教授要目」や「東京府男子師範学校学則」においては目標ではなく、「師範学校規程」で示されたことを受けた指導内容を示している。

b. 「師範学校規程」での図画科の目標は、予備科、本科第一部では、物体を精密に観察し、正確かつ自由に描く力を付け、図画教授法を会得させ、意匠を練って美感を養うこととする。本科第二部では、それに加えて、黒板上の練習を行わせることとする。

「師範学校教授要目」においては、「黒板上の練習」を、予備科を除き全学年でさせることとしている。「東京府男子師範学校学則」においても、予備科を除き全学年で実施することとしている。明治41年版の時には、本科第一部第1・2学年、本科第二部第1学年にはなかった。なお、明治41年(1908)の時には、名称は「黒板練習」であった。

c. 「師範学校教授要目」では、題目、並びに題材を詳しく示している。加えて、「注意」として指導法を示している。

d．「東京府男子師範学校学則」は、題目しか載せていない。

D．全体的なことについて

a．図画科の内容、毎週の授業時数について、「東京府男子師範学校学則」の明治44年（1911）版は、同41年版を「師範学校教授要目」に合わせた形に改正している。

なお、明治時代後期の図画教育を中心とした師範学校教育について、要点をまとめると次のようになる。

①「師範学校規程」「師範学校教授要目」「師範学校学則」に、それぞれに役割分担が明確にあった。

②「師範学校規程」で示された図画科目標には、物体を精密に観察して正確に描かせるということがあったが、一方で自由に描くということも認めていた。

③教授の方法が重視され、生徒自ら学識を深め技芸に励む習慣を養うことも求められていた。

④「師範学校教授要目」は弾力性をもち、各師範学校で指導しやすいように考えられていた。

⑤「師範学校教授要目」との関係もあるが、「黒板上の練習」を重視していた。「東京府男子師範学校学則」では、「黒板上の練習」が、明治41年版の時には、本科第一部第1・2学年、本科第二部第1学年にはなかったが、明治44年版になると本科第一部・第二部で行われることとなった。

（1）大正期の学校教育

日本は、明治37年（1904）から38年にかけての日露戦争により軍事・財政的に限界に達していた。また、大増税や内国公債および外国からの借金で賄っていた戦費は約20億円（現在の金額に直すと、約4兆4千億円）[7]を要したが、賠償金を得られなかったため、勝利はしたものの戦後は財政的に厳しい状況が続いた。こうした状況は、この後慢性的に続いた。

大正3年（1914）から大正7年にかけて勃発した第一次世界大戦により、一時、大正4年から好景気が到来したが、わずか4年でそれは終わった。しかも、その時の物価の上昇は激しく、一般庶民の生活は変わらずむしろ苦しくなった。さらに、その後間もなく大正12年（1923）に起こった関東大震災により日本経済は不況続きとなる。

明治期には、教育勅語の発布により臣民教育は進められ、加えて小学校教科書の国定化はそれを加速させた。そして、教師の役割としては、国家の教育理念を実現するための児童への指導のみが求められていた。こうした国家の方針が、さらに徹底化されようとしたが、第一次世界大戦後に広まった自由主義的風潮を背景に民衆の市民的要求が高揚し始めた。教育においても、国家教育の徹底した動きに対して「新教育」の動きが出てきた。林直美《はやしなおみ》が、「大正新教育と呼ばれるこの時期の教育改革運動に共通していたのは、ヘルバルト主義がもたらしたといわれる教師中心の画一主義、注入主義、暗記主義的な教育方法に対する批判と子どもの個性や自発性を重視したことである」[8]と述べるように、大正新教育のスタイルは、明治時代の教師中心の教育に対する児童中心の捉え方であるとも言える。

(2) 大正期の師範学校教育

「師範学校規程」は、大正14年(1925)、昭和6年(1931)に改正される。

大正13年(1924)には、文政審議会が設置され、師範教育の改善充実について諮問がなされた。ここでは諮問案をそのまま可とする答申が出され、これを受けて師範学校規程の改正が行われた。翌大正14年の「師範学校規程中改正」により予備科が廃止され、本科第一部の修業年限が5年制となった。また、この時1年制専攻科ができ、大正15年(1926)度から開設された。(9)

大正期から昭和初期において、「師範学校規程」に「師範学校教授要目」が連なるこの形が引き継がれている。すなわち、大正14年(1925)4月1日に「師範学校規程」中改正、同年4月18日に「師範学校教授要目」改正、昭和6年(1931)1月10日に「師範学校規程」中改正、同年3月11日に「師範学校教授要目」改正が行われている。なお、明治40年(1907)「師範学校規程」公布より後、大正期や昭和初期において、「師範学校規程」のごく小さな改正は上記以外にもあるが、時代の流れを見る上では影響がないと判断し、本章ではそうした小さな改訂にはふれないこととする。

3 昭和戦前期・戦中期・戦争直後の学校教育と師範学校教育

(1) 昭和戦前期・戦中期の学校教育

昭和戦前期は、大正デモクラシーを背景とした新教育運動の動きが急速に後退し、軍国主義化が進み太平洋戦争へと突入した時期である。そうした中で、学校教育も制度が変わり、それに伴って内容的にも変化していった。部分的には、そうしたことに抵抗する教師などの動きもあったが、国家の政策には抗しきれなかった。

前述したように、第一次世界大戦後の日本経済は、慢性的な不況に陥っていた。こうした経済や社会における危機に対して、政府は統制の強化を図った。大正14年（1925）4月には「治安維持法」を、同年5月には「普通選挙法」を成立させた。また、同年4月には、勅令「陸軍現役将校学校配属令」が公布され、中学校、師範学校等における男子生徒の教練を担当する陸軍現役将校が学校に配属されることになった。治安維持法は、昭和20年（1945）10月まで続く。社会運動の発展に対処し、国体変革などの否認を目的とする結社・運動を厳禁とするもので、その内容は徐々にエスカレートしていった。

他方、対外的には中国への進出が昭和初年より進められ、やがて昭和6年（1931）の満州事変へと進展していく。満州事変に続き、昭和11年（1936）には日独伊防共協定が結ばれ、翌昭和12年の盧溝橋事件により日中戦争が始まった。

こうした中で、昭和8年の京都帝国大学での滝川事件、同10年の天皇機関説事件など[10]が起き、大学教授や学者に対する思想的弾圧が行われた。一方で、昭和7年には文部省に国民精神文化研究所が設けられ、昭和9年には陸軍による『国防の本義と其強化の提唱』などが刊行されるなど、戦争擁護の動きが激しくなっていった。

なお、昭和9年（1934）の始めには、東京市教育局から、「図画科教授大綱」が発表された。「東京市ではかねてから要目研究委員を設けて図画科要目調査中であったが、『小学図画』に拘泥せず、図画教育の理想を実現する立場から、其の教授大綱を研究し、之を公表した。細目編纂、教材採択の参考資料となると思ふので、左に之を紹介する[11]」と掲げている。その中には、「教法種別時間配当表」、「対象教材種別時間配当表」、「用具描法教材学年配当表」、「図案描具学年配当表」が細かく示されている。

昭和16年（1941）12月8日には、太平洋戦争へと突入した。教育の面では、戦争開始前、同年3月1日に「国民学校令」が公布され、「小学校令」は改定された。同年3月14日には、「国民学校令施行規則」が制定され、戦争のための教育制度は整った。戦時中の教育は、教科書などに見られるように戦意を高揚する内容が多くを占めるようになった。

（2）戦争直後の学校教育

昭和20年（1945）8月15日、日本はポツダム宣言を受諾し、降伏した。連合国軍総司令部の指令により、軍国主義から民主主義国家への変換が求められ、それは急速に進んだ。同年10月、連合国軍総司令部は、「民主化に関する五大改革指令」を提示するが、その中に教育に関することとして、「学校教育の自由主義化」があった。それには、教育に関する四つの指令があった。①日本教育制度に対する管理政策（軍国主義・超国家主義思想の排除）、②教職追放指令（軍国主義・超国家主義思想を持つ教師の罷免）、③神道指令（国家神道、神社神道に対する政府の保証、支援、保全、監督並びに弘布の廃止に関する件）、④修身・日本歴史・地理の停止、であった。

昭和21年（1946）11月には「日本国憲法」が公布され、22年3月には「教育基本法」・「学校教育法」が公布された。これにより、小学校6年間、中学校3年間の義務教育が成立した。小・中学校が昭和22年、高等学校が23年、大学が24年に、それぞれ4月からスタートした。戦前と異なり、単線型の学校体系となった。

昭和22年3月には、『学習指導要領（試案）』が出される。連合国軍総司令部の指令によるものであるが、事実上の命令であった。極めて短期間のうちに、他教科との連絡もないままに作成された。

昭和24年（1949）5月31日には、「文部省設置法」が公布され、大臣官房、初等中等教育局等の5局が置かれた。戦時中には抑えられていた教師の教育実践活動や運動も終戦後間もなく行われることとなったが、1950年代にその活動は大きく展開された。

なお、友野清文《とものきよふみ》が、「国民学校と戦後の小中学校は、教育目的の点では『断絶』しているが、制度面では『連続』している面があるのは事実である」[12]と指摘している点は重要である。

(3) 昭和戦前期・戦中期の師範学校教育

明治30年（1897）に制定された「師範教育令」は師範学校教育の根幹となったものであるが、昭和18年（1943）に師範教育令全面改正に至るまで、46年間もの長期間同じ法令が出され続けた。

昭和6年（1931）には、また文政審議会の答申を受けて師範学校規程の改正が行われた。男子第二部課程の修業年限はそれまで1ケ年であったが、2ケ年に延長された。女子は当初から2ケ年又は1ケ年とし、男子は大正4年（1915）から1年以内の延長を認めていた。

第二部の制度発足後、最初は師範学校第一部に第二部が付随する形であったものが、昭和6年になると第二部中心の体制となっていった。こうした流れは、やがて師範学校が官立の専門学校に相当する学校となる前段階を意味していた[13]。こうして、明治40年（1907）に制定された「師範学校規程」は、大正14年（1925）、昭和6年（1931）に改正された。

師範学校規程を受けて位置付けられるものとしての文部訓令「師範学校教授要目」（当初、明治43年制定）であるが、これも、師範学校規程に合わせ、大正14年（1925）、そして昭和6年（1931）に改正されている。

戦時下の昭和18年（1943）3月8日、「師範教育令」が改正され、同年4月1日施行された。第1章第1条に「師範学校ハ皇国ノ道ニ則リテ国民学校教員タルベキ者ノ錬成ヲ為スヲ以テ目的トス」と示され、「国民学校教員」であるから国として管轄する、そのための官立であるという意思表示が見える。このように、この改正により道府県立の師範学校は、すべて政府によって設立・運営される官立となった。そして、中等学校修了者を入学資格とする専門学校に昇格した。

本科3年・予科2年であり、各県に1校以上設置された。師範学校が専門学校となると同時に、本科第一部と第二部の区別はなくなった。こうしたことにより、師範学校の入学資格はすべて中等教育学校修了となった。[14] 昭和18年3月8日に、明治40年（1907）制定の「師範学校規程」が廃止されて、新たな「師範学校規程」が制定された。

（4）戦争直後の師範学校教育

第二次世界大戦後の昭和20年（1945）には、文部省は「新日本建設ノ基本方針」を発表し、教科書取扱方に関しての通達（戦時教材の省略・削除等）を出す。一方GHQ（連合国軍最高司令部）は「日本教育制度ニ対スル管理政策」（教授内容の改訂、教育者の調査追放等）を指令した。

昭和21年には、文部省から「新教育指針」が配布され、教育刷新委員会が設置された。22年になると、文部省から「学科課程案の研究について」通牒と共に「大学に於ける教育学科のカリキュラム」が各師範学校に配布された。そして、教育大学創設準備協会全国大会が開催された。また、この年の暮れ、大学設置委員会第1回総会が開催された。

昭和23年には、文部省は国立大学設置案を決定し発表した。昭和24年（1949）5月31日には、「文部省設置法」、「国立学校設置法」、「教育職員免許法」が公布された。国立新制大学69大学が設置されて、新教育制度となり、同年より師範学校は国立学芸大学、あるいは国立大学教育学部または学芸学部となり、さらに大学に昇格した。また、この年11月には、日本教育大学協会が発足した。

第2節　明治時代後期から昭和戦前期までの東京府青山師範学校の教育

1．明治期・大正期・昭和戦前期の法令

次に、規則ごとに明治期・大正期・昭和戦前期の師範学校におけるカリキュラムの変遷を比較してみることとする（「表3－2　明治期・大正期・昭和戦前期の図画科教員養成の法令比較表」、「師範学校規程」「師範学校教授要目」は、文部省教育調査部『師範教育関係法令の沿革』昭和13年より引用等）。

本表より見えてくる「師範学校規程」、「師範学校教授要目」、「東京府男子師範学校学則」の明治・大正・昭和戦前各時期の特徴をこの後述べていく。

表3−2　明治期・大正期・昭和戦前期の図画科教員養成の法令比較表

師範学校規程（明治40年）
同　中改正：大14（大正14年改正のもの）
同　中改正：昭6（昭和6年改正のもの）
師範学校教授要目（明治43年）
同　改正：大14（大正14年改正のもの）
同　改正：昭6（昭和6年改正のもの）
東京府男子師範学校学則（明治44年）
同　改正：大15（大正15年改正のもの）

「全体的な目標など」以外は引用（現代仮名遣いに改めた）
四角の囲みは、単に読み取りやすくするためのものであり、
四角の囲みの予備科、本科第一部、本科第二部、各学年は、
明治期のものである。

法令＼項目	
師範学校規程（明治40年4月17日） 師範学校規程中改正（大正14年4月1日） 師範学校規程中改正（昭和6年1月10日）	第1条　師範教育令の旨趣に基づいて、師範学校生徒に教えること ○忠君愛国、精神鍛錬、規律遵守、秩序保持など ○小学校令や小学校令施行規則に準じること ○教授の方法の会得
師範学校教授要目（明治43年5月31日） 師範学校教授要目改正（大正14年4月18日） 師範学校教授要目改正（昭和6年3月11日）	文頭 明43　○地方長官は各師範学校長に、本要目に準拠しつつ地方の状況にふさわしい教授細目を決めさせよ 明43　○各学科目教授の効果を出し、師範教育の趣旨にそうことを期待する 大14　○前半は明治43年のものと趣旨同じ。その後の、○「各学科目教授の効果を出し、師範教育の趣旨に
東京府男子師範学校学則（明治44年1月一部改正。明治41年2月版と変わった部分には＊印を付け、解説を加えた） 東京府男子師範学校学則改正（大正15年1月16日）	（本項目に関わる記載なし）

〇学習方法は教授によるだけでなく、生徒自ら学識を深め技芸に励む習慣を養うこと

大14　改正なし

昭6　改正なし

全体的な目標など（筆者によるまとめ）

そうこと」が「各学科目教授の内容を充実し、師範教育の本旨を貫徹すること」に変わっている

大14　教授科目に「哲学」が加わった。ただし専攻科のみ

昭6　〇前半、後半共に、大正14年のものと趣旨同じ

昭6　教授科目では、「習字」がなくなり、「工業」が「実業」の一つに加わっている。「博物」「物理及化学」が「理科」となり、「法制及経済」が「公民科」に変わった

（明43）本要目実施上の注意

1．各学科目を教授するにあたっては、それぞれの目的に達するように努め、各学科目間で互いに補い合いつつ全体の統一をとるように

2．本要目に掲げたものやその順序は、斟酌してよし

3．教授用具は教授上差し支えない限り、なるべく日用品を利用し、又は教員手製のものを当てるように。また、各学科目間で共通するものはなるべく兼用せよ

大14　「本要目実施上の注意」の項目なし

昭6　本要目実施上の注意

1．明治43年に、同じ

2．明治43年に、同じ

3．明治43年に同じであるが、教員手製のものだけでなく、生徒の製作にかかるものも利用することが加わっている

4．（明治43年に4．追加）教授の際小学校における教授を顧慮し生徒をして常に之に留意せしむるよう便宜指導すべし特に本科第二部に在りては小学校における教材の研究に重きをおきかつ既修知識の整理補充を為さんことに力むべし

大15　改正なし

教科書	図画科の内容
第47条 予備科及本科の教科用図書を定め又は之を変更する必要ありと認めたる［と、筆者補足］きは地方長官は其の意見を文部大臣に申出ずべし此の場合に於ては地方長官は学校長の意見を聞くことを要す 大14　改正なし 昭6　改正なし	○予備科（修業年限1箇年）、本科第一部（修業年限4箇年） 大14　○本科第一部修業年限5箇年） 昭6　○本科第一部修業年限5箇年） 第21条 図画は物体を精密に観察し正確且自由に之を画くの能を得しめ且小学校に於ける図画教授の方法を会得せしめ兼て意匠を練り美感を養ふを以て要旨とす
（本項目に関わる記載なし） 大14　改正なし 昭6　改正なし	○予備科（男女） ・写生画、臨画——幾何形体、器物、模型、植物 ・考案画——主として幾何的模様を授くべし ・色彩——写生画及臨画には簡易なる著色を施すことを得 大14　本科第一部（男女） ○第1学年　毎週2時 ・写生画、臨画——幾何形体、器物、模型、植物、動物 ・考案画——一般図案法、単独模様の構成、二方連続模様の構成 ・幾何画——直線、角、円、多角形、曲線、点、腺、面の立面図・平面図・側面図 昭6　本科第一部 ○第1学年　毎週2時 ・自在画　写生画及び臨画——幾何形体、器物、植物、動物、風景 考案画——平面図案 ・用器画　平面幾何画
（本項目に関わる記載なし） 大15　改正なし	○予備科（男） ・写生画 ・臨画 ・考案画 大15　本科第一部 ○第1学年（男） ・写生画 ・臨画考案画 ・幾何画 大15　○第1学年（女） ・写生画 ・臨画 ・考案画 ・幾何画

	図画は写生画を主とし臨画及び考案画を加え授け黒板上に於ける練習を為さしめ又幾何画を授け且教授法を授くべし 大14　改正なし 昭6　図画は形象を精密に観察し正確且自由に之を画くの技能を得しめ工夫創作の力を陶冶し美感を養い且小学校に於ける図画教授の方法を会得せしむるを以て要旨とす 図画は自在画及用器画とし自在画に於ては写生画を主とし臨画及考案画を加え用器画に於ては主として幾何画を授け又黒板上に於ける練習を為さしめ且教授法を授くべし	○本科第一部（男女） ○第1学年 ・写生画、臨画――器物、模型、植物、動物 ・考案画――幾何的模様及天然物より変成したる模様を授くべし ・幾何画――直線、角、円、多角形、曲線、簡易なる立体の平面図、立面図、側面図、展開図を加ふべし ・黒板上の練習 ・色彩――写生画臨画にて著色の練習をなさしめ考案画にて配色の応用を授くべし 大14　○第2学年　毎週1時 ・写生画、臨画――器物、模型、植物、動物 ・考案画――輪郭模様の構成、四方連続模様の構成 ・幾何画――立体の立面図・平面図・側面図・展開図・切断図・等角図 昭6　○第2学年　毎週1時 ・自在画　写生画及び臨画――器物、植物、動物、風景 考案画――平面図案 ・用器画　投影画及びその応用 ○第2学年　毎週1時 ・写生画、臨画――器物、植物、動物、建築物、人物 ・考案画――幾何的模様及天然物より変成したる模様を授くべし ・幾何画――立体の平面図、立面図、側面図、展開図、切断図、等角図 ・黒板上の練習 ・色彩――写生画臨画にて著色の練習をなさしめ考案画にて配色の応用を授くべし	○本科第一部（男） ○1学年 ・写生画 ・臨画 ・考案画 ・幾何画＊この項目が増えた ・黒板上の練習＊この項目が増えた 大15　○第2学年（男） ・写生画 ・考案画 ・幾何画 大15　○第2学年（女） ・写生画 ・臨画 ・考案画 ・幾何画 ○2学年 ・写生画、臨画 ・考案画 ・幾何画 ・黒板上の練習＊この項目が増えた

図画科の内容

大14　○第3学年　毎週1時
・写生画——器物、植物、動物、建築物、石膏模型、人物、風景
・考案画——不規則的構成による各種の装飾図案、立体図案
・幾何画——透視画法
・黒板上の練習——略画の描出

昭6　○第3学年　毎週1時
・自在画　写生画——器物、植物、動物、建築物、石膏模型、人物、風景
考案画——立体図案
・用器画　透視画及びその応用

○第3学年
・写生画——植物、動物、建築物、人物、景色
・考案画——幾何的模様及天然物より変成したる模様を授くべし、更に器物図案を授け便宜既習の模様を之に応用せしむべし
・幾何画——立体の平面図、立面図、側面図、展開図、切断図、等角図、更に透視画法の一斑を加ふべし
・黒板上の練習
・色彩——写生画臨画にて著色の練習をなさしめ考案画にて配色の応用を授くべし
・小学校に於ける図画教授法——教授の要旨、教授材料の選択及配列、教授の方法、教授用具及教授上必要なる注意、小学校に於ける図画教科用図書の研究

大14　○第4学年　毎週1時
・写生画——各種の静物、建築物、人物、風景、活動せる動物及人物
・考案画——各種応用図案

大15　○第3学年（男）
・写生画
・考案画
・黒板上の練習

大15　○第3学年（女）
・写生画
・考案画
・幾何画
・黒板上の練習

○3学年
・写生画
・臨画＊この項目が無くなった
・考案画
・幾何画＊この項目が増えた
・黒板上の練習＊この項目は「黒板練習」だった
・教授法

大15　○第4学年（男女）
・写生画
・考案画
・黒板上の練習
・小学校に於ける図画教授法

○本科第二部（修業年限男生徒1箇年、女生徒2箇年又は1箇年） 大14　○本科第二部（修業年限男生徒1年、女生徒1年又は2年） 昭6　○本科第二部（修業年限2年） 第38条 図画は第21条に準じ既得の知識技能を補習せしめ
・黒板上の練習――やや複雑なる描出、色ちょーく使用の方法 ・小学校に於ける図画教授法――教授の要旨、教材の選択及配列、教授の方法、教授用具及教授上必要なる注意、小学校に於ける図画教科書の研究 昭6　○第4学年　毎週1時 ・自在画　写生画――静物、植物、動物、建築物、人物、風景 考案画――立体図案 ・小学校における図画教授法及び教材の研究 増課教材　毎週2時ないし4時 ・自在画及び用器画につき程度のやや高きものを課すべし ○第4学年 ・写生画――植物、動物、建築物、人物、景色 ・考案画――幾何的模様及天然物より変成したる模様を授くべし、更に器物図案を授け便宜既習の模様を之に応用せしむべし ・黒板上の練習 大14　○第5学年　毎週1時 ・写生画――前学年に準ず ・考案画――前学年に準ず ・黒板上の練習――前学年に準ず 昭6　○第5学年　毎週1時 ・自在画　写生画―前学年に準ず 考案画―前学年に準ず 増課教材　毎週2時ないし4時 前学年における増課教材に準ずまた便宜美術史の大要を授くることを得
○4学年 ・写生画 ・臨画＊この項目が無くなった ・考案画 ・黒板上の練習＊この項目は「黒板練習」だった 大15　○第5学年（男女） ・写生画 ・考案画 ・黒板上の練習

図画科の内容

又黒板上に於ける練習を為さしめ且教授法を授くべし

大14　第38条
図画、手工は第21条及第22条に準じ小学校に於ける教授に必要なる知識技能を会得せしめ且教授法を授くべし

昭6　改正なし

大14　専攻科（修業年限1年）

大14　専攻科（修業年限1年）

本科第二部（男）
○第1学年
・写生画――本科第一部第3学年及第4学年に準ず
・考案画――本科第一部第3学年及第4学年に準ず
・黒板上の練習――本科第一部第3学年及第4学年に準ず
・小学校に於ける図画教授法――本科第一部第3学年に準ず

大14　本科第二部（男、修業年限1年の女）
○第1学年　毎週1時
・本科第一部男生徒の部第4学年及第5学年に準ず

本科第二部（女、修業年限2箇年のもの）
○第1学年　毎週一時
・写生画――本科第一部第3学年に準ず
・考案画――本科第一部第3学年に準ず
・黒板上の練習――本科第一部第3学年に準ず
・小学校に於ける図画教授法――本科第一部第3学年に準ず
○第二学年　毎週一時
・写生画――本科第一部第4学年に準ず
・考案画――本科第一部第4学年に準ず
・黒板上の練習――本科第一部第4学年に準ず

本科第二部（女、修業年限1箇年のもの）
○第1学年　毎週一時
男生徒の部に準ず

大14　本科第二部（修業年限2年の女）
○第1学年　毎週1時
・本科第一部男生徒の部第4学年に準ず
○第2学年　毎週1時

本科第二部（男）
○1学年
・写生画＊この項目が増えた
・考案画＊この項目が増えた
・黒板上ノ練習＊この項目が増えた
・教授法
＊明治41年版では「自在画」「教授法」のみだった

大15　本科第二部（男）
○第1学年
・写生画
・考案画
・黒板上の練習
・小学校に於ける図画教授法

大15　本科第二部（女）
○第1学年
・写生画
・考案画
・幾何画
・黒板上の練習
・小学校に於ける図画教授法

・本科第一部男生徒の部第5学年に準ず
○第二学年　毎週一時
・写生画――本科第一部第4学年に準ず
・考案画――本科第一部第4学年に準ず
・黒板上の練習――本科第一部第4学年に準ず

昭6　本科第二部
○第1学年及び第2学年　毎週1時
・本科第一部第4学年及び第5学年に準ず
増課教材　毎週2時ないし4時
本科第一部第4学年及び第5学年の増課教材に準ず

大14　専攻科　毎週2時
・写生画、考案画――本科より程度を高めたる実習
・美術史の大要
・鑑賞及研究
・小学校に於ける図画教授の研究

昭6　専攻科　増課教材
・写生画　考案画
本科より程度を高めたる実習
美術史の大要
小学校における図画教材の研究

注意
1、自在画教授の際には成るべく陰影画法及透視画法に就き簡易に其の理法を説明すべく又時々記憶画及見取画の練習をなさしむべし
2、色彩を授くるには著色法の外六色及其の明色と暗色との区別を知らしめ更に色の性質対比及調和を示すべし
3、描写には主として鉛筆及毛筆を用いしむべし但し便宜色鉛筆及ペン等を使用せしむるも可なり
4、生徒をして成るべく名作品又は其の複製品を見せしめ趣味の涵養に資すべし

大15　専攻科（男女）
（図画は選択科目）
○第1学年
・写生画
・考案画
・美術史の大要
・鑑賞及研究
・小学校に於ける図画教授の研究

図画科の内容
大14　注意 1、自在画教授の際には成るべく陰影画法及透視画法に就き簡易に其の理法を説明し又時々記憶画及見取画の練習をなさしむべし 2、色彩に関しては適当の時期に於て著色法の外三原色・間色・再間色及其の明色と暗色との区別を知らしめ更に色の性質・対比・色彩配合の調和等を教示すべし 3、描写には主として鉛筆・毛筆を用いしめ尚ぺん・木炭・こんてー・色鉛筆・くれよん・ぱすてる・水絵具・油絵具等の描画に就き成るべく多様に亘りて其の使用を理解せしむべし 4、生徒をして成るべく名作品又其の複製品を鑑賞せしめ趣味の涵養に資すべし 昭6　注意 1、図画の教授においては特に手工との連絡に注意すべし 2、自在画教授の際適宜色彩及び美に関する事項を授けまた必要に応じて陰影画法及び透視画法につきその理法を説明し時々速写をなさしめかつ記憶または工夫による描写をなさしむべし 3、用器画における応用はなるべく卑近にして実際的なるものを選ぶべし 4、色彩画は主として第2学年以上においてこれを課し第1学年にありては簡易なる程度に止むべし 5、なるべく名作品またはその複製を鑑賞せしめ美術に対する理解と趣味の涵養とに力むべし 6、第3学年以上にありては便宜黒板上の練習を課し略画、説明図の描出に熟せしむべし

図画科の毎週の授業時数	○予備科（男女）は2時間 大14　本科第一部第1学年（男女）手工と合わせて3時間 昭6　本科第一部第1学年（男女）手工と合わせて基本科目3時間、増課科目なし 本科第一部 ○第1～3学年（男女）は手工と合わせて3時間 大14　本科第一部第2学年手工と合わせて男3時間、女2時間。第3～5学年（男女）2時間 昭6　本科第一部第2学年（男女）手工と合わせて基本科目3時間、増課科目なし。第3～5学年（男女）基本科目2時間。増課科目は第3学年なし、第4・5学年図画2～4時間 ○第4学年は男3・女2時間	○予備科（男女）は2時間 大14　○本科第一部（男女）第1学年は2時間 昭6　○本科第一部（男女）第1学年は2時間 本科第一部（男） ○第1学年は2時間 ○第2学年は1時間 ○第3学年は2時間 ○第4学年は1時間 大14　○本科第一部（男女）第2～5学年は1時間 昭6　○本科第一部（男女）第2～5学年は1時間	○予備科は2時間 〈大15　○本科第一部第1学年（男女）は2時間〉 本科第一部（男） ○第1学年は2時間 ○第2学年は1時間＊2時間から減った ○第3学年は2時間＊1時間から増えた ○第4学年は1時間 大15　○本科第一部（男女）第2～5学年は1時間

図画科の毎週の授業時数

本科第二部（男）
○第1学年は手工と合わせて3時間
本科第二部（女、修業年限1箇年のもの）
○第1学年は手工と合わせて3時間
大14　本科第二部（男女）第1学年は手工と合わせて3時間
昭6　本科第二部（男女）第1学年・2学年とも、手工と合わせて基本科目2時間、増課科目は図画2～4時間
本科第二部（女、修業年限2箇年のもの）
○第1学年は手工と合わせて3時間
○第2学年は手工と合わせて2時間
大14　本科第二部（女、修業年限2箇年のもの）は第1学年・2学年とも、手工と合わせて2時間
大14　専攻科選択科目として「図画及び手工4」とあり。男女共「選択科目」は8～12

本科第二部（男）
○第1学年は1時間
大14　○本科第二部（男女）第1学年は1時間
昭6　○本科第二部（男女）第1学年は1時間
本科第二部（女、修業年限2箇年のもの）
○第1学年は1時間
○第2学年も1時間
大14　本科第二部（女、修業年限2箇年のもの）第1学年・第2学年各1時間
本科第二部（女、修業年限1箇年のもの）
○第1学年は1時間
昭6　○本科第二部（男女）第2学年は1時間
大14　専攻科第1学年2時間

本科第二部（男）
○1学年は1時間
大15　本科第二部（男）
○1学年は1時間
大15　専攻科（男女）（図画選択）
○第1学年は2時間

昭6　専攻科基本科目には図画なし。増課科目として「図画」あり。男女共増課科目から2科目以上選択、増課科目の総時数10

2．「師範学校規程」の変遷

「師範学校規程」について、明治40年（1907）4月17日制定のもの、大正14年（1925）4月1日制定のもの、昭和6年（1931）1月10日制定のものの比較を行う。

A．全体的な目標など

最初に制定された明治40年の「師範学校規程」には、第1章　生徒教養ノ要旨、第1条に、師範教育令の趣旨に基づいて、生徒に教え育てるべき事項として、忠君愛国、精神鍛錬、規律遵守、秩序保持、などが教員にとって重要であり、小学校令や小学校令施行規則に準じて、常に教授法に留意した教育に務めるべしとしている。(15)大正14年の「師範学校規程」中改正においては、この部分の改正なし。加えて、昭和6年の「師範学校規程」中改正においても、改正はない。

つまり、全体的な目標などにおいては、最初の方針が変わっていない、ということである。しかし、この間「師範教育令」の改正がないことを考えれば当然のこととも言える。

B．教科書

明治40年の「師範学校規程」において、当時の教科書の扱いは、地方長官が学校長の意見を聞いた上で、意見を文部大臣に申し出ることとなっていた。師範学校教科書の検定制度が確立するのは、明治44年（1911）の「師範学校規程」の改正(16)からである。大正14年（1925）の「師範学校規程」中改正においては、こうした教科書に関する改正はない。また、昭和6年（1931）の「師範学校規程」中改正においても、改正はない。

教科書に関する捉え方も、目標などと同じように変わっていない。

C．図画科の内容

明治40年（1907）の「師範学校規程」第21条には、次のように示されている。

「図画は物体を精密に観察し正確且自由に之を画くの能を得しめ且小学校に於ける図画教授の方法を会得せしめ兼て意匠を練り美感を養ふを以て要旨とす

図画は写生画を主とし臨画及び考案画を加え授け黒板上に於ける練習を為さしめ又幾何画を授け且教授法を授くべし」と。

また、「師範学校規程」第38条には、次のようにある。

「図画は第21条に準じ既得の知識技能を補習せしめ又黒板上に於ける練習を為さしめ且教授法を授くべし」と。

大正14年の「師範学校規程」中改正では、第21条の改訂はなく、第38条に、次のように示されている。

「図画、手工は第21条及第22条に準じ小学校に於ける教授に必要なる知識技能を会得せしめ且教授法を授くべし」と。

明治40年のものと大正14年のものとの間には、大きな差異はない（なお、手工の記述は明治40年では第39条に入っていた）。しかし、昭和6年の「師範学校規程」中改正第21条には、次のように示されている。

「図画は形象を精密に観察し正確且自由に之を画くの技能を得しめ工夫創作の力を陶治し美感を養い且小学校に於ける図画教授の方法を会得せしむるを以て要旨とす
図画は自在画及用器画とし自在画に於ては写生画を主とし臨画及考案画を加え用器画に於ては主として幾何画を授け又黒板上に於ける練習を為さしめ且教授法を授くべし」と。

大正14年には変わらなかった「第21条」の内容が、昭和6年になると変わっている。「精密に観察し正確かつ自由に描く力をつけさせる」のであるが、目的語部分の「物体」という言葉が昭和6年（1931）では「形象」[17]に変わっている。また、「意匠を練り美感を養ふ」の代わりに「工夫創作の力を陶治し美感を養い」となり、工夫創作の力が練られ立派なものになるように、としている。また、自在画と用器画という概念が示されるようになった。

D．図画科の毎週の授業時数

各学年の週当たりの授業時数は、「表3－3『師範学校規程』に見られる各学年の図画週授業時数」の通りである。

表3-3　「師範学校規程」に見られる各学年の図画週授業時数

学年		明治40	大正14	昭和6
明治40	大正14/昭和6			
予備科	第一部1年	男女 2	男女 3（含手工）	男女 基本科目3（含手工） 増課科目なし
第一部1年	2年	男女 3（含手工）	男3（含手工） 女2（含手工）	男女 基本科目3（含手工） 増課科目なし
2年	3年	男女 3（含手工）	男女 2	男女 基本科目2 増課科目なし
3年	4年	男女 3（含手工）	男女 2	男女 基本科目2 増課科目図画2～4
4年	5年	男3 女2	男女 2	男女 基本科目2 増課科目図画2～4
第二部1年	第二部1年	男3（含手工） 女、修業年限1箇年のもの・同2箇年のもの 3（含手工）	男女 3（含手工） 女、修業年限2箇年のものは 2（含手工）	男女 基本科目2（含手工） 増課科目図画2～4
2年	2年	女、修業年限2箇年のもの 2（含手工）	女、修業年限2箇年のもの 2（含手工）	男女 基本科目2（含手工） 増課科目図画2～4
	専攻科		男女 選択科目（選択科目8～12の内） 4（図画及び手工）	男女 基本科目 なし 増課科目図画あり。 増課科目から2科目以上選択。増課科目の総時数は10

表《ひょう》には現れて来ないが、明治40年（1907）の「師範学校規程」における予備科の「手工」は、「なし」である。各学年の週授業数について、各時代における大きな変化はないが、昭和になって第一部4・5年、第二部1・2年で、増課科目ということではあるが男女とも増加している。

3.「師範学校教授要目」の変遷

A．全体的な目標など

「師範学校規程」では、小学校令や小学校令施行規則に準じることを求めつつ、忠君愛国、精神鍛錬、規律遵守、秩序保持など基本的人間形成に関わる部分を示している。

これを受けた明治43年（1910）「師範学校教授要目」では、各学科目の教授における目的達成に努め、学科目間全体の統一指導を目指した効果的師範教育を期待する、としている。

また、「師範学校教授要目」では、本教授要目に準拠しつつ地方の状況にふさわしい教授細目を決めさせようとしている。

大正14年（1925）「師範学校教授要目」においても、本教授要目に準拠しつつ地方の状況にふさわしい教授細目を決めさせようとしている点は、明治43年のものと同じである。この点は、昭和6年（1931）「師範学校教授要目」においても、変わっていない。

しかし、明治43年のものが、「各学科目教授の効果を出し、師範教育の趣旨にそうことを期待する」としていたものが、大正14年のものは「各学科目教授の内容を充実し、師範教育の本旨を貫徹すること」に変わり、徹底した師範学校としての教育を求めている。このことは大正10年（1921）前後を頂点とする大正新教育運動への対抗と捉えることができるのではなかろうか。

また、明治43年「師範学校教授要目」は、「本要目実施上の注意」として、この要目活用上の注意を述べている。そこには、教授要目やその順序に弾力性があり、教授用具も日用品を利用し、又は教員手製のものを当てるようにするなど縛りはそれほど強くない。

明治43年のものにあった「本要目実施上の注意」の項目は、大正14年のものにはその記載がない。昭和6年「師範学校教授要目」では、「本要目実施上の注意」の項目が、再び記載されている。この項目の内容は明治43年のものとほぼ同じであるが、教授用具は教員手製のものだけでなく、生徒の製作にかかるものも利用すること、が加わっている。

さらに、昭和6年（1931）版「師範学校教授要目」における「本要目実施上の注意」には、「教授の際には、小学校における教授であることを考慮し、師範学校生に常にこのことを考えて教授するよう指導せよ。特に、第二部では小学校における教材研究を重視し、かつ既習の知識を整理補充に努めること」（筆者意訳）ということが加わっている。(18)

B．教科書

「師範学校教授要目」では、明治43（1910）、大正14（1925）、昭和6年版において、教科書については規定していない。

C．図画科の内容

全（明治40・大正14・昭和6年全体の意）「師範学校規程」では、図画科の要旨（目標と方法とも言えるもの）を示しているが、全「師範学校教授要目」では要旨ではなく、「師範学校規程」で示されたことを受けた題目、並びに題材など具体的指導内容が示されている。

昭和6年の「師範学校教授要目」では同年の「師範学校規程」同様、目標として「形象」という言葉を用い、自在画（写生画・臨画）では形象描写の基礎的練習をすることとしている。また、考案画では日常生活上必須なものを描き、その形状と装飾の工夫創作を重視している。

また、明治43年の「師範学校教授要目」においては、「臨画」が最初の三つの学年（予備科1年と本科2年。大正14年4月1日には予備科がなくなる）まであったものが、大正14年（「師範学校教授要目」は大正14年4月18日改正）、昭和6年のものでは本科第2学年までに減少している。

全「師範学校教授要目」の図画科の内容の項最後に「注意」として指導法が示されている。その「注意」において、大正14年のものは明治43年のものに比べ、描画材料を詳しく示し、その多様なことを理解させるようにしている。

また、昭和6年の「注意」において、図画教授は特に手工との連絡に注意せよとある。このことは、週当たりの授業時数において、図画と手工の時数に偏りがないということにもその意図が表れている。

D．図画科の毎週の授業時数

大正14年「師範学校規程」に比べ、第一部第2〜5学年、第二部第1学年で大正14年版「師範学校教授要目」

や大正15年（1926）版[19]「東京府男子師範学校学則」は時数が少ない。

4．「東京府男子師範学校学則」の変遷

「東京府男子師範学校学則」は、「師範学校規程」、「師範学校教授要目」を受けて東京府令として出されていた。ここで直接関わるものは、まず明治44年（1911）1月に出されたものである[20]。これは明治41年（1908）2月発令の「東京府男子師範学校学則」[21]が改正されたものである。明治41年発令のものは、内容的にも分量的にも充実している。

明治41年発令後すぐに明治44年のものが発令されたのは、「課程及教授時数」部分を主に変更していることからも分かる通り、明治43年（1910）5月に「師範学校教授要目」が出され、それに迅速に対応したためである。明治44年1月に出された「東京府男子師範学校学則」に続くものとしては、大正15年（1926）1月に発令された[22]。大正15年の時も、前年4月に出された「改正師範学校教授要目」に対応して出されている。しかし、昭和6年（1931）3月に出された「改正師範学校教授要目」に対応した「東京府青山師範学校学則」は見あたらない[23]。

A．全体的な目標など

明治44年（1911）、大正15年（1926）の「東京府男子師範学校学則」において、「師範学校規程」に見られるような全体的な目標などの部分についてはうたっていない。

しかし、東京府青山師範学校では、学校としては、教師や生徒の取るべき態度について非常に詳しく規定していた[24]。

B．教科書

全部の「東京府男子師範学校学則」において、教科書についての規定はない。

C．図画科の内容

全「師範学校規程」では、図画科の要旨（目標と方法とも言えるもの）を示しているが、明治44年（1911）、大正15年（1926）の「東京府男子師範学校学則」では図画科の要旨（目標と方法とも言えるもの）のようなものではなく、「師範学校規程」で示されたことを受けた指導内容を示している。その指導内容は、題目のみであり、図画科の授業内容はそれほど詳しく規定していない。

明治44年版「東京府男子師範学校学則」においては、「師範学校教授要目」における「…を授くべし」「…に資すべし」というような指示的な言葉は記されていない。大正15年版になるとそういった言葉が少し出てくる。

なお、臨画の授業については、明治43年（1910）「師範学校教授要目」では予備科・本科第1学年・2学年の3年間あるが、大正14年（1925）版は本科第1学年・2学年の2年間に減少している。他方、明治44年版「東京府男子師範学校学則」では予備科、本科第1学年・2学年の3年間あるが、大正15年版は本科第1学年にしかない(25)（女子は、第2学年まで臨画がある）。

こうした「東京府男子師範学校学則」の姿勢は、国の規定よりも進んでいたとみることができよう。さらに言えば、赤津隆助は大正10年（1921）に「青山師範学校で十数年も前から、臨画廃止をやって写生創作の教育をして居た」と述べている。(26)

一方、写生画は「師範学校教授要目」、「東京府男子師範学校学則」共に、すべての版の全学年で登場している。明治44年（1911）、大正15年（1926）の「東京府男子師範学校学則」には、「師範学校教授要目」の最後にある「注意」などはないが、内容項目（題目）は、「師範学校教授要目」とほぼ同じである。

なお、東京府青山師範学校では学校の教授規程として、指導は実際的であれとか、指導内容は多すぎず、教材研究は周到に準備すべし、などとしているが[27]「東京府男子師範学校学則」にはそこまでは記されていない。

D．図画科の毎週の授業時数

毎週の図画科授業時数について、明治時代では、「師範学校規程」に比べ、「師範学校教授要目」や「東京府男子師範学校学則」は第一部第2・4学年、第二部第1学年で時数が少ない。

また、大正時代では、大正14年（1925）「師範学校規程」に比べ、第一部第2〜5学年、第二部第1学年で大正14年の「師範学校教授要目」や大正15年の「東京府男子師範学校学則」は時数が少ない（「表3－4．大正時代の師範学校規程・師範学校教授要目・東京府男子師範学校学則に見られる各学年の図画週授業時数」）。

なお、明治43年（1910）の「師範学校教授要目」に明治44年（1911）の「東京府男子師範学校学則」は合わせている。同じく、大正14年（1925）の「師範学校教授要目」に大正15年（1926）の「東京府男子師範学校学則」は合わせており、明治・大正時代とも授業時数において、「東京府男子師範学校学則」は「師範学校教授要目」に合わせた形をとっている。

以上から、「師範学校規程」「師範学校教授要目」「東京府男子師範学校学則」の、明治後期から昭和初期における図画教育を中心とした師範教育の特徴の主な点は以下の通りとなる。

「師範学校規程」の明治40年(1907)、大正14年(1925)、昭和6年(1931)版の特徴は次の通りである。ここでは、各時期の特徴をより明確にするため便宜的に明治40年のものを「明治」、大正14年のものを「大正」、昭和6年の

表3-4　大正時代の師範学校規程・師範学校教授要目・東京府男子師範学校学則に見られる各学年の図画週授業時数

	師範学校規程	師範学校教授要目	東京府男子師範学校学則
第一部 1年	男女 3(含手工)	男女 2	2
2年	男3(含手工) 女2(含手工)	男女 1	1
3年	男女 2	男女 1	1
4年	男女 2	男女 1	1
5年	男女 2	男女 1	1
第二部 1年	男女 3(含手工) 女、修業年限2箇年のもの 2(含手工)	男女 1 女、修業年限2箇年のもの 1	1
2年	女、修業年限2箇年のもの 2(含手工)	女、修業年限2箇年のもの 1	
専攻科	男女 選択科目* 4(図画及び手工)	2	(図画選択) 2

* 選択科目8～12の内、である。

ものを「昭和」と表現することとする。以下、「師範学校教授要目」や「東京府男子師範学校学則」についても同じ扱いとする。

①「師範学校規程」の全体的な目標など、最初の方針は大正・昭和も変わらず、教授法の重視、生徒自ら学識を深め技芸に励む習慣を養うことが求められていたことなども変わっていない。

②「師範学校規程」における教科書の扱いに関する捉え方も、大正・昭和を通じて変わっていない。大正の時代には変わらなかった「内容」が、昭和の時代になると変わり、「物体」という言葉が「形象」に変わり、工夫創作の力が練られ立派なものになるように、となっている。

「師範学校規程」において授業時数に、時代的変化はない。

「師範学校教授要目」の明治43年（1910）、大正14年（1925）、昭和6年（1931）版、すなわち明治、大正、昭和各時代の特徴は次の通りである。

①「師範学校教授要目」では、地方の状況にふさわしい教授細目を決めさせようとしている点は、全時代同じであるが、大正・昭和のものは、徹底した師範学校としての教育を求めている。

②昭和の「師範学校教授要目」では、「本要目実施上の注意」の項目の内容が明治のものとほぼ同じであり、教授要目に掲げたものやその順序には弾力性があるなどとしている。

③昭和の「師範学校教授要目」では、教授用具は教員手製のものだけでなく、生徒の製作にかかるものも利用すること、が加わっている。

④昭和の「師範学校教授項目」は、教材研究重視の姿勢が見られる。

⑤明治・大正の「師範学校教授要目」では、題目、題材、内容を詳しく示しているが、昭和のものは内容が簡単な記述となっている。
⑥明治の「師範学校教授要目」においては、「臨画」が最初の3学年まであったものが、大正・昭和のものでは2学年に減少している。
⑦大正時代は、「師範学校規程」に比べ、第一部第2〜5学年、第二部第1学年で「師範学校教授要目」や「東京府男子師範学校学則」の授業時数が少ない。

「東京府男子師範学校学則」の明治44年（1911）、大正15年（1926）、すなわち明治、大正の特徴は次の通りである。
①全「師範学校規程」では、図画科の要旨を示しているが、明治44年、大正15年「東京府男子師範学校学則」では「師範学校規程」で示されたことを受けた指導内容を示している。その指導内容は、題目のみで、図画科の授業内容は詳しく規定していない。
②臨画の授業について、明治時代は「師範学校教授要目」と「東京府男子師範学校学則」が同じであるが、大正時代は「師範学校教授要目」では最初の学年の2年間、「東京府男子師範学校学則」では同じく1年間しかない。
③全「東京府男子師範学校学則」には、「師範学校教授要目」（図画科の内容）の最後にある「注意」はないが、内容項目（題目）は、「師範学校教授要目」とほぼ同じである。④毎週の図画科授業時数について、「師範学校教授要目」や「東京府男子師範学校学則」は、「師範学校規程」に比べて時数が少ない。「東京府男子師範学校学則」は、「師範学校教授要目」に合わせた形にしている。

5. 明治後期の東京府青山師範学校の教育

本章第1節の第1項「明治後期の師範学校教育」において、⑷『師範学校規程』『師範学校教授要目』『師範学校学則』（『東京府男子師範学校学則』）の比較」部分で東京府男子師範学校について、他の法令との関係で述べた。ここでは、それに加えて東京府男子師範学校の教育に関わる事がらについて述べる。

まず、当時学校の移転があった。「師範教育令」公布後の明治33年（1900）8月から翌年の4月にかけてのことである。東京府小石川区竹早町から赤坂区青山北町の新校舎へと移転した。明治33年には、「東京府女子師範学校」が新設されることになっていたが、その校舎はなく東京府師範学校（男子）が使っていた竹早町の校舎をそれにあてることとした。「青山」の地名は、明治41年（1908）に東京府で二つ目の男子師範学校「東京府豊島師範学校」の誕生に伴い、「東京府青山師範学校」と校名を変えることにつながるものである。

明治40年（1907）には「師範学校規程」が制定され、それを受けて明治41年（1908）2月には「東京府師範学校学則」が出されている[28]（明治41年4月1日より施行）。これによると、青山師範学校の生徒定員は、予備科が80名で2学級、本科第一部が320名で8学級、本科第二部が40名で1学級であった。本科第二部は、明治40年の師範学校規程制定により新設されたもので、これに合致している。本科第二部の授業は、明治41年からスタートした。

明治41年の、第二部第1回入学試験の実際の志願者は56名で、選抜試験の結果入学者は33名であった。これは、本科第一部の入学試験倍率8・9倍に比べれば、倍率はかなり低いが、第二部の翌年の試験は2.7倍となった[29]。このように、第二部は、設置当初人気は今ひとつの感があったが、陣内靖彦《じんのうちやすひこ》が「この青山師範学校における第二部のその後の経緯を簡単に触れておけば、一九一五年から二〇年まで生徒募集を停止し、一九二一年四月に復活し、翌二二年より二学級に編成、そして二五年には三学級へと拡大することになる」[30]と述べるように、途中6年間の募集停止期間はあったが、その後は徐々に充実していくこととなる。

第二部生の平均年齢は22歳で全員が学則により通学生であるが、当時在学中の本科第一部生の平均年齢は17歳で5歳も違い、一部生（予備科を含む）はすべて寄宿舎生活をしているという違いがあった。[31]なお、学校当局の第二部生に対する当初の評価は、①第一部生との折り合いは、第二部生は第一部生に接近を望んでいるが第一部生はその必要を感じず第二部生を敬遠している、②第二部生の操行は予想外に良い、③学力は概して第一部生に比べやや劣る。教育実習については、熱心で練習が短い割には意外に良いが、学力と練習が不足していて第一部生に比べ少し劣る。特に教師としての見識が整わず自信の念が乏しいのは遺憾である、[32]としている。

生徒募集については、明治42年（1909）度から豊島師範学校が開校することになった。以後大正8年（1919）度まで青山師範学校と豊島師範学校が合同で生徒募集を行い、どちらに入学させるかは両校の申し合わせで成績順位の奇数番号または偶数番号で配分したという。[33]

当時の週の授業時数は、予備科31時間、本科（第一部、第二部とも）34時間である。月曜日から金曜日までが6時間で、土曜日が4時間という計算になる。教育実習は、最終学年の第4学年で行われ、附属小学校で年間授業時数40週の内、15週課せられていた。[34]つまり、1年間で授業のある期間の三分に一以上、附属小学校で教育実習をしていたことになり、いかに教育実習を重視していたかが分かる。

一方、東京府青山師範学校に限らず師範学校では、学校での授業以外に、寄宿舎における生活が、生徒の人格形成上大きな役割を果たしていた。東京府青山師範学校では、明治20年代までは、さほど多くの生徒が寄宿舎に入ってはいなかったが、明治30年代以降は明治36年（1903）の学則第30条に「生徒ハ総テ寄宿舎ニ寄宿セシム」[35]という方針が確定し、寄宿舎の生活は師範学校教育の対象そのものとなった。その後、ゆるやかな弾力的対応もとられたが、そうした規程にもかかわらず生徒の多くは寄宿舎生活を望んだ。こうした弾力化により、第二部生はそれまですべて通学させていたが、明治44年（1911）より寄宿させることができるようにした。

当時（明治末から大正時代）、寄宿舎生活を望む生徒が増えた理由を、陣内は「むしろ寄宿舎生活の意義が強制的集団訓練の場から、自主的共同生活の場に変容せんとする姿を示していると思われる」[36]と述べている。

また、今日の体育系・文化系の部活動に該当する「校友会」（大正9年発足）も、師範学校教育にとっては授業とは別に重要な役割を果たしていた。こうした寄宿舎生活や「校友会」活動は、直接授業とは関わりがなかったが、師範学校教育全体としては大きな意味をもっていた。

なお、時代により多少の違いはあるが、全国の師範学校において、本科生には、授業料免除はもとより、寄宿舎での食費、被服費、雑費などが支給されていた。明治40年（1907）に「師範学校規程」が制定される以前は全国一律の規制があったが、これ以降は地方長官が定めることとなった。

6. 大正期の東京府青山師範学校の教育

生徒の募集について、男子では大正3年（1914）度から、女子では4年度から、本科第一部の募集を停止した。ということは、この時から、本科第一部への入学者はすべて予備科修了者に限られることになったということである。予備科1年間と本科第一部の4年間（男女共）を合わせ、5年間の一貫教育体制に統一された。[37]

大正4年（1915）から大正9年（1920）までの6年間、本科第二部の生徒募集は停止された。停止の理由は、募集困難のためである。本科二部の募集定員は40名であったが、その内「合格者数／受験者数」は、明治43年（1910）44／71名、同44年（1911）32／76名、大正元年（1912）36／97名、同2年（1913）28／90名、同3年21／92名であった。[38] 受験者数は必ずしも少なくないが、合格させたい人物は多くなかったということであろう。なお、別の頁には、明治41年（1908）の調べで、入学者／入学志願者、の割合が、中学校卒業者30／41、其ノ他ノ者3／15である。[39]

『創立六十年　青山師範学校沿革史』では、こうした状況に対して、明治40年（1907）から大正3年までの間は、日露戦争直後であり、韓国併合の行われた時期にも相当しているので、時代の動きというものがよほど生徒の精神的方面、経済的方面へも影響を与えており、そういう方面への苦心が払われている時期であった、[40] と説明している。なお、大正10年（1921）度以降は、多くの志願者があり、募集定員をほぼ満たしている。[41]

この東京府青山師範学校募集停止の期間、東京府豊島師範学校では本科第二部生の募集を単独で行っていた。東京府青山師範学校では大正10年（1921）に復活し、翌大正11年からは2学級編成となり、大正14年（1925）には3学級へと拡大した。[42] このように、第二部設置当初は第一部に比べ応募者がかなり少なかったが、また募集停止の期間はあったものの、その後大正の後半期からは第二部の入学者が急増し、昭和初期になると第一部生を圧倒した。[43]

なお、本科生の出身地別の本科と予備科を合わせた在校生の状況を見た時、大正5年度の東京府出身者と他道県出身者の比率は、１２６人対２４３人で、３４・１％対６５・９％で他府県が東京府出身者を圧倒している。なお、明治33年（1900）度では、東京府出身と他道県の割合は、１２９人対１７０人で４３・１％対５６・９％であった。[44] 現在では、さらに他道府県出身者の方が東京都出身者よりも多いという傾向は強くなっているが、各府道県でそれぞれにその地域に密接に結びついた教員養成を行っていた師範学校の時代においても、このような傾向があった。

陣内が、大正12年（1923）1月発行の東京府青山師範学校「入学応募者心得」の内容のうち、「入学試験科目及程度」として、当時の師範学校の入試科目を挙げているのでここに掲げたい。「（前略）『入学試験科目及程度』（予備科は国語と算術、本科第二部は、第一に中学校を卒業した者と卒業しない者に区分し、前者には国語及漢文、数学を、後者には修身、国語及漢文、歴史、地理、数学、博物、物理及化学、習字、図画が課されること、（後略）」[45]を示している。「中学校を卒業しない者」とは、「年齢十七年以上ニシテ之ト同等ノ学力ヲ有スル者」（「師範学校規程」第51条）であるが、こうした応募者を対象に図画を課している。師範学校卒業後、校長となって卒業証書に児童の名前を書くなど、習字が必要なのはよく分かるが、実技系の試験科目で図画を課しているのは如何なる理由であろうか。陣内は触れていない。[46]

大正14年（1925）には、文政審議会の答申を受けて4月に「師範学校規程」が改正された。その中身は、予備科の廃止、本科第一部の5年制の発足、専攻科の設置であった。これにより、東京府青山師範学校でもそれらに合わせた改正がなされた。

大正15年、本科を卒業した者が進む専攻科が開設された。定員は、東京府青山師範学校、東京府豊島師範学校、東京府女子師範学校それぞれ40名である。[47]しかし、志願者は少なく、この後も増えていない。理由は、東京府からの支給額の少なさ、服務期間が1年延長されたこと、専攻科修了によるメリットのなさ、であった。[48]

一方、教育実習は、大正15年の学則により、第5学年で約8週課せられることとなる。[49]

また、大正14年4月には勅令「陸軍現役将校学校配属令」の公布により、東京府青山師範学校にも教練を担当する陸軍現役将校が配属された。同年より上級学年対象の軍事講習も行われている。

7．昭和戦前期・戦中期・戦争直後の東京府青山師範学校の教育

（1）昭和戦前期・戦中期東京府青山師範学校の教育

大正期末からの戦争への足取りは徐々に進み、明治22年（1889）に国民皆兵に改正された「徴兵令」は、昭和2年（1927）には「兵役法」と改称され、兵役の義務が詳細に定められた。師範学校の卒業生は、従来六ケ月とされていた短期現役に対し、教練がその一ケ月分に代用されることとなった。師範学校の卒業生は、一般の人に比べれば優遇されていたが、兵役が学校教育に組み込まれることになった。

これは、東京府青山師範学校のことではないが、昭和13年（1938）4月に男子では3番目の東京府師範学校が誕生した。本科第二部のみの単独設置校である東京府大泉師範学校である。

昭和6年（1931）1月の「師範学校規程中改正」第2条に、本科を第一部及び第二部として、その内一つを置かなくてもよいということ、第4条に本科第二部の修業年限を2ケ年とするということからくるものである。しかし、実際に本科二部のみの師範学校を設置したのは東京府のこの学校だけで、日本の師範学校史上初めての試みであった。

昭和11年（1936）には、世田谷下馬新校舎落成と同時に、寄宿舎も新しくなった。従来の形態とは異なり、下級生用と上級生用とに分け、下級生は大宿舎（1室8名宛収容）で団体生活の秩序や規律の訓練をし、上級生は小宿舎（1室4～6名宛収容）で家族的親和を味わい、個人的指導を享受するものであった。

戦時下の昭和18年（1943）3月8日、明治30年（1897）制定の「師範教育令」が全面改正されて、官立となり、専門学校に格上げされた。同年、4月1日に施行された。東京府では、東京府青山師範学校が東京第一師範学校男子部、東京府女子師範学校が同女子部に、東京府豊島師範学校が東京第二師範学校に、東京府大泉師範学校が東京第三師範学校になった。翌昭和19年には、東京第二師範学校にも新たに女子部が設置された。[50]

官立となり、専門学校に格上げされたとはいえ、戦時下の昭和18年のことである。じっくりと学業に励む状況ではなかったようだ。陣内が、当時の東京における師範学校生活を「学級日誌」をもとに述べているので、ここに掲げたい。日誌に記されている各時限の授業科目名から1週間の時間割を再構成した内容は、「月、火、木、金が七時数、水、土が六時数、週当たり時数合計四十時数で、新『師範学校規程』に定められた基準どおりである。各科目の配当時数も基準に合っている。（中略）といっても日々の授業がこのとおり行われていたわけではない」[51]という。

それは、皇居と靖国神社の参拝、校内の神殿参拝、山本元帥国葬の儀式、訓話、基本訓練など軍国主義に関わる行事や訓練、また入学式、マラソン、帝室博物館見学、奥多摩・御岳旅行など直接軍国主義には関係なさそうな行事等に使われている。多くの行事に日程が使われていた。[52]また。夏期休暇を利用して勤労動員が行われていた。

昭和20年（1945）3月18日、「決戦教育措置要綱」が閣議決定され、国民学校の初等科を除き、学校における授業を原則として4月から1年間停止することとなったが、その半年以上も前に東京第一師範学校では学年によってはすでに通常の授業はなされていない状態であった。これは、程度の差はあれ、東京第一師範学校に限ったことではないと思われる。

（2）第二次世界大戦直後の東京第一師範学校男子部の教育

第二次世界大戦敗戦当時、東京都には、東京第一師範学校男子部（世田谷）、同女子部（竹早）、東京第二師範学校男子部（池袋）、同女子部（本郷・追分）、東京第三師範学校（大泉）、東京青年師範学校（調布）[53]があった。

これらの学校が敗戦直後どのような状況であったかを陣内が紹介している。東京第二師範学校女子部と東京第一師範学校男子部の例を示している。共に、昭和20年（1945）8月15日に各自それぞれの場所で「玉音放送」を聞き、翌日には宮城奉拝あるいは校長等の訓示を聞いて敗戦を迎えた。その後、生徒たちは9月まで自宅に戻り、教官は9月からの学校再開に向けての対策に取り組んだ。9月になると、生徒たちも学校（寄宿舎）に戻り、不完全ながら授業を再開した。このように、終戦後極めて早い時期に授業を再開できたのは、当該教師の準備対応によるところが大であるが、生徒たちの意識の高さにもその要因があった。[54]

また、師範学校男子部、および青年師範学校では揃って9月20日前後に前年同様、半年繰り上げの卒業式を行った。[55]また、それぞれの学校で「新教育研究会」等の委員会を組織し、新しいカリキュラムの編成作業に取り組んでいた。[56]

生活すること自体に困窮していたこの時期に、積極的に授業や教育に取り組み、卒業式まで行っているということには驚く。

「（前略）東京第一師範学校では昭和二一年度から取り合えず本科二年以上について新しいカリキュラムによる授業を実施し、同年九月には再度改正を試みている」[57]と陣内が言うように、敗戦後早くから積極的に新しい教育のためのカリキュラム作成を試みていた。

昭和21年4月には、「アメリカ教育使節団」の勧告が示された。同年8月には「教育刷新委員会」が設置され、各学校による改革は全国に及んだ。東京第一師範学校の校長・木下一雄が教育刷新委員会の委員に委嘱されていたこともあり、東京第一師範学校は全国の師範学校改革の先導的役割を担うことになった。

昭和22年（1947）3月には、東京第一師範学校男子部の卒業式が行われ、官立第1回目の入学生が卒業した。昭和23年度からは師範学校予科の、昭和24年度からは師範学校本科の生徒募集が停止された。昭和22年度に入学した師範学校予科の生徒が、4ケ年間で25年度末に卒業（新制の高卒同等）し、昭和23年度に入学した師範学校本科の生徒が、3ケ年間で25年度末に卒業する形である（昭和26年3月に、師範学校の幕が閉じるのに合わせてある）。[58]

昭和24年（1949）5月31日、「国立学校設置法」が公布され、国立新制大学69大学が設置された。これによって、同日、東京では東京第一師範学校、東京第二師範学校、東京第三師範学校等が一緒になって、「東京学芸大学」が発足した。初代学長には、木下一雄が就任した。

同大学は、東京第一師範学校男子部の世田谷分校、東京第二師範学校男子部の小金井分校、東京第三師範学校の大泉分校、東京第一師範学校女子部の竹早分校、東京第二師範学校女子部の追分分校、東京青年師範学校の調布分教場から成る学芸学部のみの単科大学である。

旧制の4師範学校はそのまま東京学芸大学の各分校に置かれ、昭和24年度より旧制各師範学校と新制東京学芸大学各分校が並存したが、最後の卒業生が去る昭和26年（1951）3月、東京第一・第二・第三師範学校、青年師範学校が廃止され、ここに東京都の師範学校はすべて幕を閉じた。

新制大学として、東京学芸大学は「東京学芸大学学則」第2条により、目的を「本学は、学芸諸般の研究並びに教育の科学的探究につとめると共に、学生の教養を高め、そのめざす専門の学芸と教育に関する理論及び実際を指導して、有意の教育者を養成することを目的とする」と掲げている。

第3節　赤津隆助の師範学校における図画の指導法と評価法

Ⅰ．赤津隆助の教育界や東京府青山師範学校における状況

本題に入る前に、教育界や東京府青山師範学校における当時の赤津隆助の状況を述べておきたい。赤津は、『教育実験界』第19巻第8号（1907）における「当代教育名物男」[59]として、第1回目に書かれている。つまり、教育者としてそれほど当時赤津は注目されていた。

この中で、本校（東京府青山師範学校）兼務となることを赤津隆助はあまり喜ばぬとのことであるが、その理由の一つに、「附属に居ては相応に意見も通るが、本校ではサウも参らない」ためだろうと書かれた。これに対して、赤津は『当代教育名物男』を読む」として、『教育実験界』第19巻第11号（1907）で反論している。そのように言われることは少し事実と違う、幸いにも校長と教頭が図画教育にも熱心で図画科については赤津の言うことを何でも容れてくれると述べている。

つまり、当時の東京府青山師範学校の管理職は図画教育に熱心で、理解があり、赤津にとっては勤務校においては教育活動が行い易かった、ということである。

他方、赤津の教育姿勢をよく表しているものを二点ここで紹介しておきたい。

一点目は、「お前は何を教へてる」という赤津の書いた詩（教育論）である。以下に、引用する。

お前は何を教へてる

お前は何を教へてる。
画を!?
画なんてものは、教へられるものかい。
それは筆の持ち方とか、色の塗り方とかは、教へることが出来よう。
しかしそんなことは、画の上に、大した価値のないことだ。
では何も教へることはないといふのか。
画で、口で、手で、教へようといふのが、そもそもの間違だ。
人だ、心だ、魂だ、生命だ。
人から人に、心から心に、
魂から魂に、生命から生命に。
それが、ほんとうの教育といふものだ。
以心伝心だ。
単に画ばかりでない。すべての教育は、さうなけば［ママ］ならない。
お前は、お前が教える前に、先づお前自身を磨け。
お前の心を美しくしろ。
お前の魂を崇高《けだか》くしろ。

そしてお前の生命を価値づけろ。
それで沢山だ。
お前は何も教える必要はない。
それがほんとうの教育だ。

これは、『小さい影』に載っているものだ。(60) 表面的なことではない、人間性を重視する赤津の教育姿勢がうかがわれる。

二点目は、「小さい影」という文章である。昭和2年（1927）4月に書かれ、赤津の著書の題名にもなっている。これは、自分は何ものか大いなるものの小さな影であり、小さな存在であるという謙遜の言葉である。その影は、人と交わり、読書、執筆、制作などの中で、ものの見方の深まりと共に徐々に大きくなっていくという。

この二点は、東京府青山師範学校教諭になって、14年目（お前は何を教へてる）と20年目（小さい影）の脂が乗った時期の言葉である。そのような時でも自分を省みている。

2．法令との関連から見た東京府青山師範学校での図画の授業における赤津隆助の指導

前述したように、「師範学校規程」では、基本的な人間形成に関わる部分が示され、「師範学校教授要目」では各学科目の教授を通して効果的な師範教育を目指している。「師範学校規程」においては、教授の方法の会得と授業だけでなく生徒自ら学識を深め技芸に励む習慣を養うことを、又「師範学校教授要目」では地方の状況にふさわしい教授細目を各師範学校に求めている。

「師範学校規程」(明治40・大正14・昭和6年とも)の予備科・本科第一部の図画科目標は、物体を精密に観察し、正確かつ自由に描く力を身に付け、小学校での図画教授の方法を会得させ、意匠を練り美感を養うこと。本科第二部では、黒板画、教授法が加わっている。「師範学校規程」では図画科の目標を示しているが、「師範学校教授要目」や「東京府男子師範学校学則」には目標ではなく、「師範学校規程」を受けた指導内容を示している。「師範学校教授要目」では、題目・題材を詳しく示し、指導法も示している。[61]

東京府師範学校附属小学校訓導の赤津隆助は、明治41年(1908)3月31日、本校である東京府師範学校兼務、すなわち師範学校の教諭(当初は、教諭心得。明治43年、教諭となる)となった(この年11月、東京府師範学校は東京府青山師範学校と改称された)。その頃、赤津は明治40年(1907)制定の「師範学校規程」(翌年4月実施)、明治43年制定の「師範学校教授要目」、明治44年制定の「東京府男子師範学校学則」に基づき指導を行っていたと考えられる。図画科の題目等については、「師範学校教授要目」が出される以前は、明治41年の「東京府男子師範学校学則」によっていただろう。

そこで、明治41年2月に初めて発布され、4月より施行された「東京府男子師範学校学則」の「第五・六条学科課程及教授時数」[62]、並びに関連の法令・規定等を基に、前述の三者比較と関連づけて、赤津が東京府青山師範学校の図画科で行った授業について考えたい。

東京府青山師範学校での教育(「東京府男子師範学校学則」)は、表3－1(本章第1節)に見られるように図画科の授業内容はそれほど詳しく規定されていない。「東京府男子師範学校学則」には、「師範学校教授要目」における「…を授くべし」というような指示的な言葉は記されていない。「東京府男子師範学校学則」には、「師範学校教授要目」にある「図画科の内容」における「注意」などもないが、内容項目(題目)は、「師範学校教授要目」と同じである。

しかし、東京府青山師範学校では、教師や生徒の取るべき態度について詳しく規定していた。これは大正10年（1921）発行の『東京府青山師範学校　一覧』の「第三章　教務ニ関スル諸規程」として載っているものである。[63]

ここには、「第一　生徒訓練ノ方針」として、まず信義・勤勉・公徳の三徳を徹底しようとしている姿勢が挙げられる。このほか、「師範学校規程」の第1条で掲げている規律遵守や秩序保持などに関連したことが、事細かに述べられている。

一方、教授規程としては、指導は実際的であれとか、指導内容は多すぎず十分咀嚼させるなどと述べている。また、「師範学校教授要目」や「東京府男子師範学校学則」の図画科の内容に「黒板上ノ練習」がある。これは、明治41年版では「黒板練習」と称していたものを、明治44年（1911）の改正版で改称したり、それまではなかった学年に追加したりしたものである。[64]当時、黒板上に絵を描いて児童に説明、教示することは授業を行う上で重要なことであった。赤津はその意義を大いに認め、『教育略画之実際　前編』『同　後編』を始め、黒板画のテキスト[65]を数種作成するなどしている。また、元同僚や教え子も赤津が黒板画による指導を重視していたことに触れている。

法令との関連から見た、明治時代後期の、東京府青山師範学校での図画の授業における赤津隆助の指導は、①「師範学校規程」「師範学校教授要目」「東京府男子師範学校学則」を踏まえながら、実際的指導、指導内容の精選、周到な教材研究準備を実行し、②生徒に教科書を手本としては使用させずに、「黒板画」の指導等に力を注ぎつつ、生徒の自由を尊重する教授をしていた。この指導姿勢は、その後も大きく変わることはなかった。

3．赤津隆助と図画の授業

青山師範学校における赤津隆助の、指導法の特色の一つは、教え子の一人、根津三郎《ねづさぶろう》が「戦前、戦中、戦後と激動の中で終始、赤津先生は個性尊重を主軸とする自由な教授をしてきたといえると思います」[66]と述べているように、また後述する彼の舎監として示される教育姿勢などのように、個性尊重を主軸とする自由な指導を行った。

また、同僚であった小池喜雄や教え子の一人、阿部広司《あべひろじ》が述べているように[67]、実際に教師が見事に描くところを示し、言葉ではなく「行動」で教える一例として、黒板画の指導の重要性が挙げられる。なお、東京府男子師範学校学則中の「生徒ニ課スヘキ学科目、課程及教授時数」の一覧表には、写生画や考案画などと共に「黒板上ノ練習」があった（「黒板上の練習」は、「師範学校教授要目」にもある）。

小池の「先生は生徒とともに、教師自身が技を磨く立場をとることが、指導者のとるべき態度であるということから、先生は生徒とともに画架を立てて、作画に精を出されていた」[68]という記述も無視できない（図3－1参照）。

さらに、阿部が「（前略）、なお生徒に学習させる前には必ず実際に描いてみて指導の方法を考えておりました」というように、当然のことのようであるが、生徒に教える時は、必ず自分自身で十分に教材をこなすという姿勢をとっていた。

「東京府男子師範学校学則」には図画教育の内容が詳しく書かれてい

図3-1　教室で生徒と共に描く赤津隆助
（赤津恵子所蔵、筆者撮影）

ないが、教育における教師・生徒の姿勢は教務に関する諸規程として挙げている。東京府青山師範学校の教授規程は、実際的指導・指導内容の精選・教材研究準備の周到さを挙げている。赤津も周到に教材研究をしていた。当時、「黒板画の練習」は「師範学校教授要目」でも東京府青山師範学校の赤津の指導でも重視されていた。

また、赤津は模写などもしながら自分自身の腕を磨いていた（図3－2参照）。

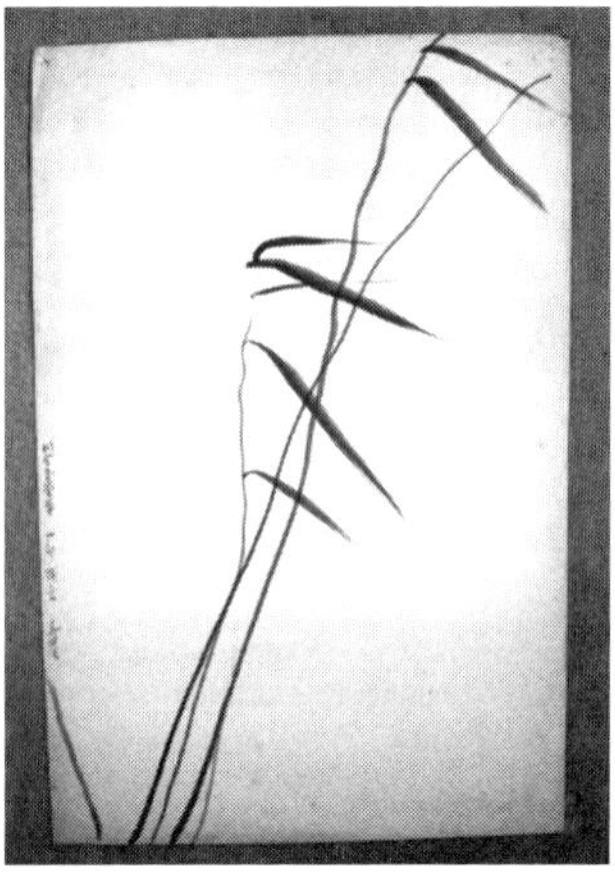

図3-2　模写、川合玉堂作品（一部）の模写　（熊本高工所蔵、筆者撮影）

赤津は、明治42年（1909）には、文検（図画科）に合格し、中等教員免許状を取得する。文検、すなわち文部省中等学校教員検定試験は、名称などの変更や数年間の中断はあるが、62年間にわたって通算81回実施された教員養成の大きな柱の一つでもあった。文検合格者には中等学校教員、師範学校教員の免許状が授与されていた。

4. 赤津隆助と授業における図画教科書

東京府青山師範学校における赤津隆助と図画教科書との関係は、次の通りである。

赤津が東京府師範学校教師となって2年後に出された『新定画帖』（彼が師と仰いだ白浜徴《しらはまあきら》らの編纂）が発行されていた期間、すなわち明治43年（1910）から昭和6年（1931）までは教育的図画の実施時期と言える。教育的図画は、学校教育に必要な図画として構想され、具体化されたものであった。[69]

東京府青山師範学校での教科書使用について、少しさかのぼって見てみると、明治19年（1886）の時点では、図画に関する教科用図書は、文部省編輯局編『小学習画帳［ママ、帖］』（明治18年刊）、平瀬作五郎《ひらせさくごろう》（1856～1925）纂《さん》訳《やく》『用器画法並図式』であった。[70] また、明治24年（1891）の時点では、教科用図書として、文部省編輯局編『小学習画帳［ママ、帖］』、平瀬作五郎纂訳《ひらせさくごろうさんやく》『用器画法晋向［ママ、並図］式』、植田竹次郎編集『臨画帳』（明治22年刊）、結城正明編『百工画手本』（明治21年刊）等の教科書を用いていた。[71]

明治35年（1902）では、教科名としては「図画毛筆用器」となっており、教科書は、1年級（1学年）で大橋郁《おおはしいく》太郎《たろう》（1864～1941）著『本朝習画帖』五・六を、2年級で写生臨画の授業として大橋郁太郎著『本朝習画帖』七・八・上巻を、3年級で写生図案臨画の授業が「臨画手本一定せず」、ほかに竹下富次郎著『中等教育用器画法』下巻を使用し、4年級では「写生図案　黒板画練習」を行うこととしていた。[72]

しかし、赤津が青山師範学校で図画を担当するようになってからは、図画の教科書を手本としては生徒に用いさせずに授業を行っていた。それは、次のことから明らかである。明治43年（1910）当時の指導内容について、次のような記述を『創立六十年　東京府青山師範学校沿革史』に見出せる。「3　教授及訓育状況（明治四三、往）甲　教授ノ状況」に「教授上ニ関シ研究施設シタル事項ノ重ナルモノヲ挙グレバ次ノ如シ」として、その4番目に「図画科教授ハ全然実物写生主義ニヨレルコト」[73]とある。つまり、図画科の指導は全く実物写生主義によるとしているのである。また、「3　教授及訓育状況（明治四三、往）乙　正課以外ニ於ケル作業」の「二　作業事項」に「各項ニ於テ課スル作業ノ内容左ノ如シ」として「（3）図画［は、筆者註］、教授用図画製作」とある。[74] つまり、授業以外の教師の任務として、図画科では指導用の図画の制作、すなわち指導のための自作をさせていた。

さらに、赤津は、「私なども青山師範学校で十数年も前から、臨画廃止をやって写生創作の教育をして居た」[75]と大正10年（1921）9月に述べている。このことは、赤津の弟子であるがそれほど年齢差のない武井勝雄《たけいかつお》（1898～

1979）が、赤津は「山本鼎氏の自由画提唱の十数年以前より臨本教科書は使用させず写生、図案等は常に自然よりそのモチーフを求むる様仕向けられた」[76]と述べていることからもこのことは確かであろう。

赤津は図画教科書を生徒に、手本としては使用させなかった。赤津は生徒の自由を尊重する教授をしていたのである。

以上のように、赤津は図画教科書を生徒に手本としては使用させずに「黒板画」の指導等に力を注ぎつつ、生徒の自由を尊重する教授をしていた。

5．批評、評価者の姿勢

赤津隆助は、「図画手工の成績に点数などつけるべきものではありません」[77]と若い教師に向かって言っている。極端な物言いではあるが、「先生が一生懸命に精一ぱいに導いて、子供が一心不乱に有つたけの力を出して、正直に、真剣に喜んで、好んで、楽んで、製作したものに点数などいふけちなものがつけられますか」[78]とも述べ、「点数をつけて、順番を競争させたり、落第でおどかさなければ、勉強しない様な勉強はしない方がよいと思ひます」[79]とまで言っている。

赤津隆助は、図画指導において批評の仕方と作品の処理は、かなり重大な価値を持つとしている。ここで言う「批評」というのは、批評そのものでもあるが「評価」と捉えることもできる。また、「作品の処理」は、「作品への対応」すなわち「作品の評価」と捉えられる。

「心から子供の仕事を喜び、子供の作品を愛し、之をはぐくみ育てゝ行かうといふ、信実と慈愛の心から出たものでなければなりません。かうした精神からした態度でなければ、先生は子供から信頼を受けることが出来ません。信頼されて居る先生からの言葉でなければ、どんなよい事でも、それは子供は受け入れません。いくら先生といふ権威をふりまはさうとしても、信頼のない先生の権威などは、何の内容も持ちません」[80]と言う。評価において、信頼関係の大切なこと、信頼関係ができていなければ指導や「評価」は成り立たないこと、信頼を得られない教師の「権威」などは意味を持たない、と述べている。

また、「先生の心の底から子供の心を子供の作品を、よく伸ばしてやらうといふ精神が充ちみちて居るならば、時にはユーモアが出て来ても、又は大きな声でしかる様なことがあつても少しも差支ありません。先生の真面目が、先生の天真が、ありのまゝに流露するのが、むしろ望ましいのです。さうした先生の心から出た一言一語は、本当に子供の心にひゞいて行きます」[81]と、教師の心の底から子どもの心や作品を、伸ばしてやろうという気持ちに充ちているならば、教師のありのままの表し方、伝え方が子どもの心にしっかり伝わると、言っている。

赤津は、こうした子どもを本当に思う気持ちのあることが、教育における第一の意味である。本当に子どもを思う気持ちのある教師であるならば、ただの一語でも、たとえ言葉がなく一瞥《いちべつ》しただけでも、あるいは子どもは一瞥を受けなくともそこに教師がいるだけで、もっと言えばたとえ教師がそこにいなくても、教師の事を頭に置くだけで、子どもは前に進める、[82]と述べ、これが批評（評価）の第一であると言う。

そして、「この第一義が欠けて居ては、いくら先生の技術がすぐれて居ても、色々な技法に通じて居ても、各種の理論に精しくとも、批評が徹底いたしません。又この第一義を欠いて居ては、本当の技術にも、技法にも、理論にも到達することは出来ないものであると思ひます。つまりは先生の人です。人格です」[83]と言う。人格者でなければ、技術や理論、これは図画（絵画）に限らないと思われるが、少なくとも絵画の技術や教育指導論は極められない、ということである。

続けて、赤津は教育者としての姿勢を説く。「かうした［心から心へ伝えるということ、筆者註］精神で、子供の製作を批評もし、作品の処理をすれば、どんな方法でも、それは有効に働いて行くにちがひありません。其方法などは、其人々、其時々、其場合々々で、皆ちがつて来るものです。（中略）、一概に其仕方や、方法などを述べることは出来ないものです」(84)と固定的な指導法などはあり得ないと言う。従って、指導の方法以前に「心から心への対応」こそが重要であるとする。こうした人、時、場合によりそれにふさわしい指導をするという捉え方は、いわゆる創造主義的な考え方である。

6. 批評、評価法

赤津隆助は、「先生は子供の一人々々について出来るだけ炯眼《けいがん》をはたらかして、その長所短所を見出し、最適切に、最有効に、最緊縮した言葉で、熱心に親切に批評してやらなければなりません」(85)と、批評評価をする際の方法を示している。教師は、その子その子の長所や短所を見抜き、適切で、効果的にひきしまった言葉で、熱心かつ親切に批評してやらねばならないと説く。つまり、児童一人ひとりに、それぞれに相応しい批評をするのである。

そして、「殊に其誤りを指して訂正させたり、欠点を示して補筆させたり、短所を指摘して改ざんさせたりする時は、必ず先生一人、子供一人で、個別的に行はれなければなりません」と述べる。教師から自分の作品に手を加えられることは、子どもが最も嫌うことである。赤津はそこまではしていないが、たとえ信頼関係が築かれていても、ネガティブな指摘、指導をする時には極めて注意深く行わねばならないことを指摘している。そのためにも、「必ず先生一人、子供一人で、個別的に」と言い、子どもの立場に立った指導を行うべきであるということである。

赤津は子どもの長所や短所に対する場合、とかく教師は短所を指摘しがちであるが、長所を見出すべきである。長所を見出すことのできない人は、教育者としての資格の無い人である、とも言う。教師は、本当の長所を長所として認め、本当に心から称揚するのでなければ、奨励にも子どものためにもならない。子どもの長所の見出し方として、何よりもまず教師が子どもの立場になること、そして広い智慧と深い愛でこれを見ることだと述べる。[86]

次の言葉は、子どもの立場に立って見たときの、赤津の評価の言葉である。「その子供の立場になって見ると、この子供にしては、大変物をよく見て居るとか。初めからよく計画的にやって居るとか、取材が面白いとか、構図が気がきいて居るとか、形がしつかり取れて居るとか、遠近がよく表はれて居るとか、明暗がよくとれて居るとか、色がよく出て居るとか、筆致が生きて居るとか、全体としてのまとまりがあるとか、大変努力して居るとか、どつかに長所があるものです[87]」と。

このうち、「構図が気がきいている、形がしつかり取れている、遠近がよく表れている、明暗がよくとれている、色がよく出ている、筆致が生きている、全体としてのまとまりがある」などは、主として旧来の評価の観点であるが、昭和初期というこの時代において、「その子どもの立場になってみる、この子どもにしては大変物をよく見ている」といった、子どもの独自性を認め、かつ「始めからよく計画的にやっている、取材が面白い、大変努力している」などの「過程」や「行為」についてまでも評価している点は、注目に値し、重要な視点である。こうした過程などを評価する方法は、現代的な評価法でもある。

また、他の子どもと比べれば劣るところがあっても、どこかにその子どもとしての長所があるので、それを見逃さずに躊躇せず賞賛してやること、他の子どもとの比較よりも、昨日のその子ども、一昨日のその子ども、去年のその子どもというように、過去のその子どもとの比較も考えられる、としている。(88) こうした、時間的経過を含めたタイミングを考えている賞賛や、一人ひとりの子どもの立場に立って行う評価の仕方は、今日的でもあり重視できる。

短所に対する赤津の指導法として、「自分の短所は自分で覚《さと》って、自分でなほす様にするのが、最も良い教育法です」(89)と言う。しかし、その様に仕向けるには、日頃の指導がしっかりと出来ていないと難しい。

続けて赤津は、「然し時々は其短所を適確に指摘して、明瞭に、確実に、厳正に、批評して訂正させることが必要です。それはあまり度々ではいけません。其短所なり、欠点なりが、判然として居る時に、そして又訂正の余地ある場合に、出来上らぬ前に、その子供だけに、よくわかる様に言ってやるのです」(90)と言う。短所も指摘することが必要であるが、その際の注意をこのように述べている。その短所を適確に指摘し、明瞭、確実、厳正に行うわけであるが、こうしたことは優れた指導力を持っていない教師には難しい。訂正の余地ある場合に、その子どもだけに、よくわかるように言ってやることは、確かに重要であるが、これはその子どもの立場に立った行為そのものである。

ここに挙げたように、短所の指摘は度々ではいけない。また、一度にいくつもやってはいけないとしている。また、長所を賞賛されただけでは物足りなく見えた時、子どもから批評を求められた時にするのが最も良いと言う。短所の指摘の際には、特に真面目に、親切に、熱心に行うべきであるとしている。(91) 短所の指摘は難しいが、赤津が述べるような用心深さを持って丁寧に行うことが重要であることは間違いない。

7. 製作中の批評・評価

赤津隆助は、「図画教育は、子供の製作中の過程が最重要です。出来上つた成績［作品のこと、筆者註］は、子供の製作による。［「。」は、ママ］観察、構想、考案、創造等の結果です。其結果も勿論大切でありますが、それよりも其結果に達する迄の製作行程が大切です。この行程に於て教育の目的が大部分達せられるのです(92)」と述べる。こうした捉え方は、まったく今日の教育、評価に通ずるものであり、鋭い指摘である。

「結果主義」「作品主義」など出来栄えに目を奪われていた評価に相対する提案でもあった『小学校教育課程一般指導資料　新しい学力観に立つ教育課程の創造と展開』は、平成5年（1993）に文部省より出されている。赤津の提案は、今日的にも重要な意味をもつ。

そして、「いよいよ出来上がつたら、個人々々に必ず其時其場で見てやる様にしたいものです。只一言でもよいから真面目に批評してやるのです(93)」と、タイミングを外さない評価が重要であるとの指摘をしている。これは、前述した「時間的経過を含めたタイミングを考えている賞賛」同様に重要である。

8. 作品の処理・評価

赤津隆助は、「図画の作品については、以上の様な［本節5・6・7で述べた様な、筆者註］批評で片付ける様にして、甲、乙、丙とか、美、良、佳とか、上、中、下とか、◎◎○●とかいふ様な評語はつけたくないと思ひます。況《いわ》んや九点とか、十点とか五点とか、六点とかいふ様な点数で表はすといふ様な事は断じてしたくないと思ひます(94)」とする。さらに、小学校の学科などは図画ばかりでなく、点数でせめなければだめなような教育は本当ではない、としている。

赤津は、せめて子どもの時代だけでもこうした点数とか成績点とかいうものに支配されるとか競争的になるとかといったみじめな生活をさせたくないものと言う。こうしたことを是非改めたいと思うが、制度や組織の上では急に改めるわけにも行かないのでお互いの努力で徐々に改めていくしかないとする。

赤津は、「今日のところで評語をつけるとすれば、甲、乙の二つにして丙を止めるか美良の二つにするとか、又は◎と◯との二つにしてたまに甲上、美上、◎といふ様なものをつけてやる位にしたいと思ひます」、「成績考査として、成績表に盛り込む必要がある場合には、甲乙の二つだけにしたいと思ひます。点数で表はすことは止めたいと思ひます。今日の小学校令にも、施行規則にも、小学校の教科の成績を点数で表はさなければならぬといふことはありません」[95]と述べる。

赤津は評語（評定）を付ける場合でも、段階を少なくし、付けるにしても上の方の評定をつけるようにしたい、そして特別な場合にのみ、最も高い評定を付けるくらいにしたい、と言う。また、成績考査として、成績表に盛り込む必要がある場合にも点数で表すことはやめたい。「小学校令」や「施行規則」でも小学校の教科の成績を点数で表さなければならないとは規定していない、と言う。

このように、赤津の授業や評価の姿勢からすれば、今日的に言えば「評価はしても評定はしたくない」という、極めて理想的な教育姿勢が見られる。仮に評定をつけなければならない場合でも、上の方の評定くらいにしたいと言っている点などは同意できる。

9. 赤津隆助と寄宿舎教育

次に、師範学校教育（教師教育）の一貫として、赤津隆助が教室以外の場でも教育を捉えていたことについてふれる。

師範学校における寄宿舎生活は、森有礼が全寮制のもとで軍隊的な教員養成として導入したものである。明治19年（1886）公布の「師範学校令」により規定されている。明治20年の「尋常師範学校細則」には、かなり細かな規定が定められていた。

東京府青山師範学校では、明治20年代まではさほど多くの生徒が寄宿舎に入ってはいなかったが、明治30年代以降は明治36年（1903）の学則第30条に「生徒ハ総テ寄宿舎ニ寄宿セシム」(96)という方針が確定し、寄宿舎の生活は師範学校教育の対象そのものとなった。その後ゆるやかな弾力的対応もとられたが、そうした規程にもかかわらず生徒の多くは寄宿舎生活を望んだ。また、明治33年（1900）の青山移転で新築された寄宿舎は、400名を収容できるほど規模の大きなものであった。そうした弾力化により第二部生はそれまですべて通学させていたが、明治44年（1911）より寄宿させることができるようにした。

大正9年（1920）、東京府青山師範学校では、緩《ゆる》やかさのある、すなわち本科第一部生には通学の機会を増やし、二部生には寄宿舎に入る機会を増やそうとした「通学規程」を制定した(97)。陣内は、「この規程によって、いくらか通学生が増えたとしても、第一部では寄宿するのが普通であった。第二部生では逆に寄宿生が増えてその半数程が寄宿することになったのである」(98)と述べているが、第二部生は第一部生には遅れて入学してきたが、一部生のように寄宿生となることを望んでいた。

続けて、陣内は、「つまりこの規程によって、師範学校における寄宿生活の比重が減少したとは推測できない。むしろ寄宿生活の意義が強制的集団訓練の場から、自主的共同生活の場に変容する転換点を示すものではないかと思われる」(99)と述べる。しかし、大正9年の「通学規程」が転換点というよりも、前に繰り返し述べたように、「寄宿生活の意義の強制的集団訓練の場から自主的共同生活の場への変容」の潜在的傾向は、すでに明治36年学則

第30条方針確定の頃からあったのではないかと思われる。

大正11年（1922）、赤津隆助は舎監（寄宿舎の監督）兼務となる。[100]その前に、赤津は大正9年9月に東京府立師範学校同窓会の月刊機関誌『初等教育』において「寄宿舎解放」として次のように記している。「寄宿舎にはたしかに利点がある。生活中心の教育は、寄宿舎で行はれる。然し国民教育者を養成するに、必ず寄宿舎に入れなければならぬといふ理由はない」、「今回の改正［大正9年9月制定の「通学規程」、筆者註］によって今後の寄宿舎は、家庭に代わって、生徒を寄宿させ、監督するところになるのだ。旧式な軍隊式訓練をする目的ではない」、「何でもかでも寄宿舎に居らねばならぬといふのと、自分の希望で寄宿舎に居るのとは、其心持が大変違ふ」と述べた。こうした彼の考えが認められて（それだけではないと思うが）、大正11年（1922）、赤津は舎監となった。

寄宿舎に関して、赤津隆助は「『教育は生活である。』と私は固く信じて居る。この毎日の生活をよくするより外に、教育の本道はない。これが吾等の修養の一路である。この点に於いて私は寄宿舎生活を重要視する」[101]と述べ、赤津は教育が学校においてだけではなく、日常の生活の中でこそ行われるべきであると言う。しかも、その生活は、「私はこの寄宿舎で、生徒たちと一所に出来るだけよい生活をしたい。常に明るく、常に温かく、常に美しく、常に喜びに満ちた生活をしたい」[102]と述べるように、できるだけよい生活、明るく、温かく、美しく、喜びに満ちたものでなくてはならない、充実した生活でなくなくてはならない、と説く。

また、寄宿舎における生徒と教師との関係を次のように述べる。「私はこの寄宿舎を、出来るだけ自治的にしたいと念じて居る。（中略）生徒だけの力の及ばない時に、初めて舎監が入って手伝をする」[103]、「舎監は生徒の目附役でなく、相談役であり、指導者であり、激励者でありたい」[104]と述べる。つまり、生徒の力を信じて、彼らの自主性を十分に尊重し、教師は目付け役ではなく、脇役であって、真の意味での指導者でなくてはならない、と言う。

これらの発言は、すべて美術教育にも結びつくものである。生徒の日常生活を重視した上で、彼らの主体性や個性を尊重し、教師は生徒の力を引き出す役目を果たすのである。

ただ、赤津がこうした方針で寄宿舎教育ができたのは時代の背景も後押ししたと言えよう。昭和の初期になると、軍国主義の流れができつつあり、師範学校への影響も出てくるからである。

10．同窓会と校友会誌『校友』の編集

同窓会と校友会誌『校友』の編集も、師範学校教育（教師教育）の一貫として、赤津隆助が教室以外、授業以外の場でも教育を捉えていたことの一面である。

東京第一師範学校の同窓会の原型は、明治19年（1886）の「師範学校令」公布の年に始まる。名称は、「七杉会」と称した。七杉会とは、わが身（7の内の3）と世の中（同4）のために、杉の木のごとくすくすくと伸びるようにとの願いを込めた命名だという。七杉会は、教育に関する相互研究を主軸として活動を展開し、各種の研究会、展覧会、講習会、童謡大会、夏期大学等を主催した。(105) 明治23年（1890）、七杉会は東京府師範学校同窓会と改称する。

明治33年（1900）8月には、瀧澤菊太郎《たきざわきくたろう》（1854～1933）が校長に赴任する。瀧澤はその後、大正14年（1925）3月に依願退職するまで25年の長きにわたり校長を東京府師範学校・東京府青山師範学校において勤め、生徒や卒業生に積極的に指導に当たったため、この間同窓会活動は特に活発化した。(106) 瀧澤校長の在任期間、赤津は東京府師範学校の上級生として在籍し、また東京府師範学校附属小学校訓導、東京府師範学校教諭として勤務した。

この同窓会は、その後校名変更に伴い東京府青山師範学校同窓会としていたが、東京府立師範学校同窓会と改

称し、さらには、大正９年（1920）に社団法人東京府立師範学校同窓会と会名を変更した。東京府立師範学校同窓会では、機関誌『初等教育』を月刊誌として発行している。その内容は、教育問題を主としているが、ときには政治評論的記事も掲載し、会員だけでなく全国的に販売された。[107]

昭和11年（1936）４月に東京府青山師範学校は世田谷区下馬町の新築校舎に移転した。これを機に東京府青山師範学校同窓会（青山会）が設立された。この年は、東京府青山師範学校創立60周年にあたり、記念事業が行われた。その一つに、記念誌『創立六十周年　新築落成　記念誌』が東京府青山師範学校から昭和12年５月に発行されている。内扉には「校友　創立六十周年・新築落成　記念号」東京府青山師範学校々友会、とある。奥付には、編集兼発行者　赤津隆助、発行所　東京府青山師範学校々友会とある。

生徒を中心に経営されていた校友会は、同窓会との結びつきも強い。「校友　創立六十周年・新築落成　記念号」には、式辞や祝辞の次に職員の感想が載せられ、その後に「卒業生感想」が56頁から１７５頁にわたって掲載され、多くの頁を割いている。

東京府青山師範学校における校友会は、大正９年（1920）４月に、それまで体育系のみの活動であった「尚武会」（明治31年発会）が、学芸、図書などの部が加わり体育系と文科系の集まりとなって、名称も「校友会」に改められた。昭和２年（1927）にはさらに拡張された。

話は、前後するが、大正11年（1922）には、校友会・学芸部主催の絵画展が開かれ、白浜徴が講演をしている。また、大正15年（1926）３月には、青山師範学校校友会誌『校友』が創刊された。赤津は編集責任者となった。

同じ頃、赤津は東京府青山師範学校同窓会評議会副議長に推された。

青巒社における学習会も、師範学校教育（教師教育）の一貫として、赤津隆助が教育を幅広く捉えていたことの一面である。絵画に関する学習が中心の活動であった。

11．青巒社《せいらんしゃ》における学習会

大正15年（1926）11月21日、東京府青山師範学校創立五十周年祝賀会が催された際、校友会・学芸部主催で絵画展覧会が開かれた。その時出品した卒業生による集会が開かれた席上で、赤津隆助がかねてから抱いていた思い(108)を述べ、卒業生の絵画同好者全部を網羅するという提案が満場一致で決まった。そして、毎年1回適当なギャラリーで展覧会を開くことになったのが会発足の経緯である。(109)

青巒社の前身的存在として、「青路社」がある。青路社では、毎月1回ずつ互評会を開いていた。そこでは、「うつかりしたことを言はうものなら、忽《たちま》ち周囲から反撃せられる。反撃せられるのを恐れて、口を噤《つぐ》む様な人もいない。何か言はねばならぬと思って、人の言ったと同じ様なことを繰り返す様な人もいない」と赤津が述べる様に、極めて真剣に、厳しく、自分たちを高めようとする互評会であった。この会は既に3・4年続いていた。互評会の場所は、当番幹事の学校かその他適当な場所で開かれ、赤津の自宅でも時々開かれていた。

その人々の中心は、大正15年に愛媛師範学校教諭となった倉田三郎（1902～1992、春陽会会員、後に東京学芸大学教授）であった。同人は、多くが青山師範学校の大正12年前後の卒業生であった。(110)

「青巒社」は、「青路社」を引き継ぐ形で発足し、その内容もほぼ同じであった。こうした青巒社における絵の批評会などで、赤津は卒業生の世話を、自宅を提供するなどして共に学んだ行動は見逃せない。(111)(112)

次に、「青巒社」の社則を示す。

「青巒社々則」（大正十五年十二月）(113)

一、本社は青山師範学校出身絵画同好者を以て同人とし相互の親交と研究とを厚くするを以て目的とす。
一、本社は毎年総会及び展覧会を開く。
一、同人名簿及展覧会陳列順は五十音順による。
一、本社同人は総会の決議によりて推薦す。
一、本社に当番幹事二名を置き毎年輪番により之に当る。
一、本社の経費は同人の負担とす。展覧会に於て売約ある時はその二割を本会に納むるものとす。
一、本社の事務所は青山師範学校内に置く。

以上のように、この会は民主的で健全な運営を行う態勢となっていた。設立の「青巒社」の同人は、赤津は別格として、倉田三郎、笹島喜平《ささじまきへい》（1906～1993、日本版画協会名誉会員、棟方志功《むなかたしこう》に師事し日本板画院《にっぽんはんがいん》の創立に参加、元国画会会員）、武井勝雄（『構成教育大系』の著者）、手塚又四郎《てずかまたしろう》（1903～1971、元東京教育大学教授、春陽会・独立展等に出品）、豊泉恵三（1905～2002、春陽会）、らがいる。(114)

その後、稲村退三《いなむらたいぞう》（1901～1994、東光会会員、元茨城大学教授）、西田藤次郎《にしだとうじろう》（1915～1998、独立美術協会会員）、熊本《くまもと》高工《たかのり》（1918～2008、二紀会同人、元上越教育大学教授）らが加わった。

青巒社の中心的な内容は、「青巒社々則」にあるように、絵画の研究であったが、「昭和8年頃からは、絵画展の他に造形教育についても定期的に会合を催すこととなり、会員の研究発表・講習会なども計画された。特に昭和10年の夏には、この会の主催で構成教育講習会を開いたのも活動の一例であった」[115]とは、武井勝雄の言であるが、このように単なる絵画研究だけでなく、美術教育研究・造形教育研究も行われた。

途中、中断があったが、昭和50年（1975）に西田の呼びかけで再建第1回展が開催された。再建以後の会員には、阿部広司《あべひろじ》（1910～1992、日本水彩画会理事、示現会理事、元日本女子体育大学教授）、海老沢巌夫《えびさわいわお》（1918～1985、日展会友、元光風会会員、元千葉大学教授）、箕田源二郎《みたげんじろう》（1918～2000、「新しい絵の会」結成）らも名を連ねた。[116]

再建後に行った内容は、批評会、展覧会の運営、写生旅行、『赤津隆助』（1976）の編集出版、機関誌の発行、クロッキー研究会などである。東京府豊島師範学校関係の「撫子《なでしこ》美術会」や東京府大泉師範学校関係の「大泉美術会」との交流も行われた。[117]

創立当時から戦時に至るまでの間、雑務と赤津家との連絡などの事務的なことを引き受けてきたという武井の言葉は、青巒社の存在意義を語り、また赤津の指導がいかに教育愛に満ち、指導力を持ち、それぞれの個性を認めていたか、そしていかに尊敬されていたかを表しているので若干長いが次に引用する。「思うに青巒社の歴史はここに50年の星霜を経てきた。この間に青山精神という伝統的校風に培われ、赤津先生の慈父の如き子弟愛に浴し周到な芸術指導に恵まれたわが青巒社同人は、先生の遺徳《いとく》恩恵を追慕しながら教育界に画壇にと相応の貢献をしてきている。それぞれの個性を発揮しつつ創造性豊かな仕事をして世間にも認められていることを幽冥界《ゆうめいかい》の先生がお知りになったらどんなにお喜びのことかと私は思う。青巒社同人の吾々の生きている限り先生は吾々の心の中に生きているのである」[118]

赤津が行った寄宿舎の舎監、校友会誌の編集、美術同好者のグループ指導などの行為は、直接的には教師の仕事に結びつかないように見える。しかし、赤津はこうしたことにも真剣に取り組んだ。それは、生徒（や卒業生）を真に理解し、生徒の心、さらには人の心をとらえるのには必要なことであると考えたからであると思われる。というよりも、そんなことは意識せずに、教師としては当然な行為として行ったのであろう。いずれにせよ、こうした行為が美術教育のみならず、教育に有益であり、特に青巒社を通じた活動は、広い意味での美術教育深化に重要な役割を果たしたことは確かであろう。

†註

（1）岩田康之『「大学における教員養成」の日本的構造――「教育学部」をめぐる布置関係の展開――』学文社、２０２２年、17頁。
（2）赤津実は、後に東京学芸大学教授として絵画（洋画）の教師を務めた。
（3）師範学校を官立とし、本科3年・予科2年の専門学校程度とするもの。各県1校以上設置された。
（4）「師範学校規程」制定、明治40年4月17日、文部省令第12号。文部省教育調査部編『師範教育関係法令の沿革』、１９３８年、所収、２５６～２７７頁。
（5）「師範学校規程」改正、明治44年1月13日、文部省令第2号。文部省教育調査部編『師範教育関係法令の沿革』、１９３８年、所収、３７４頁。
（6）「師範学校教授要目」制定、明治43年5月31日、文部訓令第13号。文部省教育調査部編『師範教育関係法令の沿革』、１９３８年、所収、２９２～３７１頁。
（7）明治30年（1897）頃の白米の値段は1kg11銭（0、１１円）。この後少しずつ上がる。週刊朝日編集部編『値段史年表　明治・大正・昭和』朝日新聞社、１９８８年より。平成25年（2013）では主食用1等、60kgあたり全銘柄平均価格１４３４１円。「平成25年産の米の相対取引価格（出荷業者、通年平均）」、農林水産省HP「過去に公表した米の相対取引価格・数量」https://www.maff.go.jp/j/seisan/keikaku/soukatu/aitaikakaku.html より（2019.1.29.取得）。これで現在の米の１kgあたりの価格を算出すると２３９円で、明治30年の２１７３倍となる。この計算によれば、20億円は今日では約4兆３４６０億円。明治30年の米価で計算しているので、明治38年では約4兆5千億円といったところか。
（8）林直美「日本の教育思想と学校の歴史③～大正新教育運動の展開～」、田中智志・橋本美保監修・編著『新・教職課程シリーズ　教育の理念・歴史』所収、一藝社、２０１３年、１５９頁。
（9）大正時代は、大正15年12月25日まで。
（10）昭和10年、美濃部達吉が主唱した天皇機関説（天皇は国家法人の最高機関であるという大日本帝国憲法下の憲法学説）が国体明徴の名のもとに右翼・軍部の攻撃を受け議会で否認された事件。

(11)「図画科教授大綱　東京市教育局発表」後藤福次郎編集兼発行『学校美術』第8巻第4号、学校美術協会、1934年、113～115頁。

(12)友野清文「日本の教育思想と学校の歴史④――国家主義教育と戦後の教育改革――」、『新・教職課程シリーズ教育の理念・歴史』所収、一藝社、2013年、182頁。

(13)昭和18年（1943）に師範学校が専門学校となると同時に、本科第一部と第二部の区別はなくなった（全部が第二部となったともいえる）。

(14)対象は、師範学校予科を修了した者、中学校もしくは高等女学校を卒業した者などとしている。

(15)「師範学校規程」制定、明治40年4月17日、文部省令第12号。文部省教育調査部編『師範教育関係法令の沿革』、1938年、所収、256～277頁。

(16)「師範学校規程」改正、明治44年1月13日、文部省令第2号、文部省教育調査部編『師範教育関係法令の沿革』、1938年、所収、374頁。

(17)「形象」という言葉は、図画科の目的として大正10年（1921）6月に新図画教育会（大正9年発足）が規定してから使われた（『図画教育の理想と実現』、1922年、303頁）。

(18)前掲、文部省教育調査部編『師範教育関係法令の沿革』547頁。

(19)「東京府男子師範学校学則」は1月に出ている。大正15年は12月25日までである。

(20)「東京府男子師範学校学則」「東京府公文　東京府令第二号」、『警視庁　東京府　公報第一千六百五十六号』、明治44（1911）1月10日、7～12頁。

(21)「東京府師範学校学則」「東京府公文　東京府令第十一号」、『警視庁　東京府　公報第一千二百三十三号』、明治41年（1908）2月20日、269～282頁。

(22)「東京府男子師範学校学則」「東京府府令　東京府令第一号」、『警視庁　東京府　公報第二千二百二十五号』、大正15年（1926）1月16日、27～32頁。

(23)この時期に該当する「東京府青山師範学校沿革史（昭和11年11月発行）に、大正15年の学則改正から昭和11年4月までの期間にその記載はない。

(24) これは大正10年（1921）発行の『東京府青山師範学校　一覧』の「第三章　教務ニ関スル諸規程」として載っている。東京府青山師範学校編『東京府青山師範学校一覧』、1921年3月発行、48～75頁。

(25) 「東京府男子師範学校学則」明治41年（1908）版では、臨画の授業が予備科・本科1～4年すべてにあった。

(26) 前掲、増田金吾、「師範学校における図画教育（その1）――明治後期の東京府青山師範学校における赤津隆助の指導――」、290頁。

(27) 前掲。大正10年（1921）発行の『東京府青山師範学校　一覧』の「第三章　教務ニ関スル諸規程　第二管理及ビ教授規程」にあり。48頁。

(28) 「東京府師範学校学則」「東京府公文　東京府令第十一号」、『警視庁　東京府　公報第一千二百三十三号』、1908年2月20日。明治36年（1903）2月に出されたものを改正したもの。269～282頁。

(29) 陣内靖彦、「補章　大学前史」、東京学芸大学創立五十年記念誌編集委員会編『東京学芸大学五十年史　通史編』、ぎょうせい、1999年、391頁。倍率は、陣内の示した入学志願者・入学者数より筆者が計算したもの。

(30) 同、391～392頁。

(31) 同、412～413頁。

(32) 東京府青山師範学校編『創立六十年　青山師範学校沿革史』、1936年、330～332頁。

(33) 陣内靖彦『東京・師範学校生活史研究』東京学芸大学出版会、2005年、85頁。

(34) 前掲、陣内靖彦「補章　大学前史」『東京学芸大学五十年史　通史編』、412頁。

(35) 「東京府師範学校学則」「東京府公文　東京府令第十六号」、『警視庁　東京府　公報第五百八十三号』、1903年2月21日、142頁。

(36) 前掲、陣内靖彦「補章　大学前史」『東京学芸大学五十年史　通史編』、420頁。

(37) 前掲、陣内靖彦『東京・師範学校生活史研究』、85頁。

(38) 前掲、東京府青山師範学校編『創立六十年　青山師範学校沿革史』、336～338頁。

(39)同、３２９〜３３０頁。
(40)同、３２８頁。
(41)前掲、陣内靖彦『東京・師範学校生活史研究』、99頁。
(42)前掲、東京府青山師範学校編『創立六十年　東京府青山師範学校沿革史』、附録青山師範学校沿革年表、15〜16頁。
(43)前掲、陣内靖彦『東京学芸大学五十年史　通史編』「補章　大学前史」、４１０〜４１１頁。
(44)東京府青山師範学校『東京府青山師範学校沿革史』１９２６年、１４５〜１４７・１７６〜１７７頁。「平成26年度入学者の出身高校の所在地県別表」では、東京都出身者と他道府県出身者の比率は、２９５人対８６９人で２５・３％対７４・７％である。国立大学法人東京学芸大学『国立大学法人東京学芸大学概要』２０１４年。
(45)陣内が、東京学芸大学附属図書館所蔵の未整理資料の中から、あらかじめ入学志願者に配布したと思われる［陣内の言「応募者心得・募集要項」より抜き出したもの。前掲、『東京・師範学校生活史研究』、１０１頁。
(46)中学校を卒業していない者が本科第二部を受験する学科の中に、実技系では図画と習字しかない。習字についての理由は述べたが、図画についての理由が書かれた文献は見つかっていない。受け入れ側では、習字以外に実技試験の必要性は感じていながらも、約３００名もの受験生に、師範学校（の教員数）で実技試験を課すには音楽や体育では実施する上で多くの試験官が必要で、かつ手数がかかり難しいということか。図画も手数はかかるが、一括して行うのには音楽・図画・体育の中では最も行いやすい、ということからかと筆者は推測する。実技学科数は少ないが、実技試験も行っていたことは評価できる。
(47)「東京府男子師範学校学則」「東京府府令　東京府令第一号」、『警視庁　東京府　公報第二千二百二十五号』、１９２６年1月16日、27頁。同　東京府令第二号、32頁。
(48)前掲、陣内靖彦「補章　大学前史」『東京学芸大学五十年史　通史編』、４０２頁。
(49)前掲、「東京府男子師範学校学則」、１９２６年1月16日。明治41年（1911）2月に出されたものを改正したもの。29頁。
(50)東京府は、昭和18年（1943）7月1日に東京都制が実施された。「師範教育令」の改正、並びに施行後である。
(51)東京学芸大学附属図書館所蔵の『学級日誌』（東京第一師範学校本科1年5組、昭和18年度。同本科2年5組、昭和19年度）

を主な資料にしている、という。前掲、陣内靖彦『東京・師範学校生活史研究』、157～158頁。

(52) 同上、158頁。

(53) 東京府立農業補習学校教員養成所は、昭和10年東京府立青年学校教員養成所と改称される。その後、昭和18年東京都立青年学校教員養成所と改称、昭和19年官立東京青年師範学校となり、戦後東京学芸大学に包括された。

(54) 前掲、陣内靖彦『東京・師範学校生活史研究』、165～168頁。

(55) 戦後、半年繰り上げの卒業式が行われた理由として、陣内は「四月以来いわば閉校状態であったこと、終戦の日が二学期の始まる半月前で、九月からの再開に備える準備期間があったこと、半年繰り上げの九月卒業は、ちょうどカリキュラムの改訂にも都合がよかったことなどが、あるいは幸いしたのであろう」と述べている。前掲、陣内靖彦『東京・師範学校生活史研究』、168頁。

(56) 前掲、陣内靖彦『東京・師範学校生活史研究』、165～168頁。

(57) 同、170頁。

(58) 昭和18年に師範学校令が改正された時点では、予科の修業年限は2年であったものが、21年度入学生から4年に延長された。

(59) この文中、赤津の人となりについては、次の点が書かれている。それは、几帳面、多少覇気に富む、覇気は才気に関連している、機転が利く、人をむやみにそらさない、常識に富む、といった点である。「当代教育名物男（1）」、『教育実験界』第19巻第8号、1907年、49～52頁。

(60) 「お前は何を教へてる」、『小さい影』赤津先生記念出版会、1927年、242～243頁（大正十年作、十四年曠野に）。

(61) 「正確かつ自由に描く」とは、師範学校規程に説明はないが、「思ったように正確に描く」という意味ではないか。

(62) 前掲、「東京府男子師範学校学則」、1911年、7～12頁。

(63) 東京府青山師範学校編『東京府青山師範学校一覧』、1921年3月発行、48～75頁。

(64) 明治35年、東京府師範学校4年生の「図画毛筆用器」の授業ですでに「黒板画練習」が行われていた。東京府青山師範学校編『創立六十年　東京府青山師範学校沿革史』、1936年、320～326頁。明治41年2月20日の「東京府男子師範学校学則」「第2章　学科課程及教授時数」の「図画」の本科第3・4・5学年の「課程」にも「黒板上ノ練習」がある。昭和2年2月25日発行『東京府青山師範学校一覧』40頁。

(65) 赤津隆助著『教育略画之実際　前編』・『同　後編』、共に東京啓発社、1910年、など。

(66) 青巒社編『赤津隆助』、赤津隆助先生記念出版会、1976年、443頁。

(67) 同僚であった小池善雄の記述。小池善雄「赤津隆助先生」、青巒社編『赤津隆助』赤津隆助先生記念出版会、1976年、381頁。同じく、教え子の一人阿部広司の記述である。阿部広司「赤津先生に学んだ思い出」、青巒社編『赤津隆助』、410〜412頁。

(68) 前掲、小池『赤津隆助』、381頁。

(69) 金子一夫『近代日本美術教育の研究――明治・大正時代――』中央公論美術出版、1992年、341・337頁。

(70) 東京府青山師範学校編『東京府青山師範学校沿革史』、1926年、84頁。第1章でも触れたが、「用器画法並図式」は、『用器画法図式』（中近堂蔵版、明治15年刊）および『新撰　用器画法』（金港堂、明治22年刊）と思われる。

(71) 同、113頁。

(72) 東京府青山師範学校編『創立六十年　東京府青山師範学校沿革史』、1936年、320〜326頁。

(73) 同、342〜343頁。

(74) 同、342〜344頁。

(75) 赤津隆助「自由画教育に就いて」1921年（大正10）9月17日『初等教育』に掲載。『小さい影』1927年、再録、144頁。

(76) 武井勝雄「美術教育界人物月旦⑵　赤津隆助氏」「出家とその弟子の親鸞」、後藤福次郎編集兼発行『学校美術』第3巻第11号（2月号）、学校美術協会、1930年、54頁。

(77) 赤津隆助執筆「若き図画手工教師へ」、後藤福次郎編集兼発行『図画手工教育講演集』、学校美術協会出版部、1930年、172頁。

(78) 同、173頁。

(79) 同、173頁。
(80) 赤津隆助「批評の仕方と作品の処理」、後藤福次郎著作兼発行『図画指導講座』学校美術協会出版部、1935年増訂第4回、初版1929年、769〜770頁。
(81) 同、770頁。
(82) 同、770頁。
(83) 同、770〜771頁。
(84) 同、772〜773頁。
(85) 同、773〜774頁。
(86) 同、774〜775頁。
(87) 同、775〜776頁。
(88) 同、776〜777頁。
(89) 同、778頁。
(90) 同、778頁。
(91) 同、778頁。
(92) 同、779頁。
(93) 同、783頁。
(94) 同、786頁。
(95) 同、787〜788頁。
(96) 「東京府師範学校学則」「東京府公文　東京府令第十六号」、『警視庁　東京府　公報第五百八十三号』所収、明治36年（1903）2月21日、142頁。
(97) この背景には、第一次世界大戦後の好況による生徒募集難、大正デモクラシーなどを背景とした厳しい軍隊式訓練の緩みなどがあった。

(98)前掲、陣内靖彦『東京・師範学校生活史研究』、107頁。
(99)同、107頁。
(100)「中でも赤津隆助は舎監長の在任期間8年を含めて、前後10年間寄宿舎の経営と舎生の訓育に身をもって当たった」とある。東京学芸大学二十年史編集委員会『東京学芸大学二十年史――創基九十六年史――』東京学芸大学創立二十周年記念会、1970年、542頁。
(101)赤津隆助「寄宿舎生活」、『小さい影』、445～446頁(『校友』昭和2年3月1日、からの再録)。
(102)同、445頁。
(103)同、447～448頁。
(104)同、457頁。
(105)遠藤節子「同窓会のあゆみ」、東京学芸大学創立五十年記念誌編集委員会編『東京学芸大学五十年史 通史編』、347頁。
(106)同、347～348頁。
(107)同、350～351頁。
(108)赤津の教え子・武井勝雄は、これを「青巒社回顧」の中で、「今後時々これを継続的に催し、かねて懇親や研究のための集まりにしたらどうだろう」と赤津が述べたことを記している。『平成6年度 1994～1995 青巒社』青巒社の歴史特集号、1995年、3頁。その文の最後に本稿は昭和49年青巒社通信に寄稿されたもの、とある。
(109)赤津隆助「青路社と青巒社の人々」、『小さい影』赤津先生記念出版会発行、1927年、231～232頁。
(110)同、230～231頁。
(111)冊子『平成6年度 青巒社』青巒社事務局発行、1995年、1～9頁。
(112)青巒社は、昭和8年(1933)頃からは造形教育についても定期的に会合を催している。
(113)前掲、赤津隆助「青路社と青巒社の人々」、『小さい影』、233頁。
(114)同、233～234頁。
(115)前掲、武井勝雄「青巒社回顧」、『平成6年度 1994～1995 青巒社』、3頁。

（116）青巒社発行『青巒社　1926〜2003』2003年、3頁。
（117）同、2頁。
（118）前掲、武井勝雄「青巒社回顧」、『平成6年度　1994〜1995　青巒社』、4頁。

第4章　実作者・図画教育者としての活動

はじめに

師範学校における図画教育者の一人赤津《あかつ》隆助《りゅうすけ》は、青山師範学校で図画を指導するために様々な種類の絵を描いている。それらの中で、赤津は墨絵を最も得意としていたようだ。また、前述したように、『学校美術』誌などを通じて、絵画の描き方、絵画の指導の仕方などについての文章も執筆している。それらの中で、鉛筆、クレヨン、水彩、墨絵、それぞれが絵を描く手段に過ぎず、何を用いて描いても良い、しかし図画教育の中で毛筆による墨絵の取り上げられ方が少ないことを指摘し、その普及のための文章も書いている。

第1節　制作活動と赤津隆助

以下、赤津の描いた作品を取りあげていく。

Ⅰ. 水墨画

図版の原図は、赤津（赤津隆助の孫・赤津恵子）家蔵。図4－1～24はすべて（図4－16を除く）実物より筆者が撮影したもの。所有は、赤津家（赤津恵子）、一部隆助の長女・中江美代所蔵のものである。

図4－1は、図画教育の調査のために欧米に出かけた時、初めに描いたもの。鹿島丸の船上より色紙に描いた水墨画である。

図4-1　「故山《こざん》を離る」鹿島丸にて
色紙《しきし》（24×27cm、以下色紙とあるのは同じ大きさ）に水墨、昭和7年8月作

図4-2　「上海《シャンハイ》」　色紙に水墨、昭和7年8月作

図4-4 「ピラミット」 色紙に水墨、昭和7年9月作

図4-3 「カイロ」 色紙に水墨、昭和7年9月作

図4-6 「イタリー」 色紙に水墨、昭和7年9月作（赤津長女所蔵）

図4-5 「スフィンクス」 色紙に水墨、昭和7年9月作 （赤津長女・中江美代所蔵）

図4-8　「ポンペイ」　色紙に水墨、昭和7年9月作　（赤津長女所蔵）

図4-7　「ベネチア」　色紙に水墨、昭和7年9月作　（赤津長女所蔵）

図4-10　「ミュンヘン」　色紙に水墨、昭和7年10月作　【口絵（カラー）あり】　（赤津長女所蔵）

図4-9　「羅馬《ローマ》」　色紙に水墨、昭和7年10月作【口絵（カラー）あり】　（赤津長女所蔵）

図4－2から図4－12は、ヨーロッパへ行く途中や、ヨーロッパに着いたのち、その後アメリカ、シカゴで色紙に描いた水墨画である（同様の国外での水墨着彩画をこの後、図4－17から図4－21まで載せている）。これらは短時間に、対象の骨格や特徴を捉えて描いたものである。墨で描くこうした表現は、描き直しがきかず、書で言えば二度引きができず、平素から常に絵を描いていなければ描けない。加えて、筆や墨の使い方が見事であり、図4－10「ミュンヘン」の噴水の水の表現などは、特に注目に値する。

一方、日本での作品にも次のようなものがある。

図4-11　「パリ」　色紙に水墨、昭和7年10月作

図4-12　「シカゴ」　色紙に水墨、昭和7年11月作

図4-13 「越前国」 色紙に水墨

図4-14 「民家」 色紙に水墨

図4-15　「東尋坊」　色紙に水墨

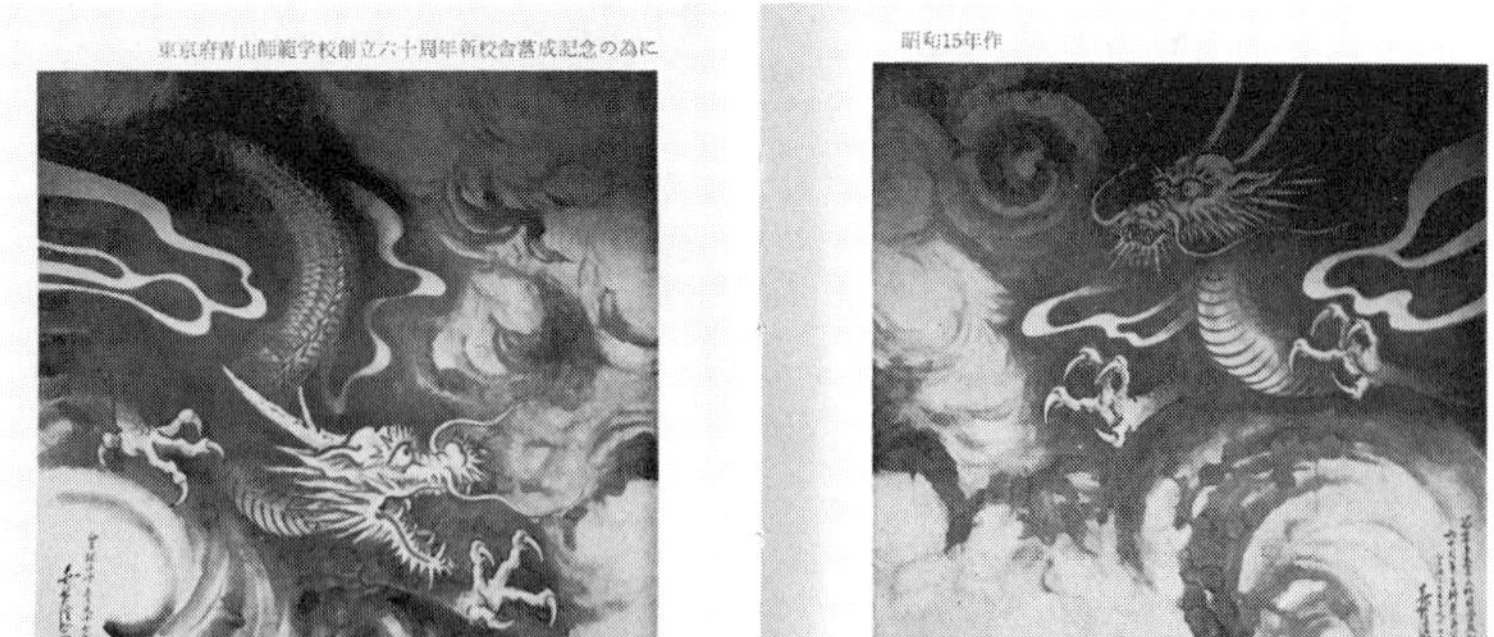

図4-16　東京府青山師範学校創立六十周年新校舎落成記念の為に　昭和15年作
（水墨　青巒社編『赤津隆助』1976年、より転写）

2. 着彩画

着彩画は、次のような作品を残している。

着彩画は、水墨画とは違った趣がある。こうした淡彩での着彩は、線描による骨格ができていれば、少し色を

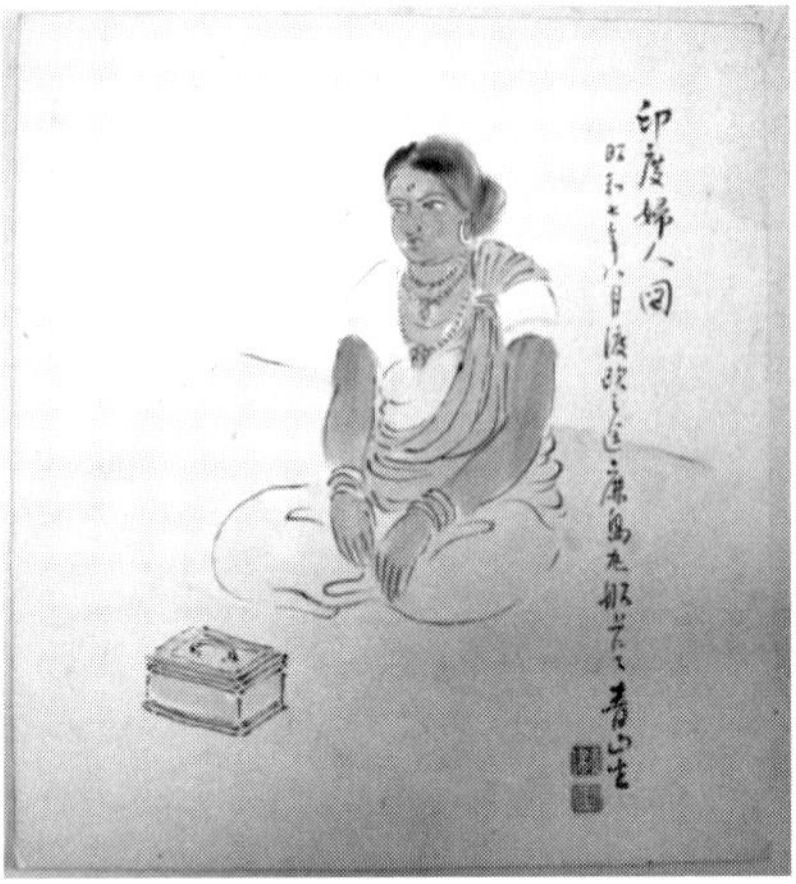

図4-17　「印度《インド》婦人図」　色紙に水墨着彩、昭和7年8月作　【口絵（カラー）あり】

図4-18　「フロレンス」　色紙に水墨、昭和7年9月作

図4-19　「舟」　色紙に水墨着彩、昭和7年9月作

図4-20　「伯林《ベルリン》にて」　色紙に水墨着彩、昭和7年10月作　　（赤津長女所蔵）

図4-21　「ロスアンゼルス」　色紙に水墨、昭和7年11月作

図4-22　「石楠花《しゃくなげ》」　色紙に水墨着彩、昭和5年4月作　　【口絵（カラー）あり】

つけただけでも絵としての深まりを有する。赤津は、何度となく絵（デッサン）を描いているので形の取り方に無駄や無理がない。こうした力は、黒板画に生かされ、黒板画による略画はこれらの作品に生かされている。

3. 油彩画

油彩画（油絵）の作品は、赤津隆助としてはその数が少ない。図4－26は、油彩で東京府青山師範学校の校庭から隣の善光寺や手前の植物を描いたものである。赤津隆助は、水墨着彩や水彩などでもこの場面を描いている。身近な場所であることと、絵にしやすく魅力的な対象であったのであろう。

図4-23　「寺」　色紙に水墨着彩、昭和8年5月作

図4-24　「芙蓉《ふよう》」　色紙に水墨着彩、昭和8年1月作

図4-25 「菊とりんご」 油彩画 P4号
(33.4×21.2cm)、昭和4年作
(青巒社編『赤津隆助』(1976) より転写)

図4-26 「善光寺と校庭」 油彩画 F8号 (45.5×37.9cm)、昭和7年作 【口絵(カラー)あり】
(青巒社編『赤津隆助』(1976) より転写)

4. 水彩画

洋画の画材である水彩の作品には次のようなものがある。着彩画であったことはまず間違いないが、原画に当たることはできなかった。

図4-27 「網代《あじろ》風景」 水彩、昭和2年作
（青巒社編『赤津隆助』（1976）より転写）

図4-28 「校庭」 水彩、昭和初期作
（青巒社編『赤津隆助』（1976）より転写）

図4-29 「川治《かわじ》にて」 水彩、昭和13年作
（青巒社編『赤津隆助』（1976）より転写）

5．絵入りの旅行記

図版の原図は、赤津家（赤津恵子）蔵。筆者撮影。

（一）八丈スケッチ

明治44年（1911）7月〜8月16日にスケッチ旅行を実施している。

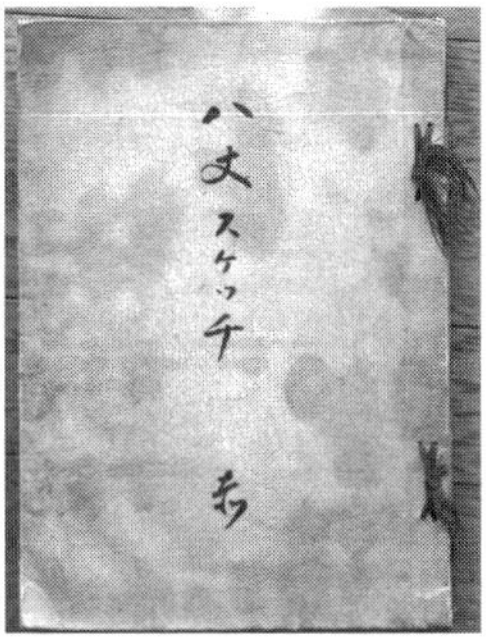

図4-30　「八丈スケッチ」表紙

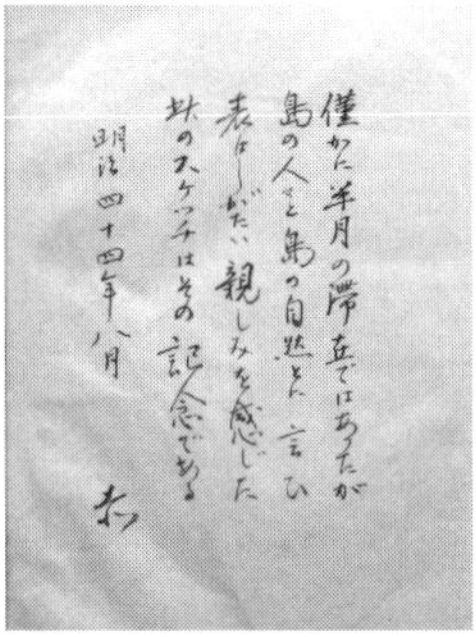

図4-31　「八丈スケッチ」まえがき

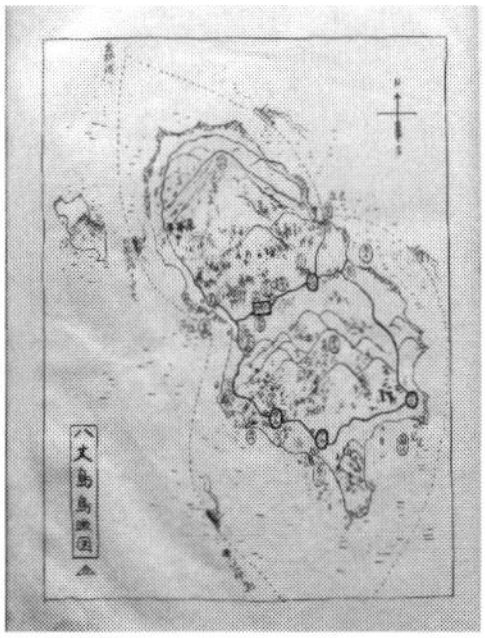

図4-32　「八丈スケッチ」八丈島鳥瞰図

図4-33　「八丈スケッチ」八重根より

図4-34　「八丈スケッチ」苦闘

赤津隆助は、夏休みなど長期休暇を利用してスケッチ旅行に出かけている。図4－30～34は、明治44年（1911）の7月から8月にかけて八丈島へ行った時のものである。この年は、赤津が東京府青山師範学校附属小学校訓導から本校の東京府青山師範学校の教諭となって4年目の夏のことである。少しゆとりも出てきた頃であろう。

（2）「上毛スケッチ」

大正5年（1916）7月23日より群馬県西部地方へ行っている（いつまでかははっきりしないが、8月までであろうか）。

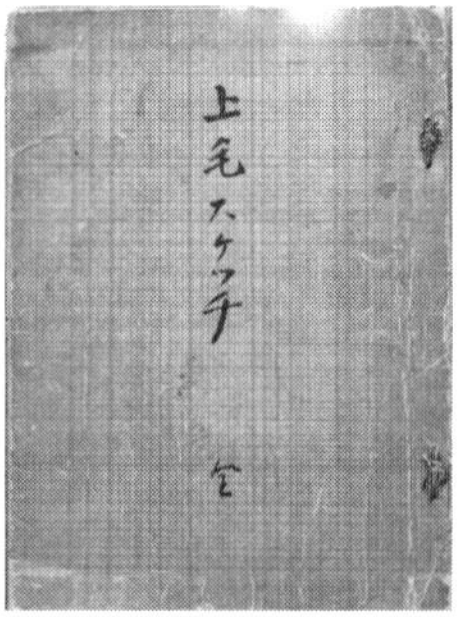

図4-35　「上毛スケッチ」表紙

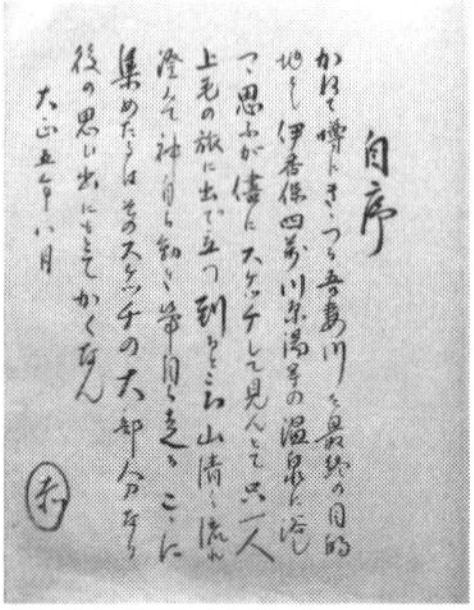

図4-36　「上毛スケッチ」自序

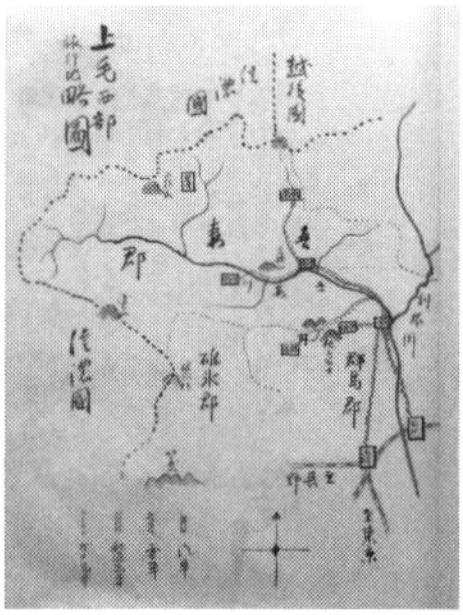
図4-37　「上毛スケッチ」上毛西部旅行地略図

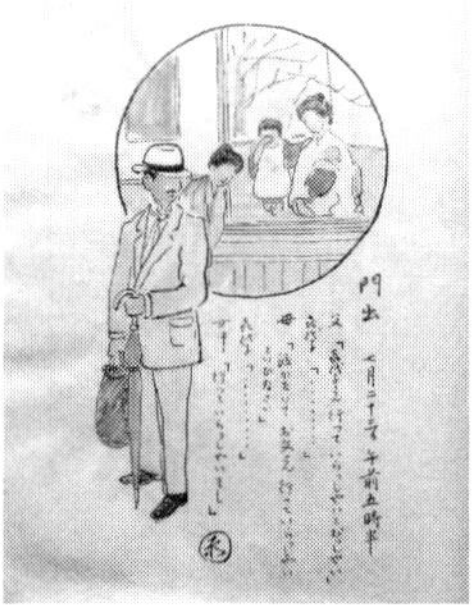
図4-38　「上毛スケッチ」門出

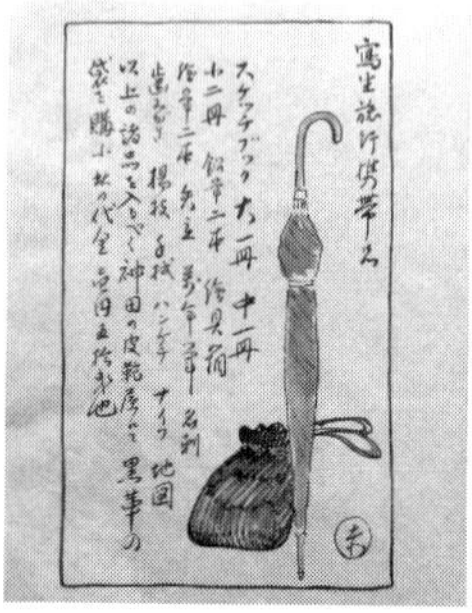
図4-39　「上毛スケッチ」写生旅行携帯品

図4-40　「上毛スケッチ」上野停車場

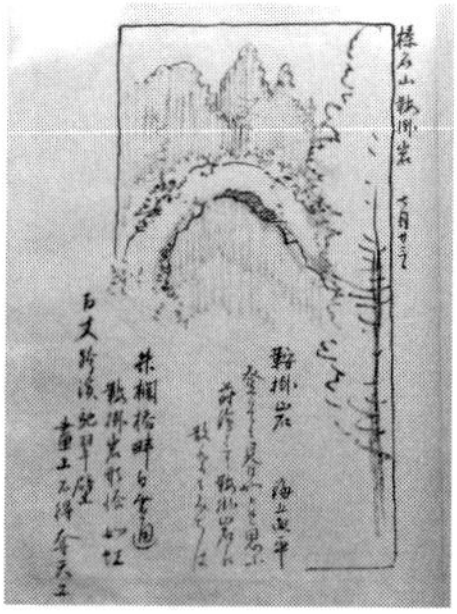

図4-41　「上毛スケッチ」榛名山鞍掛岩《くらかけいわ》

図4-42　「上毛スケッチ」同宿の津田梅子（1864～1929）女史　【口絵（カラー）あり】

図4-43　「上毛スケッチ」榛名山水楼

図4-44　「上毛スケッチ」ハーツホン女史

図4-45　「上毛スケッチ」榛名神社

以上見てきたように、赤津隆助の絵は描写力に優れている。デッサン力はもとより、構図などにおいても注目すべきものがある。特に、人物の動きは描き慣れていないとこのようには描けない。

これらの造形表現力は、師範学校で生徒と共に描く際、生徒の前で黒板に描く際、黒板画の書物を出版する際、絵の技法に関し雑誌にその方法論を載せる際などに、大いに役立っている。

また、山形県長瀞小学校の児童や教師を励まし、影響を与えることにも役立っていると思われる。つまり、言葉によることはもちろんのこと、言葉で言うだけでなく、赤津も実作し、しかも十分描いているのであるから、自分たちの気持ちをより理解してもらえるであろうと思われるという意味で、表現力に優れていることが役立っている。

それら全体を総合して、「図画教育論」を展開することの裏付けにもなっていると言えよう。

なお、赤津隆助は、日本画を橋本《はしもと》雅邦《がほう》（1835～1908）、また東京美術学校での講習を通じて洋画を小林《こばやし》萬吾《まんご》（1870～1947）や岡田三郎助（1869～1939）、日本画家の川合《かわい》玉堂《ぎょくどう》（1873～1957）らに習っていた。赤津は明治40年（1907）3月、26歳の時、日本画を学ぶために当時東京美術学校教授であった橋本雅邦の門下生となった。

橋本とも交流のあったヘンリー・P・ブイは「かれ［橋本雅邦、筆者註］は門弟たちに、すべてのものをあるがままに正しく描写せよと教えた。しかし、ぜったいに誰の模倣もしてはならぬ――あくまで独創と個性を表現せよ…と言っていた」[1]と述べている。

橋本雅邦は小学生・中等学校生向けの図画教科書は作成していたが、このように弟子の指導において模倣を嫌っていた。赤津は橋本から絵だけでなく、こうした橋本の思想も受け継ぎ、自分の図画教育の指導にも反映させた。

6. 作品批評

赤津隆助は、他の作家の作品批評もしている。「第二回　文展座談会」(2)では、岸辺福雄《きしべふくお》（1873～1958）、松田義之《まつだよしゆき》（1891～1981）、岡登貞治《おかのぼりさだはる》（1888～1976）、山形寛《やまがたゆたか》（1888～1972）、後藤福次郎（1901～1975）らと共に、日本画・西洋画の批評を行っている。

赤津はよく見て的確な批評をしていると感じられる。赤津の意見に他の人の賛同もあるが、赤津は他の人の意見に左右されるようなところ、意見を合わせるというようなところは見られない。自分の見方、考えを通している。

第2節　図画教育者としての活動

1. 赤津の作った図画教科書

前述したように、赤津隆助は、東京府青山師範学校附属小学校において、国定教科書が供給され始めた明治38年（1905）より、最初の図画の国定教科書『鉛筆画手本』や『毛筆画手本』を使用しなかった。(3)また、明治41年（1908）3月には本校兼務となるが、明治42年（1909）から発行された国定教科書『鉛筆画帖』や『毛筆画帖』はもとより、明治43年（1910）に発行された国定教科書『新定画帖』も本校・同校附属小学校において、使用しなかった。

このように、自分自身は教科書の使用を行わなかった赤津ではあるが、昭和17年（1942）4月に、文部省より師範学校図画教科書編集委員を委嘱され、教科書の作成をすることとなる。

また、昭和18年（1943）には、関東師範美術連盟を組織し、理事長となる。ここでは、連盟の事業として学生を中心とした美術展覧会開催と小・中学校の教科書編集発行をすることになる。

（一）著作兼発行者文部省『師範図画』

昭和18年9月28日発行、昭和18年10月25日翻刻発行

『師範図画』には、「昭和18年9月30日文部省検査済」とある。教科書の中に赤津隆助など個人名は記されていない。文部省より師範学校図画教科書編集委員を委嘱された赤津は、その教科書の作成を行った。

昭和20年（1945）春たけなわの頃、下高井戸の赤津隆助の家で、赤津は文部省の山形寛《やまがたゆたか》・小池喜雄《こいけよしお》と『師範図画』の編集をしていた。[4] 戦時中で空襲警報が鳴り響いていた頃のことである。

昭和18年3月8日に「師範教育令」が改正され、師範学校は官立となり、専門学校に昇格した。『師範図画』は、これまでの中等学校の公立師範学校とは異なる、官立師範学校で用いられるものであった。

内容的には、「本科用　巻一」を見ると、1　描画、2　色、3　図案、4　鑑賞及ビ美術史、5　製図、となっている。描画に兵士の絵1頁、図案に戦闘機2機、「大東亜共栄圏」のレタリング文字が4行、ほどあるものの全体的には「戦時色」はあまり見られない。戦時色の強い国民学校の国定教科書『ヱノホン』や『初等科図画』・『高等科図画』に比べると、平時とさほど変わらぬ内容となっているのは不思議な感じさえする。こうした教科書について、文部省著作であるため、赤津の考えがどこまで反映しているのかは不明であるが、リベラルな内容である。しかし、文部省（国家）で検査済のものである。

（2）関東大学教育美術連盟編『新図画工作』

国民図書刊行会発行、昭和23年（1948）10月20日発行、昭和25年（1950）3月5日再版発行(5)

関東師範美術連盟の教科書編集は、昭和19年（1944）秋から着手し、赤津は中心となって教科書『新図画工作』を編集することとなる。しかし、この教科書作成の最終編集会後に、赤津は脳溢血で倒れ、翌昭和23年4月5日、満67歳で永眠する。

完成間近とはいえ、赤津は教科書が完成する前に他界した。そういう意味では、厳密には赤津（ら）が作成したものとは言えない。しかし、赤津が深く関わったことは間違いないのでこの教科書について述べることとする。

教科書の編集については、教え子の一人である稲村退三《いなむらたいぞう》（1901～1994）の、次の言葉が参考になる。(6)

> 一方教科書の編集は、昭和十九年秋から着手し、編集員には赤津先生を中心に、当時［東京、筆者註］第一師範附属小学校に勤務して居られた、高橋利平、山崎幸一郎《やまざきこういちろう》氏と、［東京、筆者註］第二師範の糟谷実《かすやみのる》氏と私が委嘱を受けた。編集会は先生のお宅の応接間で、前後数回開かれた。教科書に載せる作品は、関東地区各師範学校の附属小学校の児童作品の中から選んだ。当時としては可なり思い切った編集が断行されたが、果たして「新図画工作」の名にふさわしいものであるか否か、いささか気がかりであった。しかし、その後文部省の教科書検定制度が実施された後、各出版社から発行されたものを見ると、児童作品を採用した教科書が多かったので、一同甚だ意を強くした

図4-46 『尋常小学図画』3年「夏休みの思出」

図4-47 『ヱノホン　四』2年「ゑんそく」

ここにあるように、編集員は赤津隆助を中心として、稲村退三と糟谷実の師範学校の教師と高橋利平、山崎幸一郎二人の附属小学校の教師である。一番の特色は、戦前は児童が児童を描いた作品を載せた教科書はなかったが、関東地区の師範学校附属小学校の児童作品を載せたことである。例えば、戦前の『小学図画』に児童の姿の描かれているもの（図4―46）や戦時中に出された『ヱノホン』（図4―47）に載っている児童の描かれているものがあるが、制作は大人によるものであった、ということである。

赤津たちの作成した『新図画工作』に載っている児童を描いたものは、児童が児童を描いている（図4―48・49・50）。児童の立場に立てばこうした編集姿勢は当然であるが、それまではそうではなかった。

この他、赤津たちの作成した『新図画工作』の特徴としては、各学年の目次の頁に、発達段階のことを踏まえた各題材についての説明がなされている。これによって、児童のやる気を起こさせようとしている。

また、「形集め」として、日常生活の中で自分たちの身の回りにある様々な形に注目させようとしている（図4―51）。これは、赤津がかつて

図4-48　『新図画工作』小学1年「すきなもの」【口絵（カラー）あり】

図4-49　『新図画工作』小学2年　表紙

図4-50　『新図画工作』小学3年「[学校] 新しい教室」

図4-51　『新図画工作』小学1年〜6年「[形集め]」

新図画教育会で発行した『図画教育の理想と実現』（1922）の中で、図画教育の方法の一つとして、「蒐集を主とする教法」として示したことでもある。

戦前、図画の教科書を使用しなかった赤津が、ここへ来て自ら図画の教科書を作成したり、しようとしたのはなぜだったのだろうか。一つには、文部省より師範学校図画教科書編集委員を委嘱されたためということがあろう。また、赤津は昭和18年（1943）4月に全国の師範学校が官立専門学校に昇格したのに伴い、美術科の将来を心配して、その年の6月に関東地区師範学校美術科の研究協議会を開き、「関東師範美術連盟」を結成した。この事業の中に、学生を中心とした美術展覧会開催と小・中学校の教科書編集発行があったため、ということがある(7)だろう。

2. 外国出張

(1) 外国出張の概要

赤津隆助は、昭和7年（1932）7月から8月にかけて行われる「国際美術教育会議」（FEA: Federation for Education through Art）(8)へ選ばれて代表として出席することとなった。昭和6年（1931）4月以来数回の締切を設け、『学校美術』誌上において学校美術協会会員による投票が行われ、その票数の多さにより最終的に決まった。9月20日が最後の締切日であり、『学校美術』昭和6年11月号で発表された。

代表者としては、赤津隆助の他に、東京高等師範学校教授・板倉賛治《いたくらさんじ》（1876～1965）、東京美術学校教授　伯爵・平田栄二《ひらたえいじ》（松堂《しょうどう》、1882～1971）、学校美術編集主任　明星学園講師・霜田静志《しもだせいし》（利平《りへい》、1890～1973）、学校美術協会理事・後藤福次郎の代わりに推挙された学校美術協会理事　広島高等師範学校教授・石谷辰治郎《いしがいたつじろう》という当時の美術教育界を代表する人々が選出された。

ところが、昭和7年8月上旬に開催予定だったオーストリアのウイーンでの第7回国際美術教育会議（FEA）は、ナチスの出現で物情騒然とし、ウイーンはその渦中となり会議は延期となってしまった。[9]

こうした状況下、武井勝雄が「しかし、日本では手はずを整えていたので、会議の名分は措いても、欧米の美術教育の現状を視察する、そして日本児童の作品を持参して、向こうのものと交換することにした」[10]と言うように、欧米行きは実施された。

「欧米巡回展と美術教育使節」と題して、赤津隆助と霜田静志が学校美術協会派遣美術教育使節として派遣されることに確定したことが、『学校美術』誌、昭和7年4月増刊号には掲載されている。

この『学校美術』誌には、「全日本学校美術展は本年七月東京府美術館に於ける公開の後、之を海外に携行、欧米各地に開催の予定であるが、図画手工の作品を通じての国際的親善に資するの意味に於て、重要なる国民外交として、大なる期待をかけられて居る。協会は之が目的貫徹に最善を期せんが為め、特に左記の両名を海外に派遣する事に確定した」として、2人の名前を挙げている。

また、「一行［二人のほかの、数名の委嘱者のこと、筆者註］は八月八日郵船鹿島丸にて、出帆、九月十七日ナポリに上陸　ローマに於ける展覧会を振り出しに、ベルリン、パリー、ロンドン、ニューヨーク、ロスアンゼルス等に於て開催の予定で、着々として其の準備を進めつゝある。　昭和七年四月　学校美術協会」[11]とある。

昭和7年（1932）9月号の『学校美術』には、「美術教育使節出発」とある。そこには、「斯界に一期を劃《かく》するの異常なる成果を示した全日本学校美術展の作品を携行して、欧米各国を巡回展覧し、大いに我国の図画手工教育を顕揚せんとした美術教育使節派遣の計画は、其後、海外各地とも、自国の経済的窮迫に併せて、近時我日本の各方面に於ける驚異的進出に意気地なくも恐慌を来たしてか、交渉兎角はかばかしからず、我等の焦慮の中に出発予定の期日は来てしまつた」、「仍《よつ》て、止むを得ず、こゝに赤津隆助・飯田勇・山田新吉・籠谷冴《かごたにこだま》・斎藤啓治の五氏を第一班とし、作品一千点を携へて、八月八日、午後三時横浜出帆の鹿島丸で出発した」、「我等は、この第一班よりの海外実情の報道を俟《ま》つて、霜田静志氏其の他を以て第二班を組織し、更に徹底的に所期の目的に邁進せんとするものである」(12)とある。

「『欧米巡回展と美術教育使節』と題して、赤津隆助と霜田静志が学校美術協会派遣美術教育使節として派遣されることに確定した」ことを受け、赤津は第一班の代表となる。しかも、この第一班の情報を受けて第二班は霜田を中心に組織されるというから赤津の役目は極めて重かった。

ここで、実際に美術教育使節として、その役割を果たしてきて示した声明書(13)を次に掲げる。

美術教育使節声明書

東京府青山師範学校教諭　赤津隆助
兵庫県姫路中学校教諭　飯田　勇
台湾高雄高等女学校教諭　山田新吉
新潟県新潟高等女学校教諭　斎藤啓治
兵庫県高砂小学校訓導　籠谷　冴

私達は、過般《かはん》学校美術協会が主催となり、文部省、外務省後援の下に我が小国民の作品による国際交歓と、我が成績の紹介による世界文化への貢献とを旨とし、全国より募集したる小学校・中等学校児童生徒の図画・手工作品三十八万余点の中の一部及其傑作写真集を携へて、欧米各国を歴訪し、特にローマ、ベルリン、パリ、ロンドン、ニューヨーク、ロスアンゼルスの六大都市では、各当局及斯界の有力者と会見して、携行したる作品等を贈呈し、右展覧会開催につき交渉したるに、何れも非常な歓迎を受け、予期以上の成果を得ました。これ偏《ひとえ》に我が日本の児童生徒の誠意が、我力を通じて欧米に達したるものであつて、私達の使命も茲《ここ》に達せられた次第であります。今後は万難を排して所期の目的を完全に実現し、各国の深甚な期待に反かざる様努力しなければならぬと思ひます。

猶、私達が使節として欧米諸国を巡歴し、彼地の社会及教育の実状を視察した結果、我が国教育の現在及将来を考察して特に我々が努力しなければならぬと痛感したのは左の［次の、筆者註］三点であります。

第一、図画教育方面では欧米の長所を採つて益々日本の伝統精神を発揚すべき日本国民的図画教育建設の緊要なること

第二、一般教育方面では精神の陶冶と身体の訓練と相俟ち体育を生活化せしめ益々国民体育を向上普及せしむることの切要なること

第三、社会教育方面では国民の情操陶冶思想安定の一助として全国各地に入場無料を本体とする美術博物館建設の必要なること

私達は今回の旅行を一画期として互に一致提携しこれが実現に向つて努力する覚悟であります。以上は私達が欧米に使して齎《もたら》し得た御土産の重なるものであります。（昭和七年十二月一日龍田《たつた》丸にて）

図4-53　赤津のパスポート　顔写真

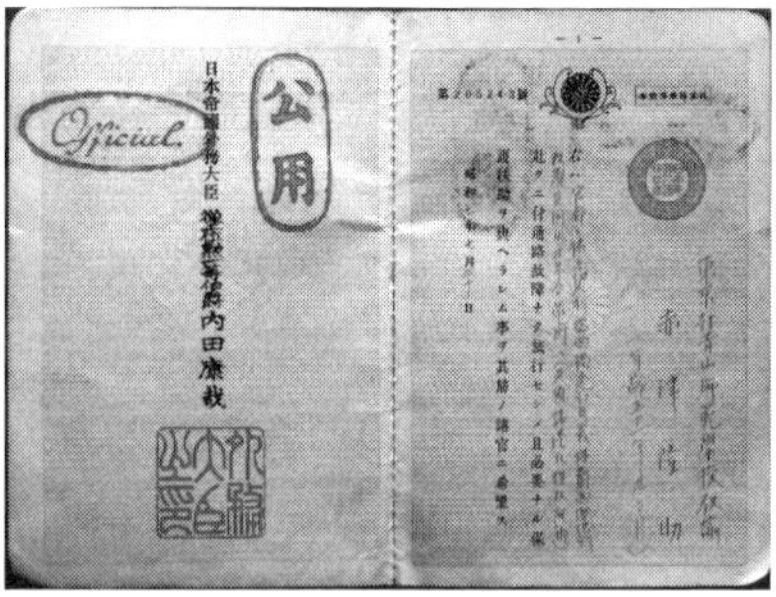

図4-52　昭和7年7月20日付の赤津のパスポート

（共に赤津惠子提供、筆者撮影）

以上である。なお、「昭和7年には、文部省より欧米の図画教育に関する調査を嘱託され、文部省より欧米各国へ出張を命ぜられた」ということが、青巒社編『赤津隆助』の年譜にある。このことと、前述した学校美術協会の「美術教育使節」として外国に赴いたこととの関係性については、武井勝雄が次のように述べている。

「渡欧の前後

先生が昭和七年に海外の美術と教育の視察旅行に出発されたのは、表向きは文部省から渡航派遣の委嘱命令を受けてのことであるが、文部省直轄学校でない地方師範の教諭には、法制上旅費の支給はなかった。

そもそも、この動機、目的は、先生が顧問をしていた学校美術協会が後楯、つまりスポンサーになって送り出したのである」(14)と。

しかし、赤津のパスポートを見ると、「公用」と押印され、「右ハ官命ニ依リ……」と特別な書き込みがある（図4－52・53参照）ので、文部省より欧米各国へ出張を命ぜられたことは間違いない。

赤津は昭和7年（1932）8月8日に横浜を出港し、海路で欧米へ向かい、同年12月2日に帰国する。外国出張中に図画教育の視察報告を『学校美術』

で行い、帰国後もその他の雑誌等で報告を行った。(15)
加えて、校内で欧米旅行スケッチ展を開催するなど、作品の展示報告も行った。
なお、全日程は以下の通りである。
8月8日　午後0時15分東京駅発、午後3時横浜　鹿島丸に搭乗
8月11日　神戸
9月17日　ナポリ
　　　　　ナポリ・ローマ
9月21日　ローマ
　　　　　ローマ・フロレンス・ベニス・ミラノ・ジエネーブ・チューリッヒ・プラーグ・ドレスデン・
　　　　　ベルリン
10月8日　ベルリン
　　　　　ベルリン・ケルン・ブラッセル・パリー
10月12日　パリー
　　　　　パリー・カレー・ロンドン
10月21日　ロンドン
　　　　　ロンドン・ニューヨーク
11月3日　ニューヨーク

11月13日　ニューヨーク・ボストン・ワシントン・シカゴ・ロスアンゼルス
11月17日　ロスアンゼルス
12月1日　ロスアンゼルス・サンフランシスコ
　　　　　サンフランシスコ（龍田丸）
　　　　　横浜着（予定よりも1日早く着く）

（2）外国出張の成果

前述した声明書、また旅の途中での赤津の報告を見る限り、使節としての主な役割は無事果たしたと言えよう。船で外国を旅するこの時代にあって、日本の代表的な小学校・中等学校児童生徒の図画・手工作品や写真集を携へて、ローマ、ベルリン、パリ、ロンドン、ニューヨーク、ロスアンゼルスといった世界の主要都市をめぐり、各当局や斯界の有力者と会見し、携行した作品等の贈呈や展覧会開催の交渉をしたことは偉大な成果と言って良いだろう。

その結果、外国での日本の児童の美術展覧会は、昭和8年（1933）10月2日より10月10日までイタリアのローマにおいて開かれ、1日に3・4千人の入場者を得るなど盛況であった。[16]さらに、昭和9年（1934）5月8日から28日まで、フランス、パリの国立教育博物館にて日本の児童の美術展覧会が開かれ、好評だった。[17]歴訪の成果を受けた上記の声明は、多大な意味がある。

また、本章の「第1節　制作活動と赤津隆助」において示したように、赤津はこの外国出張で数多くの絵（スケッチ）を描いている。赤津はこれらの作品を関わった人々に贈呈し友好を深めている。

声明書が掲載された同じ『学校美術　全日本学美展号』に、赤津の執筆した「美術教育使節として」[18]が載っている。全体的には、訪問した都市等における美術的観点を中心とする感想を述べたものである。訪れた都市での児童・生徒の展覧会の打ち合わせや討議、あるいは美術教育関係者との会見の様子が語られている。美術教育の関連で訪ねた主な都市は、ナポリ、ベルリン、パリ、ロンドン、ニューヨーク、ロスアンゼルスなどである。

特に、昭和7年（1932）10月11日には、ドイツ美術教育協会（日本の学校美術協会に類する団体）の副会長シュミット、美術教育連盟会長ランデックやホフマン、ブッケ等幹部一同と会見し、大毎（毎日新聞の前身、大阪毎日新聞）特派員・長野敏夫ら列席のもと、交換展覧会実施について熱心な討議をしたことは重要である。日本の作品展を大歓迎の旨、その実現に努力することが誓われた。同14日には、ドイツ芸術協会会長のゴットハルド・ゾンネンフェルトと公式会見し、ドイツの協会より日本の協会にあてての公式書簡の手交を受けた。ここには、先のランデック、ホフマンも列席している（日本人の通訳あり）[19]。

図画教育研究会編『図画と作業』に掲載された「欧米図画教育の視察」で、赤津の捉えた主な国の美術教育事情を次に示す[20]（次の〈　〉は、筆者による要約）。この記述によって、その国がすべてそうした図画教育や手工教育をしているという訳ではないが、赤津の見た当時の各国の特徴的な面は示されていると言えよう。

〈昭和7年（1932）9月半ばにイタリアに着き、その後主要な国を訪ねる。イタリアの幼稚園では、日本と大差はない。お手本を主として模倣をしている点は、むしろ日本より劣っている。灰皿、花瓶、ペン皿など小学生が製作した手工品を市役所などの公共役所で相当の額を出して買い上げ使用することで、小学生の方ではこの使用価値を持ってくることは結構だと思った。図画では、綴り方と一緒に図画を行う、すなわち図画と綴り方の文意を絵で表すようにさせている。題目も、一ケ月間、「街路樹」などという同じ題目を与え、それについて様々に捉えさせていた。

ベルリンの小学校では、現代作家が児童のために描いて寄付した20号から30号くらいのものが教室の周囲にかけてあった。自由画が盛んであるが、かつての日本の自由画と異なるのは、線や形の構成による図案風のものも併せて行っていることである。また、学校の図画で単に描くことに留まらず、学校劇の衣装、舞台装置、照明等を図画に含めてやっている。

フランスでは、美術教育の方法は特別のものではない。しかし、垢抜けした描写中心の図画作品が多く見られた。生活を描くとか、生活に関係のある図案とかいうものは少なく、いわゆる美術のための美術という傾向が明白だった。工芸学校などでは、機械を使うことをあまりせず、手工中心にやっている。

アメリカでは、小学校時代から図案をさせている。実生活と関係ある題材を用いるということがアメリカの図画教育の著しい特徴である。

世界を一巡して最も羨ましく感じたことは、どの国でも美術館が多数建造されていて名画がいつでも見られること、しかも児童には常に開放されていて、日曜日はほとんどどこの美術館でも無料で見物することができることである。国民思想の養成には、祖先の生んだ芸術に直接触れさせるほど良いことはない。日本でも、美術館を青少年のために開放してもらいたい。〉

また、先の「欧米図画教育の視察」『図画と作業』発行の半年ほど後に、同じ『図画と作業』に掲載された「欧米図画教育視察の一部」から、前者の紹介に加えて記した方が良いと考える部分をここに示す[21]（次の〈　〉内は、筆者による要約)。

〈スイスでは、小学校を自然環境の豊かな場所に建て、児童の美観を養うことに努めている。一面では児童美術研究所というようなものを設け、児童の図画教育の奨励発達を期している。例えば、チューリッヒにあるペスタロッチ記念館は、一種の教育博物館であり、児童美術館であって、児童美術研究所でもある。日本でも、こうした施設の実現を希望する。

ニューヨークのメモリアル美術館には、児童のための美術教育主任が置かれ、土曜、日曜日に児童を集めてその指導にあたり、その成果も見るべきものがある。欧州でもこれに類するものがかなり多く設けられていた。

シカゴの美術館の一部には、児童美術館を附設して、児童にも理解しやすいように日本の木版、漆器、陶器、七宝等の製作順序、その他表現技法などが示されていた。また、児童美術研究所が併置されていて、土曜・日曜日などに有志児童の指導がなされ、その作品もそこに展示されていた。日本でも、一二児童美術館の建設運動を起こした向きもあるが、まだ実現されていないのは遺憾である。

最後に、主な国の特徴を挙げる。イタリアは模倣的な、ドイツは心理的な、フランスは美術的な、英国は写実的な、米国は実用的な、それぞれ傾向がある。〉

以上のように、昭和の初期に赤津隆助は世界の主な国・都市の美術教育事情を視察し、その報告をしている。諸外国の美術教育に関わる文献等の紹介は行われていたが、その実態はそれほど紹介されていない時代のことであり、意義深い。特に、集約的な表現の、イタリア、ドイツ、フランス、英国、米国、それぞれの傾向の指摘は、主な国の特徴をうまく捉えていると言えよう。

日本から初めて世界の国際美術教育会議へ正式代表が送られたのは、昭和3年（1928）の第6回FEAのことであり、岡登貞治・石野隆《いしのたかし》（1891～1967）・霜田静志らが出席しているが、ごく限られた地域の情報しか入っていない。また、昭和5年には、バウハウスで学び帰国した水谷武彦《みずたにたけひこ》（1898～1969）が、東京美術学校で開催された全国中等学校教員図画講習会で、その内容や方法を紹介し、構成教育に影響を与えた。しかし、これもドイツという特定の場所やバウハウスという特定の内容のものであった。

それらに対し、赤津隆助が紹介したのは世界各国に亘るものであった点が意義深い。水谷のような明確な影響力を持つという形にはならなかったが、その後の日本の図画・手工教育の活性化や、実践面への影響はあったと考えられる。

なお、赤津が様々な国で美術教育現場を見る際、それまでに培ってきた図画教育（手工教育を含む）などに関する思想、絵画などの表現力、鑑賞的な知識、鑑賞力（実際的な鑑賞能力）、すなわち思想、実践力、知識、直観力が役立っていたと確信する。

加えて、外国出張という機会が、それまで積み重ねてきた美術教育の力にさらなる思想形成、美術教育の内容・方法論に対するバランスの観点で、多くの示唆と自信を赤津に与えたことは間違いないだろう。

3．その他

（1）幼児教育

赤津隆助は、いわゆる幼児教育の専門家ではないが、請われて玉成保姆養成所などで図画を教えた。また、保母のための講習会なども行った。

牧野由理は、フレーベル会の夏季講習会のことを取り上げ、「この講習会は赤津が幼児教育に携わった初期の活動にあたるものではないかと推察する」[22]と指摘するが[23]、それまで執筆した雑誌の記述等からもそのように言って間違いないだろう。

原資料によれば、赤津が行った講習は、大正元年（1912）8月2日から11日までの20時間であり、フレーベル会の主催にて東京女子高等師範学校内で、夏季講習会として行われたものの中の一つであることが分かる。[24]

内容的には、第1章　総論。1　黒板画速成の方法、2　黒板画練習の方法、3　黒板画描写の注意、4　黒板画の基本練習、5　双手均用[25]と其の練習、6　幼児作業と黒板画、である。

第2章　描法。以下の各描法と其練習というタイトルで、黒板画の描き方の指導をしている。1　器物類、2　船車等、3　建築物、4　果物類、5　野菜類、6　花卉《かき》類[26]、7　樹木類、8　風景、9　蟲類、10　魚類、11　鳥類、12　獣類、13　人物、についてそれぞれ示されている。

第3章　応用。1　談話と黒板画の応用、2　遊戯と黒板画の応用、3　唱歌と黒板画の応用、4　箸輪ならべ[27]と黒板画の応用、5　紐置きと黒板画の応用、6　貝ならべと黒板画の応用、7　画き方と黒板画の応用、8　縫ひ取と黒板画の応用[28]、10　豆細工と黒板画の応用、11　粘土細工と黒板画の応用、という内容である。

ここでの第1章と第2章については、第1章6の「幼児作業と黒板画」を除けば、赤津隆助がそれまで実施してきた黒板画の描法と変わらない。ただ、第3章の応用については、牧野が「『幼稚園保育及設備規定』において示された四つの保育科目のうち手技を除いた『遊戯・唱歌・談話』と黒板画との応用、手技である『箸輪ならべ』『紐置き』『貝ならべ』『画き方』『縫ひ取』『豆細工』『粘土細工』と黒板画の応用を行ったことで、赤津は黒板画と4つの保育科目『遊戯・唱歌・談話・手技』との連携を図っていた」というように、幼稚園の保育内容について有機的な捉え方をしていたことが分かる。なお、赤津は「我が児童の最も好む遊戯」を雑誌『教育実験界』第14巻第」10号（1904）に執筆するなど、(29) 小学校に関するものではあるが遊戯についても詳しい。

赤津は、フレーベル会の夏季講習会において、これらの描き方について見事に実演をしつつ講義した。赤津は、明治38年（1905）2月に「図画について（承前）二 児童教授上の図画の価値、三 黒板画の価値」、『教育実験界』第15巻第3号、明治39年3月に「黒板画資料」『教育実験界』第17巻第5号を執筆し、さらに明治43年4月と6月に『教育略画之実際 前編』、『同 後編』の著書を著している。

上記「図画について（承前）二 児童教授上の図画の価値、三 黒板画の価値」においては、黒板画の価値として、「1 児童の理解を容易にしかつ確実にする、2 教授の便宜を得ることが多い、特に教師の言語と並行して、図を描きながら説明するのが良いので、これは黒板画でなければできない、3 児童の興味と注意とを喚起する」など、全部で七つの価値を挙げて説明している。

「黒板画資料」は、方形を基本にして描き得るもの、として図版が挙げられている。

『教育略画之実際 前編』、『同 後編』も、数多くの絵の例が載せられている。前編は、器物、植物、風景、虫類、魚類、両生類及爬虫類、鳥類である。後編は、動物、人物、模様、応用である。この「応用」の一つとして、「遊戯教授応用の実際」が挙げられている。

以上の点や、平素から絵画制作を行い、かつ教育理論について研究して教育雑誌等に執筆していた赤津にとっては、こうした講義・演習を行うことは、さほど難しいことではなかったはずである。

また、赤津隆助が幼稚園の保母を対象に行ったこの講習会に参加していて、熱心に話を聞いていた幼児教育者アルウィン（Irwin, Sophia Arabella 1883～1957）は、赤津にアルウィンの運営する玉成会（現在の「学校法人アルウィン学園（玉成保育専門学校）」）における指導を依頼する。赤津はこれを受け入れ講師を務めると共に運営にも協力する。アルウィンは、「赤津先生を考へる時、何よりも先に思ひ浮かぶのは何時も円満な人格者であると云ふことです」と述べ、自分の学校の生徒に、赤津が深い愛と周到な教育を行い、生徒からの強い信頼を得、愛慕の的になっていると述べている。(30)

赤津は、こうした講習会やアルウィンとの交流並びに玉成会での授業等を通じ、幼児教育にも関わっていく。

（2）社会における活動

①　役職等

ここでは、赤津隆助の東京府青山師範学校教諭における教職としての仕事などを除く、社会的営為とも言える活動における委嘱された役職等を記す。

大正2年（1913）5月10日に、東京府小学校教員臨時検定委員を委嘱される。大正12年まで毎年任命を受ける。(31)

大正3年（1914）4月、私立玉成保母養成所の講師となり、運営にも協力する。

大正5年（1916）10月1日、東京府教育会附属伝習所講師を委嘱される。(32)

大正9年（1920）1月17日、新図画教育会の創設に参画し中心的同人となる。[33]
　同年4月、東京府青山師範学校同窓会理事となる。[34]
大正10年（1921）、有馬頼寧《ありまよりやす》（1884～1957）の知遇を受け、新日本教育者連盟を組織し、教育革新運動に参加する。[35]同会、幹事となる（主事は、有馬頼寧）。
大正15年（1926）3月、東京府青山師範学校同窓会評議会副議長に推される。[36]
　同年、東京府青山師範学校校友会機関紙『校友』創刊、編集責任者となる。[37]
昭和7年（1932）6月20日、文部省より欧米の図画教育に関する調査を嘱託される。[38]
昭和7年（1932）7月9日、文部省より欧米各国へ出張を命ぜられる。[39]昭和7年8月8日に横浜を出港し、海路で欧米へ向かい、同年12月1日に帰国する。
　この頃、国際美術教育連盟（ＦＥＡ）理事に挙げられる。
昭和15年（1940）9月、奈良市での全日本図画教育大会に運営委員として出席する。[40]
昭和17年（1942）4月、文部省より師範学校図画教科書編集員を委嘱される。[41]
昭和18年（1943）11月、関東師範美術連盟を組織し、理事長に推される。

なお、昭和7年（1932）、「欧米巡回展と美術教育使節」[42]としてもヨーロッパやアメリカに派遣され、日本の美術教育界を代表し、児童・生徒の美術展開催の交渉や世界の美術教育者との交流を行ってきた赤津隆助の力は高く評価された。帰国後、霜田静志と共に学校美術協会の理事に推薦されている。

②　作品の審査員等

赤津隆助は、『学校美術』の協会員が応募し、昭和8年（1933）4月号に掲載された「会員作品誌上展」で、水彩画、油絵、デッサン、パステル画、版画、木彫作品、彫塑作品の審査を日本水彩画会会員・東京高等師範学校教授の板倉賛治と共に行っている。[43] これらの対象作品は、教員をしているものが制作したものである。

赤津はまた、『学校美術』の昭和8年11月号に掲載された「会員作品誌上展」の審査も武井勝雄・中谷健治《なかたにけんじ》・後藤福次郎と共に行っている。

このほか、赤津は児童生徒の作品の審査を多数行っている。

註

（1）ヘンリー・P・ブイ著、平野威馬雄訳『日本画の描法』濤書房、1972年、35頁。
（2）「第二回　文展座談会」、後藤福次郎編印刷発行『学校美術』第12巻11号、学校美術協会、昭和13年（1938）11月1日発行、92〜101頁。
（3）東京府青山師範学校附属小学校に着任した明治35年（1902）から、国定教科書の供給される前の年の明治37年までの3年間は教科書を使用したか否か、現在のところ不明。
（4）小池喜雄「赤津隆助先生」青巒社編『赤津隆助』赤津隆助先生記念出版会発行、1976年、381頁。
（5）このほかの発行のものとして、関東師範美術連盟編、昭和24年6月20日発行。関東大学教育美術連盟　代表・木下一雄編、昭和24年7月5日、昭和25年3月5日再版発行。大学教育美術連盟　代表・木下一雄編、昭和27年3月5日発行、がある。『新図画工作』は、小学校図画工作検定教科書が昭和30年に使用開始となる前の発行で準教科書と称するものだった。
（6）稲村退三「先生の晩年とご臨終の前夜」、青巒社編『赤津隆助』赤津隆助先生記念出版会発行、1976年、34頁。
（7）同、34頁。
（8）第1回会議は、1900年、フランスのパリで開催された。日本からは、留学中の正木直彦（明治34・1901年東京美術学校長となる）が出席した。昭和3年（1928）、第6回FEAがチェコスロバキアのプラハで開かれ、日本から初めて正式代表を送る（代表は岡登貞治・石野隆・霜田静志ら）。
（9）武井勝雄「赤津先生の周辺」、青巒社編『赤津隆助』赤津隆助先生記念出版会発行、1976年、33頁。
（10）同、33頁。
（11）後藤福次郎編集兼発行『学校美術』第6巻特集号、学校美術協会、昭和7年（1932）4月15日発行、9頁。
（12）後藤福次郎編集兼発行『学校美術』第6巻第9号、学校美術協会、昭和7年（1932）9月1日発行、72頁。
（13）「美術教育使節声明書　東京府青山師範学校教諭　赤津隆助ほか」、後藤福次郎編集兼発行『学校美術』第7巻第1号、学校美術協会、昭和8年（1933）1月1日発行、14頁。
（14）前掲、武井勝雄「赤津先生の周辺」、青巒社編『赤津隆助』、33頁。

（15）赤津隆助「帰朝報告」、『図画と手工』167号。
（16）在伊特命全権大使・松島肇「羅馬に於ける学校美術展覧会」、後藤福次郎編集兼発行『学校美術』第8巻第1号、昭和9年（1934）1月1日発行、14～18頁。同誌「日本学校美術展に対する批評」19～20頁。盛会で閉会が1日延びた。
（17）在パリ国際デッサン協会理事・カミユ・リシヤール「日本学校美術展開催」、『学校美術』第8巻第7号、12～13頁。同誌、在パリ読売新聞支局長・松尾邦之助「巴里で開かれた日本学校美術展」14～15頁。
（18）後藤福次郎編集兼発行『学校美術　全日本学美展号』第7巻第1号、学校美術協会、昭和8年（1933）1月1日発行、15～27頁。
（19）同、21・22頁。
（20）赤津隆助「欧米図画教育の視察」、図画教育研究会編『図画と作業』三省堂、昭和8年（1933）1月1日発行、26～27頁。本文は、赤津の談話が基になっている。
（21）赤津隆助「欧米図画教育視察の一部」、図画教育研究会編『図画と作業』三省堂、昭和8年（1933）6月18日発行、14～15頁。
（22）牧野由理「明治後期の幼児の図画に関する研究――雑誌『婦人と子ども』を通して――」、『大学美術教育学会誌』第44号、2012年、411頁。
（23）ただ、牧野の記述では、この講習会の開催年月の記述が不明である。牧野論文本文に登場する、明治45年という「年」がカッコ付きで明示されているが、これはフレーベル会発行の『婦人と子ども』第12巻第6号の発行年であり、掲載されているのは「本会夏季講習会」の予告である。
（24）「雑録」「幼児教育講習会」、日本児童学会編『児童研究』第16巻第3号、大正元年（1912）10月1日発行、114頁。日本児童学会編輯『児童研究』第16巻、第一書房発行、昭和54年11月20日発行、復刻。
（25）双手均用法などともいう。黒板に向かい、両手で同時に左右対象の図を描くこと。
（26）「卉」は、くさ。草の総称である。
（27）箸環排《なら》べ（女子高等師範学校附属幼稚園蔵版『手技図形』高等女子学会、明治39年（1906）10月15日発行、頁記載なし）と

の表記もあり。手技の一つで、円や半円形などを組み合わせて（ならべて）「眼鏡」や「果実」などの形にするもの。
(28) 「9」は、ない。前掲、「雑録」「幼児教育講習会」、日本児童学会編『児童研究』第16巻第3号、114頁。
(29) このほか、赤津隆助は「我が児童の最も好む遊戯」を『教育実験界』第14巻第11号（1904）、「我が児童の最も好む遊戯（承前）」を『教育実験界』第14巻第12号（1904）、「我が児童の最も好む遊戯（承前）」を『教育実験界』第15巻第1号（1905）に執筆している。
(30) アルウィン「美術教育界人物月旦(2) 赤津隆助氏」、後藤福次郎編集兼発行『学校美術』第3巻第11号、1930年、54～55頁。
(31) 「赤津隆助年譜」、青巒社編『赤津隆助』赤津隆助先生記念出版会、昭和51年（1976）。
(32) 同、「赤津隆助年譜」。
(33) 同、「赤津隆助年譜」。
(34) 同、「赤津隆助年譜」。
(35) 同、「赤津隆助年譜」。
(36) 同、「赤津隆助年譜」。
(37) 同、「赤津隆助年譜」。
(38) 同、「赤津隆助年譜」。
(39) 同、「赤津隆助年譜」。
(40) 同、「赤津隆助年譜」。
(41) 同、「赤津隆助年譜」。
(42) 文部省からの欧米図画教育に関する調査委嘱と学校美術協会派遣美術教育使節との関係は、前述した本章第2節の、「2.外国出張」「(1)外国出張の概要」の武井勝雄の説明を参照されたい。
(43) 「会員作品誌上展　選評者　板倉賛治　赤津隆助」、後藤福次郎編集兼発行『学校美術』第7巻第4号、学校美術協会、昭和8年（1933）4月1日発行、76～81頁。

第5章　赤津隆助の図画教育思想

はじめに

戦前、図画と手工（今日の工作や工芸）はそれぞれ別の教科であった。赤津隆助は図画科の担当であった。そのため、ここまで「図画教育」という言葉を中心に用いて来た。一方、現代におけるこの関係の教科は、小学校では「図画工作科」、中学校では「美術科」として置かれ、中学校の美術科には工芸が含まれている。この後は、「図画教育」という言葉だけでは示しきれず、「美術教育」全体に関わる話ともなっていくため、「図画教育」だけでなく「美術教育」という言葉も併せて用いていくこととする。

第1節　赤津隆助を巡る図画教育思想

1. 様々な立場（主義主張）を考えることの必要性

今日、図画工作科や美術科に対する保護者や社会からの見方には、冷ややかなものがある。(1) 美術教育に関わる者としては、自省と共にこうした状況をどうにかしなくてはと考える。図画工作科や美術科は、以前から国語科や算数科などに比べ重要視されて来なかったが、その傾向は最近ますます強くなって来ているように思える。その原因として、学力重視の教育観などがあるが、保護者や社会に対する本教科（図画工作科、美術科）の、教育的意義の伝達の不徹底さもあるのではないか。また、学校教育における教科としての存在意義も問われているように思える。

しばしば、「図工」（や美術）は何を「教えている」のかよく分からない、という声を聞く。そこには「指導」が見られないから、というものがある。このことは、とりわけ「造形遊び」などに対して向けられているように思える。この授業は、いったい何を目標としているのか、子どもたちは勝手なことをしているだけではないのか。さらに、授業における理念はあるのか、という見方までも出て来る。このように受け取られるのは、「造形遊び」における明確な理念が、うまく伝わっていないためであると考えられる。

戦後の教育（大きく言えば社会）において、自由とわがままとを履き違えているという見方が少なくなかったが、この教科にはそのように感じさせる要素がもともと存在する。子どもたちが、生き生きと製作に取り組む姿は素晴らしい。しかし、その活動をほとんど何の説明もなしに見せられ、加えて授業の終わりに出来上がったものが何だか分からないとしたら、そのような授業に対する評価は厳しいものにならざるを得ない。

筆者は、子どもの自由や自主性を否定するものではない。しかし、放任は指導ではないし、教育でもないと考える。自由や自主性を尊重する一方で、教えるべきことはきちんと教えなければならない。近年、技術力などが美術教育関係者の間でも目の敵にされている場面に遭遇するが、技術力は発達段階や子どもの特性を考慮しつつ、きちんと身につけさせなければならないものの一つであろう、安全指導との関連も踏まえつつ。発達段階との関係というのは、小学校などで学年が上がっていくに従い、技術指導の必要性は高まっていく。中学・高校となればば技術指導の必要性はさらに増す。

誤解がないよう断っておくが、技術一辺倒でよいと言っているのではない。学校の図工・美術が写生ばかりでよくない、と言われると、今度は、写生は全然やらせないなど、極端な傾向が美術教育指導者の間に存在して来たことが問題である。

筆者は、「図工」や「美術」が正当に理解されるための一方法として、研究授業の時だけでなく、授業参観時においても保護者に学習指導案（単純で短いもの）を配付することを望む。一部、そうした努力をしてきている教師の存在を筆者は知っているが、極めて少数である。授業目的、授業展開の仕方、児童・生徒作品の見方、製作活動や作品の評価の仕方などを示す「分かりやすい」指導案を作成し、配付して欲しい。それは略案でよい。

また、保護者たちから厳しい見方をされる原因として、昨今の美術教育が創造主義に偏り過ぎているため、ということもあろう。創造主義に基づく指導の素晴らしい点は数え切れないほどある。しかし、「創造主義」には、明確な指導をしない、単なる思い付きを創造的であるとする、というような陥りやすい欠陥があり、そうしたことに留意しなければならない。美術教育の思想や立場としては、創造主義のほかに、造形主義や生活主義と言われるものもある。それらの捉え方にも目を向けるべきであろう。

これらの主義主張は、どこに視点の中心を置くかによる違いであって、完全にある特定の考え方のみで成り立つというものではない。しかし、ある見方に焦点を当てることにより、そこに明確な捉え方を求めることが可能となる。それらの主義主張のよい点を、授業担当者の教育環境や児童・生徒の実態に合わせて活用すべきであろう。

本章では、日本における美術教育史上それら基本となる主義主張について、赤津隆助の思想を通じ、指導法との関連性を考慮しつつ、美術教育の基本的三主張の関係性について考察する。なぜならば、赤津は、創造主義・

造形主義・生活主義のそれぞれの良い点を認め、教育実践を行った図画教育者（美術教育者）であるからだ。

2. 美術教育における基本的三主張

（1）創造主義

創造主義の美術教育は、J・J・ルソー（Rousseau, J.-J. 1712～1778）に始まり、J・H・ペスタロッチ（Pestalozzi, J.H. 1746～1827）やF・W・A・フレーベル（Fröbel, F.W.A 1782～1852）へと発展した児童中心の人間教育としての捉え方にその論拠を持つ。そして、H・リード（Read, H. 1893～1968）の思想に美術教育（芸術教育）としての特徴が集約される。

美術教育者の新井《あらい》秀一郎《しゅういちろう》（1924～2013）が「（前略）児童の表現活動は人間の基本的な欲求に基づく、発達に欠くことのできない活動であって、これによって人はその創造性を伸ばし、人間として完全な成長を遂げることができる（後略）」[2]と述べるように、新井は発達や創造性の伸長にとり表現活動は、欠くことのできない人間に備わったものである、としている。

また、新井が「（前略）、創造主義には、指導法的に細かい方法が決められないかわりに、教師の側にそれを補う創造力が要求されるのである」[3]と指摘するように、一般に創造主義に基づく美術教育は、固定的な指導法とは相容れない性格を持っているため、創造性を持たない教師には、その指導が難しいと考えられている。

日本に於ける創造主義の始まりは、大正時代に起こった山本鼎《やまもとかなえ》（1882～1946）の自由画教育運動であるとされてきた。戦後は、民間美術教育団体・創造美育協会の考え方がこれにあたる。

自由画運動（あるいは自由画教育運動）を「創造主義（美術教育）」と位置付けているものに、次の文献がある。①

成川武夫《なるかわたけお》「日本の美術教育思想」、海後宗臣《かいごときおみ》・高坂正顕《こうさかまさあき》監修、倉田三郎《くらたさぶろう》編集委員代表『学校教育全書12 美術教育』全国教育図書株式会社、1967年（59頁）、②山形寛《やまがたゆたか》「美術教育思想の変遷（戦前）」、湯川尚文《ゆかわなおふみ》・井手則雄《いでのりお》・熊本高工《くまもとたかのり》責任編集『美術教育体系　第1巻　美術教育原理』学藝書林、1972年（23頁）である。

また、戦後の創造美育協会の「創造主義（美術教育）」としての位置付けについては、③滝本正男「創造美術教育」、湯川尚文・井手則雄・熊本高工責任編集『美術教育体系　第1巻　美術教育原理』学藝書林、1972年（59頁）などがある。

（2）造形主義

造形主義の美術教育の思想が生まれた背景には、産業革命後のW・モリス（Morris, W. 1834～1896）の美術工芸運動、その影響を受け1919年にドイツに設立されたバウハウス（Bauhaus）の存在がある。バウハウスは、大量生産のシステムには沿いつつも、合理主義や機能主義を目指し、生活に即した真の造形美を作り出して行こうとした。日本においては、昭和時代の初め、ドイツ留学から帰った水谷武彦《みずたにたけひこ》（1898～1969）がバウハウスでの基礎教育を紹介し、これを小学校教師であった武井勝雄《たけいかつお》（1898～1979）らが普通教育へ導入して、総合造形教育を目指した「構成教育」が誕生する。構成教育は、機能主義に基づく造形基礎教育とも言える。

しかし、それ以前に造形主義美術教育はあった。民間図画教育団体・新図画教育会の存在である。造形主義に基づく美術教育は、造形の秩序や系統性を教えることにより、児童に造形思想を育て、それによって造形的環境を整えて行こうとするものである。生活に密着した、生活の中に生きる美術を教育の中に取り入れようとした。戦後では、民間美術教育団体・造形教育センターがこれにあたる。

なお、新図画教育会を「造形主義（美術教育）」と位置付けているものに、①倉田三郎監修、中村亨《なかむらとおる》編著『日本美術教育の変遷――教科書・文献にみる体系――』日本文教出版、１９７９年（１９６頁）がある。

また、構成教育を「造形主義（美術教育）」と位置付けているものには、②武井勝雄「わが国の美術教育運動」、海後宗臣・高坂正顕監修、倉田三郎編集委員代表『学校教育全書12 美術教育』全国教育図書株式会社、１９６７年（69頁）がある。③武井は、ここで戦後の造形教育センターも「造形主義（美術教育）」と位置付けている。

（3）生活主義

児童文芸雑誌『赤い鳥』に代表される大正児童文芸運動は、大正自由教育の中で、次々と誕生する童謡、児童画など様々な児童文化を形成することに影響を及ぼした。また、『赤い鳥』は「ありのままの綴方」を提唱し、現実の生活認識を重視する生活主義の綴方へと発展して行った。

美術教育における生活主義も、同じような思想的根拠をもつと言えよう。生活をじっくりと見つめて表現するため、よく見て描かせるという指導法（観察の重視）をとった。

戦前における生活主義美術教育は、昭和初期を中心とする生活画の教育・想画教育にその特徴を見ることができる。主な実践としては、島根県仁多郡馬木《にたぐんまき》小学校、三重県伊勢市宇治山田第四小学校（後に早修《そうしゅう》小学校と改称）、山形県長瀞《ながとろ》村（現東根市）長瀞小学校など、全国各地に見られる。戦後は、民間美術教育団体・新しい画《え》の会、新しい絵の会などがこれにあたる。

戦前の生活画・想画について、①武井勝雄は「わが国の美術教育運動」、海後宗臣・高坂正顕監修、倉田三郎編集委員代表『学校教育全書12 美術教育』全国教育図書株式会社、１９６７年（68頁）において想画の教育を「生活画主義」と呼んでいる。

ほかに想画教育を生活主義と位置付けている文献としては、②橋本泰幸《はしもとひろゆき》の『日本の美術教育 模倣から創造への展開』明治図書、1994年(148頁)、そして③金子一夫の『美術科教育の方法論と歴史』中央公論美術出版、1998年(183頁)があるが、やや明確さに欠ける。

戦後の新しい絵の会(新しい画の会)を生活主義と位置付けているものに、④新井秀一郎『美術科教師をめざす人のために』一ッ橋書店、1978年(117~118頁)がある。

これら三つの主義の内、「生活主義」は必ずしもしっくりこない表現であり、「生活画によるもの」という言葉が自然な感じである。ただし、「〇〇主義」とした場合、今日まで「生活画主義」(武井勝雄『学校教育全書12 美術教育』、1967年)、「認識派」「生活派」(山形寛『日本美術教育史』、1967年)、「生活主義」(新井秀一郎『美術科教師をめざす人のために』、1978年)、「生活認識主義」(石崎和宏[4]「戦後の主な民間美術教育運動の展開とその意義について述べよ」、『美術科教育の基礎知識』、2007年、33~35頁)などが挙げられる。このうち想画教育に関しての使用としては、「生活画主義」(武井勝雄)のみである。ただし、武井は新しい絵の会については「生活画主義」とはしていない。

以上の点を総合的に捉え、本書では生活画によるものをまとめて、「生活主義」と呼ぶこととする。なお、必要に応じて生活主義美術教育としている部分もある。

3. 赤津隆助と基本的三主張との関わり

本書において、赤津隆助の関わる美術教育三主張とは、創造主義美術教育は山本鼎の自由画教育、造形主義美術教育は新図画教育会、生活主義美術教育は佐藤文利《さとうふみとし》（1901～1968）の想画教育を主に指している。

赤津隆助は、明治35年（1902）に東京府師範学校附属小学校訓導、明治41年（1908）に本校兼務となる（明治41年、東京府師範学校は東京府青山師範学校と改称される）。この間、赤津は教育と制作に専念していたが、一方で大正9年（1920）の新図画教育会創立の頃より中心的同人となった。大正11年（1922）8月には、新図画教育会より発行された『図画教育の理想と実現』に「図画教育の方法」を執筆し、新図画教育会を意識しつつも自身の意見を論述することとなる。詳しくは、本章第3節の「3　新図画教育会における赤津隆助の図画教育法」において述べる。

なお、赤津の教え子の武井勝雄は、昭和9年（1934）に川喜田煉七郎《かわきたれんしちろう》（1902～1975）と『構成教育大系』を著している。

大正9年（1920）、新図画教育会は山本鼎を2回にわたって例会に招き、山本は「自由画教育論」や「自由画問題」の発表をした。それを受けての議論がなされたが、この時、赤津隆助も出席している。その論議を踏まえて、大正10年（1921）9月には雑誌『初等教育』において「自由画教育に就いて」という題目で、山本の考えに対し自身の意見を述べている。本章第2節「2　赤津隆助と山本鼎の自由教育」において詳述する。

一方、昭和4年（1929）5月、赤津は東京下谷の学校美術協会で霜田静志《しもだせいし》（1890～1973）らと会合し、その席上「想画」という名称を提案し、この言葉が採用されている。また、赤津は昭和6年（1931）に、「郷土教育と想画」を学校美術協会編『郷土化の図画手工』に載せている。さらに、昭和8年（1933）、赤津は山形県の長瀞小学校から送られて来た『尋六男《じんろくおとこ》画集《がしゅう》』謄写印刷に、絶賛と激励による便りを送り、児童たちと佐藤文利や国分一太郎《こくぶんいちたろう》（1911～1985）ら教師を励ました。これらの点についての詳細は、本章「第4節　生活主義美術教育と赤津隆助」

で述べることとする。

第2節　創造主義美術教育と赤津隆助

1. 山本鼎の自由画教育[5]

(1) 自由画教育運動の創始

国定教科書『毛筆画帖』、『鉛筆画帖』、『新定画帖』を用いてなされていた大正7年(1918)当時の図画教育は、『新定画帖』が新たな内容を含むものではあったが、結局は明治初年以来の実用のためのものであり、技術重視の教育であった。つまり、多くは教科書に載っている絵をそのまま同じように写す「臨画教育」が教育現場では行われていた。

こうした時代にあって、臨画をやめさせ、「自然」のみを手本にして、臨本によらない、子ども自身の目や心で捉えたものを自由に表現させようと描かせた絵が、画家・山本鼎の唱えた「自由画」である。山本は、そうした自由画を描くことによって創造性や美に対する感受性を養おうとした。

そのように働きかけた一連の動きが、「自由画教育運動」と呼ばれるものである。この考え方は、大正時代の自由教育思想を背景に当時の図画教育者たちに大きな影響を与えた。

大正5年(1916)、ヨーロッパでの洋画研究を終えた山本は、陸路で帰国の途に着く。その際、レフ・トルストイ(Tolstoy, L.N., 1828~1910)の残した言葉や行動に感動し[6]ヤスヤーナ・ポリヤーナの生家を訪問し、またモスクワで児童創造美術展や農村工芸品展示所を見た。それらに感銘を受け、帰国した。

帰国するやすぐに、両親の住む長野県小県《ちいさがた》郡(現上田市)神川《かんがわ》村へ駆けつけ(当時、山本の家は東京大森にあった)、医師であった父親に「農民美術」を老後の仕事として勧めるが父親は乗ってこなかった。そこへ現れたのが進歩的な考え方を持つ青年・金井正(1886~1955)と山越脩蔵《やまこししゅうぞう》(1894~1990)であった。二人は、山本から児童美術教育改革の必要性と農民美術運動の話を熱く語られ、大いに共感した。(7) 彼らは、その後山本の実際的協力者として働くこととなる。

大正7年12月、山本は神川小学校で児童の絵画教育について講演「児童の絵画教育に就《つい》て」(後に、「児童自由画の奨励」と改題)(8)を行う。その場で神川小学校長を始め多くの共鳴者を得て、「児童自由画展覧会」の提案が認められ、翌大正8年(1919)の3月には、「児童自由画展覧会趣意書」が郡下の教育家に配られた。そして、大正8年4月には神川小学校で第1回児童自由画展覧会が開かれ、展覧会は多くの人たちの協力により成功裏に終わる。

第1回展の内容は、次の通りであった。山本や協力者・金井の見積もりでは、うまくいって出品総数3000点くらいで、その出品者が300名ということだったが、実際は9800点の出品で、うち入選は1085点であった。しかし、出品画は大部分が臨画であった。このことは、最初の展覧会開催としては、当時の状況を考えればやむを得なかったかも知れない。

当初、奨励を平等にするために、出品者全員に賞状と賞品を与える用意をしたが、結局入選者には全員に賞状を与え、そのうち自由画の趣意にかない、鮮明で特色のあるものには、はじめ用意した賞品300点を与えた。展示としては、出品作のほか、ロシアの子どもの自由画などが参考室に展示された。

この第1回展の結果は、ジャーナリズムを通して全国的にも知られるところとなった。

一方、実は大正7年(1918)12月の神川小学校での山本鼎の講演よりも早く自由画を実践していた学校があった。それは、同じ長野県下の下伊那郡竜丘《たつおか》村の竜丘小学校である。ここでの図画の指導者は、木下茂男《きのしたしげお》（雅号、紫水《しすい》）（1882～1951）である。大正8年9月には、竜丘小学校で第2回児童自由画展覧会が開かれた。

木下はその後も続いて優れた指導をしており、熊本高工が「山本の理論に実際的な作品の裏づけをしたのは木下であり、（中略）木下の指導したすぐれた作品があったからこそ、自由画運動は軌道に乗ったとも言える」(9)と言うように、山本は先述した金井や山越を始め、人にも恵まれていた。

（2）自由画教育運動の変遷

第1回児童自由画展覧会の成功を受けて、大正8年（1919）7月、「日本児童自由画協会」が設立された。この会は、翌年、日本自由教育協会と改称され、北原白秋（1885～1942）なども加わった。会員は、山本ら8名で大きな規模のものではない。協会の事業としては、展覧会及び講演会の開催、優れた自由画の収集、「教師用書」作成のための実験的資料の準備、を挙げている。

教師用書の件については、山本が自著『自由画教育』（1921）でも何度かそのことについて触れているが、結局実現はされなかった。決まった指導法を設定しにくいという創造主義美術教育の宿命でもあるが、「教師用書」を作ることができなかったことは、自由画教育の弱点ともなり、後に自由画教育批判の一つとなった。そして、自由放任へとつながることになる。

竜丘小学校で開かれた第2回児童自由画展覧会も、大成功であった。その後、東京日日《にちにち》新聞社（現、毎日新聞社）主催の日本児童自由画展覧会を始め、京都、九州、大阪など全国各地で児童自由画展覧会が開催された。童話と童謡の児童雑誌『赤い鳥』を始めとする子ども対象の雑誌においても自由画の募集を行うなど、自由画は全国的に盛んになっていった。

他方で、批判や反対の声も強くなってきたが、山本はそのつど反対者に反論し続けた。批判は、自由放任に対するものを始めとして、様々なものであった。

昭和3年（1928）8月、山本は図画・手工教育雑誌『学校美術』、夏期特輯号に「血気の仕事」という談話を載せている。これは一般に、「自由画教育打切り宣言」と呼ばれているものである。宣言後、運動の火が完全に消えてしまったという訳ではなかったが、この頃になると当初の新鮮さや勢いはなくなっていた。

全国的な盛り上がりを見せた自由画教育運動ではあったが、やがてその新鮮さを徐々に失って行くこととなる。「自由」という言葉を表面的にしか受け止めていなかった教師たちは、子どもたちを放任してしまった。この傾向が、この運動の末期にはかなり顕著に見られ、自由画教育には指導がない、という批判が一層強くなった。(10) 実際は、指導がなかった訳ではないが、芸術家（画家）としての言葉遣いや創造主義美術教育に基づく指導法は、「美術家」ではない一般の教師たちには理解されにくい面があった。

2. 赤津隆助と山本鼎の自由画教育

(1) 赤津隆助と創造主義美術教育

「創造主義美術教育」については、山本鼎の自由画教育論に対する赤津隆助の主な考えを整理することにより考察し、論述する。

前述したように、大正9年（1920）には新図画教育会例会での山本鼎の2回の発表やそれに伴う議論があり、その論議を踏まえて、大正10年9月には『初等教育』誌で山本の考えに対し、赤津隆助は意見を述べている。そこには、明確な赤津の山本鼎の自由画教育に対する考えが示されているので、次に挙げることとする。

赤津が山本鼎の考えに対して、賛意を述べているところ、反対しているところ（問題点を述べているところ）が示されている。東京府青山師範学校において、早くからお手本を使わずに図画の指導していた赤津は、「創造主義美術教育」者としての一面をすでに持っていた。

山本から反対者の中で一番いやな人だと言われた谷　鐐太郎《たにりょうたろう》（1871～1948）は、赤津と同じ新図画教育会の一員であった。しかし、赤津は谷とは違い山本に対し冷静な姿勢を示して対応している。

赤津は、「（前略）、たとえ図画科が廃止されたとしても、児童の芸術陶冶即ち美的陶冶は是非必要であります。何等かの時間で行われなければならぬ重要な教育であります。従来の一般の教育は余りに知的に偏しました。模倣に傾きました注入に過ぎました。将来の教育は、もっともっと美的な教育、情操の教育、創作の教育、自発の教育、自由の教育が必要であります。それにはこうした図画教育が最も重要な地位を占めなければなりません」[11]と美的教育、情操教育、創造的教育、主体的教育、自由教育を説いている。

赤津隆助が東京府青山師範学校や同校附属小学校で国定教科書『新定画帖』などを使用せずに図画教育を行ったことには、創造主義美術教育の姿勢が見られる。

（2）赤津隆助と山本鼎の自由画教育

以下は、「自由画教育に就いて」[12]と題して、『初等教育』大正10年（1921）9月号で、山本鼎の自由画教育論、特に「自由画教育の要点」（『中央公論』大正9年8月号）に対して赤津隆助自身が意見を述べたものである。
〈　〉内は、筆者が原文の要点を記したものであり、その直後のコメントは筆者の考えである。

① 山本鼎の考えに賛意を示しているところ

〈山本鼎が［図画教育の目的を、筆者註］端的に美術教育の為だと明言したのは痛快であり、創造的美術教育は図画教育の主要なる目的であるということに異議はない。〉

〈新図画教育会の主張する「図画教育の目的は造形技術の基礎的陶冶にある」という新しい思潮に一致している。あらゆる装飾・手芸・創作の基礎や素因となる美の教育というのであれば、我々の考えと差はない。〉

これら赤津隆助の意見に見られるように、赤津は山本の目的論については、大方賛成の姿勢である。特に、二つ目の意見に見られるような、「図画」のみに留まらない広い捉え方には注目したい。

〈山本鼎は、教授法を全く無視するのではなく、注入教授、画一教授、圧制教授は極力排斥しているが、引き出す教育としての方法は、用いようとしている。〉

方法論について、赤津は山本のこのような考え方を認めている。「引き出す教育としての方法」とは、創造主義美術教育の特色の一つと言えるものであり、自由画教育が創造主義美術教育の立場であることを示すものである。

〈山本は美術家であり、彼に完備した教育的図画の方法的改造案を望むのは無理である。我々はむしろ山本の主張の長所を採用し、彼の助力を得て図画科改造の助けとしたい、と考える。〉

この記述は、赤津の山本鼎に対する寛大な姿勢を示すと共に、彼自身の図画教育専門家としての自負を示していると言えよう。ここに示されたように教育的図画の方法的改造案を山本に望むのは無理である、と断言している。

② 山本鼎の考えに反対しているところ

〈山本鼎の言う自由画は、近代洋画の傾向に偏しているようである。山本の自由画の主張は、山本によって選ばれた児童作品を見ると、全く近代洋画の傾向をそのまま持って来た様にも見える。〉

これは、山本の認める児童画の傾向に近代西洋画的な偏りがあることを指摘したものである。赤津は、描画用具にしても自分自身が様々な用具で制作し、師範学校の生徒に対しても様々な描画用具を用いるなどの指導を行っている。

〈山本が、従来の図画教育は全部お手本主義で、児童の創造力を無視しつつあったかの様に、一概に言ったのは過言である。〉

〈山本の自由画教育の精神は大いに賛成であるが、その主張を高潮する結果、図画教育の方法は自由画を描かせるより外にないという極端な論になったことと、如何にして実際にこれを児童に課すべきかという具体的な成案的教授法を示さずに、むしろこれを無視しようとすることは、どうしても賛成出来ないことである。〉

ここでの、二つの記述に見られるように、山本の極端なもの言いと、具体的な教授法の無視に、赤津は異を唱えている。これらの点について、山本は作家（画家）であり、赤津は教育家（教師）であることも関係していよう。

また、山本は性格的にやや感情的であった節がある。例えば、「自由画教育打ち切り宣言」[13]をしないではいられなかった、といった点である。

しかし、こうした具体的な教授法の無視などに対する指摘は、一方で創造主義美術教育に内在する弱点に対する赤津の鋭い批判でもあると言えよう。

こうした「山本鼎の考えに反対しているところ」は、「山本の創造主義美術教育の問題点」を述べているところでもあろう。

創造主義美術教育の立場に立つ自由画教育運動は、「臨画反対」ということで、当時の多くの人たちに、アピールすることができた。このことにより、従来の臨画教育からの脱皮を果たし、子どもの側へ造形表現の主体性を持たせたという点で、今日的意味における美術教育の基礎を築いたと言える。

しかし、赤津隆助は山本鼎の自由画教育論（創造主義美術教育）の問題点として、次の点を指摘している。

A．選ばれた児童画作品が近代洋画に偏向していること

B．従来の図画教育は全部お手本主義であり、図画教育の方法は自由画を描かせるより外ないと、極端な論となっていること

C．実際的教授法（方法論）の軽視・無視

である。特に、Cは問題であると言えるだろう。

なお、栗岡英之助《くりおかえいのすけ》は「自由画教育を超える（赤津隆助と山本鼎）［上記パーレン内も栗岡の記述、筆者註］」と題して、「［赤津は山本の論に対し、筆者註］目的論では比較的肯定的であるが、方法論については、全く否定的である」(14)と述

べている。栗岡は、山本自身の指導法［山本は「処理法」と言う、筆者註］に関する言葉に対する赤津の言を支持する内容を述べている。

また、赤津は「山本君は、『従来の図画教育は、いやにごたごたした教授法が示されてあるだけだ』といって居るが、今日の教授法といふのは、必ずしも与え授けることばかりを指すのではない。活動させ、実行させ、表現させ、引き出して、育てゝやるのが新しい教授法だ」(15)と創造主義美術教育としての教授法について明確に述べている。

さらに、赤津は「自由画教育（創造的図画教育）を成功させるには、より聡明な、より熱心な、より人間的な、より芸術的な、そうして児童の創造を熱愛する教師に俟たなければならぬことは勿論である」(16)とも述べる。このように、聡明で熱意があり、人間的で、芸術的で、児童を熱愛する教師でなければ「創造的図画教育」、すなわち創造主義美術教育は行えないと言う。こうした発言を通して、赤津は創造主義美術教育のあるべき姿を強調している。つまり、創造主義美術教育の「よい点・悪い点・意義」を赤津はよく理解していた。

金子一夫は、「［赤津は、増田註］白浜徴に見込まれ、白浜とかなり親しかった。しかし、山本鼎の自由画論にもかなり共感を持っていたと思われる」(17)と述べているが、的確な捉え方だと思う。赤津は、相手が誰であろうとおもねるようなところはない。相手の意見を認めるところは認め、批評するところは批評し、自分の考えは通すという姿勢の人であった。従って、前述したように、こうした姿勢は創造主義美術教育の「よい点・悪い点・意義」をよく理解した上で発言をしていたということにもつながる。

第3節　造形主義美術教育と赤津隆助

1．新図画教育会の誕生とその時代背景

(1) 大正時代から昭和時代にかけての美術教育

大正初期の図画教育は、『新定画帖』を含め国定教科書を用いた臨画教育（技術教育）が主であった。また、大正デモクラシーや自由教育思想の起こった時代に、そのような不自由な臨画をやめさせ、子ども自身の目や心で捉えたものを自由に表現させようとして描かせた絵が、洋画家・山本鼎によって唱えられた自由画である。そして、そのように働きかけた一連の動きが、民間美術教育運動としての「自由画教育運動」であった。自由画教育は、子どもの創造性を重視した。

この時期の美術教育思潮は、後述する新図画教育会や構成教育の思潮と実践を始め、岸田劉生《きしだりゅうせい》（1891～1929）の図画教育論、青木実三郎《あおきじつさぶろう》（1885～1968）、中西良男《なかにしよしお》（1899～1988）、佐藤文利らの想画教育指導等がある。

(2) 新図画教育会の誕生とその活動

大正3年（1914）の第1回全国図画手工教員協議会で、東京府女子師範学校教諭・谷鐐太郎は、図画教授の目的は、「恰好《かっこう》色合い」（形と色）の見方や考え方を教えることであり、描くことばかりが図画科の仕事ではないと主張する。こうした意見は、大正8年（1919）の第2回全国図画手工教員協議会において更なる広がりを見せた。

また、大正7年（1918）に起こされた山本鼎の自由画教育に対する新な動きである「新図画教育会」について、井手則雄は次のように述べている。

古い臨本式の図画の位置から新しいものへの反感として反対した人も多かったが、これとは別に山本の自由画教育が写生にかたより、教育としての広がりがせまいことをついて、正常な図画教育の軌道を、自由画教育のよいところをも含めて新に作りだそうという動きがみられた。

大正後期の新しい個性教育の指導的な立場にあった沢柳政太郎を会長として『新図画教育会』を組織した人々などはこれである(18)。

このように、新図画教育会は形や色に対する見方や考え方を図画教育の重要な部分と考えると共に、自由画教育に対する図画教育の軌道修正としての意味合いから、自由教育思想を背景に起こった組織と言えよう。

この会は、大正9年（1920）に、東京府女子師範学校（当時）の谷鐐太郎、埼玉県女子師範学校（当時）の霜田利平（静志）らにより発起人会が開かれ、それに赤津隆助、日本中学校（当時）の本間良助らが加わり結成された。会長を沢柳《さわやなぎ》政《まさ》太郎《たろう》（1865～1927）に依頼した。彼は自宅を毎月の研究会場として貸すと共に、沢柳自身も研究会に毎回出席した。沢柳宅が東京市外高田村旭出《ひので》（現、目白）にあったため、この会はしばらくの間「旭出会」と呼ばれたが、後に「新図画教育会」と改称された。

新図画教育会の規約によれば、「本会は図画教育を中心として一般技能教育、芸術教育を研究するのが目的である」と、その目的を定めている。研究会例会は、8月を除き毎月1回開かれ、大正11年まで22回開かれている。そのほか、講演会2回、講習会と展覧会を各1回ずつ開いている。

こうした機会を通じ、新図画教育会は図画教育を図画、すなわち絵画ということに止まらず、広い概念として造形全般ということを目指した、いわば「造形主義」といえる考え方を採るものだった。

前述の山本鼎の自由画教育論に対する新図画教育会の姿勢として、霜田の次の言葉はその姿をよく語っている。

新図画教育［会、筆者補足］のわれわれとしては、この新運動［自由画教育運動、筆者註］に共感を覚えつつも、それだけでは満足しきれぬものがあった。

自由画教育は、旧図画教育に革新をもたらしたとしても、所詮は絵を描くことにほかならなかった。しかしわれわれは、絵を描くことを超えて、更に広く、造形の世界に於ける創造と鑑賞へと進めなければならぬ、と考えていた。

しかしそうした考えは、一部の少数の人は理解し共鳴してくれたが、大勢は、自由画教育の華［や、筆者補足］かさの影に隠れて、殆ど姿を見せなかった(19)

すなわち、新図画教育会では、造形一般の教育という主張をし、それに対して山本の考えは「絵を描くこと」のみで狭い、とするものである。特に、会の中心的人物であった谷鐐太郎は激しく山本と対立した。

2. 造形主義美術教育と新図画教育会との関係

（1）造形主義美術教育誕生の経緯

「大正時代の美術教育の運動の中では、山本鼎の自由画教育の影響が大きく、デザイン教育が関連するような活動はほとんど見られないが、基礎造形教育という観点からのデザイン教育の萌芽として考えられるのは、新図画

できよう。

教育会の活動である」[20]と福田隆真《ふくだたかまさ》が述べるように、新図画教育会には造形主義の基礎段階があったと見ることができよう。

「図画教育は造形全般にわたるべきだ」という新図画教育会の考え方や霜田静志の「図画手工統合論」などは、昭和の初めに行われた水谷武彦の、バウハウスの理念や方法の紹介以前のことがらとして、さらには構成教育誕生の礎となったという意味において、美術教育史上重要な役割を有する。

(2) 赤津隆助と造形主義美術教育

赤津隆助は、大正9年(1920)、新図画教育会の設立初期に関わり同人となっている。この会の中心的人物は、東京府女子師範学校の谷鐐太郎である。

大正時代はまだデザイン教育の試行錯誤の時期であり、新図画教育会の設立された段階では、「造形主義」とは言うものの、幅広く図画を捉えるという表現形式的な意味でのものであった。

赤津は、大正11年(1922)8月に、新図画教育会から刊行された『図画教育の理想と実現』に「図画教育の方法」を執筆し、新図画教育会を意識しつつも自身の意見を論述する。同じ新図画教育会にあっても、谷と赤津の考え方はやや異なる。谷に比べ赤津には、色や形よりも図画すなわち絵画の重視が見られる。

赤津はまた、芸術性を重視しているが、これには尊敬していた画家・岸田劉生の存在が大きい。赤津隆助は、大正10年(1921)6月12日に、谷鐐太郎らと鵠沼《くげぬま》の岸田劉生を初めて訪ねた。劉生の自由画論や芸術談、デッサンや油絵・日本画に感動する。[21]

「新図画教育会の同人である」という見方からすれば、当然赤津も「造形主義」の美術教育家と見られる訳であるが、それほど単純に言い切れない。赤津は、前述した創造主義に関してもよい点はよい点として認めている。さらには、この後触れる生活主義に対しても、創造主義と同様な接し方をしている。

（3）谷鐐太郎と赤津隆助

同じ会に所属しているという意味では、谷鐐太郎と赤津隆助は思想的に近い関係にあった。しかし、前述したように、赤津は谷とは、やや異なる考え方をしていた。

次のような点も指摘したい。谷は、大正3年（1914）の第1回全国図画手工教員協議会で、「図画教授の目的は恰好色合いの見方や考え方を教えることである」という考えを打ち出していた。谷はこの世の中から「恰好色合い」を取り去ってしまった場合大きな影響が出るが、「画《え》」がなくなっても恰好ほどは影響がないと述べている。[22]

しかし、赤津の考えは谷とやや異なり、心の重視ということがうかがわれる。その具体的内容は次の通りである。

赤津は、

> 谷さんは形と色といふこと即ち、物、物の表はれといふことに重きを置いて力説せられますが、私は物、物の形と色とを透して、陶冶せらる、児童の心、即ち心の教育、即ち造形芸術陶冶が大事であると考へます。物の形と色とに重きを置けば、心の陶冶といふことが忘れられることがあります。図画科は、対象の形と色とを透して、児童の心を養ふ。即ち芸術的陶冶をする教科でなければなりません。あまりに物、形と色といふ方に考へが向き過ぎると、生命とか、生の充実とかいふことを忘れがちになります[23]［傍点は原文ママ］

と述べ、図画科はどこまでも、物と心の上に立った教科であると言い、また芸術的陶冶を重視している。このように、谷が物としての、つまり物の表面に表れた形や色に中心を置くのとは異なり、赤津は形や色を通して、つまり形や色を通じて陶冶される児童の心に重点を置いている。そして、図画科は、どこまでも、「物と心の上に立った教科」であることを強調している。

さらに赤津は、図画科はむしろ造形芸術科といった方がよいと思うが、図画科でもよいと考えており、[24] 造形という名にさほどこだわってはいなかった。

3. 新図画教育会における赤津隆助の図画教育法

(1) 図画科の目的と方法

新図画教育会では、第12回（大正10年3月）の例会において、図画科教材及び教法の大綱を委員の調査報告に基づき、討議の後協定している。[26] 教授の方法として、a. 観察（読図）、b. 鑑賞、c. 考案、d. 描写、e. 簡易なる手工、f. 蒐集、g. 実験、h. 説明、と8つの教授法を示している。[25]

新図画教育会で協定して考えた綱目について、赤津隆助はその内容を、自分の教育思想や経験に基づいて考え、図画教育の指導法を具体的に示している。また、綱目そのものも8つの教授法の「g. 実験」は採用しないなど、会で決めた大綱とは若干異なっている。

赤津の図画教育の方法は、次の「(2) 図画教育の方法」に記した7つに分類されている。[27] また、図画教育の方法を大別すれば、鑑賞と創作の2つになるとし、先の7つの方法は、いずれも鑑賞と創作をするための手段であるとしている。

加えて、赤津の図画科の目的と方法とに関する考え方として、「図画科は、創作と鑑賞とによって、造形芸術陶冶をする教科である」[28]と述べると共に、児童の芸術陶冶すなわち美的陶冶は、たとえ図画科が廃止されたとしても是非とも必要である、とその重要性を強調している。

赤津の考える図画科の目的と方法との関係は、目的が「造形芸術陶冶をすること」であり、方法として「創作と鑑賞」があり、具体的には7つの方法で示される、としている。

(2) 図画教育の方法

図画教育の方法論をここで具体的に取り上げる。7つに分類された方法は以下の通りである。ここでは、赤津隆助が『図画教育の理想と実現』に、「図画教育の方法」として書いたものを基に考察し、論述する。『図画教育の理想と実現』は、大正10年(1921)12月に青山師範学校で開かれた新図画教育会主催第1回講習会の講演筆記である。この講習会には210余名という多数の申込者があり、新図画教育会の影響力がうかがわれる。[29]

赤津の執筆した次の①~⑦の7教法については、最初に赤津の言葉を筆者が要約したものを〈 〉で示し、その直後に筆者の考え等を加える(筆者の考え等を加えていないところもある)。

7つの事項(教法)に入る前に、赤津は従来の教育があまりに知的に偏していたこと、模倣に過ぎていたことなどにふれ、将来の教育のあるべき姿を論じていることも指摘しておきたい。

①観察を主とする教法

A．観察の要目

〈観察は造形芸術陶冶の基礎的方法であり、描くためには見なければならない。見ることが出来なければ描くことはできない。つまり、物の形と色とについて観察するということは、造形芸術の基礎である。ここでいう観察とは、主として知的に見るということである。〉

ここでは、主に知的に見るという意味で観察という言葉を用い、図画教育の方法としては、まず観察することの重要なことを強調している。

ア、形の観察

〈形の観察には、平面的観察と立体的観察とがある。平面形を描くには、長さと角度を正しく描くこと。立体の観察としては、面を見ること、長さや巾のほか、厚さを見ることが大切なことである。

そして、全体としての姿、ポーズを見ることも重要である。あまり分解的に見過ぎるのはよくなく、分解的に見ることはともすればその物の生命を失わせる。〉

形の観察において、部分的に見ることを強く戒めている。

イ、色の観察［後略］

ウ、実在の認識

〈形と色とを引っくるめた実在を意識させるということが最も大事なことである。単に形と色という様に分解された部分的な観察にとどまらず、実在の認識、生命の把握が重要である。すべての学習は実在を認識によって創造して行くことであると思う。外界の物を模写するのではなく実在を生成する、ということである。〉

ここで述べるように、赤津は実在の認識を重視している。この「実在の認識、生命の把握が重要である」とする考え方は、後の想画教育（生活主義的思考）への発言につながるものとなり、大きな意味を有する。

B.　観察の材料

ア、形体観察の材料

〈形の観察の材料としては、なるべく形の判明な、色や模様の複雑でないものがよい。そうすると石膏［石膏像のこと、筆者註］が理想だが、専門的学習ではともかく、小学校の材料としては必ずしもよくない。やはり家具、簡単な建築、果物、動物など自然物や人工物を用いるのがよい。〉

形体観察の材料において、形の観察の材料として、小学校段階にふさわしいもの、また自然物や人工物に目を向けている。

イ、色彩観察の材料

〈色彩観察又は説明用として色図を備えることが最も大切である。〉

C.　観察の方法

ア、直観からの方法

〈観察の方法としての基礎は直観である。直接対象にぶつかることが直観であり、これは物の観察の基礎である。直観から心象ができ、心象から憶起《おっき》［想起、筆者註］ができ、概念ができる。〉

イ、体験からの方法［後略］

「①観察を主とする教法」の最後の部分
〈この教授において注意すべきことは、全体的な、総合的な、印象的な見方をさせ、全一体の生命としての認識をさせることが大切である。それには、時間を定めて速写をさせるなどの方法もよい。〉
谷の形や色を分解的に見る見方を意識し、赤津はそれとは異なる全体的な見方、全一体の生命としての認識の重要性を強調し、まとめている。

②鑑賞を主とする教法
〈観察は主として知的に、鑑賞は美的に事物を見ることである。美学的に解釈すれば、鑑賞とは対象の中に自己の感情を移入して対象の中に自己を生かすことである。〉

A．鑑賞の要目

ア、内容の鑑賞
〈内容の鑑賞は、実質内容と感情内容とに分けて考えられる。実質内容とは、具体的に何が描いてあるかということ。感情内容とは、その絵の崇高さ、悲壮、優美、などを指す。〉

イ、形式の鑑賞

〈形式の鑑賞として、技巧の鑑賞と結構についての鑑賞がある。技巧の鑑賞とは、筆力、タッチ、明暗、濃淡、遠近などで、手法の妙味を鑑賞することである。一方、結構についての鑑賞とは、美の形式的要素のことであり、節奏《せっそう》［リズム、筆者註］、権衡《けんこう》［つりあい、筆者註］、調和等の要素がいかによく結合されているかを鑑賞することである。〉

B. 鑑賞の材料

〈鑑賞の材料としては、あらゆる自然、人工、皆材料となる。観者の態度によってあらゆるものが美になる。〉

ア、自然の鑑賞

〈至るところの自然から美を発見し享楽することができるよう児童を教育することが最も大切なことだ。そして、国民教育としての図画教育の任務はここに重大な意義がある。〉

ここで述べるような視点は、普通教育としての美術教育においてなすべきことの一つとして、今日我々が忘れかけていることではないだろうか。

イ、人工の鑑賞

〈今日まで鑑賞材料として挙げられていたものは、多くは歴史的に有名な絵画彫刻といったものだったが、私どもはこれらにあまり重きをおいていない。小学校では、電車の中のポスターや商店の包み紙などにも面白いものがある。

絵画ばかりでなく、各種図案、建築、器物、室内装飾、店頭装飾、庭園、道路、公園、都市等に至るまで、皆鑑賞の材料である。我々はむしろ日常の実生活の中に美を創造し、享楽していくことが最も大切なことであると考える。

また、日用の器物、衣服、住宅等が、簡単でしかも気持ちのよい物になるということは、ありがたく、喜ばしいことだろう。児童は、日常身辺の実生活の中から、美を発見し、創造するように教育されねばならぬ。〉

人工の鑑賞の視点は、現代にも通ずるものであり、総合的な造形教育の意味はいかなるものかと語っている。また、実生活の中から美を発見し、創造する教育に注目したい。

C. 鑑賞の方法

ア、直観からの方法

〈鑑賞の方法として、説明や講話によるのではなく、直接に対象に接しさせるのがよい。その上、できるだけよい条件下で見せることが重要である。〉

イ、体験からの方法

〈体験からの方法としての鑑賞は、材料を児童に蒐集させること、また集めたものを比較、選択、分類、評価させるということもその一つである。

臨画には不賛成で、青山師範学校では十数年来臨画をやめている。[30] 臨画排斥のためには力も尽くした。しかし、児童がその絵に感動して、それを描いてみたいという衝動が盛んに起こった時は、これを描かせることはよいこ

とだろう。この場合は、臨画が鑑賞の手段であり、このような臨画は認容する。〉

体験からの方法の、「臨画には不賛成で、青山師範学校では十数年来臨画をやめている。臨画排斥のためには力も尽くした」という言葉は、山本鼎の論に賛成する部分である。しかし、これに続く「しかし、児童がその絵に感動して、それを描いてみたいという衝動が盛んに起こった時は、これを描かせることはよいことだろう」とする部分は、後に岸田劉生が『図画教育論』（1925）などで、自由臨画法と唱える考え方の先を行くものである。

金子一夫は、大正10年（1921）7月『図画と手工』に「岸田劉生氏の図画教育観」が出された後に複数の論文を岸田は出しているが、大正14年（1925）には、以前は言われていなかった自由臨画の提案などが岸田からあったことを指摘している。[31]

③考案を主とする教法

〈観察や鑑賞の基礎の上に立ち、それを基にして新たに作り上げるのが創造であり考案である。〉

A．考案の要目

ア、一般考案

〈絵画や模様を考案することで、用途を持たないもの。〉

イ、応用考案

〈一般考案の反対であり、何に使うかを明らかにして、その目的に合うように考案するもの。本の表紙の考案、装飾文字の考案などがあり、必ずしも絵を描くことに限らない。今後、応用考案を多くすべきである。〉

B．考案の材料

ア、自然的材料

〈木、花、虫、水、月など、あらゆる自然のもの。これらの材料から考案して便化《べんか》(32)させたい。〉

イ、人工的材料

〈器物、染織、衣服、装身具等人工的なものである。〉

C．考案の方法

ア、形式的の考案

〈形式的とは、いかに装飾すべきかを形や色の上から考案すること。考案は必ずしも描かせなくてもよく、盆の上に茶碗と急須とを如何に配置すべきかなど、形や色の配置を考えさせるものである。紙を切り抜いて貼り付けさせたり、それを型にして模様を描かせたりすることも一方法である。〉

形式的の考案にあるように、考案は必ずしも描かせなくてもよく、盆の上に茶碗と急須とを如何に配置すべきかなど、形や色の配置を考えさせるもの、とする考え方は注目に値しよう。

イ、実質的考案

〈目的に合わせて考案させること。考案の教授では、極力模倣を避けて独創的にやらせることであるが、全く模倣をさせないことは不可能である。そして、出来る限り児童の実生活から材料を取ることが必要である。運動会のビラ、音楽会や展覧会のポスターなどを児童に考えさせ、実際にそれを使うということなど、実生活に利用する考案である。〉

実質的考案にあるように、考案の教授では、極力模倣を避けて独創的にやらせることであるが、全く模倣をさせないことは不可能であること。また、出来る限り児童の実生活から材料を取り、児童に考えさせ、実際にそれを使うことなど、実生活に利用する考案、という考え方には共感できる。この「実質的考案」に見られる考え方は、今日極めて不足していると考える。

④描写を主とする教法

〈描写は図画の目的ではなく手段であるが、重要な手段である。ことに小学校の初年級などは、ほとんど描くことばかりでよい。〉

ここに述べられたように、赤津は描くことを重視している。

A．描写の要目

ア、内容の描写［後略］

イ、形式の描写

〈小学校の児童は、最初はあまり形式方面には留意せず、主に観念内容のみを描写しているが、だんだん思想が豊富になり、理知が発達し、絵画の形式的方面の必要とその技巧の妙味などを知るようになると、内容よりも形式の方面に注意するようになる。〉

こうしたことは、V・ローウェンフェルド（Lowenfeld, Viktor 1903～1960）の造形表現における発達段階説（1947）を思い起こさせる。概ね小学校1年生から3年生くらいはものを概念で捉え表す「図式期」、概ね小学校3年生から5年生くらいは視覚によって捉えた現実を再現しようとするようになる「写実の芽生え期」であるという捉え方である。言葉の表現の仕方は異なるが、内容的には共通するものがある。V・ローウェンフェルドより25年も前の指摘である。

B．描写の材料

ア、自然的材料

〈描写の材料を自然に求めるということは、最も自然で、最もよいことである。従来、手本などにのみよらせようとした傾向があったが、子どもはやらせてみると驚くほど自然描写を好んでやる。

室外で、美しい光線の下、清い空気の中で自然を見て、真剣に、自然を愛して描かせる姿勢が重要である。

私［赤津、筆者註］の学校では、すでに手本［教科書、筆者註］を臨画することをやめている。〉

ここに示したように、赤津は自由画の主張に共鳴している。そして、東京府青山師範学校ではすでに手本（教科書）を臨画することをやめている。

イ、人工的材料

〈人工物の中には、器物や建物など無数にあるが、児童の生活に近いもの、図画の形式教授に適したものを選んで描かせたい。〉

C．描写の方法

〈描写の方法には、表現的・印象的傾向のものと、説明的・写真的傾向のものの二つがある。あまりに表現的傾向が強いと変な絵ばかり描かせるというようになり、またあまりに説明的傾向が強いと標本画だと言われることになる。いずれにせよ、一方に傾き過ぎるのはよくない。〉

ここで述べていることに、同感である。今日でも、こうした偏りの傾向は起こりやすいのであるが、指導上大いに注意すべき点である。

ア、表現的の描写

〈児童は本能的に描写によって自己を表現するが、これは造形芸術の起源ではないか。また、変な絵だと一笑に付し去ったり、一概に非難したりすることはよくない。児童が学校の図画を好まないようになるのは、原因がここにありはしないか。〉

表現的の描写で赤津が指摘するように、こうした教師の言動は児童に最も悪い影響《かげひびき》を与える。

イ、説明的描写

〈表現的、主観的、印象的、内面的な描写だけで子どもは必ずしも満足しない。形、色、光をできるだけ対象に即して、その事実を説明しようとする写実的な描写をすることも大切なことである。これを要求する時期が来るので、この時には物質を説明的に描写する手段や、理論や、技巧について指導を怠ってはならない。また、一口に標本的精緻だなどと罵倒することはできないと思う。〉

説明的描写に示された視点は、誠に重要であると考える。こうした点を今日の美術教育は学ぶべきであろう。赤津はここでまた、写実的な描写を一口に標本的精緻だなどと罵倒することはできないと言うが、これは山本鼎の言葉に反論してのことである。[33]

「④描写を主とする教法」の最後

〈児童の描写は個性と年齢により違うことを認めるべきである。そして、描写をさせる時はいつも概念的、普遍的な表現をさせず、自然を直観して描写させることが必要である。何も見ないで、または手本により何らの感興や印象なしに描写させることはよくない。〉

⑤工作を主とする教法

〈最初に、アメリカのインダストリアル・アートの教科書を例に取り、図画と手工が合一されている点を強調する。

図画科が、描写が目的でなく、形と色とに関する造形芸術陶冶が目的であるということになれば、こういう傾向に向かうのは当然である（新図画教育会の方向性を認める発言）。簡単な手工は図画科でやってよい。〉

本教法の最初に述べた考え方は、同じ新図画教育会の会員、霜田静志の「図画手工統合論」に共通するものである。

工作についての記述はやや物足りないが、工作は当時別教科「手工」にあったことを考えれば、やむを得ないことだろうか。

A．工作の要目

ア、平面的の工作

〈貼り絵のようなものである。〉

イ、立体的の工作

〈紙で立体を作らせるような活動である。〉

B．工作の材料

ア、自然的材料

〈工作に用いる自然的材料とは、木、木の皮、草木の葉、繊維などを指す。木を組み合わせて作る木工は、「手工」に入れている。〉

イ、人工的材料

〈人工的材料とは、紙、特に色紙、厚紙、布などである。〉

C．工作の方法

ア、考案からの工作

〈何か考案したものを、描写の仲介を経ずに製作させる方法である。〉

イ、描写からの工作

〈用器画のための用器画は不必要である。実際に作らせるものを先ず図によって表わさせるという程度のものを理想とする。〉

「⑤工作を主とする教法」の最後

〈製作が困難で、抵抗の多いものは、手工の方に譲らなければならない。また、実際生活に密接な関係のあるものか、児童の生活に適したものでなければならない。〉

⑥蒐集《しゅうしゅう》を主とする教法

〈蒐集というのは、図画に関係のある自然物や人工物を児童の手によって集めさせることである。蒐集することによって、形や色、図画、図案、図画と実生活との関係、などについての知識や趣味を養うものである。そして、その蒐集したものは、鑑賞の材料になり、考案の参考になり、工作の材料になり、描写の参考にもなる。〉

本教法の最初に述べられた部分は、後の構成教育においてとりあげられる内容である。こうした教法は、初期の赤津の教え子である武井勝雄らに影響《かげひびき》を与えたと考えられる。

A. 蒐集の要目

ア、形と色との蒐集

〈形については、木の実、貝殻、ビン、など。色は、色紙、色布、変わった色の葉、などを集めさせたりすることである。〉

イ、意匠図案の蒐集

〈マーク、レッテル、包み紙、箱類、広告用の便化文字などを集めること。人間は元来蒐集本能があり、よく色々なものを集めようとする。この本能を利用して、形や色や意匠等に関する趣味を養うのである。〉

意匠図案の蒐集における部分にも、新図画教育会における総合造形的な特徴が見られる。

B. 蒐集の材料

ア、自然的材料［原文に記載なし］

イ、人工的材料［蒐集材料にア・イ二種類があることは既に明らかなことなので略す、と原文にあり］

C. 蒐集の方法

ア、実物蒐集
〈買わなければ集まらないようなものはいけない。また、買い集めたようなものは、蒐集としての価値はない。〉
イ、写生による蒐集
〈実物を得がたいもの、大きいもの、立体的で所蔵に困難なものなどは、その形なり色なりをスケッチして集める。集めたものは、分類し、整理しておくことが必要である。〉

⑦説明を主とする教法
〈形と色に関する知識や趣味を、文章などで説明する方法である。形と色に関するものでも、描写や工作以外に、言語や、文章で説明した方が都合がよい部分も多くある。特に、知識面は、言語・文章によらなければならないことが多い。教師も児童も言語・文章により説明する必要がある。〉

説明を主とする教法は、後に遭遇する山形県長瀞小学校の「国分一太郎と想画」との関係に見られる姿勢につながるものである。

A．説明の要目
ア、内容の説明
〈鑑賞材料の絵に盛られた事実などの説明である。〉

イ、形式の説明

〈形の統一、色の調和、など造形芸術の形式的方面についての言語・文章を用いての説明である。〉

B．説明の材料

ア、自然及び人工物［後略］

イ、結構及び装飾の理論

〈結構とは、例えば器物図案について、その器物の構造などを合理的に、実際的に説明することである。装飾の理論とは、多様の統一、比例、権衡、均斉、対比、調和など、美学的の理論などを分かり易く説明することである。〉

C．説明の方法

ア、教師のする説明

〈他の知的教科と同じようにする教師の説明である。〉

イ、児童のする説明

〈これは児童の蒐集品や製作品等について、言語または文章で児童に説明させるものである。〉

以上、7つの指導方法について、全指導における割合は地域や児童の実態に即して行うべきだと赤津は述べている。

赤津隆助の図画指導法について、新図画教育会と関連させつつ、その内容を見てきた。両者の根本的な相違は、前述したように、谷を中心とする新図画教育会の捉え方は、物に表れた形や色の見方・考え方を教えることを重視し、赤津は物の形や色全体を通して陶冶される児童の心、すなわち造形を通した心の教育を重視していたことである。

赤津隆助は、物の形と色とについて観察することとは、造形芸術の基礎であり重要であるが、谷のようにあまりに分解的に見過ぎるのはよくないことであり、全一体としての生命の把握、実在の認識が重要であるとした。また、赤津は、美の形式的要素、すなわち権衡、調和等の要素がいかによく結合されているかを鑑賞することを重んじ、自然物、人工物（日常品）の鑑賞を薦めている。また、模倣を避けて独創的にやらせること、出来る限り児童の実生活から材料を取ることが必要であるとしている。

さらに、赤津は簡単な手工は図画科でやってよいと考え、図画と手工の合一がうかがえるが、これは霜田静志を中心とする新図画教育会の影響だろう。

そして、蒐集することにより、形や色、図画、図案、図画と実生活との関係などについての知識と趣味とを養うことの重要性を説いた。このことは、「構成教育」における武井勝雄の実践に生きている。造形主義的美術教育は、構成教育によって体系化されるが、その礎は赤津や新図画教育会によって築かれたと言ってよいだろう。

谷鐐太郎を中心とする新図画教育会は、図画教育を色や形の教育と捉えていた。しかし、赤津隆助は、心の存在をより重視した見方をし、色や形よりも図画（絵画）の重視を考えており、「造形主義」一辺倒ではない。赤津は、図画科はどこまでも、物と心の上に立つべき教科であると言い、造形を通した心の教育を重視していた。

第4節　生活主義美術教育と赤津隆助

1．時代背景と生活主義に基づく教育

（1）時代背景

大正児童文芸運動は、大正自由教育の中で、童謡、児童画など様々な児童文化を形成することに影響を及ぼした。また、『赤い鳥』は「ありのままの綴方」を提唱し、現実の生活認識を重視する生活主義の綴方（生活綴り方運動）へと発展して行った。美術教育における「生活主義」も、同じような思想的根拠を持つものと言えよう。

こうした活動が展開された背景には、大正デモクラシーに基づく現実的な行動、すなわち労働運動、農民運動、社会主義運動などの成長がうかがえる。

文部省発行の国定教科書『新定画帖』が存在するにもかかわらず、それを否定する自由画教育運動が、大正7年（1918）に起こったのも、こうした背景によるものであろう。つまり、新教育運動、自由画教育運動、生活綴り方運動などは、その源を一つにしていると言えよう。

昭和初期の図画教育は、不況や東北地方の凶作という状況下、[34]郷土主義や生活主義に基づくものが主であった。その生活主義によるものが想画教育である。

想画教育は、外国からの影響を受けたものではなく、また強烈な個性の持ち主が主張し、大きな運動となって

いったというようなものでもない。日本の、地方の教育現場の教師たちが、当時の図画教育のあり方に疑問や問題を抱えていた中から生まれたものである。

（2）赤津隆助と生活主義美術教育

想画とは、昭和初期の生活画のことと概念規定でき、生活主義美術教育の立場をとると言えよう。主な実践者として、島根県仁多郡馬木《まき》小学校の青木実三郎、三重県伊勢市宇治山田第四小学校（後の早修小学校）の中西良男、山形県長瀞村（現東根市）長瀞小学校の佐藤文利らがいる。

赤津は昭和6年（1931）に、「郷土教育と想画」を学校美術協会編『郷土化の図画手工』に載せている。さらに、昭和8年（1933）、赤津は山形県の長瀞小学校から送られて来た『尋六男画集《じんろくおとこがしゅう》』謄写印刷に、絶賛と激励による便りを送り、いち早く長瀞小学校の想画の素晴らしさを認めた。こうした行為により、児童たちと佐藤文利や国分一太郎ら教師たちは励まされ、彼らは自信を持つことができた。それは、当時図画教育の権威であった赤津隆助という人物に認められたからである。

2.「想画」について

（1）想画教育について

青木実三郎は、明治44・45年（1911・1912）頃、島根県仁多郡馬木小学校で、画手本を主体としながら若干の創作味を加えていく方法（改作画と称した。後に考案画と改められる）を考え出した。[35] 児童の要求も入れながらこれを進め、ついに手本を離れた自由な「想画」へと到達した。

青木は、芦田恵之助《あしだえのすけ》（1873～1951）の綴り方教育論の随意選題主義（自分で題を見つけて、自分の考えで書くというもの）の影響《かげひびき》を受けた。昭和10年（1935）には、『農山村図画教育の確立』を著し、図画教育の方法論を示している。

また、中西良男は三重県伊勢市宇治山田第四小学校（後に早修小学校と改称）で、大正13年（1924）に着任以来美術教育に専念した。昭和7年（1932）には、『想画による子供の教育』を著している。

一方、佐藤文利は昭和2年（1927）に山形県長瀞村（現東根市）長瀞小学校に着任以来図画教育に熱中する。また、ここで同僚として綴り方教師・国分一太郎らと教鞭をとる。

この三大想画実践の内、ここでは、赤津隆助と最も関係の深い佐藤文利の指導を中心に見ていきたい。

（2）「想画」という名称誕生と想画の進出

昭和4年（1929）5月に、後藤福次郎（1901～1965）が主宰する下谷《したや》（現、東京都台東区）の学校美術協会に、霜田静志、上甲二郎《じょうこうじろう》（1890～1979）、赤津隆助、萬富三《よろずとみぞう》（1884～?）、それと後藤が、『図画手工指導講座』（後藤編）の刊行打ち合わせのために集まった。

その折、図画教育における思想画という名称はどことなく感心できない。また、これに関わる言葉が、記憶画・観念画・構想画とあまりにマチマチだから、一つここで相談して（これにふさわしい絵の名称を）決めようではないか、と霜田が発言した。

それに対し、赤津が「思想（画）」というのはいわゆる思想を思わせてよくない、霜田が「観念画」もおかしい、と言う。霜田に聞かれて、後藤が「構想画」と付けた理由を話した。これらの絵の概念は、いずれも体験を記憶によって描く、というものである。

その後、赤津が「どうだろう。想画――ただ想画としては……。写生、図案、臨画、想画――」と提案し、これに対して、同席者一同がそれを認めた。このようにして、「想画」という名称は付けられた。[36]

その後、この想画という名称が使われ、広まったが、文部省で発行する国定教科書にその名が載ることはなかった。つまり、昭和7年（1932）に出され始めた国定教科書『尋常小学図画』、昭和17年（1942）からの『初等科図画』において、想画とは言わず、ほぼ同じ意味で「思想画」という名称が用いられた。

ともあれ、この「生活画」（のちの想画）が図画教育界に広まるきっかけとなったのは、昭和2年（1927）に新図画教育会が開いた「国際交歓図画全国学生展」（カルピス社後援）であった。

このコンクールにより、島根県仁多郡馬木小学校（青木実三郎）や三重県伊勢市宇治山田第四小学校（中西良男）が図画教育界において認められることとなった。[37]

山形県長瀞小学校については、昭和2年に佐藤文利が長瀞小学校に着任し、同年、国際連盟主催「国際親善生活画展」で1等・2等を獲得、その後全国展に図画の出品を続け、中央で認められるようになっていく。

3．赤津隆助と山形県長瀞小学校の想画教育

（1）赤津隆助と長瀞小学校の想画

佐藤文利が長瀞小学校に在籍したのは昭和2年（1927）から昭和11年（1936）までである。

佐藤は、赤津隆助の思想や指導法から影響《かげひびき》を受け、かつ励まされたことにより、[38]自らの指導に自信を持つことができたようである。それは、郷土主義[39]の図画教育提唱者でもある赤津を尊敬していたため、ということもあった。

栗岡英之助《くりおかえいのすけ》は、赤津の文になる「生活描写」（『学校美術』誌、昭和5年（1930））や「郷土教育と想画」（『郷土化の図画手工』所収）が、長瀞小学校の想画教育に影響を与えたと指摘している。[40]栗岡が『学校美術』の「生活描写」は、「後の長瀞校の計画に摂取されていったと思われるもの」[41]と指摘しているが、「生活描写」で赤津の述べている「教育は生活である」という言葉は昭和2年（1927）の『校友』[42]に、また赤津の「日常の実生活が皆題材」という趣旨の言葉は大正11年（1922）の『図画教育の理想と実現』[43]において既にふれられている。

なお、郷土教育については、政策として考えた文部省（師範学校）側からの郷土に対する見方と、郷土そのものの側における地方教師たちとの捉え方、すなわち現実の生活を見据えた見方、とには大きな隔たりがあった。赤津隆助はまさに師範学校の教師である。その赤津が後者の見方を取っている点に注目したい。これは、序章第1節で述べた「赤津はリベラリストであった」ということに関係する。自分の目指す図画教育や郷土教育の目的のために、赤津は行動している。

赤津は『郷土化の図画手工』の「郷土教育と想画」中の、「想画と生活」の項で次のような文を書いている。郷土教育と想画教育との関連を知る上で有益であると思われるので、やや長くなるが引用しておく。[44]

郷土教育としての想画は、其作品が郷土の生活から生まれるのであるが、又其作品を郷土の生活の中に融合させ、郷土の生活の中に生きて活《い》く様にしたいものである。例へば東京近郊の萱刈小学校では、毎年夏の夜を期して燈籠の会を催す。児童の画いた想画を、幾百といふ燈籠に張って、其中に火をともして、父兄と共に鑑賞する。誠によい父兄と児童との納涼会であり、学校と父兄の懇親会であり、児童絵画の風変りな展覧会であり、鑑賞会である。

お祭りの時に児童の描いた想画を燈籠に張るとか、子供の描いた絵馬を沢山あげるとかいふことは、其お祭りを一層盛んにする許りでなく図画の教材としても生きて来るし、風土と学校との関係も一層密接になつて、郷土教育が一層徹底すると思ふ。かうして郷土と郷土を描いた図画とが密接に交渉して、郷土生活の中に融合してこそ、図画教育の目的も、郷土教育の目的も、相助けて達せられること丶思ふ

ここには郷土教育の目的や内容が明確に述べられている。また、郷土教育に想画教育（図画教育）がいかに関わるべきかもはっきりと記されている。

そして、寒河江文雄《さがえふみお》（1934～2017）が(45)「佐藤文利の想画において、山本鼎の情熱的な自由画の精神、赤津隆助の郷土教育の想画、墨絵による想画の三つが大きな柱となっている」と述べるように、長瀞小学校の想画教育に赤津隆助が郷土教育を通じて果たした役割が大きい。このことは、後述する『技能科教育の一端』の「五　指導の方法」にも出てくる。

また、生活主義美術教育としての特徴がよく表れているので次の文章をここに挙げておく。

佐藤文利に直接指導を受けた井上庫太郎《いのうえこたろう》は、佐藤の指導について

人間の物の見方、事柄に対する考え方を重視し、生活に根をおろした芸術を力説され精神的な表現を強く主張されたようでした。形や色よりも先ず、どんな物に感動するかまたそれとどう取組むかが大切だ、とよく

言われた。生活の苦労のにじみ出ているもの、人間生活の深く刻みこまれた姿をテーマに取ることを指示された。つまり壷とりんごの写生よりはバケツとぞうきんを、絵はがきのように美しい風景よりは農家のわら屋根を、美しい少女の絵よりもしわだらけのばあさんの顔を大いに褒め上げた[46]

と述べている。

これは佐藤の指導方針を如実に表わしている。生活すること、現実の世界に生きることの厳しさを教え、そうした表現を重視していることがうかがわれる文章、と言えよう。

赤津隆助は、新図画教育会の唱える造形教育には、生活の実感、重みが欠けていて、「生活に基づく心の教育」の不足を感じていた。[47]井上の記した佐藤の指導に関するこうした文章から、赤津の思想の一端をかいま見ることができる。

次に、赤津と佐藤や長瀞小学校との関係を示す次の謄写版画集を紹介しておく。

昭和9年（1934）2月に出された謄写版の『高二男画集　卒業記念号』である。そこには、赤津の書いた「山形県長瀞小学校尋六男の児童達に贈る」（昭和8年11月執筆）として、『学校美術』昭和9年1月号に載せた文章が掲載されている。

当時学校美術の図画コンクールの審査委員であり、東京府青山師範学校教諭だった赤津は次のように書き、長瀞の児童と教師たちを励ましている。

はてなと思ってよく見ると、果たして先年学校美術協会の全国児童学生展覧会に出品された方々です。あの何十万といふ絵の中でも、東北地方の郷土を描いて、地方色の豊かなのに敬服した人々の絵なのでした。急になつかしさを覚えて来ました。

たしかあの時の批評を「学校美術」誌上に書いた様に記憶して居りましたが、画集の終わりの方に其一節が採録してあるのを見て、いよいよあの当時を憶ひ起こしました。あの時尋常四年生であった人々の同じ級の人達がこんなに良いものを作られたのを見て私はとても嬉しくなりました。そしてこの手紙を書かずに居られなくなったのです

この文章の後に、赤津は前年（昭和7年）諸外国に行き、児童の作品を見てきたことを書いている。ドイツやアメリカではその土地の子どもの生活画を見たが、まだ長瀞の児童たちのように、素朴に率直に郷土の生活を生きと、力強く描いているものを見なかったこと、「穂拾いの老人」「わら仕事」「柿もぎ」などの題を見ただけでも長瀞小のものはその内容を知ることができることなどについて書いている。

また、こんな地方色豊かな、力強い、詩趣に富んだ絵は東京あたりでは容易に見られないとも記している。

赤津の記したこれらの内容から、長瀞小学校の児童が、郷土教育や想画教育のすばらしい点を備えた作品を生み出していることを認め、励ましの言葉を贈っていたことが分かる。

(2)『技能科教育の一端』に見られる長瀞小学校想画の指導法

佐藤文利には、青木実三郎や中西良男のように、想画の内容を書いた著書はない。

青山光佑《あおやまこうゆう》・西村俊夫・水島尚喜《みずしまなおき》が、

佐藤文利は想画教育の実践者として、子ども達の絵を数多くの展覧会に出品し業績を上げている。一方、国分一太郎は理論家で想画教育の理論的な部分をまとめあげ、東海林［東海林隆《とうかいりんたかし》、筆者註］はそれらをサポートしたと、後日東海林が述懐している[48]

と述べるように、佐藤は実践家であり、児童の指導そのものに専念していたようだ。

そこで、佐藤の考えや実践を知る上で数少ない資料『技能科教育の一端』からその指導法などを見ることとする。これは昭和8年（1933）9月に長瀞小学校技能科経営研究会が開かれた際、長瀞尋常高等小学校で発行した謄写版刷りのものである（平成2年復刻）。また、誰が書いたかは明記されてないが、栗岡が、筆跡から「一．図画科　我校の図画教育」は佐藤文利の分担と判断される、[49]ということを受けてこの「我校の図画教育」を見ていくこととする。

以下は、「我校の図画教育」について、〈 〉内は、筆者が原文の要点をまとめたものであり、その直後のコメントは筆者の考えである。2文字下げで、原文を引用したところもあるが、その部分は、〈 〉で括っていない。

一、図画教育の目的

〈図画教育の目的に関し、長瀞小学校では、法令を出発点として捉え、山本鼎の自由画教育の精神を新しく見直

して進みたい。〉

図画教育の目的を考える時、それを美術教育にありとする山本鼎の自由画の精神と、図画教育の目的は徳育にあるとする岸田劉生の思想を重視している。

国分一太郎は、やがて思想的な問題で退職に追い込まれることになるが、こうした目的観は、さほど刺激的なものとは思われない。

二、現代教育思潮の図画教育への反影

〈郷土教育思潮、生活教育思潮、日本精神主義教育思潮、実用主義的教育思潮、公民教育思潮、作業・労作教育思潮、がそれぞれ郷土化や図画教育につながり、さらには想画による子どもの教育につながる。〉

こうした内容が、表で示されている。

三、本校の図画科

〈児童生活に関係する状況を説明。村の変遷や職業別戸数（農業が八割強）、家畜や家禽調べ、など。また、かつては城下町の農村で、情に厚く、禁酒村（農村更生のため昭和7年（1932）より5年間）である。そして、長瀞の自然は美しく、土臭さに満ち、子どもは土に親しんでいる。〉

「三、本校の図画科」の三つ目の項目では「3、郷土化」と題して、次のように述べている。「郷土教育は郷土に関する知識を授けるのではなく、之を描き、之を味ひ、之を楽しむことによって、真の郷土愛の体験を得させる。郷土教育はすべての教育の揺籃であり教育の出発点である。図画科は生きた郷土、親しい郷土、愛する郷土を描く。想画に、写生に図案に、素朴なる真実、実生活の直感を、技法は如何に描くとも。泌々とせまる生活の感情を情調を――児童の情感に訴へ自然を介し描き出させたい」（1933）と。このように、郷土教育や図画教育、相互の関係を詳しく説明している。

ここに示された長瀞小学校の郷土化に関わる記述は、赤津隆助の書いた「郷土教育と想画」（『郷土化の図画手工』所収、教材編、11頁）の、「郷土教育は、郷土に関する知識を授けるのではなく、之を描き、之を味ひ、之を楽むことによつて、真の郷土愛の体験を得させなければならぬ。郷土教育こそは、すべての教育の揺籃であり、すべての教育の出発点である。（中略）図画も亦、生きた郷土、親しい郷土、愛する郷土を描くことによって一層其効果を挙げることが出来るのである。郷土教育としての想画はこの点に於て最も意味があると思ふ」（1931）から影響《かげひびき》を受けたと捉えられる。影響《かげひびき》を受けたというよりも、赤津の記述ほぼそのままである。

こうした点に関し、栗岡は単に「赤津隆助の『郷土教育と想画』という論稿[50]に依ったとみられる」と述べているが[51]、両者の結びつきは極めて強い。

次に、「三、本校の図画科」の四つ目「4、本校の図画科指導方針」として、次のように7つを挙げている。

（1）国民教育を基調として広く形象の陶冶をなし彼等の美的情操を高めつつ人格の養成につとむ。
（2）児童の観察、表現、鑑賞等の能力を養ひ生活の進展拡充をはかる。
（3）表現題材を児童の生活環境、郷土に求め想画教育を重視しその発展を期す。
（4）日本精神、日本趣味を図画教育の中に生かす。

（5）児童各自の工夫を尊重し、発見的創作的歓喜的に学習せしめ以て描写の世界を拡む。
（6）図案教育を重んじ児童生活に立脚して彼等の装飾心を練り図案能力の練磨によって考案意匠の能力を練り図画教育の応用方面に力を注ぐ。
（7）理論、作業、鑑賞の按排《あんばい》を適当ならしめ個別指導に重きをおく。

これを見ると、美的情操と人格の養成、観察・表現・鑑賞等の能力育成、生活や郷土を基にした想画教育、図案教育など多方面にわたるものを求めていることが分かる。

四、指導態度

指導態度として、次の10点を挙げている。

1、子どもは歓喜によって伸ぶ
2、子どもと渾然融合して
3、力を与え生ましめよ
4、先ず先に立って招け
導くものは先にたって行かなければならぬ。
5、手入れは1本1本に
［植物を1本1本育てるように、児童一人ひとりを大切に育てよの意、筆者註］

6、上手に手放すこと

［放任ではなく、真に自由にという意味、筆者註］

7、児童画をよく理解する

8、大作力作を奨励する

9、賞詞は強く、指導語は柔らかに

10、用具材料並びに描法

［材料は弾力的に、描法は自由に、と示している、筆者註］

以上は、指導態度を児童を中心に考えたものである。しかし、自由画教育など創造主義美術教育が陥り易い単なる放任ではなく、また導く者は先にたつべきと、教師の姿勢を明確に示している。

五、指導の方法

指導の方法として、想画、写生、図案、鑑賞、観察法、自習画帖（帳）、おもしろ画帖、を挙げて説明している。

〈想画　A　実際に作画する上では、児童は自己の環境を眺め、生活を考え、そこに題材を選び、その材料を写生して、これを画中に組入れ、想像を加えて記憶を交え、創作をする。描画方法中「想画」を最も重視する。〉

ここにも赤津の影響《かげひびき》が見受けられる。それは、赤津の「郷土教育と想画」（『郷土化の図画手工』所収、教材編、10頁）における、「図画の教材に郷土から材料を取るなどは、郷土といふものを一層深く認識し、一層深く愛することになる。想画教材としては最よい題材であると思ふ」などの部分である。

〈想画　B　作画までの予備行為において、多くの美育的効果の見られる点、作品に多分の地方色、独自性、童心のひらめき、生活表現の自由さ深刻さ等の見られる点、一切の活動が自主的であり、自発的である点等顕著な特徴がある。〉

〈写生〉［略。筆者が略した。長瀞小学校図画教育の特徴の顕著でない項目や赤津隆助と関連の少ない内容部分については、説明を省略した。以下同じ］

〈図案〉［略］

〈鑑賞　A　自然の姿、自己の生活、環境の万象に対して常に鑑賞の眼を注がせようとしている。美術作品、名画ことに郷土性の表れた作品、児童の真に親しみ易い作品に対して、特に鑑賞を指導し、美的情操を陶冶し、創作を助成しようとするものである。（鑑賞のために）名画の拡大図を示し徹底を期す。〉

佐藤文利は、名画の模写をしていた。長瀞小学校には鑑賞の重視も見られる。こうしたことには、岸田劉生の影響《かげひびき》が見られる。

〈鑑賞　B　美術講話〉〈鑑賞　C　児童作品相互鑑賞批評〉など［略］

〈観察法〉［略］

〈自習画帳〉［略］

〈おもしろ画帖〉［略］

六、各学年（図画）指導標準要項

〈尋常科第1・2学年、第3学年、第4学年、第5学年、第6学年、高等科第1・2学年に分けて、それぞれ指導要点、注意等の要項により指導のポイントが示された表になっている。〉

児童の発達段階、興味関心、心理（けなさないこと、など）等を踏まえて、指導すべき技巧、内容等が記述されている。

七、環境の整理

〈1．郷土調査・生活調査　月別にこの村に於ける学校・家庭・村の行事・仕事・遊び・自然・社会・その他の項目に分けて精細に調査をし、生活表現画実際指導に活用する。〉

〈2．想画の題あつめ――（掛図）学校では調査した表題を掲げたものを大書して体操場の一隅に示し、児童の

耳目に常に触れさせ、創作の一助とする。題材の予告ともなって大いに彼等の採題に役立つ。〉

〈3．作品の処理　A．長瀞小学校児童作品鑑賞画集（全部で七集）春、夏、秋、冬、写生、偶発、図案それぞれの巻がある。これらはかざりものではなく、日々の実際授業に参考画として活用する。[52]〉

〈同　B．よい作品はその都度陳列する　作品は台紙に貼り、額縁に入れて教室に掲示して鑑賞に使う。〉

〈同　C．全校各級の代表作を廊下体操場に掲示する。〉

〈同　D．作品処理と考査　（1）平常の創作を総括して学期の成績とする。（2）創作力を重視して成績とする――美的創作力の深さを日常の作品によって考査し、それに基づいて成績をつける。（3）発表批評会による鑑賞批判力も考査の一材料とする。〉

上記（3）に関して、これだけでは、発表批評会の具体的な方法は分からないが、単に作品だけでなく、この時代に「鑑賞批判力」も考査の一材料としていたのには驚く。

〈同　E．児童家庭へ掲出　児童が苦心して製作した作品を児童の家庭に掲出させる。児童は自己の作品を大勢の人に見てもらうことが既に喜びである。〉

児童作品を児童の家庭へ掲出（掲示）するというアイデアはすばらしいが、学校教育が家庭に理解されていないと不可能なことである。教師たちの努力の賜物であっただろう。

〈4．蒐集　A．名作（雑誌等の口絵）〉

〈同　B．レッテル・新聞の広告〉

こうしたことは、赤津隆助が大正11年（1922）に、新図画教育会の著作物の中で「蒐集を主とする教法」として既に示している。[53] これを赤津の影響《かげひびき》と確定はできないが、関連性は推測できる。

〈5．施設〉［略］

〈6．図画生活行事　A．学級図画テンラン会　学期ごとに1回、かつ父兄会等の折に実施。〉

〈同　B．全校図画テンラン会　年1回実施。〉

〈同　C．大地社展　中等学校生徒など小学校以外の生徒の小美術展実施。〉

〈同　D．図画講習会　夏季・冬季休業の際、有志児童により1週間実施。〉

有志とはいえ、小学校児童に対し講習会まで行っていたとは驚きである。いかに、図画教育に力を入れていたかを物語るものである。

〈同　E．中央の（児童画）募集に応募する、など。〉

〈7．校内の美化　日常生活の上にも図画教育の精神を生かす。単に図画の時間だけでなく、いつの時間でも絶えず注意して指導。健全な美を装飾や生活の上に生かし、体験させてその効果を完全なものにする。そして、運動場・花壇等をきれいに美しくし、教室・廊下等に絵画やポスターを貼るなどする。〉

〈8．校門を出ては　学外の環境整備に努めることや村、郷土生活に想画を融合させること、運動会・学芸会・乳幼児愛護デー・健康週間等々のポスターを児童の手によらせること。〉

八、歩める道［成果の記録のこと、筆者註］

〈昭和2年（1927）9月に国際連盟協会主催「国際親善生活画展」へ10点出品し、1等と2等を各1名がとった。昭和7年（1932）3月の学校美術協会主催全国展へ60点出品し、入選が29点あった。そして、『学校美術』誌8月号の赤津隆助氏の評として、「農村に於ける郷土的・地方的生活を描いたものによいものが多かった。尋六寒河江さんの『柿もぎ』など面白かった」と長瀞小学校の評が載っている、など。〉

ここでは、数々の展覧会への応募状況や輝かしい成果を記している。当時、中央の図画教育家の言葉は大きな影響力を持ち、そうした人たちに認められることはたいへんな喜びであったことがうかがわれる。

九、総時間数に対する各指導パーセンテーヂ

〈尋常科第1学年から高等科第2学年までの、想画・写生・図案・お話（尋1・2。尋3以上は、講話鑑賞）指導の割合である。〉

パーセンテージで示されている。

これをもとに作成したものが、表5－1である。本表を見ると、想画は低学年が多く、学年が上がるに従い減っている。尋常科1年と2年は7割から6割と、多い。写生・図案・お話（講話鑑賞）は、学年が上がるのに従い漸

表5-1　長瀞小学校の各指導パーセンテージ　数字は%

	想画	写生	図案	お話	計
尋1	70	13	10	7	100
尋2	60	20	13	7	100
尋3	42	25	20	13	100
尋4	38	27	20	15	100
尋5	25	38 37	21 23	16 15	100 100
尋6	25	42 37	18 23	15	100 100
高1	20	32 23	23 32	25	100 100
高2	20	34 23	23 34	23	100 100

*表中、2段になっているところは、上段男子、下段女子である。

増している。

想画と写生は、尋常科5年以上で、その割合が逆転し、想画製作の割合が写生よりも少なくなる。高学年の指導は、主に佐藤文利があたっていた。(54)

なお、想画指導の割合が学年進行に伴い減少していく様子を国定教科書『小学図画』（昭和7〜昭和15年発行）と比較すると次のようになる。

まず、絵の種類が、『尋常小学図画』では、思想画・写生画・臨画・用器画・図案・鑑賞・説話、『高等小学図画』では、思想画・写生画・臨画・図案・図案用器画・図案説話・説話鑑賞、となっている。前述したように、思想画は想画にあたる。

『小学図画』における思想画の割合の変化は、次の通りである。

尋1－73％、尋2－65％、尋3－35％、尋4－10％、尋5男・女－5％、尋6男－5％、尋6女－11％、高1男・女－5％、高2男・女－5％である。

このように、『小学図画』における思想画は、尋常科4年以上で極端に少なくなっている。長瀞小学校における想画の減少の仕方の方が、自然な形のように見受けられる。また、尋常小学校中学年以上においても、長瀞小学校では想画を重んじていたことが分かる。

4．生活主義美術教育に基づく「想画」の美術教育的意義

先に、青木実三郎や中西良男について触れ、想画発生の経緯を述べた。続いて長瀞小学校における佐藤文利の想画教育の指導について、赤津隆助との影響《かげひびき》関係について詳しく述べてきた。

赤津の影響《かげひびき》について、最も強調されるのは郷土教育としての図画教育ということである。素朴な真実、取り分け愛する郷土の実生活を率直に、生き生きと描かせようとした姿は、赤津隆助の「郷土教育と想画」（『郷土化の図画手工』所収）によるところが大きかった。それは、佐藤が『技能科教育の一端』の「三本校の図画科」の項目で「3、郷土化」と題して書いた文章が、赤津の文章ほぼそのものであったことからも明らかである。

また、佐藤は「我校の図画教育」の指導の方法において、想画の題材を郷土からとるという点などでも赤津の影響《かげひびき》を受けている。

他方、赤津は美術教育雑誌『学校美術』や自らの手紙などでも、長瀞の子どもたちや教師たちを激励した。こうしたことも、単に佐藤らが受け止めた著書や雑誌に表れた赤津の教育思想だけでなく、実際的な影響《かげひびき》の力と見ることができよう。

その他、赤津の「郷土教育と想画」に見られる鑑賞教育の方法も長瀞小学校の指導に生きている。ただ、鑑賞教育は岸田劉生の影響《かげひびき》が考えられるが、家族（父母）と共に鑑賞するなど、郷土生活に融合した鑑賞のあり方は、

赤津からのものと思われる。

また、赤津が新図画教育会著作『図画教育の理想と実現』に著した「図画教育の方法」などからも佐藤は影響《かげひびき》を受けていると捉えられる。例えば、「蒐集を主とする教法」などである。

山本鼎の唱えた自由画教育、すなわち創造主義美術教育は方法論的な弱さを見せていた。また、新図画教育会の唱える造形主義美術教育は、形や色を重視しつつ、生活にも目を向けてはいたが、生活の実感や重みには欠けていた。

他方で、長瀞小学校の想画教育は、郷土教育と結び付いて、地方色豊かな自己の環境としての生活観と自主性すなわち子どもたちの見た生の声を持つ、地に着いた強さを持っていた。

こうした「想画」的視点をそのまま今日の美術教育に持ち込むことは無理だとしても、指導の具体性に欠けがちな今日の美術教育に、示唆を与えてくれるのではないだろうか。

長瀞小学校想画教育の「生活主義」的意義は、そうした意味で美術教育史において大きかったと言えよう。郷土主義教育や綴り方教育と結びついて、子どもたちの日々の生活の中から生の声を発する機会を作った。また、地方にありながらも、想画の多くの入選・入賞、赤津らとの関わりにより、中央図画教育界からの「認め」を得て、佐藤文利らはこれを子どもたちや自身を含め教師のやる気につなげた。

このようにして、地方から生まれた想画教育という素朴な活動は、中央に伝わり、中央を動かし、美術教育における盛り上がりを昭和の初めに作った。長瀞小学校の想画は、その代表的なものの一つであったと言えよう。

†註

（1）例えば、朝日新聞、2007年1月6日付朝刊で、「図工頑張れ」というタイトルのもとに、「子どもたちは大好きなのに、保護者や社会からはあまり期待されていない科目」と書かれている。
（2）新井秀一郎『美術科教師をめざす人のために』一ツ橋書店、1978年、45頁。
（3）同、46頁。
（4）原著には「岩崎和宏」とあるが、同書の執筆者一覧を見れば明らかに石崎和宏の間違いである。
（5）本項は、増田金吾「特集　よくわかる美術教育史2　自由画運動の時代」、『美育文化』第37巻第11号、美育文化協会、1987年11月発行、12〜15頁、に加筆したものである。
（6）小崎軍司『山本鼎』上田市山本記念館編集・発行、1981年、6・10頁。小説家トルストイは、J・J・ルソーの影響を受け、自由教育論の立場をとる教育家でもあった。
（7）同、48頁。
（8）金子一夫『近代日本美術教育の研究――明治・大正時代――』中央公論美術出版、1999年、387頁。
（9）熊本高工「竜丘小学校を訪ねて」、『美育文化』1984年7月号、64頁。
（10）都築邦春「山本鼎の『自由画教育』について」、『大学美術教育学会誌』第4号、1972年、3頁。
（11）赤津隆助「図画教育の方法」、新図画教育会編『図画教育の理想と実現』培風館、1922年、151頁。
（12）赤津隆助「自由画教育に就いて」、『小さい影』赤津先生記念出版会、1927年、135〜154頁（『初等教育』1921年9月17日、からの再録）。
（13）山本鼎「誌上講演　血気の仕事」、『学校美術　夏季特集号』学校美術協会、第2巻第5号、昭和3年（1928）8月、38〜42頁、に「打切り」が書かれている。
（14）栗岡英之助『生活画の起源　深い理解と展開のために』明治図書、1990年、164頁。
（15）前掲、赤津隆助「自由画教育に就いて」、『小さい影』、153頁。『初等教育』。
（16）同、154頁。

(17) 前掲、金子一夫『近代日本美術教育の研究――明治・大正時代――』、401頁。
(18) 井手則雄「6 新図画教育」、芸術教育研究所編『美術教育事典』国土社、1958年、39頁。
(19) 霜田静志『芸術と生活と教育と』造形社、1968年、285頁。
(20) 福田隆真「第二章 現代美術教育の起点（大正期）二 デザイン教育の導入と展開」、生江義男ほか編、奥田真丈監修『教科教育百年史』、建帛社、1985年、421頁。
(21) 赤津隆助『小さい影』赤津先生記念出版会発行、1927年、94～96頁。この時の様子が、同行記者により綴られている。草風生記「岸田劉生氏の図画教育観」、『図画と手工』第31号、大正10年（1921）7月刊。8～15頁。
(22) 谷鐐太郎「図画教育の目的」、新図画教育会著作『図画教育の理想と実現』培風館、1922年、116～117頁。
(23) 前掲、赤津隆助「図画教育の方法」、『図画教育の理想と実現』、149～150頁。
(24) 同、149頁。
(25) 会長の指名で、谷、本間、赤津が調査委員となっている。「新図画教育会の生立（ママ）」新図画教育会著作『図画教育の理想と実現』培風館、1922年、303頁。
(26) 前掲、「新図画教育会の生立」、『図画教育の理想と実現』、304～305頁。
(27) 前掲、赤津隆助「図画教育の方法」、『図画教育の理想と実現』、150～193頁。
(28) 同、151頁。
(29) 前掲、「新図画教育会の生立」、『図画教育の理想と実現』、312頁。
(30) これは臨画指導そのものを完全にやめているという意味である。赤津は、明治37年（1904）に出された国定教科書『鉛筆画手本』『毛筆画手本』、その後の『新定画帖』などを授業で使っていない。臨画教科書（臨画教科書として作られた教科書）を明治37年頃から赤津は使っていない。
(31) 前掲、金子一夫『近代日本美術教育の研究――明治・大正時代――』、422～425頁。
(32) 便化とは、形を単純化すること。
(33) 山本鼎「自由画教育の要点」、『中央公論』8月号、中央公論社1920年、52頁。

（34）昭和6年（1931）・7年（1932）は東北地方が凶作、昭和8年（1933）は大豊作だったが米価の大暴落による豊作飢饉であった。

（35）青木実三郎『農山村図画教育の確立』学校美術協会出版部、1935年、12〜14頁。

（36）「図画手工講座　学年指導研究座談録（図画の部）」、後藤福次郎編集兼発行『学校美術』第3巻第3号、1929年、72頁。

（37）寒河江文雄作成「三　佐藤文利・国分一太郎と教師群像（年譜）」、栗岡英之助著『美術教育入門講座8　生活画の起源――深い理解と展開のために』明治図書出版、1990年、80頁。

（38）昭和8年（1933）、謄写版印刷の『尋六男画集』を見た赤津隆助が東京府青山師範学校より激励の便りを教師と児童に送る。赤津隆助「山形県長瀞小学校尋六男の児童達に贈る」、後藤福次郎編集兼発行『学校美術』第8巻第1号、学校美術協会、昭和9年（1934）1月1日発行、92〜94頁。

（39）大正期の新教育運動と共に取り入れられ、師範学校附属小学校などで実験的に郷土科が置かれた。郷土を教材とし、あるいは目的とする教育を支持する立場である。政府は、大正末から昭和にかけての農業恐慌に対し、農村の自力更正政策を打ち出す。これに呼応して、文部省は師範学校における郷土教育研究を奨励していた。こうした郷土化の教育の影響は、図画教育にも及んだが、山本鼎など一部を除き図画教育者の多くは文部省の方針を認めた。

（40）栗岡英之助『美術教育入門講座8　生活画の起源――深い理解と展開のために』明治図書出版、1990年、165頁。

（41）同、165頁。

（42）青山師範学校発行、1927年3月。また、赤津隆助著『小さい影』赤津先生記念出版会、1927年10月刊、所収の「寄宿舎生活」にも載っている。

（43）前掲、赤津隆助「図画教育の方法」、『図画教育の理想と実現』、163頁。

（44）赤津隆助「郷土教育と想画」、後藤福次郎著作兼発行『郷土化の図画手工』学校美術協会、1931年、教材編　32〜33頁。

（45）寒河江文雄は、長い間「長瀞小学校想画を語る会」の代表を務めていた。会長を退いた旨の挨拶文が平成29年4月15日付で増田に届いている。寒河江文雄「第三章　山形県長瀞小学校における想画教育――国分一太郎の綴方と生活画実践――」、

『国語教育・美術教育共同による総合学習の方法改善に関する研究』京都教育大学　位藤紀美子、1998年、54頁。

(46) 井上庫太郎「佐藤文利先生の想画教育の思い出」、熊本高工「生活画の先駆　佐藤文利の実践」より（『美育文化』美育文化協会、1966年3月号、14頁）。

(47) 前掲、赤津隆助「図画教育の方法」、『図画教育の理想と実現』、148〜150頁、など。

(48) 青山光佑・西村《にしむら》俊夫《としお》・水島《みずしま》尚喜《なおき》「山形県長瀞校の想画教育について　I」、『大学美術教育学会誌』第24号、1992年、55頁。なお、この研究はⅢまである。Ⅲは青山・水島二人が執筆している。

(49) 前掲、栗岡英之助『美術教育入門講座8　生活画の起源——深い理解と展開のために』、87頁。

(50) 本文に記した赤津隆助著「郷土教育と想画」（本文中のタイトルは「郷土教育と想画」であるが、『郷土化の図画手工』の目次には「郷土生活と想画教材」とある）、学校美術協会編『郷土化の図画手工』、1931年、教材編、8〜33頁。

(51) 前掲、栗岡英之助『美術教育入門講座8　生活画の起源——深い理解と展開のために』、165頁。

(52) 前掲、栗岡英之助『美術教育入門講座8　生活画の起源——深い理解と展開のために』、103〜104頁。現在、長瀞小学校に保存されている作品の大部分は、この画集のものである。なお、平成16・17年、寒河江文雄が行った「現代の想画」の授業で、参考画として現在では東根市の文化財となっているこの作品が使用されていた。本文にあるように、佐藤文利の考え通りに活用されたことになる。

(53) 前掲、赤津隆助「図画教育の方法」、『図画教育の理想と実現』、187〜189頁。

(54) 渡辺信「昭和初期山形県長瀞小学校における絵画教育について…想画から生活画へ…」、『山形県立博物館研究報告』第17号、1995年、58頁。

第6章　赤津隆助の育てた美術教育者

はじめに

赤津隆助が東京府青山師範学校で育てた人たち、育てたというよりも「影響・かげひびき」を与えた人たちのうち、特に武井《たけい》勝雄《かつお》（1898～1979）、倉田《くらた》三郎《さぶろう》（1902～1992）、箕田《みた》源二郎《げんじろう》（1918～2000）らは日本における美術教育界に大いに貢献し、大きな足跡を残している。

教育者は、広い視野を持って児童・生徒に臨み、自分の好む児童・生徒、自分と同じ考えの児童・生徒にのみ力を注ぐことがあってはならない。こうしたことは言うまでもないことである。

赤津より影響《かげひびき》を受けた人たちは、考え方などで赤津に共通する面もあるが、かなり違う面を持つ者もいる。赤津は「教え子」という言い方を好まなかったが、赤津から影響《かげひびき》を受けた人たちそれぞれは、見事なまでにタイプが異なっている。こうした状態（タイプが異なる「教師と教え子」）は、当たり前な姿であると言えるが、両者の人間関係はそれほどスムーズに行かない子弟関係にも出くわすことがままある。赤津隆助にとって、「教え子」は「影《かげ》響《ひびき》を受けた人」であり、しかも赤津は「教え子」という表現を好まなかった。[1]

こうしたことからすると、赤津の「教え子」は「教え子」と言わず、「影響《かげひびき》を受けた人」と言いたいところだが、「教え子」ではない多くに人にも赤津は「影響《かげひびき》を与えた」。そのため、青山師範学校の生徒など直接教えた人たちについては、区別上「教え子」と表現することとする。

第1節　赤津隆助と東京府青山師範学校卒業生との関係

1．赤津隆助という人物像

今まで述べてきた赤津隆助という人物について、業績に加えて彼の性格や人となりを以下に項目化して挙げてみた。

（ア）「立場の弱い人」の気持ちをよく理解できた人

「立場の弱い人」とは、赤津自身の体験からくるものであるが、家が貧しいために勉強をする環境に乏しかったこと、背が低いために師範学校の入学試験で学科試験も受けないうちに身体検査で落とされたという身体的なこと、などを指す。

（イ）人の言葉に耳を傾ける謙虚な姿勢を持っていた人

赤津隆助は人一倍努力して、他者の文章（著書等）から吸収することや制作に努め、また多くの人の意見に耳を傾け、学んだ。

（ウ）自己教育をする力を持っていた人

赤津は他から学んだだけでなく、自問自答しつつ、自己教育にも努めた。例えば、明治42年（1909）12月、文部省中等学校教員検定試験（略称、文検）（図画　鉛筆画用器画）に合格し中等教員免許状を取得している。さらに、明

図6-1　赤津隆助　追悼作品特集号

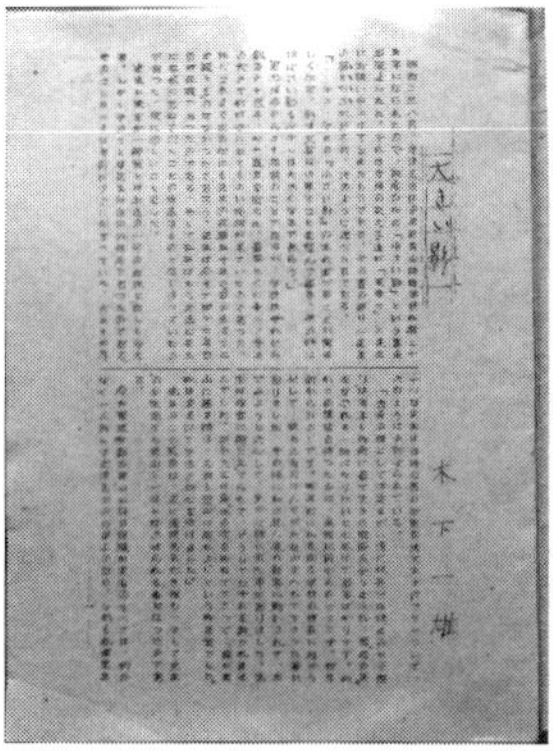

図6-2　木下一雄の「大きい影」（追悼作品特集号　所収）

治43年には、「文検　図画　毛筆画用器画」にも合格している。

本来、中等学校（師範学校等）で教鞭を執るには学歴として高等師範学校卒、あるいは専門学校卒でなければならなかった。文検はそれを補う制度であったが、赤津はこれを活用して中等学校教員を務めた。

その他、大正9年（1920）の新図画教育会の設立初期に関わり中心的同人となって、その後も新図画教育会で活躍している。こうしたことは、美術教育史に残ることでもある。また、大正9年に、赤津は東京府青山師範学校同窓会理事に就任し、翌大正10年（1921）には日本教育者協会を組織して教育革新運動に参加するなどした。これらのことを通して自己教育を行ったと言える。

以上のように、赤津は人格的にも優れていた。こうしたことは、赤津をめぐる次のようなことがらからもさらに明確となる。

昭和7年（1932）の赤津の海外図画教育視察のために、東京府の教師など合計2611人と5団体から寄付が集められている。(2) また、教え子たちにより、『小さい影』や『赤津隆助』など2回にわたる赤津のための本づくりがなされている。

さらに、赤津没後の追悼会は、学校・同窓会共催で実施され、木下一雄《きのしたかずお》（1890～1989）東京第一師範学校長はもとより、当時の文部大臣・森戸辰夫《もりとたつお》（1888～1984）までが直接出席し、弔辞を述べている(3)（図6－1・2参照）。これらのことは、赤津がいかに多くの人の信頼が厚く、偉大な人物であったかを物語っている。

2．赤津隆助の指導の特徴

ここにまとめた赤津隆助の指導の特徴は、「第3章　赤津隆助と師範学校教育（教師教育）」の「第3節　赤津隆助の師範学校における図画の指導法と評価法」などに述べたことに部分的に重なるところがある。先に出典先を明記したものは、ここでは出典先を略す。

（一）「教育」全般に関わる部分

ここに挙げることは、次の「（2）『図画教育』に関わる部分」と重なる点もあるが、（1）では「教育」全般に関わる内容を中心に述べる。

（ア）個性尊重の姿勢を持っていたこと
赤津の教え子の一人、根津三郎は、赤津は終始個性尊重を主軸とする自由な教授を行っていた、と述べる。

（イ）教育思想の根本は何であるかを自覚していたこと
赤津隆助は、教育は教え込むのではなく「感じとらせること」が重要だと考えていた。その例として、次のことが挙げられる。

赤津の同僚の小池喜雄や教え子の阿部広司《あべひろじ》が述べるように、実際に教師自身が描くところを見せ、言葉ではなく「行動」で教えることをよしとしている。例えば、黒板画の指導の重要性を示している。赤津は自ら黒板画のテキストを作り、教室でも自身で描いて見せていた。

また、このことは「図画教育」に関係が深いことではあるが、先の小池の「［赤津、筆者註］先生は生徒とともに、教師自身が技を磨く立場をとることが、指導者のとるべき態度であるということから、先生は生徒とともに画架を立てて、作画に精を出されていた」という記述も重要である。これは、方法としては、教え込むのではなく、生徒に「感じとらせるという方法」であると言える。このようにして、子どもに接する姿勢、描く姿勢や描き方、などを具体的な方法で赤津は示した。

（ウ）教育思想をあるべき目標に近づけたこと

赤津の指導について語る時、「教育は生活である」と固く信じていた赤津の教育思想があることを忘れてはならない。寄宿舎の舎監を務め、生徒と共に生活したことや、青巒社における絵の批評会などで、卒業生の世話を、自宅を提供するなどして共に学んだ行動は見逃せない。

こうした一連の行動は、「人間教育」であったとも言えよう。

（2）「図画教育」に関わる部分

（ア）方法論が明確な造形主義美術教育の立場に立ったこと

これは新図画教育会で発行した『図画教育の理想と実現』（1922）に方法論を示した赤津隆助の記述にその考えを明確に見ることができる。こうしたことを通して図画教育の指導における明確な「指導法」を赤津は示している。教育を行う上で、「目的」に直結する理論は重要であるが、方法論も併せて重要である。

（イ）画手本を使わない指導法（創造主義美術教育）を行ったこと

赤津隆助や武井勝雄が述べるように、山本鼎《やまもとかなえ》（1882～1946）の自由画教育提唱より10数年前から臨本教科書は使わなかった。赤津は、明治37年（1904）に出された国定教科書『鉛筆画手本』『毛筆画手本』、その後の『新定画帖』などを授業で使っていない。臨本教科書（臨画教科書として使われた教科書）を明治37年頃から赤津は使っていない。

（ウ）生活主義美術教育の立場に立てたこと

山形県長瀞小学校の想画教育に、赤津は影響《かげひびき》を与えている。赤津の佐藤文利への対応は、佐藤自身の指導に自信を与える大きな一要因をなしている。

このように、赤津にはここに示した、（ア）・（イ）・（ウ）、すなわち造形主義・創造主義・生活主義の美術教育すべてを受け入れる柔軟性・度量の広さがあった。こうしたことは、赤津隆助の図画教育の指導における特徴であると言えよう。

また、こうした考え方は、造形主義美術教育は新図画教育会での赤津の方法論等を通じて主に武井勝雄に、生活主義は青山師範玄関口での長瀞小学校の想画展示等[4]を通じて主に箕田源二郎や熊本高工《くまもとたかのり》に伝わって行ったと考えられる。倉田三郎は、赤津と同じように三つの主張をそれぞれ良い点は良い点として受け入れ、特にどこを中心にという立場は採らなかった。[5]

なお、箕田は昭和26年（1951）に「新しい画《え》の会（後に、絵の会）」を結成する。また、山形県山元中学校の版画文集「きかんしゃ」の版画指導を行い、それは『山びこ学校』無着成恭《むちゃくせいきょう》（1927～2023）指導、として１９５９年に発行された。[6]

武井勝雄、倉田三郎、箕田源二郎について、詳細は本章第2節以降で述べる。

第2節　赤津隆助と武井勝雄

赤津隆助自身が、昭和8年（1933）4月号の『学校美術』の「人物月旦　武井勝雄君」に、武井勝雄について書いている。[7] 文頭は、「今東京市で図画教育について新しい理想を持ち、確実な理論の上に、着々と実際の成績を挙げつゝある人を求めたならば、武井君などは先づ第一に指を屈せらるべき人と思ふ」である。赤津は武井勝雄に対して図画教育者としての実力を評価し、人格的にも優れた人物として信頼していた。

1．武井勝雄について

武井勝雄に関する略年譜を、表6－1として示した。そこからは、次のような特徴がうかがえる。

表6-1　武井勝雄略年譜

○印は、赤津隆助と関連の深いことがら

・明治31年（1898）	
1月25日	群馬県碓氷郡松井田町（現安中市）にて小山家二男として出生
○大正2年（1913）	東京府青山師範学校予備科入学（16歳） (図画の担任は赤津隆助、赤津は当時33歳、青山師範学校教員5年目)
・大正5年（1916）	武井家の養子となる
○大正7年（1918）	東京府青山師範学校本科第一部卒業（21歳） (赤津隆助38歳、青山師範教員10年目) 東京市赤城尋常小学校訓導となる。1年で休職
・大正8年（1919）	東京美術学校図画師範科入学。図画の教授法教師は白浜徴（武井22歳）
・大正11年（1922）	東京美術学校図画師範科卒業。熊本県宇土郡宇土町尋常高等小学校訓導（25歳）
○同年8月	青山師範学校における新図画教育会の講習会に参加
・大正12年（1923）7月	東京市文海尋常小学校訓導（専科勤務）。この頃、早稲田大学及びアテネフランセで仏語を学ぶ
・昭和2年（1927）	雑誌『中央美術』に論文「創作図案教育を振興せよ」を発表 この頃雑誌『学校美術』の編集に参画
・昭和4年（1929）	東京市永田町尋常小学校訓導（専科）
・昭和9年（1934）	川喜田煉七郎と共著で『構成教育大系』(学校美術協会出版部）出版 この頃上智大学で独語を学ぶ
・昭和12年（1937）	パリで開かれた第8回国際美術教育会議（FEA）に日本代表として出席
・昭和16年（1941）7月	東京都竹早国民学校長となる
・昭和23年（1948）10月	東京都文京区立第一中学校教諭 (4月5日、赤津隆助死去)
・昭和30年（1955）	造形教育センター設立に参加
・昭和31年（1956）	東京都文京区立誠史小学校教諭
・昭和37年（1962）	退職。日本文教出版株式会社嘱託（65歳）
・昭和38年（1963）	竹内清・堀内敏との共訳でV.ローウェンフェルド著『美術による人間形成』出版
・昭和42年（1967）	糟谷実と共訳でK.マックフェ著『美術教育の基礎：創造性による人間形成』出版
○昭和51年（1976）4月	青巒社の編集で『赤津隆助』出版，その代表となる
・昭和54年（1979）	死去（81歳）

参考文献: 発行人　青巒社会長　倉田三郎『武井勝雄作品集』昭和58年、35頁、ほか

（ア）造形主義美術教育を推進し、著書『構成教育大系』等、多くの造形教育に関わる著書を出版したこと
（イ）フランス語やドイツ語を東京美術学校卒業後に自学したこと
（ウ）『美術による人間形成』など、後に著名となる翻訳書を出版したこと
（エ）小学校を中心として、職場を教育現場で通したこと

（ア）や（イ）に関しては、武井は「今から追想すると昭和六年頃に、私はバウハウスの新しい造形教育を知って、若い血を燃え立たせたものである」[8]と言い、その後昭和9年（1934）に『構成教育大系』を出版するなどしている。こうした意欲は、武井にとって、勉強好きで、様々なことに努力を惜しまなかった姿勢を赤津に見ていたことにもよるだろう。（エ）については、「美術教育に限らず、研究は出世のためにやるものではないとも［武井が、筆者註］云われる」と米倉正弘《よねくらまさひろ》は武井へのインタビューで聞いているが[9]、この言葉が武井は大学教員に「出世」しようなどとは考えていなかったことを物語る。こうした地道にこつこつと歩む点も、赤津の影響《かげひびき》が強い。

武井勝雄は、本当の意味での力を持ち、真摯に教育活動ができることに満足をしていた。武井の経歴からすれば、大学から教職の誘いは多くあったと思われるが、一生教育現場教員で通した。彼は国民学校の校長を3校務めた（内1校は、校長事務取扱）後も、教諭として勤めている。

併せて、美術教育研究も怠ってはいない。こうした点に明確に造形教育に力を注ぐ姿が見られる。

なお、（イ）に見られるような「自己教育力を持てたこと」や（エ）におけるようなこつこつと打ち込む姿勢に関わることとして、本人の人格による点があるとは思うが、武井は赤津によく似た面を持っていたようである。[10]

（ア）に関わる造形主義美術教育に邁進したことについては、まず武井の東京府青山師範学校時代における教生のことについて触れておきたい。米倉が武井から聞いた時の話に、次のようなことがある。

東京府青山師範学校卒業前年の大正6年（1917）秋、教生として研究授業を行った。図案のことを扱ったが、色らしゃ紙に自由に模様を描かせるという新しい着想の授業で、大変好評であった、[11]という。

この研究授業が行われたのは、山本鼎が大正7年（1918）12月に神川小学校で自由画の講演を行う前年のことである。武井の自由意志であったか否かは分からないが、東京府青山師範学校在校中のことであり、赤津隆助の指導下でのことであったことは間違いない。赤津の、造形主義による美術教育との関係性が指摘できる。

また、前述したように、赤津は、大正9年（1920）1月17日（39歳）に新図画教育会の中心的同人となる。この頃、武井は、大正11年（1922）8月の東京府青山師範学校における新図画教育会の講習会に参加している。[12]つまり、武井は、教育実習や新図画教育会を通じて、構成教育（造形教育）の方法論の原点を赤津隆助から学んだと捉えられる。また、川喜田煉七郎《かわきたれんしちろう》（1902～1975）の講義を受けて[13]構成教育を深め、展開して行った。

2. 構成教育

武井勝雄が執筆した川喜田煉七郎・武井勝雄著『構成教育大系』学校美術協会、（1934）より、構成教育の特徴を表す内容の一端を以下に示す。

我々の日常の生活の極くありふれた、極く卑近な事を充分とり出して見て、それを新しい目で見なほして、それを鑑賞したり、作ったりする上でのコツを掴みとるところの教育、それが構成教育である（『構成教育大

系』1頁）

構成教育は、言わば形や色のある物質、材料に触れて、これを色々に処理してゆく方法である（同、5頁）

（前略）、そのいろんな材料の中から、色んなものをひろい上げ、次から次へと限りなく発展させてゆくようでなければならない（同、7頁）

3番目のものなど特に、赤津の「図画教育の方法」『図画教育の理想と実現』（1922）における「蒐集を主とする教法」からの影響《かげひびき》を受けているように感じられる。

次に、「バウハウス」の導入と川喜田、川喜田と武井、「構成教育」における武井と赤津隆助、それぞれの関係性を時間的視点で考察し、論述する。

バウハウス留学から帰った水谷武彦《みずたにたけひこ》（1898～1969）が、全国中等学校教員図画講習会でその内容・方法を紹介したのは昭和5年（1930）であるが、バウハウスの日本最初の紹介は、大正14年（1925）5月に大内秀一郎《おおうちしゅういちろう》により行われている。川喜田がその頃バウハウスのことを知った可能性はある。[14] 川喜田は、水谷の話にヒントを得て、昭和6年（1931）に銀座に新建築工芸学院（最終的名称）を設立し、バウハウスシステムによる構成教育を行い、そこにおいて武井らが学ぶこととなる。[15]

藤原智也《ふじわらともや》は「よって、武井が川喜田から受容した構成教育を小学校で実践した時期は、断片的な導入は少なくとも１９３２年後半以降、本格的な導入は１９３３年の５月以降であると判断できる」[16]と述べる。

これらを受けると、武井が教育現場で構成教育の実践をするのは、新図画教育会の『図画教育の理想と実現』（1922）が発行された10年後であり、かつ『図画教育の理想と実現』発行以前には、バウハウスが紹介された（つまり、日本に入って来た）形跡はない。このことは、武井がバウハウスを知る以前のこととして、造形教育としての影響《かげひびき》を新図画教育会に深く関わっていた赤津から受けた、ということにつながる。

なお、武井は構成教育を行うようになった下地は「山本鼎の影響」であったようである。[17]しかし、入学したばかりの東京美術学校の「教授法の教師［白浜徴のこと、筆者註］」の美術教育に対する意欲のなさに失望していたということがあり、[18]自由画運動に啓発されたということは否定できないが、それは自由画教育に対する山本の積極的な態度や情熱といったものとしてのことであり、その後の武井の活動内容からして、内容的なことからではなかった。

武井勝雄は新図画教育会を通じて、構成教育（造形教育）方法論の「原点」を赤津から学んだ。しかし、東京美術学校時代に、白浜徴《しらはまあきら》（1865～1928）の学問的指導のもとにはなかったようである。[19]

3．武井勝雄と想画教育

武井勝雄と想画教育との関係性について、以下見ていきたい。

武井は、当時、従来の図画教育と構成教育とを方法で区別し、それらを「１想画、２写生、３図案、４鑑賞教育」について、それぞれ構成教育との関係で語っている。[20]このように想画を最初に挙げて、「構成教育は想画教育などゝ［ママ］全然反対の立場に在ると考へて居る者も少なくないが、其れは全く構成教育そのもの、又は真の想画教育に不徹底だからである」[21]と両者に対する人々（教師たち）の認識不足を非難している。

つまり、武井は構成教育と想画教育とが、さほど図画教育においては変わらないものであると捉えていた。武井は、「構成教育による想画は、児童の一般的の心性の陶冶を目指し、絵画表現による児童の叡知の啓発を重要視はするが、同時に、造形構成の基礎たるべき感覚訓練をも併せて考えているのである」[22]と言い、想画が造形構成の基礎である感覚訓練をも併せて考えている、と指摘している。

ここで言えることは、武井が想画教育と構成教育とについて、両者が子どもの表現において重なる部分があり、両者がそれぞれに意味をなすことに対する視点が重要であると捉えていた、ということであろう。

また、武井は『構成教育による新図画』の「構成教育の意義及び目的」において、「構成教育による図画は、畢竟するに、図画のみならず有らゆる人間の思考を新しい方法によって改革させる一つの具体的なものである」[23]と述べる。構成教育による図画が人間の思考をも改革させるとしており、視野が広い。

武井のこうしたある種想画教育への歩み寄り、幅広い捉え方は、赤津が様々な思想を受け入れる度量を持って図画教育に対応していたこととも通ずると言えよう。

また、武井が赤津から想画教育について影響《かげひびき》を受けたのは、時代的に東京府青山師範学校卒業後、青巒社において赤津を中心に学習していた時であると考えられる。

第3節　赤津隆助と倉田三郎

1．倉田三郎について

倉田三郎に関する略年譜は、表6－2として示した。その略年譜からは、次のような特徴がうかがえる。

（ア）比較的若い時から画家としての頭角を現し、晩年まで画家として活躍していること
（イ）旧制中学校や新制大学等の教員を務め、教育者としても活動していること
（ウ）多くの小・中・高等学校美術関係の教科書の執筆・監修を行っていること
（エ）教員組合を結成し、その委員長に選ばれていること
（オ）国際美術教育協会（INSEA）[24]などに、日本代表として出席し、また日本でのINSEA会議（1965）の実行委員長を務めた。INSEA会長も務め、世界的に美術教育界に貢献していること
（カ）特に造形主義・創造主義・生活主義など特定の立場を取らないこと

（ア）の制作者と（イ）の教育者とを共に重視したことは、以下に挙げるような点から、赤津隆助からの影響《かげひびき》があったと言えよう。

倉田は東京府青山師範学校に入り、ここで初めて、赤津の指導による実物を前にして描く写生画の環境を与えられた。[25]後に、倉田は静物画や人物画も描いたが、特に風景画を多く描いている。

赤津は、図画教育者としてどのように制作活動に相対すべきか、ということについては次のように述べている。

表6-2　倉田三郎略年譜

○印は、赤津隆助と関連の深いことがら

・明治35年（1902）　8月21日	東京市牛込区市ヶ谷にて出生
○大正6年（1917）	東京府青山師範学校に入学 （図画の担任は赤津隆助, 当時赤津37歳）
・大正9年（1920）	葵橋洋画研究所入所、黒田清輝の指導を受ける
○大正11年（1922）	東京府青山師範学校卒業（19歳） （赤津隆助42歳） 神田芳林小学校訓導
・大正12年（1923）	東京美術学校図画師範科入学。第10回二科展で初入選 （21歳）
・大正13年（1924）	第2回春陽会展に出品し, 以後同展への出品を続ける
・大正15年（1926）	東京美術学校図画師範科卒業。愛媛県師範学校教諭 この年より昭和57年（1982）まで、小・中・高等学校 美術工芸（図画・工作）教科書の執筆・監修
・昭和2年（1927）	千葉県本銚子小学校訓導へ転任
・昭和3年（1928）	東京府立第2中学校へ転任
・昭和7年（1932）	第10回春陽会展で春陽会賞を受ける
・昭和8年（1933）	春陽会会友
・昭和11年（1936）	春陽会会員（34歳）
・昭和15年（1940）	紀元二千六百年記念奉祝美術展出品
・昭和21年（1946）	多摩中等学校教員組合結成、委員長に選ばれる
○昭和23年（1948）	（4月5日、赤津隆助死去）
○昭和24年（1949）	請われて東京学芸大学教授となる（47歳）
・昭和27年（1952）	文部省教材等調査研究中高委員
・昭和28年（1953）	教員養成機関の指導および承認委員
・昭和29年（1954）	ユーゴスラビア政府招聘により渡ユ、日本美術を講義 ベオグラード等にて個展
・昭和33年（1958）	第10回国際美術教育会議（FEA）へ日本代表としてバーゼルへ
・昭和38年（1963）	文部省大学設置審議会委員 国際美術教育協会（INSEA）ニューヨーク会議へ日本代表として出席
・昭和40年（1965）	文部省教育職員養成審議会委員、大学設置審議会専門委員等。国際美術教育協会（INSEA）東京会議実行委員長
○昭和41年（1966）	東京学芸大学定年退官。東京学芸大学名誉教授。国際美術教育協会（INSEA）会長に選出される
・昭和42年（1967）	大妻女子大学教授。サンフランシスコ州立大学へ出講
・昭和44年（1969）	コロンビア大学、シラキューズ大学等へ出講
・平成4年（1992）	死去（90歳）

参考文献: 財団法人たましん地域文化財団『たましん歴史・美術館開設記念　倉田三郎　旅の素描――世界編――』1991年、141-144頁、ほか

すなわち、「『三日書を読まばざれば言に味なし。』と古人も言った。『三日画を描かざれば心純ならず。』と私は言ひたい。私は図画教育の価値をこゝにも大きく認める」(26)と。赤津は、図画教師は常に描かなければいけないと言っている。

倉田は、赤津の意を汲み、努力を重ねた。倉田は、家にいる時は(あるいは出張した時も)毎日のように絵を描き、晴れれば外で絵を描いていた。このことは、筆者が倉田にインタビューをした際、直接聞いたことである。また、中谷隆夫《なかたにたかお》は、「倉田氏自身も『風景との対話』(清瀬市博物館特別展、4～5月)を終生のテーマとしており、生徒を引きつれて自然を描かせた」(27)と言う。

画家としては赤津以上のレベルとなった。そのように力を付けた背景には、次のようなことがあった。

画家と教師、この問題には実に悩みました。ぼくは馬鹿正直で、教室では良い教師になろうと必死だった。そのかわり家では毎日必ず絵を描いたな。いくら隙間があっても描けない奴は描けないんで、いくら隙間がなくても描きたい奴は描くでしょう。まずぼくはこの時間の切換えを習練したんだ。(中略)だから悩んでる学生にもよく言ってやったもんだ。「要は考え方だ。(中略)しかしお前が絵を描きたいなら描かなきゃいかん。そうしなければ　お前の教師も肥らない(後略)」(28)

このように、倉田は画家と教師の両方を続ける努力を必死で行い、またその方法を学生にも教えていた。

(イ)の教育者ということに関して、倉田三郎は、赤津隆助が「図画教育もまた人間教育を根幹としたものでなければならず、従って提出すべきもの［作品、筆者註］は確実に提出させるという責任感をまずもって生徒に培養させることが肝要である」(29)という姿勢であったと言う。こうした姿勢に尊敬の念を抱きつつ倉田自らも実行した。

なお、赤津の「図画教育もまた人間教育を根幹としたものでなければならず」という言葉に注視したい。

（ウ）で触れたように、倉田は多くの小・中・高等学校美術関係の教科書の執筆・監修を行っている。赤津は、図画教科書『新図画工作』の最終編集会後に脳溢血で倒れ、翌昭和23年（1948）4月5日、満67歳で永眠する。赤津が完遂しようとしていたことを倉田は十分に行った。

（エ）に示したように、倉田は昭和21年（1946）に東京府立第二中学校（現東京都立立川高等学校）の教師の時、「多摩中等学校教員組合」を結成し、委員長に選ばれている。大正10年（1921）（倉田が青山師範学校に在学中）に、赤津が新日本教育者連盟を組織し、教育革新運動に参加したことなどの影響《かげひびき》も指摘できよう。こうした活動は、とかく二の足を踏みがちであるが、自分の尊敬する教師も行っていたということを思うとき行動に移せるものかと思われる。また、昭和21年（1946）という太平洋戦争敗戦直後の民主化への移行という時代背景もあり、こうしたことに抵抗感はあまりなかったのかも知れない。

（オ）の国際美術教育協会との関わりについては、洋行が大変困難な時代であった昭和7年（1932）に、赤津が欧米の図画教育に関する調査に行ったことも影響《かげひびき》があると考えられる。赤津が目指したことを、倉田は実行しているが、これも赤津以上のレベルとなっていた。

（カ）の造形主義・創造主義・生活主義など特定の立場を取らないということは、赤津隆助に近いが、倉田は赤津以上にフラットな立場である。しかし、倉田はそれぞれの主張の良さは良さとして認めていた。赤津は、それぞれの立場の良さは認めつつ、各立場に関わったり、その立場の主張をしたりした。

倉田三郎は赤津隆助の指導によって、初めて実物を前にして描く写生画の環境を与えられた。図画教育はどうあるべきか、図画教師や教師のあるべき姿、取るべき態度はいかなるものであるかを赤津から学んだ。

2. 倉田三郎と構成教育

武井勝雄が想画教育と構成教育という、二つの一見異質とも捉えられる領域を取り上げたことと同様なことを、倉田三郎も以下のように行っている。

中谷隆夫が「倉田氏の実践の真骨頂は、バウハウスの理論に学んで構成教育の実践に早くから取り組んだことである」(30)と言うが、洋画家としても名高い倉田に対してはやや意外な感じがする。倉田は、学校教育（倉田自身の授業）に「構成教育」を第二次世界大戦前頃より取り入れていた。(31)

また、中谷は、

> 倉田氏が構成教育をとりいれた理由は［戦後、バウハウスの理論が造形教育センターの人たちやデザイン教育の実践に取り入れられたことと、筆者註］少々異なっている。「絵を教えていて、良い絵を描かせたいと思っても、感覚や自分勝手に描かせているだけではだめで、造形性を教えることにより、絵の骨格、人生の骨格、宇宙の骨格を教えようと思ったから」だという(32)

と述べる。倉田は、良い絵を描かせるのには、造形性が重要であると考えていた。

倉田が構成教育を取り入れたことは、中谷が述べるようにバウハウスの理論的影響があるようだ。しかし、青巒社では、昭和8年（1933）頃からは、絵画展の他に造形教育についても定期的に会合を催すこととなって、昭和10年の夏には、この会の主催で構成教育講習会を開いている。青巒社において、倉田は構成教育に具体的に触れる機会を持ったようだ。青巒社でしばしば顔を合わせていた倉田にとって、赤津隆助や武井勝雄からの影響《かげひびき》を受ける機会は多々あったはずである。

さらには、構成教育という内容そのものだけでなく、よいものはよいものとして取り入れる赤津の姿勢そのものも、倉田に対して影響《かげひびき》を与えていると考えられる。

なお、本章第2節の「2　構成教育」で、「武井勝雄は新図画教育会を通じて、構成教育（造形教育）方法論の『原点』を赤津から学んだ。しかし、東京美術学校時代に、白浜徴の学的影響下にはなかったようである」と筆者は述べた。

ところが、倉田は白浜徴の「人となり」として、白浜に対して武井と同じ体験をしたことがらについて、否定的ではなく捉えている。それどころか、直接の師である白浜に尊敬の念をいだいている。(33)

武井勝雄と倉田三郎の白浜徴像について考えてみよう。前述したように、武井は白浜の教授姿勢に対して、数人同志との連名で「師範科改革請願」を白浜の手許に提出している。これが単に武井だけの意見ではないだけに、白浜は自分の行動について振り返ったはずである。

武井と倉田の東京美術学校在校の時期は、武井が大正8年（1919）から大正11年（1922）まで、倉田が大正12年（1923）から大正15年（1926）までであり、極めて近いが重なりはなく、武井が先である。しかし、この二人の捉え方は時期の違いによるものではなさそうだ。それは、次に述べることから言える。

倉田は、「筆者［倉田のこと、増田註］は大正一二年（一九二三）以後、直接学生として師［白浜のこと、増田註］のお世話にあずかったが、あのころの師はまさに晩年の貫禄のなかに生きておられたと思う。教室で話される教育論も全く雑談的だった。女学校に奉職したときの性的誘惑やそれに対処する手段などを率直かつ露骨に話してくださる。聞いている学生たちは赤くなってたじろぐほどだった」[34]と述べる。つまり、武井が授業を受けた時とさほど変わっていない。

しかし、その後で、倉田は白浜が非常に学生思いであることを述べ、教育実習先での見事な指導力のことに触れ、白浜作成の教科書や著書のことを記して、白浜を高く評価している。

こうした点からすると、白浜が武井たちの請願を受けて発言内容をやや工夫したであろうとは考えられるが、受け止める側（学生）の捉え方の違いもあったようだ。受け止める側の学生の性格にもよるだろう。

武井勝雄と倉田三郎の白浜徴像はまったく異なるが、この点、倉田は赤津隆助に近い。

第4節　赤津隆助と箕田源二郎

Ⅰ．箕田源二郎について

箕田源二郎に関する略年譜を、表6－3として示した。そこからは、次のような特徴がうかがえる。

（ア）東京府青山師範学校在学中に、師範学校の玄関に展示されていた長瀞小学校の想画を見たということ

（イ）版画文集「きかんしゃ」の版画指導、「新しい画の会」を通じ、生活主義美術教育の活動（運動）を行ったこと

表6-3　箕田源二郎略年譜

○印は、赤津隆助と関連の深いことがら

・大正7年（1918）	
3月31日	東京市田端にて出生
・昭和8年（1933）	東京府青山師範学校本科第一部入学 （赤津隆助52歳）
○青山師範学校第1学年	
（1933）	赤津隆助が師範学校の玄関に展示した山形県長瀞小学校の想画を見る
・昭和11年（1936）	福沢一郎クロッキー研究所に入る（18歳）
○昭和13年（1938）	東京府青山師範学校卒業（19歳） 卒業後，短期現役兵を5ケ月務め、成田の棚田小学校へ勤務 （赤津隆助57歳）
・昭和16年（1941）	大森区大森第二小学校へ勤務
・昭和21年（1946）	日本美術会入会
○昭和23年（1948）	（4月5日、赤津隆助死去）
・昭和25年（1950）	レッドパージで小学校の勤務を辞める
○昭和26年（1951）	山形県山元中学校の版画文集「きかんしゃ」の版画指導を行い，『山びこ学校』（無着成恭指導）として発行される この後子どものための美術教育運動の中心となって活動する
・昭和27年（1952）	「新しい画の会」（昭和34年に「新しい絵の会」となる）発足
・昭和29年（1954）	日本美術会事務局長（〜昭和31年）
・昭和30年（1955）	「新しい画の会」に入会
・昭和35年（1960）	美術家平和会議に入会
・昭和39年（1964）	童画グループ「車」結成に加わる 児童出版美術家連盟に参加
・昭和41年（1966）	美術交流のため中国訪問
・昭和50年（1975）	エジプト・ギリシャの旅 日本美術会附属民主主義研究所所長に就任
・平成1年（1989）	日本美術会代表に就任（〜平成7年）
・平成3年（1991）	財団法人いわさきちひろ記念事業団理事長に就任 美術交流のためキューバ・メキシコを訪問 美術交流のためベトナム訪問
・平成12年(2000)	
1月8日	死去（81歳）

参考文献: 箕田源二郎著・箕田源二郎美術教育論考集編集員会編『子どもたちに美術のうたを』新日本出版社、2003年4月5日初版、141-144頁、ほか

（ウ）「新しい絵の会」結成をきっかけに、子どものための美術教育運動の中心となって活動したこと
（エ）多くの美術教育論考（１６６本）、編著書（24冊）[35]、絵本作品があること
（オ）自由で民主的な発展と新しい価値の創造を目指す日本美術会、「平和美術展」を開催する美術家平和会議（美術団体）などを通じ革新的美術活動をしたこと
（カ）美術交流のために、中国を始め様々な国を訪問したこと

（ア）に関しては、赤津隆助が関わった長瀞小学校の想画教育に関係する部分が影響していると思われる。箕田源二郎は、東京府青山師範学校1年生の時に、赤津が師範学校の玄関に展示した山形県長瀞小学校の農村の生活画（想画）を見たという。[36]これが、箕田が初めて想画に接し、生活主義美術教育に遭遇した最初である。
（イ）や（ウ）に関しても、赤津の想画教育、すなわち生活主義美術教育の影響があると思われる。
（エ）に関しては、武井勝雄や倉田三郎についても美術教育に関する多くの執筆がないわけではないが、箕田源二郎の部分で取り上げたのは、箕田の執筆数が多いからである。また、箕田は昭和25年（1950）にレッドパージで小学校の勤務を辞めた後、教職は離れているが、そんな中でも肩書きは画家として美術教育に関わる論考を重ね、執筆を続けていた。なお、赤津は教育や図画教育に関する２２０を超える論文や著書を執筆している。
（オ）に関しては、教育革新運動に参加するなどした赤津の反骨精神及び制作を重んじる態度[37]が影響《かげひびき》を与えていると思われる。赤津の「影響《かげひびき》を受けた人」の中で、最も反骨精神を受け継いだのは箕田源二郎であろう。しかし、箕田の言動は、単に反対のための反対ではなく、説得力のあるものであった。そのことは、『子どもたちに美術の

うたを』（２００３年）など箕田に関わる著書を読むことによっても明らかとなる。

2．箕田源二郎と赤津隆助

本章第4節の「1．箕田源二郎について」で触れた以外に、赤津隆助の影響《かげひびき》があると思われる箕田源二郎の考えについて、特筆すべきこととして次のことを挙げたい。

昭和31年（1956）刊の編者代表・箕田源二郎『教師の実践記録　図画教育』に載っている「美術教育の一つの課題」に箕田の考えが明確に示されている。

> 表現をささえるものは一人一人のくらしの中でそだてられた目と心である。私たちは表現をつうじて、くらしをみつめる子どもたちの目をひろく、ふかくたしかなものにしていきたいとねがっている。だから、何をかくかという主題の問題について無関心でいるわけにはいかないのだ[38]

これは、赤津隆助の「我々はこの日常身辺の実生活の中から、美を発見し、創造する様に教育されなければならぬと思ひます」[39]や、「郷土教育と想画」[40]などの文章にヒントを得たものであることがうかがえる。

以上示したように、箕田源二郎は赤津隆助から日常の現実を直視した図画の捉え方を学び、加えて教育批判の姿勢を強く受け継いでいる。こうした点は、武井勝雄や倉田三郎とはやや異なる。

赤津隆助からの影響《かげひびき》を考える際に有益だと思われる箕田源二郎という人物像、箕田と赤津隆助との関係性、箕田が東京府青山師範学校の生徒だった時代の様子（箕田は昭和13年青山師範学校を卒業している）について、筆者が箕田に昭和58年（1983）10月にインタビューで直接聞いた話をここに紹介する。

筆者は、昭和58年（1983）7月から10月にかけて、「昭和20年代の美術教育」について知るため、15名の美術教育者に、(41) 戦前と戦後の美術教育の違いなど5項目についてインタビューを行った。その当時は、赤津研究のためではなかったので、赤津隆助について特に取り上げて質問した訳ではないが、次に紹介する文のように、相手方からことさらに赤津に関することがらについて話してくださった部分があったのでここに採用した。

以下は、筆者が趣意を逸脱しないよう必要最低限の補足をしつつ、赤津隆助に関わる箕田源二郎の発言部分を文章化したものである。

僕は大正自由主義の中で生きてきましたから、「自由画教育」だとか、「赤い鳥」だとかというそういうものに親しんできました。そうした土壌があったから、自由な捉え方をするのかも知れません。そうした自由な考え方をする自分を否定するためには、随分、戦争中には苦労したわけです。そういう自由主義的な気持ちを否定しきれないままにあの戦争が終わり、それでやっと気がついたことは、（もう）バタバタしなくてもいい、よかったんだということでした。

だから、戦争前の、自由主義的な考え方は、やっぱり大事だったかもしれないという思いがありますね。自由主義的な考えは、ニュアンスは違っても、僕が受けた師範学校教育の中にも、赤津隆助なら赤津隆助という人の中にもあったと思いますね。ニュアンスは、少しずつ違うにしても色々あったんじゃないですかね。僕は、まぁ、師範学校教育にはいやな部分はあったけれど、やっぱり今考えてみればね、先生によって違うけれど、そんなにいやじゃなかったような気もしますね。

在学中は、むしろ、師範学校教育はその中に絵を描くということがあったから耐えられたとも言えるかもしれないです。つまり、絵を描いて、なんか自分を発散するということができましたからね。で、そういうことは、割に赤津先生は温かく見守ってくれましたからね。そういう気持ちを解放できる点が一番強いでしょうね。

そうそう、そこはね。まぁ熊本高工君などもそうだし。僕など同級生はそういう点では、あの師範学校の中では勝手にふるまったということじゃないかな。ですから、割に僕らのクラスには、変なのが多かったんじゃないでしょうかね

こうした発言からうかがえるのは、昭和13年（1938）に卒業した箕田源二郎の師範学校時代は、学校側にも教師にも、特に赤津隆助のような教師に自由な雰囲気があったということである。また、箕田は絵を描くことが心の解放につながっていたことを挙げている。箕田は、特に温かく見守ってくれた赤津の存在が生徒をのびのびとさせた、と言う。つまり、赤津には生徒のための自由を大切にし、のびのびと指導した姿がうかがえるということと、そういう教育を受けたからこそ箕田も自由な美術教育ができたと言えるのではないか。赤津のことをわざわざこのように語ってくれたことは意義深い。赤津の存在がいかに大きかったかということの証左でもある。

†註

（1）序章、第1節で「（親鸞のように）私［赤津］も私の生徒たちを私の弟子とは思いません」と言っていると述べた。

（2）赤津隆助の渡欧については、2611人と5団体から、総額6687円63銭が集められた。青巒社からのものが最も多い。『昭和7年8月　寄附者名簿　赤津先生渡欧後援会』より。

（3）「赤津隆助年譜」青巒社編『赤津隆助』赤津隆助先生記念出版会発行、1976年。

（4）箕田源二郎は、青山師範学校1年生の時に、赤津隆助が師範学校の玄関に展示した山形県長瀞小学校の農村の生活画（想画）を見たという。熊本高工「回想・私の美術教育　あれもこれもの80年　第3回」、『美育文化』Vol.50 No.5、2000年、43頁。

（5）増田金吾「昭和20年代の美術教育――くぐり抜けてきた人々の証言――」、『大学美術教育学会誌』第16号、1984年、45頁。

（6）箕田源二郎『子どもたちに美術のうたを』新日本出版社、2003年、120～121頁。なお「山元中学校の版画文集『きかんしゃ』の版画指導を行い」という部分は、筆者が1983年10月2日に箕田にインタビューをした際、本人から直接聞いたことでもある。

（7）赤津隆助「人物月旦　武井勝雄君」、後藤福次郎編集兼発行『学校美術』第7巻第4号、学校美術協会、昭和8年（1933）4月1日発行、74～75頁。

（8）武井勝雄『構成教育入門』造形芸術研究会、1955年、序。

（9）米倉正弘「〈先輩にきく3〉武井勝雄氏」、『美育文化』1973年4月号、38頁。

（10）こうしたことを赤津隆助の教え子の山崎幸一郎が述べている。山崎幸一郎「私の武井先生」、発行人・倉田三郎『武井勝雄作品集』、1983年、56～57頁。

（11）前掲、米倉正弘「〈先輩にきく3〉武井勝雄氏」、『美育文化』、35頁。

（12）「青巒社同人座談会　赤津先生の図画教育を語る」、青巒社編『赤津隆助』赤津隆助先生記念出版会発行、1976年、376頁。

（13）半田結《はんだむすび》「構成教育運動の研究（1）」、『美術科教育学会誌』第10号、1989年、51頁。
（14）大内秀一郎「バウハウスとグロピウス氏」、『文化の基礎』5巻5号、1925年、20～25頁。
（15）前掲、半田結「構成教育運動の研究（1）」、『美術科教育学会誌』、50～51頁。
（16）藤原智也「我が国の構成教育に関する史的考察Ⅱ――1930年代中期の武井勝雄の構成教育論――」、日本美術教育学会学会誌『美術教育』No.294　2011年、26頁。
（17）前掲、米倉正弘、「〈先輩にきく3〉武井勝雄氏」、『美育文化』、37頁。
（18）同、35頁。
（19）「[白浜は、筆者註] われわれのための教授法の時間の講義に何の計画的、準備もなくて、臨機応変的な場当たりの話、時としては例の性談やら、社交術的な常識の説教で時間を潰すので、折角こちらはノートをひろげて筆記しようにも何も書くことがなくなってしまう」「そこでこの数人同志の連名で『師範科改革請願』なる一書を作製して白浜先生の手許に提出した」など、白浜に対する痛烈とも思える見方は、単に武井だけの捉え方ではなかった。武井勝雄「白浜先生に対する私のイメージチェンジ」、『白浜徴先生追悼号』錦巷会発行、1974年、19～22頁。
（20）武井勝雄・間所春『構成教育による新図画』学校美術協会、1936年、35～68頁。
（21）同、42頁。
（22）同、42頁。
（23）同、34頁。
（24）INSEA: International Society for Education through Art、1954年、ユネスコ後援のもとに設立される。この年、第1回会議がパリで開催される。1963年、INSEAとFEAは合同した。現在（2019）略称はInSEAとなっている。
（25）倉田三郎「若かりし頃の先生の周辺」、青巒社編『赤津隆助』赤津隆助先生記念出版会発行、1976年、373頁。
（26）赤津隆助「図画教育者としての歓び」、『中央美術』第13巻第3号、中央美術社発行、1927年、201頁（『小さい影』所収）。
（27）中谷隆夫「戦時中の美術教育者たち（目次には戦時中の美術教師たち、とある）」、『美育文化』Vol.40 No.8、1990年、30

頁。
(28) 井手則雄「〈先輩に聞く11〉倉田三郎氏」、『美育文化』4月号、1974年、28～31頁。
(29) 前掲、倉田三郎「若かりし頃の先生の周辺」、『赤津隆助』、373～374頁。
(30) 前掲、中谷隆夫「戦時中の美術教育者たち」、『美育文化』Vol. 40 No. 8、30頁。
(31) 同、28～30頁。
(32) 同、30頁。
(33) 倉田三郎「白浜徴」、唐澤富太郎編著『図説　教育人物事典――日本教育史のなかの教育者群像――中巻』ぎょうせい、1984年、866～868頁。
(34) 同、868頁。
(35) 次の著書に、箕田源二郎「美術教育論考」一覧、並びに編著書一覧が載っている。箕田源二郎著・箕田源二郎美術教育論考集編集員会編『子どもたちに美術のうたを』新日本出版社、2003年4月5日初版、141～144頁。
(36) 師範学校の玄関に展示された長瀞小学校の想画を見たことを、筆者はインタビューで箕田から直接聞いた。長瀞小学校の想画については、増田金吾「想画教育の発生と展開――長瀞小学校における佐藤文利の指導と赤津隆助との影響関係にふれつつ」を参照されたい。また校舎の玄関に貼り出してあった児童画のことは、熊本高工「回想・私の美術教育　あれもこれもの80年　第3回」、『美育文化』第50巻第5号、2000年、43頁にも記されている。
(37) 増田金吾「赤津隆助の教育思想形成――赤津に影響を与えた教育・美術教育思想――」、『大学美術教育学会誌』第45号、2013年、380頁。
(38) 箕田源二郎「美術教育の一つの課題」、箕田源二郎編者代表『教師の実践記録　図画教育』三一書房、1956年、257頁。
(39) 前掲、赤津隆助「図画教育の方法」、『図画教育の理想と実現』164頁。
(40) 前掲、赤津隆助「郷土教育と想画」、『郷土化の図画手工』教材編、8～33頁。
(41) インタビューを行ったのは、以下の人たちである。阿妻知幸《あつまともゆき》、熊本高工、倉田三郎、藤沢典明《ふじさわのりあき》、川村浩章《かわむらひろあき》、岡田清一《おかだせいいち》、中

村亨、上野省策《うえのせいさく》、大田耕士《おおたこうし》、久保貞次郎《くぼさだじろう》（文書回答）、高橋正人《たかはしまさと》、勝見勝《かつみまさる》、箕田源二郎、新井秀一郎、村内哲二《むらうちてつじ》。

結章　赤津隆助の図画教育思想とその実践——結論と示唆

はじめに

序章第1節の「1　研究の目的」において、本書の目的を述べた。それは、端的に言って「赤津隆助の図画教育思想に基づく図画教育指導法の特質」と「赤津隆助の図画教育論の美術教育史的意義」を明らかにすることであった。目的の明確化が重要であることは間違いないが、それへ向けての手段も大切である。それは次のことに関係する。

赤津隆助は自身の図画教育思想に基づく教育実践を行い、理論と制作を重ねて、実質的な「図画教育指導法」を確立していくに至った。その教育と実技を含むところの研究は、師範学校をめぐって行われた。「めぐる」という意味は、師範学校を通してということであるが、時には師範学校の枠を超えた部分においても行われたということである。「師範学校の枠を超えた」と言っても、師範学校から派生したものであるので師範学校との関連は深い。赤津はそうした「師範学校の枠を超えた」背後において「心の教育」を意識していた。

「師範学校」というキーワードは本論の根底にあり、一方で、「図画教育」は本論において具体的方策として存在する。これは、本書の主テーマを「師範学校と図画教育」とした所以でもある。

なお、赤津隆助の教え子には、多くの美術教育者や教育者がいるが、これらの人たちが功を奏したのは、赤津一人の力によるものではないにしても、赤津に関わった生徒が師範学校時代という10代後半の5年間を赤津から教えを受けたこと、またその後も赤津と長い間交流のあったことが、彼らに大きな影響《かげひびき》を及ぼしたと言えよう。10代後半から20歳の頃は、(1)多感で、良い意味でも悪い意味でも、他の人の言葉や行動に左右されやすい時期でもある。

教育の成果、さらに言えば成功不成功（基本的には、不成功があってはならないのであるが、転じてそれが成功に変わる場合はある）という結果は、すぐには現れない。しかし、本書で示した具体的なことがらはまさに「成功」の例ともなっていると言えるだろう。

第1節　結論

Ⅰ．赤津隆助の「図画教育指導法」の特質

本研究目的の一つ目は、「赤津隆助の図画教育思想に基づく図画教育指導法の特質」を明らかにすることである。「赤津隆助の図画教育思想に基づく図画教育指導法の特質」について、これまで述べてきたものをまとめ、以下に記す。

赤津隆助の図画教育思想における指導法の形式的な最大の特色は、「図画教育」を行う上で、その教育を図画教育の範疇のみで考えなかったことである。つまり、図画を通して図画そのものを教えたが、赤津はあらゆる機会を生かして、図画に限らない「教育活動」を広く行った。

赤津隆助の「図画教育指導法」の特徴的要点を次に示す。なお、(1)表現関係、(2)鑑賞関係、(3)講義関係、全体

について、通しでAからLまでの記号を付した。

(1) 表現関係

A．図画科目的の明示と方法論の柔軟性

赤津隆助は、自身の考える図画科の目的と方法とに関し、「図画科は、創作と鑑賞とによって、造形芸術陶冶をする教科である」と述べていた。赤津は、図画科は国民普通教育として極めて重要であると主張した上で、こうした図画科の目的を達成することができればよいのであり、その手段には各種各様あってよい、と言う。つまり、自身の指導法を具体的に示しつつも、それを固定的に捉えず、指導法について柔軟に考えていたのである。

B．創造主義の立場に立つ写生中心の指導

赤津隆助は、臨本教科書を授業で用いることをしなかった。それは創造主義の立場に立つ指導をしていたからである。これは、山本鼎《やまもとかなえ》（1882～1946）が自由画教育を実施するよりもさらに前の明治時代後期から行っていた。写生中心の指導であった。

赤津は、創造主義図画教育のあるべき姿をよく理解しており、「自由画教育（創造的図画教育）を成功させるには、より聡明な、より熱心な、より人間的な、より芸術的な、そして児童の創造を熱愛する教師に俟たなければならない」と述べ、その指導者のあるべき形を示していた。

C．造形主義に基づく図画の具体的指導

赤津隆助は、新図画教育会に同人として所属していた。その会での考えを基にして造形主義の立場をとりながらも、独自の指導法を講演や書物等を通じて示していた。

D．生活主義美術教育を重視

自由画教育、すなわち創造主義美術教育はある面、方法論的な弱さを見せていた。また、新図画教育会の唱える造形主義美術教育には、生活の実感や重みに欠けており、赤津隆助は「生活に基づく心の教育」の不足を感じていた。

赤津にとって、これらの諸点に応えるものとして、想画教育すなわち生活主義美術教育は美術教育としての確かな存在意義を持つものであった。生活主義美術教育には、地方色豊かな自己の環境としての生活観、自主性と独自性、童心のひらめきなどが存在し、この教育は地に着いた強さがあると捉えていた。

赤津は山形県長瀞《ながとろ》小学校の想画教育（生活主義美術教育の立場）を激励し、これらと関わった。赤津隆助に認められ、励まされたことにより、長瀞小学校の教師・佐藤文利《さとうふみとし》（1901～1968）は、自分自身の指導に自信を持つことができた。郷土主義図画教育提唱者の赤津を尊敬していたが故、ということでもあった。

E．個性尊重を主軸とする創造主義に基づく自由な教授

赤津隆助は、指導を行う際、個性尊重の視点を重視していた。明治時代末期から、大正、昭和戦前期、そして戦後没するまで、個性尊重を主軸とし、「創造主義に基づく自由な教授」を続けた。

F．3つの異なる主義主張の受容と指導

赤津隆助は、創造主義、造形主義、生活主義という3つの異なる主義主張のよい面を取り入れている。また、赤津はそうした異なる主張を受け入れることを、自分の教え子たちにも許容していた。

赤津は、もともと多くの人の考えを受け入れることのできた人である。つまり、広い視野とバランスの良さを持っていた。すでにこうした考え（広い視野）を持っていたが、赤津の思想は昭和7年（1932）に世界（欧米）の図画教育の実態に接することによって、より確信的なものとなっていった。

G．実習（実技）で生徒に描いて見せ、共に描く姿勢を保持

実習（実技）の際、写生を中心に、赤津隆助は生徒に描いて見せ、かつ共に描くという姿勢を貫いた。実際に教師が見事に描くところを生徒に示し、言葉がけだけではなく「行動」で教えた。教師は生徒と共に教師自身が技を磨くという立場をとり、生徒と共にイーゼルを立て、作画に精を出した。

H．授業での事前表現研究の徹底

授業での事前表現研究を徹底して行う。

赤津隆助は、自らの制作にも精進を重ねた。自ら模写や写生などをしながら、一人じっくりと、自分自身の腕を磨いていた。実力のある画家の指導を受けるなどしており、赤津のレベルはかなり高いものであった。

（2）鑑賞関係

Ｉ．鑑賞教育の徹底

鑑賞教育を行うために、赤津隆助は日頃から美術史等を洋の東西や時代を問わずよく研究していた。また、図画教育雑誌に、美術史に関しての執筆ができる程の力をつけていた。

（3）講義関係

Ｊ．授業での事前教材研究の徹底

生徒に教える前に、自分自身で十分に教材をこなすということをしていた。

赤津隆助は、授業における教材の事前研究を徹底して行っていた。生徒に学習させる前には必ず実際に自分で描いてみるなどして、指導の方法を考えた。そして、生徒に教える前に、自分自身で十分に教材をこなしておく、という姿勢を保っていた。

Ｋ．講義における黒板画の活用

講義を行う時に（あるいは実技の実習の際も）、赤津隆助は黒板画を見事に描き、説得力のある授業を行っていた。これは、図画科以外の教科においてもその必要性や重要性を認めていた。その技術的レベルは高く、また生徒の興味を引く内容を有していた。それは、黒板画の著書を執筆する程の、高いレベルの内容であった。

黒板画は、「黒板上の練習」として、師範学校教授要目（明治43、大正14）や東京府男子師範学校学則（明治44、大正15）にも登場する。

1．教育全体における押し付けがましくない指導

自分の受け持つ生徒に対して、押しつけず、しかし生徒の求めには十分に応えられる力を常に付けておく。これは、図画科に限らず重要なことである。

武井勝雄《たけいかつお》（1898～1979）や倉田三郎《くらたさぶろう》（1902～1992）を含め教え子たちの言葉は、赤津に対して、このこと（ある特定のことがら）で赤津から指導を受けたという部分が少ない、ということである。一方、赤津自身も自分の受け持った生徒に対して、押しつけはせず、「（親鸞《しんらん》[2]のように）私も私の生徒たちを私の弟子とは思いません」と言う。こうした関係性は、影響（えいきょう）というよりも、まさに「影響・かげひびき」ということがその状態を的確に表現しているように思える。

2．広い教育活動

「1．赤津隆助の『図画教育指導法』の特質」に関連することでもあるが、「教育活動」を広く（全体的に）行ったこととして次に示すようなことが挙げられる。

①寄宿舎での教育

赤津隆助は、大正11年（1922）に舎監（寄宿舎の監督）兼務を命ぜられた。寄宿舎生活、とりわけ師範学校における寄宿舎生活は、負の面が指摘されやすい。しかし赤津は、寄宿舎における生徒と教師との関係性については、生徒の力を信じて彼らの自主性を十分に尊重し、教師は目付け役ではなく脇役であれ、と語っていた。

また、赤津は「教育は生活である」と言い、教育は教室においてだけではなく、寄宿舎や日常の生活の中でこそ行われるべきであると主張した。しかも、その生活は、できるだけよい生活、明るく、温かく、美しく、喜びに満ちたものでなくてはならず、充実した生活でなくてはならないと説いた。

赤津は、寄宿舎を始め、教室（や学校）だけではない多くの「場所」を教育に生かした。

②授業以外の学校での活動

赤津隆助は、校友会機関誌『校友』創刊の編集責任者なども務め、生徒の幅広い活動を支援した。また、東京府青山師範学校同窓会理事、同評議会副議長を務め、卒業してからの生徒（卒業生）も尊重した。

このように、あらゆる「機会」を生かして教育活動を行った。

③「教育」に対する幅広い捉え方

赤津隆助は、「教育」を教育学的な視点はもとより、「教育問題」の視点からも捉えた。よりよい教育が行えることを考え、教育を実生活に生かすという観点をもちながら指導していた。

④美術教育界、教育界、社会に貢献する態度を感じ取らせるという方法

赤津隆助は、多くの労苦を惜しまず、美術教育界や教育界、また社会に貢献する態度を、身をもって教えていた。これらを「感じとらせるという方法」によって行っていた。影響《かげひびき》という要素が強い。

⑤卒業生の美術同好者のグループを結成支援

東京府青山師範学校出身の美術同好者グループ「青巒社《せいらんしゃ》」が結成されていた。この会の会合は、赤津隆助の自宅などでもしばしば開かれ、夜遅くまで絵画を中心とした様々な議論が行われ、卒業生へのさらなる教育も赤津は行っていた。

寄宿舎や青巒社への関わりなどは、生徒や卒業生を真に理解し、その心をとらえ、信頼関係を築く上で必要なことであると赤津は考えていたからこそ、こうしたことを重視していたのだと考えられる。

赤津はこれらの指導力を有し、実践した。こうした力を備え、かつ実践することは、美術教育の指導を行う上で重要なことがらである。

以上、研究目的一つ目の「赤津隆助の図画教育思想に基づく図画教育指導法の特質」を「広い教育活動」と併せて明示した。

3．赤津隆助の図画教育論の美術教育史的意義

次に、本書の二つ目の目的、「赤津隆助の図画教育論の美術教育史的意義」について述べる。

美術教育研究者として、他者に影響を与え、またその足跡を残すには書物執筆によることが効果的である。そうした点で、美術教育史に名の残る人は多いが、教育理論がその教育実践と結びついた人は少ない。書物などによる教育理論からのアプローチは重要であるが、生身の児童・生徒を相手にする教育が、実践に結びつくことの必要性や重要性は論ずるまでもない。赤津隆助は、「美術教育実践者」とも言える教育者であった。

しかし、赤津はやや目立たない存在であったことも否めない。そうした赤津隆助を美術教育史に明確に位置付けるべきだと考え、以下に赤津の残した功績の主なものを次に挙げたい。

①創造主義美術教育をいち早く実践した

赤津隆助は、山本鼎が自由画教育を行うよりもはるかに前の明治時代後期から、臨本教科書を授業で用いることをしていない。授業を行う際、国定教科書の「鉛筆画手本」「毛筆画手本」はもとより「新定画帖」も用いなかった。創造主義の立場に立つ指導を目指していたからである。

②新図画教育会の初期段階から関わった中心的同人であった

大正9年（1920）、赤津隆助は新図画教育会の創設の頃に同人として関わり、会の中心的役割を務めた。

③『小さい影』の著者であった

昭和2年（1927）10月、赤津隆助は、教育・図画教育の著書『小さい影』を執筆した。

④「想画」の名称提案者であった

想画とは昭和初期の小学生が生活を題材として描いた絵画のことであるが、昭和4年（1929）5月、その名称は赤津隆助の提案で「想画」と決まった。

⑤昭和の初めに欧米の図画教育代表派遣となり大きな成果をおさめた

赤津隆助は、昭和7年（1932）、文部省の依嘱により欧米各国の図画教育調査のため外遊する。併せて、学校美術協会より「欧米巡回展と美術教育使節」としてヨーロッパやアメリカに代表派遣され、日本の美術教育界を代表して、児童・生徒の美術展開催の交渉や世界の美術教育者との交流を行った。また、当時の世界（欧米）の美術教育の現状を日本に紹介した。

⑥想画教育、すなわち生活主義美術教育の発展に貢献した

昭和8年（1933）11月、赤津隆助は、山形県長瀞小学校の想画教育（生活主義の立場）を認め、激励し、想画教育、すなわち生活主義美術教育の発展に尽くした。

⑦黒板画の著書『教育略画之実際　前編・後編』・『学校略画』を執筆した

明治43年（1910）4月に赤津隆助は、著書『教育略画之実際　前編』・同年6月に『教育略画之実際　後編』を、また昭和12年（1937）11月に著書『学校略画』を執筆し、黒板画の発展に尽くした。

⑧文部省より師範学校図画教科書の編集委員を委嘱された

昭和17年（1942）4月、赤津隆助は、文部省より師範学校図画教科書編集委員を委嘱された。

⑨『日本画錬成』を執筆した

昭和18年（1943）10月、赤津隆助は著書『日本画錬成』を執筆した。

⑩　関東師範美術連盟理事長に就任した

赤津隆助は、昭和18年（1943）11月、関東師範美術連盟を組織し、理事長に推された。

以上、二つ目の目的の「赤津隆助の図画教育論の美術教育史的意義」を示した。

4. 戦前期における「図画教育指導法」の確立

先に述べた、本章第1節の「1. 赤津隆助の『図画教育指導法』の特質」における赤津隆助の「図画教育指導法」の、特徴的要点のAからLまでの12点、「2. 広い教育活動」の①から⑤までの5点、加えて同節の「3. 赤津隆助の図画教育論の美術教育史的意義」の①から⑩までの10点のことがらを見渡した時、これら各事項を通じ赤津の図画教育者として確立された姿が明確となる。

ここで、さらに戦前期における「図画教育指導法」に焦点を当て、その確立された姿を意識したい。ここには、上記合わせて27点に加え、第3章の「第3節　赤津隆助の師範学校における図画の指導法と評価法」におけることがらが重要な点として指摘できるが、第3章第3節は、27点の基ともなっている部分があるので、ここでそれを再度取り上げることは避ける。

ただし、第3章の章タイトルは「赤津隆助と師範学校教育」であり、その内でも「第3節　赤津隆助の師範学校における図画の指導法と評価法」は、本書の主題である「師範学校と図画教育」の核となる部分であると言える。

ここで、「図画教育指導法」を法的に捉えた場合の位置付けを確認しておくために、東京府男子師範学校学則課程表にある明治44年（1911）の予備科・本科第1～4学年、大正15年（1926）の本科第1～5学年、の図画科の内容を示しておく。(3)

明治44年（1911）予備科――写生画、臨画、考案画（毎週教授時数2）
第1学年――写生画、臨画、考案画、幾何画、黒板上ノ練習（毎週教授時数2）
第2学年――写生画、臨画、考案画、幾何画、黒板上ノ練習（毎週教授時数1）
第3学年――写生画、考案画、幾何画、黒板上ノ練習、教授法（毎週教授時数2）
第4学年――写生画、考案画、黒板上ノ練習（毎週教授時数1）
大正15年（1926）
第1学年――写生画、臨画考案画、幾何画（毎週教授時数2）
第2学年――写生画、考案画、幾何画（毎週教授時数1）
第3学年――写生画、考案画、黒板上ノ練習（毎週教授時数1）
第4学年――写生画、考案画、黒板上ノ練習、小学校ニ於ケル図画教授法（毎週教授時数1）
第5学年――写生画、考案画、黒板上ノ練習（毎週教授時数1）

この内容は、「師範学校教授要目」とほぼ同じである。大きな違いは、「師範学校教授要目」には「色彩」があるが、東京府男子師範学校学則にはそれがない点である。

また、「教授法」の占める割合が驚くほど少ない。「黒板上ノ練習」はある程度ある。これらは、「師範学校教授要目」に対して東京府師範学校学則の内容が同じとなっている。当時の「図画（教育）」の授業は、このように実技中心であった。

なお、明治43年（1910）の「師範学校教授要目」における「小学校に於ける図画教授法」の中身は、「教授の要旨、教授材料の選択及配列、教授の方法、教授用具及教授上必要なる注意、小学校に於ける図画教科用図書の研究」である。

大正14年（1925）のものは、明治43年のものと比べて、「教授材料の選択及配列」が「教材の選択及配列」と変わり、「小学校に於ける図画教科用図書の研究」が「小学校に於ける図画教科書の研究」になっているのみで、他は明治43年のものと同じである。(4)

序章第1節の「1　研究の目的」でも触れたように、ここでいう「図画教育指導法」とは、普通教育におけるこの教科の指導の方法を中心とするものであるが、いわゆる指導法（理論、講義）だけでなく実技も合わせたものとして考えている。

実技中心のこうした時代にあって、赤津隆助の図画教育思想に基づく理論展開、また理論と並走する実技指導は、戦前期における「図画教育指導法」の確立というにふさわしい内容と言えるだろう。

5. 赤津隆助の図画教育の特質

(一) 赤津隆助の「図画教育指導法」確立の時期と霜田静志《しもだせいし》・板倉賛治《いたくらさんじ》の言

話は前後するが、赤津隆助の「図画教育指導法」確立の時期についてここで触れておきたい。戦前のいつ頃までに「美術教育指導法」を真の意味で赤津隆助が確立したかを述べるために、赤津を客観的に見ることのできる立場にあった二人の、昭和5年（1930）当時の言葉をここに挙げる。

当時、『学校美術』編集主任で明星学園講師の霜田静志《しもだせいし》（1890～1973）は、「[赤津の、筆者註] 美術教育者としての立場を見ると、常に研究的態度を把《と》られ、水彩等も達者であり、それを以つて生活するところの画家流でなく、本当に指導者としての研究をすると云ふ意味の態度、故に画を研究するのみでなく教育としての立場から、どんな教材をどんな風に教育するか、と云ふ研究を怠らぬ。／つまり理論的方面と、実技的方面が、よく調和されてゐるのを見る」[5]と述べる。

また、当時東京高等師範学校教授の板倉賛治《いたくらさんじ》（1876～1965）は、「赤津隆助氏は本当の図画教育家だと思ふ。専門の画家が一時教育者に化けて居るのでもなければ、教育者が専門画家に化けたがつて居るのでもない。又、実技の修養を忘れた、所謂、教授法屋でもない。実技の修養と指導法の研究と経験とを、兼ね備へた人だ。従って氏の図画教育に関する説は少しも無理がなく健実（ママ）だ。真に図画教育者の踏むべき道を正しく、且つ、楽しんで歩いて居る様に見へる。／それは丁度食べ物の本場物を思はせる」[6]と言う。

この二人の言葉には、説得力がある。霜田は、赤津が常に研究的態度であり、水彩画等も達者であるが指導者としての実技の研究態度をもち、教育としての立場での教材研究や指導をしていることを評価している。

また、板倉は、赤津が実技の修養と指導法の研究と経験とを兼ね備えた、理想的な図画教育者であると語っている。

これらの発言は昭和５年（1930）２月当時のものである。従って、少なくとも昭和５年には既に、赤津が真の図画教育者であったと捉えることができ、遅くともその時点で赤津は「図画教育指導法」を確立していたということができるだろう。

（２）赤津隆助の図画教育の特質

赤津隆助は自己の表現力として、また各生徒への指導の形として、造形主義をベースとしながらも、そこに創造主義的要素や視点を取り入れて個々の児童・生徒のよさを生かすことを追求した。しかし、こうしたことは生活に根ざしたものでなくてはならないことを承知していたため、生活感あふれる想画教育に眼を向け、生活主義美術教育の重要性を認めた。

また、日本において（日本の中で）最初に、図画教育は目と心の教育であると言ったのはフェノロサ（Fenollosa, Ernest F. 1853～1908）であるが[7]、赤津は「心」を重視した造形教育を実践した。いわば「人間教育」を実際に行った。こうした内容は、一見図画教育の範疇を超えているかに見える。しかし、「美術教育は人間教育である」と知ったとき、図画教育を超えた「教育」の形をとることは、当然のことでもあった。

赤津が、「図画科は、創作と鑑賞とによって、造形芸術陶冶をする教科である」と『図画教育の理想と実現』で述べ、図画科において美的陶冶の重要性を説いたのは大正11年（1922）である。H・リード（Read, Herbert 1893～1968）が「芸術を通して人間形成を目指す教育」を主張した彼の著書 *Education through Art*（1943）を出版する20年以上も前のことであった。

また、岸田劉生《きしだりゅうせい》（1891～1929）が著書『図画教育論』（1925）において、「かくて図画教育の第一の目的は必ずしも美術や絵を教える事ではなく、美術や絵によって真の徳育を施さんとする事であると云い得る」(8)と述べ、人間形成としての図画教育を主張したのは赤津の主張から3年後のことである。

赤津は、山本鼎のような強い自己主張、言わば灰汁《あく》の強さを欠き、訴える力が弱かったことは否めない。しかし、反対に、教育問題に関する主張などは決して譲らず、また、国定教科書「鉛筆画手本」「毛筆画手本」はもとより「新定画帖」も使用しない、という姿勢を崩さない強さを持っていた。これは、前述したように、赤津がリベラリストであったことと関係するだろう。

一見弱さに見える赤津の姿勢は、異なる三つの主張をも認める幅の広さを併せ持つ強さでもあった。それは、生徒（人間）を枠にはめず、それぞれの多様性を認め、多彩な人物を育てることにつながっていた。教え子たちの、幅広い人格の育成を心がけた、ということである。

このことの証明をこれまで論述し、明らかにしてきた。最大の証明となるのは、教育の結果（成果）を出したことである。武井勝雄・倉田三郎・箕田源二郎《みたげんじろう》（1918～2000）らの人物を世に送り出したことであろう。筆者には、そうした人々が誕生した経緯を述べる課題があった。

さらに言えば、2冊とも共著ではあるが造形主義美術教育の代表的書物とも言える『構成教育大系』（1934）を著し、V・ローウェンフェルド(9)（Lowenfeld, Viktor 1903～1960）の訳書『美術による人間形成』（1963）を出版し、斯界に大きな影響を与えたのは武井勝雄である。まさに、赤津が目指した美術を通して人間教育を行うということを大きく実らせた。

また、東京で開かれた日本最初の美術教育国際会議（INSEA）（1965）の実行委員長を務め、日本で最初の（その後も、そうした人物はいない）INSEA 会長（1966）を務めたのは倉田三郎である。文部省依嘱ということもあるが、民間の美術教育団体から美術教育使節として代表に選出され、欧米に旅立った赤津にとっては大きな喜びであっただろう。ただ、赤津存命中のこととしては、武井に関わる『構成教育大系』発行があるが、それを除けばすべて赤津没後のことである。

要するに、赤津隆助は、新図画教育会を通じて造形主義に基づく明確な指導法を示し、山本鼎よりも先に写生を中心とした個性尊重の創造主義美術教育を行い、想画教育すなわち生活主義美術教育の発展に尽力した。最終目標は心の教育（人間教育）であった。赤津の図画教育思想は、視野が広くかつ一点に集約される強固なものであり、赤津はそれを実践していた。赤津は、戦前期における「図画教育指導法」を確立し、それを通して優れた美術教育を行った。

第２節　赤津隆助からの示唆

１．赤津隆助からの示唆

前節にまとめた赤津隆助の図画教育指導法から、今日の美術教育や美術科教育に欠ける部分に対し、様々な示唆が与えられる。

「自己チュー児（自己中心児）の増加」、「学級崩壊」、「子どもの暴力増加」、「いじめ問題」、「教師の多忙化」、「いわゆる『モンスター・ペアレント』問題」、「不登校」、「自殺」など今日の教育の諸問題は、「教師の多忙化」を除き主に病んだ心がその原因となっていると考えられる。もちろん病んだ心だけでなく、他の要因が関係しているものもある。こうした病んだ心に対応できる教科の一つとして、図画工作科・美術科などを捉えることができるのではないか。

また、赤津の言う「生活に基づく心の教育」を重視する考え方は、「人間が生きていく上でごく当たり前のこととして大切にしなければならないことが生活である」と捉える時、これも適切な指摘であると言えよう。こうした赤津の考え方や方法論は、今日的課題に立ち向かう上で我々に勇気と示唆を与えてくれる。

2. 赤津隆助の示唆を受けての指導法

赤津隆助の図画教育思想とその実践を踏まえると、その示唆により次の点が汲み取れるだろう。

(1) 教育全体に必要なこと

指導において教育全体に必要な主なことは次の4点である。「教育全体」を念頭に置いてのことであるが、「図画工作や美術」が重なる部分もある。

①信頼関係を築くこと

教師は児童・生徒をよく理解し、彼らとの間に信頼関係を築いて指導にあたることが最も重要であることは確かであろう。日頃の学校生活や他教科のことなど可能な限り多くの機会を通じて、児童・生徒と接点を持って接し、信頼関係を築く必要がある。

②ルールを守らせ、けじめをつけさせること

信頼関係を築いた上で、児童・生徒に集団生活におけるルールを守らせ、けじめをつけさせる。自由を尊重することは大切であるが、一方で「ルール」・「けじめ」が重要である。

③コミュニケーションをとること

授業以外の場でも、コミュニケーションを大切にすること。これは、信頼関係を築き、信頼関係をさらに深めるためにも必要である。コミュニケーションは、言葉・文字、身振りなどによってとることができるが、造形作品を通じてもとれる。例えば、児童画を見ることにより子どもの気持ち（心）を理解できることや部分がある。

④生活の指導

以上①～③を踏まえた生活の指導が必要である。特別なことではない普段の生活を大切にすることが、児童・生徒の心の安定につながる。安定しない生活は、安定した心につながらない。

（2）図画工作科・美術科の授業として重要なこと

前節を踏まえ、図画工作科・美術科の授業についての重要なこととして、そのポイントを挙げると、次の7点が挙げられよう。

①よく分かる授業をすること

児童・生徒を、単に「自由に」させる（好き勝手にさせる）ことは、望ましくない。授業の目標、内容、まとめ、評価について、それらを児童・生徒に分かり易く伝える必要がある。その際、教師が黒板に絵や図などを「その場で描いて見せる」と説得力が増す。すでに模造紙などにきれいに描いてきたものを貼るよりも、下手でもその場で描く方が児童・生徒によく伝わる、教師の熱意と共に。これはデジタルの「よそよそしさ」を考えるとすぐ分かる。また、意味の分からない授業、教師の好みが強く出た授業、教師の自分勝手な授業、児童・生徒が達成感の味わえない授業、をすべきではない。

なお、材料（考えるヒント）を与えずにただ考えさせるのは、やや無理がある。ここまでは思考の材料を与え、ここから先は考えさせる、という姿勢が必要である。全部与えてしまったのでは、子どもは考えようとしないだろう。

②児童・生徒を見つめ、激励すること

クラスの全員を見つめ、認めることが重要である。状況によっては、言語、ボディーランゲージ、アイコンタクトなど、いずれでもよい。また、「適切に」ほめることが必要である。これは評価することでもある。良いと思っていないのにほめることは、子供に見透かされるし、信頼を失い、「適切に」ほめることにはならない。ややもすると、学習が遅れがちな児童・生徒にのみ目を向けがちになるが、それではいけない。進んでやれる子供にも、アイコンタクトだけでもとりたい。私のことも先生は見てくれている、と子供が感じることにより、児童・生徒は図画工作・美術が楽しく、好きになるだろう。信頼関係が指導に直結する部分である。

③意欲がわき、心のケアができる授業にすること

図画工作科・美術科の授業では、児童・生徒が、形・色・材質（感）に一人で向かいあえる。また、造形を通した子どもの思いが他者に伝えられ、一方で表現を通してストレスを発散することも可能となる。ここにも、児童・生徒が図画工作・美術が好きだ、楽しいと思える要素がある。

図画工作・美術科は心のケアが可能な教科であり、知的教科といわれる教科をスムースに行うための心の環境作りを可能にする。「心のケア」を行うことは、重要なことであり、今日の教育問題に関わる部分の解消につながる。

④基礎と技術指導の重要性

児童・生徒の心に残る授業を行い、彼らが残しておきたいと思える作品（製作過程を映像で残すことを含む）を作る授業にすることが必要である。

そのためには、基礎的なことがらをしっかり教え、児童・生徒の求めに応じて技術指導も怠らないことである。特に、小学校高学年以上では技術指導の必要性は大きく、児童もそれを求めている。

小学校高学年、中学校、高等学校段階では、説明（理論）だけでも大方の児童・生徒は理解できるが、教師自らがやって見せることは望ましく、かつ重要である。ただ、その際押しつけにならないように注意する。

⑤造形的・創造的視点と生活主義的視点

造形性や創造性を認め、育てることは重要であるが、生活主義的視点も大切である。生活主義的視点を併せて

持つことにより、児童・生徒の活動に、生き生きとした輝きを加えることができる。

⑥実《じつ》のある鑑賞教育をすること

実のある鑑賞教育をすることが重要である。見て学ぶ、受け止めて考えることが大切となる。これらを行う際、（表現だけでなく）鑑賞活動にも子どもの側の主体性が求められ、かつ質の高い作品を扱うことが必要である。単独で鑑賞の教育を行うだけでなく、表現と関係付けて鑑賞を行う時も、実のある鑑賞教育をすることは必要である。授業の始めに、単に作品例として提示するだけでなく、鑑賞として作品を見せることも必要である。何も示さず、ただ好きなように描けと言われた時、出てくるものの多くは「知っているパターン化された漫画（キャラクター）」などとなるであろう。

⑦児童・生徒と共に成長する教師を目指すこと

図画工作科・美術科の授業を行うためには、教師自らが様々なことを学び、かつ十分な授業の準備を行い、子どもの気持ちを把握しながら授業を子どもと共に作っていくことが必要であろう。

以上の点は、現代の教育を行う上でも、重要なことがらとして活用できるだろう。

†註

（1）赤津隆助が東京府師範学校の兼務となった明治41年（1908）頃は、師範学校は通常予備科に14歳で、本科一部に15歳で入学し、本科一部を19歳で卒業していた。
（2）親鸞、序章、註4参照。
（3）第3章、第2節の「表2．明治期・大正期・昭和戦前期の図画科教員養成の法令比較表」参照。
（4）同。
（5）霜田静志「美術教育界人物月旦(2)　赤津隆助氏、型に嵌らぬ人」、後藤福次郎編集兼発行『学校美術』第3巻第11号、1930年、55頁。
（6）板倉賛治「美術教育界人物月旦(2)　赤津隆助氏、本場物」、後藤福次郎編集兼発行『学校美術』第3巻第11号、1930年、55頁。
（7）林曼麗『近代日本図画教育方法史研究――「表現」の発見とその実践』東京大学出版会、1989年、58頁。
（8）岸田劉生『図画教育論』改造社、1925年、2頁。
（9）V・ローウェンフェルドの *Creative and Mental Growth*（1947）とH・リードの *Education through Art*（1943）は、それぞれの訳書を通じて日本の美術教育に多大な影響を与えた。

補論　ＩＣＴ・デジタル的視点から赤津隆助の指導法を見る

はじめに

２０２０年2月28日、文部科学省から全国の学校に、春休みまでの期間を休校とするよう通達が出された。新型コロナウイルス感染症に対応するためであり、これは学校教育に於けるコロナウイルス感染症に対する明確な対応の始まりであった。

この後、コロナウイルス感染症による多方面にわたる未曾有の影響があり、それは3年余後の今日まで続いている。近頃やや下火となり、２０２３年3月13日からはマスクの着用を各自の自己判断に任せることになった。そして、同年5月8日には、新型コロナウイルス感染症法上位置付けが季節性インフルエンザと同じ「5類感染症」に移行した。これで鎮静化し、次の波が襲ってこないことを願うが、そうなるか否かは不明である（本文執筆の２０２３年5月10日時点）。

ＩＣＴ（Information and Communication Technology 情報通信技術）化やデジタル化は、この新型コロナウイルス感染症の影響で、それまでにも増して急速に、また多くの人々の間で進んだ。

ＩＣＴ化やデジタル化などの普及により危惧されることの一つとして、今日の教育が情報過多、飽和状態に陥った状態になってきているということである。社会も学校教育も、情報の多さに恩恵を被っている一方で、困っている状況はないだろうか。多くの情報を整理、かつ消化しきれていないために起こる問題(1)があると考える。

今日、多量の情報は教育現場のみならず子供の生活にまで入り込んでいる。そうしたことは、指導内容の高度・過密化にもつながるものであり、教師には案内整理役や支援役を務めることが求められる。そして、児童生徒が対応しきれない場合は、そのエネルギーはどこかにはけ口を求めることとなる。

また、真柴隆弘《ましばたかひろ》が、メアリアン・ウルフ著・大田直子訳『デジタルで読む脳×紙の本で読む脳「深い読み」ができるバイリテラシー脳を育てる』(2)を踏まえて、その著書の「解説」部分で、「一方、デジタルは注意を散らし、予想力・記憶力を低下させ、外部の知識ベースに頼りがちなため、あふれる情報を分析・批判する能力も育ちにくい」(3)と言うように、デジタルでは情報の分析・批判力が育ちにくいこともあるようだ。

真柴は「私たちは紙の本という物理的な次元に、空間・時間を位置づけ、そこに入り込む。読みながら、自分はどこにいるのかを把握・記憶し、ときにはページを戻ったりすることで、熟読できるのだ。こうして知識の細部が、大きな全体像に結ばれる」(4)と言う。さらに、「デジタル力も読み書き力と同様に、上手く育てていくことが欠かせない。そのためには、適切な時期に、適切な教育を、適切なデジタルツールによって進めることが望まれる」(5)と述べている。

真柴の記述は「読む（書く）」ということについてのものであるが、図画工作科や美術科における「描く」という造形表現や「鑑賞」活動においても当てはまる。

ＩＣＴ化やデジタル化の普及により危惧される点を考えた時、表現ということ、図画工作科・美術科で言えば造形表現（鑑賞を含む）、について対応していくことによって問題解決の糸口が見えてくるのではないか。「多くの情報の整理、かつ消化」に向かう具体策を考えた時、その方策には政治や経済の力なども絡んでくることなので、直ちに解決へと向かうとは思わないが、一方策の端緒となればと考える。

赤津隆助の制作活動について見ると、すでに第4章で詳しく触れたが、赤津は、文章（執筆）だけでなく造形的な面でも自己表現を行い、図画教育思想を背景としてそれを図画教育にもつなげている。

さて、本書のテーマは、「師範学校と図画教育——赤津隆助を事例として」であり、言わば歴史研究である。そうした意味では、前章の「結章　赤津隆助の図画教育思想とその実践——結論と示唆」で、本論は一応の終結を見ている。(6)

しかし、ここに述べたように、コロナ禍によりさらに際立ったオンライン化や急速に進んだＩＣＴ化・デジタル化がある。こうした状況下でＩＣＴ化やデジタル化について、美術教育として捉えた問題にふれることの必要性を感じ、この章を「補論」として付した次第である。

本書は、「教育とは何ぞや」、「人間とは何ぞや」ということを、赤津隆助を通して師範学校や図画教育を見つめて述べてきた。そこに、今日的な課題であるところの情報過多、飽和状態ということについても論考の必要性を感じ、さらには今日的な課題に対し、より具体的な方策を考察するために、ＩＣＴ化やデジタル化と造形表現との関連性ということに焦点を当てて論じてみたい。

第1節　問題の所在

Ⅰ．身近なスマートフォン

今日、コンピュータなどの機器をコミュニケーションの道具やゲーム機器などとして使う児童・生徒が増えている。しかしそれは小学生や中学生に限らない。驚くべきことには、3歳くらいの幼児までもがタブレットを使って画面操作をしている姿に接することがある。操作というのは大袈裟としても、タブレットをいじることは非常に楽しいらしく、我を忘れてやっている。

また、学校教育現場においては、児童・生徒が一人一台タブレットを持つ時代である。文部科学省も積極的に、「コンピュータ、カメラなどの情報機器の利用」(小学校)、「映像メディアの積極的な活用」(中学校)を勧めている。(7)

こうした社会状況下、ここでは図画工作科や美術科に関わる事柄について取り上げることとする。

筆者は、日頃、大学生が小学校の教員免許状を取得するために「図画工作」の実技授業を受ける場面に接している。そこでは、何も制限を加えなければ(注意を促さなければ)、彼らは何かを描く時、当然のことのようにすぐにスマートフォンを取り出して関係する画像を探し出し、それを見てそのまま写して描こうとする。こうした姿勢は、今日的な特徴であると言ってよいだろう。

画面上で彼ら彼女らが見て描く図版は、イメージ資料の基となる実物写真などではなく、誰かが描いた(制作した)作品であることが多い。そうした行為は、ある固まった(固定化された)ものを見て行うために、自分自身のイメージで描くこと、自分自身のアイデアを生かして描くということにつながりにくい。(8)また、人の作品をそのまま写して表現し、発表することは著作権上も望ましいことではない。

イメージについて、中谷隆夫《なかたにたかお》は「イメージというものは紙の上に描かれた1本の線やひとつの形から次のイメージへと発展していくものです。白い画用紙やキャンバスを見つめていてもイメージは発展しません。まず鉛筆や筆を白い画面におろしてみることです。それがイメージの出発点となります」(9)と言う。アイデアスケッチブックや白い紙（コピー用紙など）に、とにかく手を動かして描いてみることが大事である。その際、前に描いた軌跡があるとそれがアイデアに繋がることが多い。

一方、前出の大学生が、スマートフォンを使わないで絵を描く際には、パス類や水彩絵具などではなく、マーキングペン（水性顔料マーカー、油性ペンなど）などを好んで使用する傾向が今日あるようだ。手が汚れるのを嫌うため、あるいは簡単に使えるためであろうか。マーキングペンで描くという行為は、かつて、チョークで黒板に書いていた時代と比べ、白板にマーカーで書く（描く）ようになっていることなども関係しているかも知れない。

もっとも、ごく簡単な描画用具である鉛筆にしても、こちらから指示を与えなければ、通常、ナイフで削った鉛筆で描くことはしない。鉛筆は使うとしても、芯を削る必要のないシャープペンシルである。

ここで触れているシャープペンシルやマーキングペンで描くという行為は、タブレットにタッチペン（スタイラスペン）で描く行為につながるところがあるのではないだろうか。なぜならば、シャープペンシルやマーキングペンにおける共通点は、すぐに使えること。しかし、線の太さやかすれなどといった表現の幅はあまりない。タッチペンにしても、シャープペンシルやマーキングペンに似たところがある。線の太さやかすれなどといった表現の幅をタッチペンは出せなくはないが、操作が必要となる。

ここで取り上げた傾向は今日的な特徴であり、特殊なこととは言えないだろう。

図補-1　男子（小1）、図式期[10]、断定的な線質が特徴

2. 鉛筆で描いた線

ここで、造形表現を行う際の従来からある材料や道具について確認しておく。学校教育で行う絵画、版画、彫塑・彫刻、デザイン、工作・工芸などのうち、馴染みの多い絵画について触れることとする。

例えば、鉛筆の表現技法について言えば、ナイフで削った鉛筆は、鉛筆の芯の横（腹）の部分、芯の先の方などをそれぞれ使い分けることにより、たった1本の鉛筆でも太い線、細い線、硬い線、柔らかい線などの表現ができる（図補－1・図補－2 鉛筆の様々な線の例）。

図補－2のように、輪郭線を1本の同じ太さの線だけでなく描く場合、はみ出したりすることがある。はみ出した部分は、一見余計であったりするが、こうした線は絵を描く上で意味を持つ。イメージを持ってアイデアを生み出していくことにも役立つ。中谷が「パソコンの表現は瞬時に消すことができます。それがパソコンの利点だと言いますが、失敗した線こそ次の正しい気に入った線を引くことができるのです。なぐり描きの線が俄《にわか》に意味のある形に発展します」[12]と言うことは首肯できる。

中谷の言う「失敗した線」や彼の著書の他の部分に出てくる「間違えた線」とは、本当は失敗や間違いではなく、作品完成までの途中段階と解釈できる。中谷は1985年頃、すでに「正しい線は間違えた線があってこそ生まれる、

図補-2　女子（小5）、写実の芽生え期[11]、試行錯誤的な線質が特徴

色をぬりながら線を引きながら、手間ひまの行為の中でイメージを練り上げているので『瞬時』に消すことを否定しました」と言っている。[13]

ただ、今日ではデジタルでも、パソコンのソフトやタブレットのアプリ（アプリケーション・ソフトウエア）などの精度が上がり、消しゴムを使ったように少しずつ消せるようになっている。微妙な部分を残せたり、消す部分を調整できるようになっており、瞬時に完全に消えるということには必ずしもならない。そうすると、アナログ、デジタル共にほぼ同じように消せるということであるが、機器の操作力が関係し、紙に鉛筆で描いた場合のかすかな消し残しや鉛筆を押し付けた跡まで残る（質感）という点があることは留意すべき大事なことがらであろう。失敗した線も無意味ではなく、次に気に入った線を引くこと（描くこと）に繋がる、ということが重要である。

水彩絵の具のにじみ、濃淡、混色などの味わい（深さ）の表現技法も授業等で大学生に伝えることは意外と難しい。様々な材料に触れ、様々な感触を楽しみ、様々な表現をする喜びを味わわせることが図画工作科において大事だと説明しても、自分の身体でその体験を通して感じてもらわなければ、わかってもらうことは困難である。対面授業でさえこうした指導が難しいのに、オンラインによるディスプレー上での説明ではなおさらである。

今述べていることは、赤津隆助が創造主義美術教育や造形主義美術教育の良さを認めつつも、子供たちが生の声を放つ造形表現、すなわち生活主義美術教育に目を向けることの有効性につながることであるとも言えよう。

デジタル表現のもつ良さや利便性については、筆者も十分承知している。また、デジタルというものを抜きにして今日様々な活動が成り立たないことも理解している。つまり、筆者は、ＩＣＴ化・デジタル化に対してそれを否定するのではなく、従来型の表現との共存を考えているのである。

こうした急速なＩＣＴ化・デジタル化のもと、社会状況が赤津隆助の活動した時代と違うことを踏まえつつも、赤津の図画教育の理論と実践に学ぶところがあると考え、そのことを述べてみたい。図画教育全体やそれ以外の教育にも関係することではあるが、ここではより具体的な要素を持つ「描画材料・描画技法」について、この後「第４節　赤津隆助の『図画教育指導法』と美術教育におけるデジタル化の問題」で触れることとする。

第２節　描画材料・描画技法の問題

Ⅰ．従来型の描画材料

第４章の「はじめに」において、赤津隆助は「……、『学校美術』誌などを通じて、絵画の描き方、絵画の指導の仕方などについての文章も執筆している。それらの中で、鉛筆、クレヨン、水彩、墨絵、それぞれが絵を描く手段に過ぎず、何を用いて描いても良い、……」と述べている。つまり、赤津は、表現の幅を広げること、個々の子供の表現に適した材料を使えばよいことを考え、描画用具・材料は何を使っても構わないとしている。

ここで、確認の意味で、デジタル表現ではない従来型の描画材料による様々な表現例を示しておく（図補−３から図補−7まではすべて筆者の描いたもの)。

まず、図補−3は「ボールペン+クレヨン」である。クレヨンは、描画(Drawing)に適した描画材料である。線

図補-3　ボールペン+クレヨン

図補-4　鉛筆+水彩(透明水彩)
【口絵(カラー)あり】

図補-5　墨(筆による)

図補-6　マーカー

図補-7　油彩画（油絵の具）

画も描けるが、塗りつぶすこともできる。幼児や小学校低学年の児童が使用するのに適している。発達段階的には、前図式期[14]や図式期（図補－1参照）の子供に向いている。ここでは輪郭を整えるためにボールペンを用いた。

図補－4は「鉛筆＋水彩（透明水彩）」である。水彩は、彩画（Painting）に適した描画材料である。今日、小中学生が使う水彩は、ほとんど不透明水彩（半透明水彩）である。水彩絵具は混色なども行いやすい。発達段階的には、写実の芽生え期（図補－2参照）以上の子供に向いている。現実を再現しようする上で、対象物のもつ実際の色を出そうとして混色するためにはクレヨンよりも水彩絵の具の方が向いている。

図補－5は「墨」を用いた絵である。濃淡が表現の幅を広げる。かつて小学校では、毛筆を用いて墨で描く表現が明治時代・大正時代前半を中心に多く行われた。今日では、小学校6年生くらいから墨で描く表現が教科書にも登場するようになってきている。

図補－6は「マーカー」を用いた絵である。赤津隆助の生きた時代に日本にはなかったものだが、描画材料の一つとしてここに挙げた。水彩や墨のような濃淡・ボカシなどの表現は難しい。また、墨と同じように、「白い」部分を表すには紙の地色を生かす（その部分を塗らないようにする）。小学校などのどの学年にも用いられるが、重ね塗りは低学年では難しいだろう。

図補－7は「油彩画」である。小学生には難しいが、描画材料の一つとして取り上げた。材料そのものにおいて、技法的に難しい面があるので高校生くらいから（中学生では部活動などで使用）が適当であろう。油彩画に似たボリューム感を出すのに、アクリル絵の具（赤津隆助の生きた時代に日本にはなかったもの）が用いられることがあるが、こちらは水性なので油彩画に比べれば扱いやすい。

このようにさまざまな表現材料があるが、材料の特徴や発達段階との関係性などを生かして使用することが求められよう。

赤津隆助の「何を用いて描いても良い」という指摘は、表現の幅を広げる、個々の子供の表現に適した材料を選ぶ、などの意味で首肯できる（発達段階を踏まえるとなおよい）。また、そうした捉え方は大事なことであると考える。

赤津の挙げた、鉛筆、クレヨン、水彩、墨絵などの実際の材料に加えて、デジタルによる描画なども、「表現の一つ」として認めるべきであろう。これは、表現の幅が広がったと見ることもできる。

2. 日本における描画材料の変化

ここで、ある描画材料が他の描画材料に変わっていく状況について、普通教育に関わるものを中心に触れてみたい。

まず、描画用具として、最初は主に文字を書くために以前から用いられていた毛筆による墨が挙げられる。

次に、鉛筆である。鉛筆が日本で一般商品として社会に出回るのは明治12年（1879）以降と言われている。その時代、図画の教科書には鉛筆画がお手本として載っているが、実際に子供が使う描画用具は鉛筆とは違った。鉛筆そのものは高価で、多くの子供は墨や石筆で描いていた。

赤津隆助は明治24年（1891）、高等科1年（今日の中学1年生）の時に初めて鉛筆を持てたことを喜んだと述べている。[15] 鉛筆画と毛筆画については、「鉛筆画時代（西洋模倣時代）1872～1885」、「毛筆画時代（国粋保存時代）1886～1902」などと美術教育史の「図画教育の変遷」時代区分に使われるほど、[16] 描画材料が美術教育の歴史に大きな影響を及ぼしている。ここまでは、無彩色（白黒）による描画材料である。

この後、国定教科書の時代となるが、明治42年（1909）から翌年にかけて発行される国定『尋常小学鉛筆画帖』・国定『尋常小学毛筆画帖』5年生（今日の小学5年生）以上の児童用書に絵の具を使用して色彩を施すということが出てくる。つまり、有彩色による描画用具によるものが加わってくる。

明治43年（1910）には、国定『尋常小学新定画帖』が発行され、そこには尋常小学1年生から4年生までは色鉛筆使用、5年生以上では絵の具を使用ということが出ている。

さらに、クレヨンについてはどうか。クレヨンは大正中期から後期にかけて、色鉛筆をしのぐ形で使用されるようになる。大正初期頃の色鉛筆は、芯が折れやすいという欠点があった。そうした中で、今日に比べれば質はやや落ちるものの、クレヨンは自由画教育とうまくマッチして大量に使用されることとなる。[17]

なお、水彩画は最初、乾燥させた皿絵の具を水で溶いて使ったりしていたが、その後チューブに入った絵の具となった。戦前は透明水彩だったが、戦後は不透明水彩（半透明水彩）を子供たちが使うようになった。このほか、マーカーやアクリル絵の具などがあるが、それらの日本での生産スタートはともに１９６０年代である。

こうした流れを見た時、描画材料・描画用具は美術教育理念の具体的な方法論に結びつくこととして、重要な意味を持つ。それはデジタル化の時代においても言えることである。

現行の「学習指導要領（平成29年告示）図画工作」（平成20年版も同じであるが）における「絵に表す」・「立体に表す」などの「に表す」という示し方は、デジタルによる描画なども、表現の一つとして認めるということにつながる考え方であろう。つまり、絵に自分の気持ちを造形表現として表すには、様々な材料や方法があり、絵を線などで「描く」ということだけにとらわれない、ということである。例えばモダンテクニック（デカルコマニー、マーブリング、フロッタージュなど）なども、絵を「作る」ということで捉えられる。

なお、描画材料が時代背景により、このように大きく変化してきたことは事実であるが、ある一つのものに偏り過ぎることは問題ではないか。描画材料の選択について教師は、その子供の造形表現における発達段階の特性を考え、あとは子供本人の希望を受け入れ選択を行うべきであると考えるからだ。

子供の造形表現における発達段階の特性とは、例えば、図式期（図補－1参照）であれば、概念で捉えた、知っていることを描くことなどが特徴であり、知っていることを描くので描く線は断定的になる。また、色彩の使い方は、空は青、木の葉は緑など、固定的色彩様式である。こうした状態における表現には、クレヨンやパス類など「描画」表現が向いている。写実の芽生え期（図補－2参照）であれば、視覚によって捉えた現実を再現するようになることが多いので、混色などのしやすい水彩絵の具などが向いている。

第3節　デジタルでの描画表現

1．デジタルによる描画表現

デジタルによる描画表現で用いる道具は、従来の描画用具に比べ変化（進歩）が著しい。ここでのデジタルによる描画表現で用いる道具の機能性など（有料無料を含む）の状況は、本文執筆の２０２３年5月10日時点のものであることをことわっておきたい。

（1）デジタルで使う描画用具、ペン

デジタル化の中での描画表現について、具体的に見てみよう。

まず、タブレットに「描く」[18]ペンの種類についてであるが、それはタッチペン（スタイラスペン）と言い、大きく次の三つの種類がある。それぞれの特徴を付した。①ペン先が太めで丸いタイプ：大きな文字やボタンタッチに適している。②ペン先が細いタイプ：小さい画面での使用、細い文字に適している。③ペン先が筆タイプ：絵を描くのに適している。

デジタルでの表現は、タッチペンの形状と関係なく、つまりペンの形と書かれた軌跡が違う。ペン先が細いものでも、毛筆のように描けるものがある。また、アプリ内での表現形態の選択により、様々な表現の形を選ぶことができる。

（2）文字や絵を描く（Drawing, Painting）ということについて

デジタルで文字や絵を書く（描く）には次のような特徴が挙げられよう。

ここでは、一例として、お絵かきアプリの[19]「Sketchbook」（無料アプリ）を使って説明する。[20]

タッチペンにしろ、アプリにしろ、その性能は日々急速に進歩している。お絵かきアプリには、無料のものでも課金をすることによりさらに高度な内容になるもの、初めから有料のものがある。有料のものには、より高度で複雑な表現が可能なものがある。

「Sketchbook」は、使い方はさほど難しくなく、すぐに慣れることができよう。ただ、表現力の程度を上げていくには練習が必要である。これはどのアプリでも、またタッチペンでも言えることである。

実際に描いてみて感じたことは次のような点である。「描画する」ということについて、そうしたことを中心に述べる。

2．デジタルによる描画表現のよい点[21]

(1) デジタル描画表現全体として

デジタル描画表現全体におけるよい点としては、次のようなことが挙げられる。

①道具・材料の準備がほとんど不要であり、すぐに制作にとりかかれること

これは、気軽に描けることにつながる。成長に伴い小学校高学年頃から図工・美術嫌いが増え、美術展鑑賞には出かけるのに自分で制作することは極めて少ない、というような点の対応に役立つだろう。

②描画活動によって周囲を汚すことはないこと

描画活動により周囲を汚すことはほとんどない。あと片付けもほとんど不要である。(22)

③線描だけでなく着色した場合でも、何度も描き直せること

この点は、「便利」という意味で良い点である。

④初めに画面の大きさを気にしなくてよいこと

出力の際に、大きさを自由に決められるからである。

(2) 表現上の技術的な面について

表現上の技術的な面におけるよい点については、次のようなことが挙げられる。

①画面上の描画用具(ブラシツール)として、鉛筆、マーカー・ペン、万年筆、水彩筆などが選べること

それらの線の太さも選べる。鉛筆は、細い線を徐々に太くすること(線の強弱)もできる。傾き検知機能のついたものは、ペンの側から線の強弱ができる。

②ぼかしが可能であること

濃淡などがうまく表現できるアプリもある。和筆の質感を感じさせる「Zen Brush」というアプリ(有料)。「Zen Brush 3」(有料)には30色のパレットが付いており、書道、水墨画、水彩画などの表現に適している。

③色彩については、色相・明度・彩度が選べること

それらの組み合わせにより、自分の好きな色を作ることが可能である。

④色の「重ね合わせ」の選択により重色が可能であること
⑤色の塗りつぶしができること
ただ、境となる線が続いていない場合は、色が漏れ、他に広がってしまう。画面を一つ戻って線を修正すれば、この点を直ぐに解消できる。
⑥レイヤ（絵の層）を利用できること
従来の描画表現にはない概念である。これによって絵を重ねていくことができ、それぞれの層の絵を加工できる。重ね方には注意を要する。

3．デジタルによる描画表現の問題点

(1) デジタル描画表現全体として

デジタル描画表現全体の問題点として、次のことが挙げられる。

①ツルツルした硬い面にツルツルした硬いペン（前述のペン先が細いタイプ）で描く際、ペン先の力の入れ方（筆圧）の加減が難しいこと
これはさまざまなアプリで言えることであろう。筆圧については、ペンを画面に当てる強さによって線の太さを調整できる「筆圧感知機能」のついたペンやアプリがあるが、硬いもの同士での接触のため、やはり力の入れ方（加減）が難しい。
②紙の上に、絵具で描くような柔らかな感触や暖かさは感じられず（材質感が、描く用具にも、描かれた用具

にも感じられない）、味わいがないこと

ここが、従来の描画表現とは大きく異なる点であろう。感触（手ざわり）はないが、「紙のような」見た目の質感を表現ができるアプリはある。「アイビスペイント」（有料）など。

③従来型の描画用具のように、絵を一生懸命ていねいに描き、うまくできた、という感覚を持ちにくいこと

この点も、アナログとデジタルの表現の大きな違いの一つである。

④時間と並行して、思ったように描けないこと

アナログであれば描こうとしてすぐ描けるが、デジタルではいちいちボタンを押すなどの操作が必要で、すぐに描けない。描こうと思った時と実際に描く時間がずれていく。イライラした感情を引き起こすことにつながる。

⑤デジタルで練習すると、アナログでもうまく描けるようになるか、という問題があること

まず、両者は使用道具がまったく異なる。また、デジタルでは、下絵描きをしてから、色の塗り重ねをするという経過的な動作は不要である。デジタルは、描き直しや色の塗り重ねをするアナログでの制作とは制作の仕方が異なり、アナログの描き方につながらない。こうしたことから、デジタルでの練習が、アナログでもうまく描けるようになることにつながるとは限らない。

⑥身体全体を使った表現はできないこと

例えば、アクション・ペインティングのジャクソン・ポロック（Pollock, Jackson 1912～1956）、抽象画家・白髪《しらが》一雄《かずお》（1923～2008）の作品などのようなものは、デジタルでは制作できない。

(2) 表現上の技術的な面について

表現上の技術的な面についての問題点は、次のことが挙げられる。

混色はできるが、なかなか思ったような色は出せないこと

デジタルでは、もともと画面に示されている色数は多いが、画面上で徐々に滑らかに他の色に変化させていく（混ぜていく）ような表現は難しい。操作力が大きく関わり、機器を扱う人の知識や技術力が大きく関係してこよう。

ぼかしのできる「ぼかしツール」でにじみが表現でき、「水彩絵具で混ぜるような感じ」を表現できるアプリはある。「アイビスペイント」（有料）など。「CLIPS STUDIO PAINT」V.2（有料）は綺麗でアナログ表現に近い混色が可能である。

こうした機能があっても、小学1年生から、また誰でもその機能を使いこなすことは簡単ではないだろう。

4．デジタル（なり）の表現

デジタルで絵画作品を制作する場合は、前述した本節「2．デジタルによる描画表現のよい点」を生かすことが肝要であろう。

「3．デジタルによる描画表現の問題点」の「(2)表現上の技術的な面について」部分の記述が少ないのは、近年アプリやタッチペンの性能が上がって来ているためである。アプリなどの選択を、表現したいものに合わせていけば「表現上の技術的な面について」の問題は、ほぼ無いと言ってよいだろう。ただし、操作力さえあれば、と

いう条件はつく。これは大きな問題である。

操作上のことを除いて問題となるのは、「3．デジタルによる描画表現の問題点」の「(1)デジタル描画表現全体として」に挙げた部分である。中でも②などの材質感に関する部分が、デジタル化の一番の問題であるとも言えよう。

造形の三要素は、「形」、「色」、「材質（感）」であるが、このうち「材質（感）」に関わることがデジタル表現には欠ける。

また、『小学校学習指導要領　図画工作』では、第1学年及び第2学年の［共通事項］で「形や色など」の「など」は、「形や色、触った感じなど」すなわち「触った感じなど」としている。(23)「触った感じ」は「材質感」を指す。

「材質（感）」がデジタル表現には欠けるということは、「共通事項」で示された能力を育成する上で、デジタルを活用する場合に、材質（感）に関する部分に決定的な弱さがあるということである。こうした弱点があることを踏まえて、図画工作科の指導に当たらなければならない。

しかし、「材質（感）」の問題を克服することは、デジタルでは相当難しい。視覚、聴覚、嗅覚《きゅうかく》、味覚、触覚の五感のうち、デジタルで対応できないのは、嗅覚、味覚、触覚である。絵の材質から受ける感じ、すなわち絵肌は視覚的に出せるが、実際の触覚は現在のデジタル化における機能として実感することは難しい。

つまり、デジタルによる描画などを、表現の一つであると捉えることはよしとしても、デジタルでは、例えば「水彩画」や「油彩画」に「似た表現」はできるが、水彩画や油彩画と「同じ表現」はできない、ということを認識して対応する必要がある。

描画材料について様々な表現における従来型の表現（アナログ表現）とデジタルによる表現の違いについて言う時、「デジタル画」としての存在を認めることはできる。しかし、水彩画や油彩画の「代わりになる」と考え、水彩画や油彩画の代わりをさせることには無理がある。

デジタルによる表現では、従来型の造形表現ではできなかった「こういうデジタル（なり）の表現」ができるということを尊重し、それを生かせばよいのではないか。

ただ、やはり、「3．デジタルによる描画表現の問題点　(1)デジタル描画表現全体として」の「⑥身体全体を使った表現はできないこと」でも触れたことは、学習指導要領で求められている「手や体全体（の感覚など）を（十分に）働かせ」[24]というのがデジタルでは難しいという点が、学校教育においても弱点の一つとして残る。こうした弱点は弱点として認識し、デジタルの他の有益な部分を生かすことが望まれる。

第4節　赤津隆助の『図画教育指導法』と美術教育におけるデジタル化の問題

結章、第1節の「1．赤津隆助の『図画教育指導法』の特質」と美術教育におけるデジタル化の問題とを比較して述べてみたい。時代的にまったく異なり、かつ時代背景も大きく違う中での比較ではあるが、赤津思想の持つ現代性の有無を確認する意味でもその必要性を感じ、両者の関連性の検討を試みる。

以下、AからLまでの12項目を挙げて述べる。変則的ではあるが、「1．表現関係」、「2．鑑賞関係」、「3．講義関係」について、これらに含まれている要素AからLまでを通して続け、述べていく。

なお、ここに挙げる各項目の文中最初の「　」内は、結章の第1節、「1．赤津隆助の『図画教育指導法』の特質」における、各項目文中の要点部分である。

Ⅰ．表現関係

A．図画科目的の明示と方法論の柔軟性

「赤津隆助は図画科の目的は創作と鑑賞とによって造形芸術陶冶をすることと捉えた。また、赤津は自身の指導法は具体的に示しながらも、それを固定的に捉えず、指導法について柔軟に考えていた。」

現在の小学校図画工作科では芸術性は中学校美術科に比べると、さほど求められない状況ではあるが、赤津は「自身の指導法は具体的に示しながらも、それを固定的に捉えず、指導法について柔軟に考えていた」。この姿勢は、現代においても受け入れられるだろう。

赤津の「方法論は問わない」という姿勢を有することと照らし合わせた時、デジタル化の時代における方法論も赤津の姿勢と同調できよう。

B．創造主義の立場に立つ写生中心の指導

「赤津隆助は臨本教科書を授業で用いず、創造主義の立場に立つ指導を行った。」

イメージ力を出させやすいデジタル化の指導は、対応力に優れる創造主義美術教育の立場に立つ指導につながりやすい、と言えよう。ただ、写生をタブレット上で行う際、機械操作上の技術的問題は付随する。

C．造形主義に基づく図画の具体的指導

「赤津隆助は新図画教育会での考えを基にし、造形主義の立場をとりながらも、独自の指導法を行う。」

デジタル化の指導は、形や色などの造形をより重視する造形主義に結び付きやすい。赤津の指導の一部分に合致する。ただ、材質（感）の表現では、デジタル表現力の技術的な高さを必要とする。

D．生活主義美術教育を重視

「赤津隆助の捉え方は想画教育、すなわち生活主義美術教育には、自己の環境としての生活観、自主性と独自性、童心のひらめきなどが存在し、地に着いた強さがある。こうしたことを重視して図画教育を捉えるものである。」

実在の物質に接することをしない（ができない）デジタル化の教育は、現実の生活を重視する生活主義美術教育には結び付きにくい。この点はデジタル化における美術教育の問題点である。最も大きな問題部分であり、デジタル化における教育が及ばないところである。生活主義を重視する赤津の図画教育指導法のこの部分は、デジタル化による教育とは結びつきにくい。

E．個性尊重を主軸とする創造主義に基づく自由な教授

「赤津隆助は個性尊重を主軸とし、創造主義に基づく自由な教授を行うことを重視した。」

個性尊重の教育は、児童・生徒一人ひとりがタブレットを持って各自が表現活動などを行うデジタル化の教育においても行いやすい。何故ならば、各自が自分自身の良さを画面の世界で発揮しやすいからである。加えて、イメージ力の存在を重視するデジタル化の教育は、子供の創造性を養い、自由な教育を行う上でも活用できよう。

F．３つの異なる主義主張の受容と指導

「赤津隆助は造形主義、創造主義、生活主義という異なる3つの主義主張のよい面を取り入れることを求めた指導を行った。」

先に述べたように、造形主義や創造主義はデジタル化の教育と結び付きやすいが、生活主義には難しい。この点は、やはりデジタルを用いずに実施する必要があろう。

G．実習（実技）で生徒に描いて見せ、共に描く姿勢を保持

「赤津隆助は実習（実技）の際、写生を中心に、教師自身が生徒に描いて見せ、かつ共に描くという姿勢を貫く。教師が見事に描くところを生徒に示し、言葉がけだけではなく『行動』で教える。生徒と共に教師自身が技を磨くという立場をとるという指導を行った。」

「教師自身が生徒に描いて見せ、かつ共に描くという姿勢」を貫いたのである。デジタル化におけるタブレット画面上でのやり取りとしてもこうした姿勢は可能である。ただ、教師の表現力（技術）や機器操作力が大きく求められる。しかし、機器操作力は別としても、赤津の指導法においても教師の表現力（技術）が必要なことは同じである。

なお、タブレット上だけの教育には限界がある。言葉がけだけではなく「行動」で教えるための子供との触れ合いは、デジタル化の教育においても不可欠である。オンラインだけではできないため、対面授業の必要性が求められる点でもある。

「図画教育指導法」において実技の比重の重かった赤津の時代には、見事に描いてみせることも求められ、また

図画教師にはそうしたことができるための努力が必要であった。

デジタル化の時代の表現においても、教師の造形表現力を養うための努力は求められるが、デジタル化の表現にはさらに機器操作力の必要性も加わる。この点は、今日の教育の特徴でもある。

H．授業での事前表現研究の徹底

「赤津隆助は授業での事前表現研究を徹底して行うことをした。自らの制作にも力を尽くした。」

事前表現研究は、デジタル化の教育においても行える。自分で描いてみることは、前述の「Ｇ実習（実技）で生徒に描いて見せ、共に描く姿勢を保持」することに直接つながる。デジタルによる表現によって、さらに表現の幅を広げることができる。

2．鑑賞関係

I．鑑賞教育の徹底

「赤津隆助は鑑賞教育を行うために、日頃から美術史等を洋の東西や時代を問わずよく研究し、美術史などに関して理解していた。」

こうした研究や理解は、ＩＣＴ化・デジタル化の教育においては行いやすい。とりわけ、優れた国内外の美術作品、全時代を通じた美術作品はインターネットを通じて検索しやすい。しかも、紙媒体に比べて、鮮明で豊富な画像を取り上げやすい。鑑賞教育において、ＩＣＴ化・デジタル化は極めて有効である。ただし、インターネットに関わる美術作品等の扱いには、著作権等に関する注意が必要である。

3. 講義関係

J. 授業での事前教材研究の徹底

「赤津隆助は生徒に教える前に、自分自身で十分に教材をこなすということをしていた。」

「H 授業での事前表現研究の徹底」に近いが、これは教材研究そのものに触れたことである。こうしたことは、デジタル化の教育においても幅広くなし得ることであり、インターネットの活用も有効に働く。

K. 講義における黒板画の活用

「赤津隆助は講義を行う時に（あるいは実技の実習の際も）、黒板画を見事に描き、説得力のある授業を行った。図画科以外の教科においてもその必要性と重要性を認めていた。技術的レベルは高く、生徒の興味を引く内容を持つ教育を行った。」

黒板画は、「『黒板上の練習』として、師範学校教授要目（明治43、大正14）、東京府男子師範学校学則（明治44、大正15）にも登場する」など、当時の図画教育にはなくてはならぬものであった。

今日、黒板画はない。[25] しかし、黒板に替わるものとして電子黒板がある。形は大きく変わった。多くの機能を持つデジタル化にふさわしい便利なツールである。また、書画カメラの存在もある。ただ、これは効率的ではあるが、カメラを通じて見せる間接的なもので、赤津が行ったような、児童・生徒が肉眼で直接、教師の描く姿を見るという、心が通いやすい状況とは異なり、伝わる力はやや弱い。

教師が児童・生徒の見ている前で自らリアルに描いて見せるという状況を作ることも、実在の物質に接することをしない（ができない）デジタル化の教育にとっては難しいところである。

L. 教育全体における押し付けがましくない指導

「赤津隆助は自分の受持つ生徒に対して、押しつけず、しかし生徒の求めには十分に応えられる力を常に付けておくよう努めた。」

これはいつの時代においても、どの教科においても必要なことである。それを行うことは、教師自身の姿勢の問題であり、デジタル化の教育でも変わらず、可能である。対面授業で子供に接することが可能な時間があれば、より有益である。

以上、図画教育（美術教育）そのものを中心とする教育について、赤津隆助の行った教育とデジタル化時代の教育とを比較し述べてきた。その結果、AからLの12項目のうち、赤津の指導法がデジタル化の時代の教育においても当てはまるものが8項目（A、B、C、E、H、I、J、L）、当てはまらないものが1項目（D）、中間的なものが3項目（F、G、K）であった。

赤津の行った教育を今日のデジタル化時代の教育においても生かそうとする時、障害となるのは、「実在の物質に接することをしない（ができない）デジタル化の教育」は、「現実の生活を重視する生活主義美術教育」には結び付きにくいという点である。それ以外は、赤津の「図画教育指導法」がデジタル化の教育にも概ね生かせるということである。

時代の違いを超越し、赤津の考えた指導法が、今日でも有効かつ活用可能なものである項目が多いことは驚きである。

黒板と電子黒板のように、機械の進歩に伴う物理的な変化は別として、時代が変わっても指導の要点が変わらない項目が極めて多いのは、赤津隆助の「図画教育指導法」に本質的な確かさがあり、戦前期といえども、「図画教育指導法の確立」が見られたが故のことであると言えよう。

最後は、今日的な課題についてＩＣＴ化デジタル化と描画表現との関連性の考察にまで踏み込み、論じることとなったが、人間が生きていく上で重要な「感覚」、とりわけ触覚がデジタルにとって代わられないことを確認した。

この考察は、「教育とは何ぞや」、「人間とは何ぞや」ということの根本を、師範学校や図画教育の視点から赤津隆助を通して見つめてきたことにも含められる。赤津を取り巻く「教育」のありようは、影響《かげひびき》、すなわちその人の影を受け、その人と向き合う音、すなわちその人からのひびきを受けて成り立つものである。

様々な赤津の図画教育思想や実践の確認を行うことにより、さらにはＡＩ時代における教育のあり方を見つめることにより、教育そのものや人間のあり方へもその想いは及ぶ。そして、今日のような変化が激しく、複雑な時代であるからこそ、赤津の思想・実践に学ぶところは大である。

†註

（1）その問題とは、いじめなどにつながる問題である。こうしたことは、かつて高度経済成長を担う人材育成のために学習内容の充実強化、科学技術の高度化と国際化への対応を狙いとした「昭和43年度版小学校・44年度版中学校学習指導要領」実施の結果生じたことがらである。指導内容の高度・過密化（詰め込み教育）の結果、落ちこぼれ、非行低年齢化、校内暴力、いじめなどを生んだ。今日のＩＣＴ化、デジタル化が似た状況、しかもより複雑化した状況を作っていないだろうか。

（2）メアリアン・ウルフ著・大田直子訳『デジタルで読む脳×紙の本で読む脳　「深い読み」ができるバイリテラシー脳を育てる』インターシフト、２０２０年。

（3）同、２９２～２９３頁。

（4）同、２９２頁。

（5）同、２９３頁。

（6）終結（学位論文、終章）まで触れた博士学位論文提出は、２０１７年10月20日であった。

（7）文部科学省『小学校学習指導要領（平成29年告示）解説　図画工作編』日本文教出版、２０１８年、１２２～１２３頁。文部科学省『中等学校学習指導要領（平成29年告示）解説　美術編』日本文教出版、２０１８年、１３１～１３２頁。中学校での説明には、「デジタルカメラ」という言葉が出ているが、社会一般では現在（2023.12）、デジタルカメラよりもスマートフォンのカメラ機能の方が広く使われているというように刻々と進歩している。

（8）こうした行為は、明治時代を中心に、臨画のお手本をそのまま写したことと似ている。

（9）中谷隆夫『デジタル人格に克――見る・描く・作る力――』幻冬舎、２０２２年、50頁。

（10）図式期。Ｖ・ローウェンフェルド（Lowenfeld, Viktor 1903～1960）による発達段階分類（1947）。概ね7～9歳。概念で捉えた知っていることを描くこと等が特徴である。知っていることを描くので描く線は断定的になる。

（11）写実の芽生え期。Ｖ・ローウェンフェルドが「写実的傾向の芽生え」の時期と呼び、視覚によって捉えた現実を再現するようになる時期であるとしている。概ね9～11歳。描く線は試行錯誤的になる。

(12) 前掲、中谷隆夫『デジタル人格に克——見る・描く・作る力——』、35頁。

(13) 同、188頁。

(14) 前図式期。V・ローウェンフェルドによる発達段階分類（1947）。概ね4歳〜7歳、「図式（シェーマ）」期に入る前の段階。頭足人を描いたり、対象物が持つ特定の色にこだわらないのが特徴。

(15) 第1章、第1節、3．赤津隆助の尋常小学校・高等小学校時代、参照。

(16) 山形寛『日本美術教育史』日本美術教育史図表より、黎明書房、初版1967年、復刊第1刷1982年。

(17) 社史編集会議（代表・西村四郎）『サクラクレパスの七十年——ありがとうを色に、感動を未来に——』サクラクレパス発行、1991年、2〜3頁。

(18) 使用者は描いた気持ちになっているが、従来型の造形表現のように描画素材が紙などに接着して「描いている」のではない。タブレットなどに、指やタッチペンなどが接触して通電されるなどして入力され、それが文字や絵として現れるものである。

(19) 他にも、ペイントアプリなどと表示しているものがあるが、ここではそれらをひとくくりにして「お絵かきアプリ」と示した。

(20) お絵かきアプリには、「Sketchbook」以外にも、「アイビスペイントX」（無料）、「Tayasui Sketches」（無料）、「Procreate」（有料）、「Adobe Fresco」（無料）、「CLIPS STUDIO PAINT」（有料）、「Zen Brush 3」（有料）などいろいろある。子供向けのもの（無料）もある。

(21) 「よい点」としたが、完全に「よい点」とは言えない要素も含んでいる。

(22) 周囲を汚すことがなく、片付けもほとんど不要というのをよい点と言い切ってよいものかとも思う。学校教育において、（学校）生活という視点から捉えた時、片付けや掃除を皆で協力しあって行い、清潔にすることに教育的意義はあると考えるからである。

(23) 『小学校学習指導要領　第2章　第7節　図画工作』（平成29年告示）の「第2　各学年の目標及び内容」の「〔第1学年及び第2学年〕の「2　内容」中、〔共通事項〕に「(1)『A表現』及び『B鑑賞』の指導を通して、次の事項を身に付けることができるよう指導する。／ア　自分の感覚や行為を通して、形や色などに気付くこと。／イ　形や色などを基に、自分のイメージをもつこと」とある。そして「第3　指導計画の作成と内容の取扱い」の「2　第2の内容の取扱いについては、次の事項に配慮するものとする」とあり、「(3)［共通事項］のアの指導に当たっては、次の事項に配慮し、必要に応じて、その後の学年で繰り返し取り上げること」とし、続いて「ア　第1学年及び第2学年においては、いろいろな形や色、触った感じなどを捉えること」としている。

(24)『小学校学習指導要領　第2章　第7節　図画工作』（平成29年告示）の「第2　各学年の目標及び内容」の［第1学年及び第2学年］の「1　目標」の「(1)」に「(前略)、手や体全体の感覚などを働かせ材料や用具を使い、(後略)」、［第3学年及び第4学年］では同じく「(前略)、手や体全体を十分に働かせ材料や用具を使い、(後略)」とある。

(25)黒板画とは言わないが、また一般に授業で行うものではないが、黒板アートやチョークアートというものはある。「黒板アート」という言葉がつかわれるようになったのは、ここ7～8年のこと。「黒板アートとは？　簡単に描くコツや傑作アートを紹介！」This is Media　https://media.thisisgallery.com/20218722（2023. 8. 28. 取得）チョークアートについては日本チョークアート協会のホームページを参照されたい。https://chalkart-jp.org（2023. 8. 28. 取得）

〈Abstract〉

The Ideas and Practices of Ryusuke Akatsu in Drawing Education Teaching Methodology

Kingo Masuda

An analysis of the teaching career of Ryusuke Akatsu (1880–1948) clarifies the ideas and practices which characterized his approach to drawing education teaching methodology and reveals the influence he had on subsequent generations of art educators as well as the value that he contributed to the evolution of art education from a historical perspective. It is clear that he had a significant impact on his peers and directly contributed to the education of many fine art educators in the Tokyo Aoyama Normal School prior to World War II. The school's name actually changed from the Tokyo Normal School to the Tokyo Aoyama Normal School and finally to the National Tokyo First Normal School, but for the sake of simplicity will be hereafter referred to as the Tokyo Aoyama Normal School.

Although Ryusuke Akatsu is not such a well renowned art educator, the importance of his influence becomes evident when traces the historical record of his ideas and activities. This thesis consists of an introduction, six chapters documenting his life and activities, a summary as well as two attachments.

In the introduction, the purpose and value of this thesis is explained. This is followed by an archive of his works—over 220 in total. The material is categorized by time period and the transition of his ideas and practices is documented. In addition, the problem with previous research, the research

methodology employed in this study and the construction of the thesis is explained.

Chapter one summarizes my research on Akatsu's elementary education— from his youth to graduation from normal school. Initially, I investigated the content and characteristics of the art education which Akatsu was exposed to until his entrance into normal school. The result served to clarify the actual nature of drawing education in primary schools from 1887 to 1896 of the Meiji period in Fukushima prefecture, where he was born. The actual art textbooks which Akatsu used at school were identified through this research and particular attention was dedicated to the main textbook, *Nihon-ga Kagami* (Japanese art copybook). As a result, the actual conditions of normal education in the mid-Meiji period and details of the educational curriculum that Akatsu was taught in normal school are documented.

Chapter two summarizes my investigation of the curriculum which Akatsu taught at the Primary School associated with Tokyo Aoyama Normal School. This research resulted in clarification of the actual conditions of art education in the school through an examination of the Kyojyu Saimoku (school teaching method manual), the actual nature of Akatsu's approach and other details. Further, the officially approved national art textbook in the Primary School associated with Tokyo Aoyama Normal School was identified, but interestingly, my research revealed that Akatsu did not utilize either the first or second officially approved national art textbooks entitled, *Shintei Gacho*, in either the Primary School associated with Tokyo Aoyama Normal School or Tokyo Aoyama Normal School, respectively. It was confirmed that he did utilize the Shintei Gacho teacher's manual, however. My research also revealed that Akatsu mainly taught

from Kyojyu Saimoku in the Primary School associated with Tokyo Aoyama Normal School.

Chapter three investigates the relationship between Ryusuke Akatsu and the normal school. Special attention was paid to the curriculum of the Tokyo Aoyama Normal School from the latter Meiji period to World War II. The chapter also provides a comparison between normal school education in the Meiji, Taisho and Showa periods prior to World War II and reviews the educational curriculum in the Tokyo Aoyama National School from the latter Meiji period to World War II. Subsequently, I clarified the actual nature and content of Akatsu' s teaching and evaluation method of drawings. The main characteristic of his teaching method for drawing is sketching based on respect for individuality, which was realized through creative principle. His approach also incorporated formative principle and life style principle. During the course of this research, I also sought to adopt a holistic perspective on the nature of education at the time as students stayed at dormitories, where they were likely subject to additional instruction outside of the classroom.

Chapter four investigates Akatsu's works and activities. Specifically, 1) I clarified the actual nature of Akatsu's artwork as expressed in his paintings; 2) I analyzed the actual nature of the art books produced by Akatsu; 3) I verified the details and actual nature of Akatsu's prolific activities in foreign countries. He visited a number of major foreign cities in his role as a Japanese envoy of art education. He met with local authorities and art educators and presented the works of Japanese pupils. His activities also included successful negotiations to host children's art exhibitions. Upon his return to Japan, he reported on the state of art education around the world; 4) I identified and clarified the contribution

that Akatsu made in the area of infant education.

In chapter five I explain an outline of Akatsu's ideas and thoughts regarding art education. 1) I describe the relationship between Akatsu's and Kanae Yamamoto's ideas on education which both were based on creative principle. Akatsu was in agreement with Yamamoto's objective, but he was critical of the fact that it wasn't possible to aspire to a practical restructuring based on Yamamoto's theory. It may be extreme, but Akatsu was also critical of Yamamoto's disregard for specific teaching methods; 2) I described the relationship between Akatsu and Shin Zuga Kyoiku-Kai (the name of the Japanese art education society) on the topic of formative principle. Akatsu stated, "Education through form and color is important.", and he contributed some definitive teaching methods through formative principle activities with Shin Zuga Kyoiku-Kai; 3) I described the relationship between Akatsu and Soga Kyoiku (daily life' s picture education) —life style principle. I clarified the actual nature of Akatsu's idea that a child's view of life is a result of his/her environment – local color and self-autonomy. In other words, recognition of children's original ideas and expressions is important.

Chapter six provides details on the art educators who were educated by Akatsu. There are three well known graduates—Katsuo Takei, Saburo Kurata and Genjiro Mita. My research revealed that all three of them borrowed and included teachings of Ryusuke Akatsu in their own materials. Further, it was plain to see that these teachings were extremely important in their professional development as art instructors. The impact and effectiveness of the ideas and practices for drawing education teaching methodology espoused by Akatsu is clearly evident.

In conclusion, Ryusuke Akatsu practiced and supported a drawing education approach which promoted sketching based on respect for individuality. This pioneering approach, which encouraged personal creativity, preceded the teachings of Kanae Yamamoto. Further, Akatsu steadfastly continued this approach until his death after World War II. He created and contributed some definitive teaching methods by his participation in formative principle through Shin Zuga Kyoiku-Kai. His professional contribution also extended to participation in the development of Soga Kyoiku—life style principle in the beginning of the Showa period（1926-1935）. His ultimate objective for art education was "Kokoro no Kyoiku" —education which nurtured the personal spirit of individuals and it can be said that his life and career came to embody this perspective.

Akatsu possessed a broad view of drawing education and his ideas are characterized by intense dedication to nurturing the spirit of individuals. This is an approach which is evident in the teaching practices which he employed. It would be fair to say that Ryusuke Akatsu's ideas concerning teaching methods for drawing education formed the basis of art education in the Tokyo Aoyama Normal School during the pre-World War II period in Japan.

初出誌一覧

序　章　第1節　「赤津隆助の図画教育」日本美術教育研究論集　No.37、日本美術教育連合、２００４年
第1章　第1節　「赤津隆助の教育思想形成　―赤津に影響を与えた教育・美術教育思想―」大学美術教育学会誌　45号、大学美術教育学会、２０１３年
同　　　第2節　「明治20年代の図画教育と図画教科書　―赤津隆助と図画教科書との関係、特に瀧和亭筆『日本画鑑』の指導内容を中心として―」中研紀要「教科書フォーラム」No.3、中央教育研究所、２００５年
同　　　第3節　「赤津隆助の教育思想形成―赤津に影響を与えた教育・美術教育思想―」大学美術教育学会誌　45号、大学美術教育学会、２０１３年
第2章　第1節　「赤津隆助の教育思想形成―赤津に影響を与えた教育・美術教育思想―」大学美術教育学会誌　45号、大学美術教育学会、２０１３年
同　　　第2節　「明治後期の小学校における図画の指導法（その1）―明治41・42年の東京府（青山）師範学校附属小学校教授細目等の分析を通しての考察―」美術教育学　第27号、美術科教育学会、２００６年
同　　　第3節　「明治後期の小学校における図画の指導法（その2）―『新定画帖』に対する東京府青山師範学校附属小学校の捉え方を通して―」美術教育学　第28号、美術科教育学会、２００７年
第3章　第1節　「師範学校における図画教育（その1）―明治後期の東京府青山師範学校における赤津隆助の指導―」大学美術教育学会誌　41号、大学美術教育学会、２００９年
同　　　第2節　「師範学校における図画教育（その2）―明治後期・大正期・昭和初期における法令に見られる師範学校

同　第3節　の指導内容――」大学美術教育学会誌　43号、大学美術教育学会、2011年
「師範学校における図画教育（その1）――明治後期の東京府青山師範学校における赤津隆助の指導――」
大学美術教育学会誌　41号、大学美術教育学会、2009年
「赤津隆助の図画教育」日本美術教育研究論集　No.37、日本美術教育連合、2004年
第5章　「日本の美術教育史における基本的三主張の関係性――赤津隆助を巡る創造主義・造形主義・生活主義と指導との関連性――」東北芸術工科大学こども芸術教育研究センター、2007年
同　第2節　「赤津隆助の図画教育」日本美術教育研究論集　No.37、日本美術教育連合、2004年
「自由画運動の時代」美育文化　第37巻　第11号、美育文化協会、1987年
同　第3節　「赤津隆助の図画指導法と新図画教育会」大学美術教育学会誌　40号、大学美術教育学会、2008年
「赤津隆助の図画教育」日本美術教育研究論集　No.37、日本美術教育連合、2004年
同　第4節　「想画教育の発生と展開――長瀞小学校における佐藤文利の指導と赤津隆助との影響関係に触れつつ――」
美術教育学　第29号、美術科教育学会、2008年
第6章　第1節　「赤津隆助が与えた教育的影響――東京府青山師範学校での教え子・武井勝雄や倉田三郎との関連を中心として――」美術教育学　第35号、美術科教育学会、2014年
第2節
第3節
結　章　「第1部　基調講演　今、求められる図画工作・美術科における『指導』のあり方」、『頑張れ美術、図画工作』女子美術大学教職課程研究室編、柴峰図書、2007年

※本書が基にした初出論文は右記の通りである。初出論文には加筆および修正を加えている。本書に初出論文を使用するにあたり関係機関に転載の了解を得ている。転載を快諾してくださった関係機関に感謝申し上げたい。

参考文献 一覧

（五十音順、雑誌を除く）

青木実三郎『農山村図画教育の確立』学校美術協会出版部、1935年
赤津隆助『学校略画』学校美術協会出版部、1937年
赤津隆助『教育略画之実際　前編』東京啓発舎、1910年
赤津隆助『教育略画之実際　後編』東京啓発舎、1910年
赤津隆助『小さい影』赤津先生記念出版会、1927年
赤津隆助『日本画錬成』図画工作株式会社、1943年
赤津隆助編集兼発行『創立六十周年　新築落成　記念誌』（『校友　創立六十周年・新築落成　記念号』）、東京府青山師範学校々友会、1937年
赤津隆助・武井勝雄『テンペラ画』学校美術協会出版部、1931年
新井秀一郎『美術科教師をめざす人のために』一ツ橋書店、1978年
井手則雄編『美術教育大系　第1巻　美術教育原理』学藝書林、1972年
伊藤純郎『増補　郷土教育運動の研究』思文閣出版、1998年初版、2008年増補版
飯山先生謝恩会『飯山先生謝恩会記念誌』飯山先生謝恩会、1930年
石戸谷哲夫『日本教員史研究』講談社、1967年
岩浅農也『教科教育の百年』明治図書出版、1973年
岩田康之『「大学における教員養成」の日本的構造――「教育学部」をめぐる布置関係の展開――』学文社、2022年
磐中物語刊行会編『磐中物語　1』磐中物語刊行会発行、1977年

上野省策『美術教育』国土社、１９５８年
上野浩道『芸術教育運動の研究』風間書房、１９８１年
上野浩道『日本の美術教育思想』風間書房、２００７年
植村鷹千代・水沢孝策訳、Ｈ・リード著『芸術による教育』美術出版、１９５３年初版、１９７２年改訂11版
海原徹『大正教員史の研究』ミネルヴァ書房、１９７７年
小崎軍司『山本鼎』上田市山本記念館編集・発行、１９８１年
小原国芳『自由教育論』イデア書院、１９２３年
小原国芳『母のための教育学　上、下巻』イデア書院、１９２６年
大田直子訳、メアリアン・ウルフ著『デジタルで読む脳×紙の本で読む脳「深い読み」ができるバイリテラシー脳を育てる』インターシフト、２０２０年
大橋皓也・宮脇　理編『美術教育論ノート』開隆堂出版、１９８２年
大庭茂美・赤星晋作編著『学校教師の探究』学文社、２００１年
旺文社編『日本史事典　三訂版』赤尾文夫、２０００年
海後宗臣・高坂正顕監修、倉田三郎編集委員代表『学校教育全書12美術教育』全国教育図書、１９６７年
川喜田煉七郎・武井勝雄『構成教育大系』学校美術協会出版部、１９３４年
唐澤富太郎編著『図説　教育人物事典――日本教育史のなかの教育者群像――中巻』所収、ぎょうせい、１９８４年
熊本高工『図説　児童画の歴史』日本文教出版、１９８８年
栗岡栄之助『美術教育入門講座８　生活画の起源――深い理解と展開のために』明治図書出版、１９９０年
海後宗臣・高坂正顕監修、倉田三郎編集委員代表『学校教育全書　12美術科教育』全国教育図書株式会社、１９６７年
金子一夫『近代日本美術教育の研究――明治時代――』中央公論美術出版、１９９２年
金子一夫『近代日本美術教育の研究――明治・大正時代――』中央公論美術出版、１９９９年
金子一夫『美術科教育の方法論と歴史』中央公論美術出版、１９９８年

岸田劉生『図画教育論』改造社、１９２５年
金港堂編集部編『全国附属小学校の新研究』金港堂書籍、１９１０年
倉田三郎（発行人）『武井勝雄作品集』１９８３年
倉田三郎監修、中村亨編著『日本美術教育の変遷――教科書・文献にみる体系――』日本文教出版、１９７９年
倉田三郎・田原輝夫・松田義之・三苫正雄・山形寛『造形教育大辞典』不昧堂書店、１９５４年
桑原実監修、磯崎康彦・吉田千鶴子著『東京美術学校の歴史』日本文教出版、１９７７年
芸術教育研究所編『美術教育事典』国土社、１９５８年
古賀毅・髙橋優編著『やさしく学ぶ教職課程　教育の方法・技術とＩＣＴ』学文社、２０２２年
小林澄兄『教育百科辞典』慶応出版社、１９５０年
後藤福次郎著作兼発行『郷土化の図画手工』学校美術協会出版部、１９３１年
後藤福次郎著作兼発行『図画指導講座』学校美術協会出版部、１９３５年増訂第4回、初版１９２９年
後藤福次郎編集兼発行『図画手工教育講演集』学校美術協会出版部、１９３０年
向野康江『関衛研究――関衛（せき・まもる、一八八九―一九三九）と大正期芸術教育思想の展開――』上巻・下巻（筑波大学大学院博士論文）、１９９３年
斎藤喜博『授業入門』国土社、１９６０年初版、１９６８年20版発行
篠田弘・手塚武彦『学校の歴史　第5巻　教員養成の歴史』第一法規出版、１９７９年
柴田義松『教育課程――カリキュラム入門』有斐閣、２０００年
霜田静志『芸術と生活と教育と』造形社、１９６８年
小学教育研究会『小学教育実際叢書第三巻』目黒分店、１９１６年
白浜徴『図画教授之理論及実際』大日本図書、１９１１年
白浜徴『文部省講習会　図画教授法』大日本図書、１９０４年
新図画教育会著作『図画教育の理想と実現』培風館、１９２２年

陣内靖彦『東京・師範学校生活史研究』東京学芸大学出版会、２００５年
須田勇・小林哲也編『教員養成を考える』勁草書房、１９８２年
青巒社編『赤津隆助』赤津隆助先生記念出版会、１９７６年
青巒社『平成６年度　１９９４〜１９９５　青巒社』青巒社の歴史特集号、１９９５年
全国師範学校歴史教育研究会編、千々和実著『社会科の友叢書　４私達の郷土』世界社、１９４８年
田中耕治・鶴田清司・橋本美保・藤村宣之『新しい時代の教育方法』有斐閣、２０１２年
田中智志・橋本美保監修・編著『新・教職課程シリーズ　教育の理念・歴史』所収、一藝社、２０１３年
滝沢先生祝賀会『滝沢菊太郎先生』滝沢先生祝賀会、１９２４年
武井勝雄『構成教育入門』造形芸術研究会、１９５５年
武井勝雄『デザイン教育入門』造形社、１９６７年
武井勝雄・間所春『構成教育による新図画』学校美術協会、１９３６年
竹内清・堀内敏・武井勝雄訳、Ｖ・ローウェンフェルド著『美術による人間形成』黎明書房、１９６３年
寺崎昌男・「文検」研究会編『「文検」の研究――文部省教員検定試験と戦前教育学』学文社、１９９７年
東京学芸大学創立五十年記念誌編集委員会『東京学芸大学五十年史　通史編』ぎょうせい、１９９９年
東京学芸大学二十年史編集委員会『東京学芸大学二十年史――創基九十六年史――』東京学芸大学二十周年記念会、１９７０年
東京第一師範同窓会『師範教育百二十年のあゆみ』日本教育新聞社　出版局、１９９０年
東京都立教育研究所編集発行『東京教育史資料大系　第７巻』１９７３年
東京府青山師範学校編『創立六十年　東京府青山師範学校沿革史』１９３６年
東京府青山師範学校編『東京府青山師範学校一覧』１９２１年
東京府青山師範学校編『東京府青山師範学校沿革史』１９２６年
東京府青山師範学校編『東京府青山師範学校沿革史』１９３０年
東京府青山師範学校附属小学校編『高等小学　各科教授細目　第一編　国語科、図画科、手工科、裁縫科』東京　広文堂書店、

1912年
東京府青山師範学校附属小学校編『尋常小学　各科教授細目　第三編　図画科、手工科、裁縫科、修身科（附作法科）』東京広文堂書店、1911年
東京府青山師範学校附属小学校編『東京府青山師範学校附属小学校一覧』1935年
東京府青山師範学校附属小学校編『明治四十二年七月　東京府青山師範学校附属小学校一覧』1909年
冨田博之・中野光・関口安義『大正自由教育の光芒』久山社、1993年
中谷隆夫『デジタル人格に克――見る・描く・作る力――』幻冬舎、2022年
中野光『大正自由教育の研究』黎明書房、1968年
中村隆文『「視線」からみた日本近代――明治期図画教育史研究』京都大学学術出版会、2000年
生江義男ほか編、奥田真丈監修『教科教育百年史』建帛社、1985年
日本美術教育連合　代表者倉田三郎　編集『日本美術教育総鑑　戦後編』日本文教出版、1966年
橋本泰幸『日本の美術教育――模倣から創造への展開――』明治図書出版、1994年
美育文化協会　浅部　宏編集『美術教育のすべて　美育文化論文集』造形社、1971年
福島県編集・発行『福島県史　第21巻　各論編7　文化2』1967年
福島県編集・発行『福島県史　第22巻　各論編8　人物』1972年
福島県平市立平第一小学校『あげつち――創立90周年記念――』平市立平第一小学校、1963年
増田金吾・村上陽通『美術教育史ノート――源流と未来――』開隆堂出版、1983年
箕田源二郎『子どもたちに美術のうたを』新日本出版社、2003年
箕田源二郎　編者代表『教師の実践記録　図画教育』三一書房、1956年
三好信浩『日本師範教育史の構造――地域実態史からの解析――』東洋館出版、1991年
水原克敏『近代日本カリキュラム政策史研究』風間書房、1997年
宮脇理監修、福田隆眞・福本謹一・茂木一司編集『美術科教育の基礎知識』建帛社、2007年

無着成恭編『山びこ学校（新版・定本）』百合出版、１９５６年発行、２００６年増補改訂第30刷発行
村山英雄『山口県師範教育の遺産』ぎょうせい、１９８２年
森秀夫『教職の意義と職務』学芸図書、２０００年
文部省『学制百年史（資料編）』ぎょうせい、１９７２年
文部省教育調査部編『師範教育関係法令の沿革』１９３８年
文部省図書局『国定教科書意見報告彙纂第一輯』１９１３年
文部科学省『小学校学習指導要領（平成29年告示）解説　図画工作編』日本文教出版、２０１８年
文部科学省『中学校学習指導要領（平成29年告示）解説　美術編』日本文教出版、２０１８年
山形寛『日本美術教育史』黎明書房、１９６７年初版、１９８２年復刊第1刷
山本鼎『自由画教育』アルス、１９２１年
湯川尚文・井手則雄・熊本高工責任編集『美術教育体系　第1巻　美術教育原理』学藝書林、１９７２年
萬富三『黒板略画』宝文館、１９３０年
林曼麗『近代日本図画教育方法史研究「表現」の発見とその実践』東京大学出版会、１９８９年

資料　赤津隆助と図画教育との関係表

＊「年齢」は誕生日11月2日以降の満年齢。誕生日前はその「年齢」から1歳を引く。

＊記号の意味、◎＝美術教育（主に図画教育）、●＝教育、○＝東京府立師範学校関係（その後のこの学校関係を含む）、▼＝美術、・＝一般事項

西暦	年号	年齢	赤津隆助関係事項	赤津隆助関係以外の美術教育・教育・美術・一般事項
1880	明13	0	・11・2福島県石城郡平町（現在いわき市）に内藤明の次男として生まれる	●12・28「教育令」を改正公布（第二次教育令）、小学校の学科名が確定される
1881	明14	1		●「小学校教員心得」公布 ●「師範学校教則大綱」制定
1885	明18	5		●8・12再び「教育令」を改正（第三次教育令） ◎文部省編輯局（浅井忠）『小学習画帖』（8冊）刊。福島県では、これを高等科図画の教科書として明治24年に指定した
1886	明19	6		●4・10「小学校令」を公布、尋常小学校4年制義務教育（授業料は原則微収）制度・教科書の検定制度確立 ●同日、「師範学校令」公布、初めて師範学校の性格や組織についての全国的な統一基盤ができる。高等と尋常の二等 ◎5・25「小学校ノ学科及其程度」を制定。尋常小学校は4ヵ年で、図画・唱歌の内1科目もしくは2科目を加えることとされる。高等小学校は4ヵ年で「図画」必修

西暦	和暦	年齢	事項	社会
1887	明20	7	●4平町立平高等小学校（4・1平女児小と平小学校が合併）に入学する ◎尋1、図画、手工の授業なし。石ばんに石筆で絵をかいて遊ぶ（習字は硯で墨をすり、毛筆で草紙に書いた）	○東京府師範学校、東京府尋常師範学校に改称
1889	明22	9		・2・11大日本帝国憲法発布
1890	明23	10	●4・1平町立平尋常小学校と改称、高等科生は郡立磐城高等小学校へ	●10・7「小学校令」（第2次）を公布。尋常小学校の修業年限は3ケ年又は4ケ年とし、高等小学校の修業年限は2ケ年・3ケ年又は4ケ年とする。補習科が設置される ●10・30「教育に関する勅語」発布
1891	明24	11	●3平町立平尋常小学校（4ケ年）を卒業する ●4郡立磐城高等小学校に入学する ◎高1で初めて図画を教わる。図画は鉛筆画。初めて鉛筆を持つ。教師が黒板に描いた絵を見て描いた	
1892	明25	12	◎高2、鉛筆画の手本を使用 ◎文部省（浅井忠）『小学習画帖』（8冊）（明治18年の再版が20年に出る）	◎福島県は、図画の教科書として松井昇著『小学校用習画帖』（8冊）、川端玉章著『帝国毛筆新画帖』（8冊）、を採択使用した
1893	明26	13	◎高3、毛筆画を習う	
1894	明27	14	◎高4、滝和亭著『日本画鑑』27年2月刊 、を手本にした	・8・1日清戦争（～1895）
1895	明28	15	●3郡立磐城高等小学校（4ケ年）を卒業する ●4同校補習科（1ケ年）に入学する	○5東京府尋常師範学校予備科設置

1896	明29	16	●4福島県尋常中学校磐城分校併設小学校准教員候補者養成所（1年間）に入学する	
1897	明30	17	●4准教員として、赤井村立小学校に勤務（1年間）する	●10・9「師範教育令」公布
1898	明31	18	●4東京府師範学校に入学する ◎赤津が使用したと思われる東京府師範学校時代の図画関係の教科書は、文部省編輯局編『小学習画帖』、野村文挙著『小学日本画帖』、平瀬作五郎著『用器画法』である（明治27時点のもの）	○東京府尋常師範学校、東京府師範学校に改称
1900	明33	20	●師範学校3年	○2東京府女子師範学校設置 ●8・20「小学校令」（第3次）公布。尋常小学校の修業年限を4ケ年に統一し、高等小学校の修業年限を2ケ年・3ケ年・4ケ年の3種類とした ○8・20東京府師範学校に滝沢菊太郎校長赴任 ●9東京府師範学校、赤坂区青山北町5丁目に校舎移転
1902	明35	22	●3・28東京府師範学校（4年間）を卒業する ●3・31同附属小学校訓導に任ぜられる ・石城郡勿来町赤津貞次郎の養子となり、赤津と改姓する ◎図画を用いて理科や地理の指導に利用していたのをヒュース（英、教育家）に認められ、図画教育に関心を持ち始める	
1903	明36	23	◎8月5日間 文部省主催の図画教授法の講習に出席する。洋画を小林万吾、岡田三郎助に、図画教授法を白浜徴に指導される。以降、この種の講習会に毎回出席、昭和5年まで7回に及ぶ	

1904	1905	1907	1908	1909
明 37	明 38	明 40	明 41	明 42
24	25	27	28	29
◎10・20初めての図画教育論文を雑誌『実験教授指針』より発表する	◎東京府師範学校附属小学校では『鉛筆画手本』『毛筆画手本』を使用せず	▼3・31東京美術学校教授・橋本雅邦の門下生となり日本画を学ぶ	●2・20「東京府男子師範学校学則」出される ●3・31本校兼務（教諭心得）となる ◎4青山師範附属小「図画教授細目」出される（10月に手直しされたものが出る）	・1・1福島県棚倉町の仁平将胤の四女キクと結婚する ・11・23長男・実誕生 ◎12・9文検（図画科）に合格し、中等教員免許状を取得する
・2・10日露戦争始まる（～1905） ●小学校国定教科書使用開始 ◎国定教科書『尋常小学鉛筆画手本』『高等小学鉛筆画手本』『尋常小学毛筆画手本』『高等小学毛筆画手本』刊	◎『鉛筆画手本』・『毛筆画手本』の供給が実施される	●3・21「小学校令」改正。義務教育年限6年となる。高等小学校の修業年限を2年とする。ただし、延長して3年とすることも可 ●「師範学校規程」制定、第一部、第二部制発足 ◎尋常小学校で図画が必修となる（3年以上） ◎4・17「師範学校規程」制定、週授業数予備科は図画2、本科1～4年は図画と手工で各3（女子も同じ） ●師範学校教科書の検定制度確立 ◎6・5東京美術学校に図画師範科増設	○11東京府豊島師範学校設置 ○11東京府師範学校は、東京府青山師範学校に改称	◎国定教科書「尋常小学鉛筆画帖」（児童用3・4年）「尋常小学毛筆画帖」（児童用3年）刊

1910	明43	30	●東京府青山師範学校教諭となる ◎青山師範附属小では『新定画帖』を使用せず（本校でも使用せず） ◎初めての著書『教育略画之実際　前編』を東京啓発舎より出版する	◎国定教科書「尋常小学鉛筆帖」（男生5・6年、女生5・6年、教師用1冊）「尋常小学毛筆画帖」（児童用4年、男生用5・6年、女生用5・6年、教師用1冊）「尋常小学新定画帖」（児童用3・4年、男生用5・6年、女生用5・6年、教師用1～6年）刊 ●5・31「師範学校教授要目」制定（40年の「師範学校規程」制定に伴い、教授要目を定めて公布する）
1911	明44	31	▼7～8　八丈島にスケッチ旅行をする	
1912	明45・大1	32	・1・14長女・美代子誕生	◎国定教科書「高等小学鉛筆画帖」（1・2年児童用、教師用）「高等小学毛筆画帖」（1・2年児童用、教師用）「高等小学新定画帖」（1・2・3年児童用、教師用は翌年にかけて3冊）刊 ・7・30明治天皇崩御、大正と改元される
1913	大2	33	（参考）　4武井勝雄（16歳）、青山師範予備科入学 ●5・10東京府小学校教員臨時検定委員を委嘱される（大正12年まで毎年任命を受ける） ・12・1次女・喜代子誕生	
1914	大3	34	●4私立玉成保母養成所長アルウイン嬢の知遇を受け、以後同所の講師となり運営にも協力する ・豊多摩郡渋谷町中渋谷に住宅を新築し、定住する	・第一次世界大戦勃発（～1918）
1915	大4	35	・9・28養父死去	

1916	1917	1918	1920	1921	1922	1923
大5	大6	大7	大9	大10	大11	大12
36	37	38	40	41	42	43
・2・25養母死去 ・5・27三女・登代子誕生 ▼5日本画会第18回展に「日本画」を出品、受賞する ▼7・23より上毛地方にスケッチ旅行する ●10・1東京府教育会附属伝習所講師を委嘱される	（参考）4倉田三郎、青山師範入学 ▼11・16日本画会第19回展に「竹林と筍」を出品する	（参考）3武井勝雄、青山師範卒業 ・11・18四女・佐代子誕生	◎1・17新図画教育会の創設に参画し、中心的同人となる ●4青山師範学校同窓会理事となる	●有馬頼寧の知遇を受け新日本教育者連盟（日本教育者協会）を組織し、教育革新運動に参加する。機関紙『教育者』を発行し、教権の確立と教育者の擁護に尽くす	（参考）3倉田三郎、青山師範卒業 ・7長野に旅行し、白馬山に登る ●8・2舎監兼務となる ◎東京府青山師範学校校友会学芸部主催絵画展 白浜徴講演	●3・24高等官六等をもって待遇される ●12・20従七位に叙せられる
		◎12山本鼎、自由画教育を提唱 ○青山師範に附属商業補習学校開校 ○豊島師範に附属農業補習学校開校 ・第一次世界大戦終わる	○東京府立農業教員養成所設置 ○東京府青山師範学校校友会に学芸部創設			・9・1関東大震災

1925	大14	45		○3青山師範滝沢校長依願退職。4長谷川乙彦校長着任 ●4・1「師範学校規程」改正、予備科なくなり、本科第一部修業年限5年となる ◎図画手工合わせ、1・2年週3、3〜5年2（女子は2年も2）
1926	昭1・大15	46	●3同窓会評議会副議長に推される ●8熊本県天草郡牛深町に講習のため旅行 ●青山師範校友会機関誌校友創刊、編集責任者となる ●青山師範創立50周年式典 ▼12青山師範出身の美術同好者のグループ「青巒社」を結成	・12・25大正天皇崩御、昭和と改元される
1927	昭2	47	（参考）2・5教諭兼舎監を続ける ◎10学校美術協会設立	
1928	昭3	48		◎4・9白浜徴死去（53歳）
1929	昭4	49	◎5思想画、記憶画、観念画、構想画をまとめる言葉として、赤津が「想画」という名称を提案し、同席していた後藤福次郎、霜田静志らがこれを認める	
1931	昭6	51		●「師範学校規程」全面改正、本科第二部の修業年限を2年とする ◎3・11「師範学校教授要目」を全面改正（「師範学校規程」全面改正は1・10）

1938	1937	1936	1935	1934	1933	1932
昭 13	昭 12	昭 11	昭 10	昭 9	昭 8	昭 7
58	57	56	55	54	53	52
（参考）3箕田源二郎、青山師範卒業			◎青巒社主催「構成教育」研究会が青山校舎で開催される		（参考）4箕田源二郎、青山師範入学 ●9・20本官を退任する ●9・30本校講師を嘱託される ▼個展開催（新宿伊勢丹百貨店）	◎6・20文部省より、欧米の図画教育に関する調査を嘱託される ◎8・8文部省より、欧米各国へ出張を命ぜられ、横浜港より出航。12月1日帰国〈欧米美術教育使節として学校美術協会主催国際交歓児童生徒図画手工品展覧会交渉のため欧米に渡航〉 ▼欧米旅行スケッチ展を校内で開催 ◎この頃、国際美術教育連盟（FEA）理事に挙げられる
◎2後藤福次郎を中心として学校美術協会より「構作科設置案」出される ○4東京府大泉師範学校設置（本科第二部のみの師範学校）	盧溝橋事件をきっかけとして日中戦争（支那事変）起こる	◎国定教科書「高等小学図画」（児童用2年）刊	◎国定教科書「高等小学図画」（男児用1年、女児用1年、1年教師用）	◎国定教科書「尋常小学小学図画」（児童用男児用5・6年、同教師用、女児用5・6年）刊	◎国定教科書「尋常小学小学図画」（児童用3・4年、教師用）刊 ◎8・1東京府青山師範学校にて、学校美術協会主催の「図案指導講習会」開かれる	◎国定教科書「尋常小学小学図画」（児童用1・2年、教師用）刊

1939	昭14	59		●傷痍軍人東京小学校教員養成所開設 ●東京特設小学校教員養成所開設
1940	昭15	60	◎9奈良県橿原での全日本図画教育大会に運営委員として出席する	
1941	昭16	61	▼11・18～23 青巒社、東京府青山師範学校絵画部と共催で「絵画展」開催（渋谷東横百貨店）	●3・1「国民学校令」公布 ◎国定教科書「ヱノホン」（初等科1・2年、3・4年教師用）刊 ・12・8太平洋戦争起こる（～1945）
1942	昭17	62	◎4文部省より師範学校図画教科書編集委員を委嘱される	◎国定教科書「初等科図画」刊
1943	昭18	63	◎11関東師範美術連盟を組織し、理事長に推される	●3・8「師範教育令」改正、師範学校は官立となる。本科3年、予科2年。 ●同日「師範学校規程」制定 ○官立東京第一、第二、第三師範学校に再編
1944	昭19	64		●「師範学校規程」改正 ○東京青年師範学校開校 ○東京第二師範学校女子部開設
1945	昭20	65		・8・15太平洋戦争終戦
1948	昭23	68	◎4・5『新図画工作』の教科書作成の最終編集会後、脳溢血で倒れ、翌日4月5日、満67歳で永眠する ▼5・27～29　赤津先生遺作展（世田谷校舎） ◎10関東師範美術連盟編、準教科書『しんずがこうさく』（1・2年用）、同『新図画工作』国民図画刊行会刊	

あとがき

本書は、2018年3月東京学芸大学大学院連合学校教育学研究科から博士（教育学）の学位を授与された論文提出による学位請求論文「赤津隆助の図画教育思想とその実践」に加筆修正を施し、補論「ICT・デジタル的視点から赤津隆助の指導法を見る」を付したものである。

1987年、東京学芸大学専任講師となって以来一貫して同一大学で教鞭を執り、研究を重ねて来た。博士論文を執筆したいと思ってはいたが、2004年に「赤津隆助の図画教育」というテーマで最初に赤津関係の論文発表をして以来、なかなかまとまらず月日が経ってしまった。2016年3月に退職し、それまで積み重ねてきた研究論文等をもとに約2年間で学位論文を完成させた。この2年間は、生涯の研究生活で最も集中できた毎日であった。

東京学芸大学に助手として着任後、研究のスタートは、国内外を合わせた美術教育史年表作成であった。こうした作業を通じて美術教育を、とりわけその歴史を幅広く把握しようと努めた。その後は、第二次大戦直後の学校教育再スタートに焦点を当て、美術教育史研究を行った。一方で、子供の造形表現の実態を知る必要性を感じ、日本と英国との児童画比較研究等を行ったりもした。

こうした研究を経るなかで、多くの優れた美術教育者を世に送り出した赤津隆助の存在に気づき、またそれを不思議に思い、その理由を探ってみたいという思いにかられた。そうしたことをきっかけに、美術教育を通した望ましい教師教育のあり方を赤津隆助から探り出すことを研究テーマに定めた。

赤津に教師教育の鍵があるのではないかという仮説は当たり、赤津の全体像を探るうちに、望ましくかつ独自性のある「教育」像の明確化が赤津という人物を通してできたと思う。

一方、学位論文を本にしたいと思い悩んでいた時、世界を震撼させた新型コロナウイルス感染症が発生した。これは多くの人の生活、仕事のあり方、また教育のあり方をかつてない規模で変えた。象徴的なワードは、オンライン化である。また、ＩＣＴ化・デジタル化が加速化された。こうした状況下、赤津研究と関連づけて今日の美術教育の有り様を探ることは急務だと思われた。本研究は、歴史研究ではあるが、ＩＣＴ・デジタル教育のことをも併せ取り上げた。

［謝辞］

博士論文や本書の執筆に当たりお世話になった多くの方々にお礼を申し上げます。お世話になったすべての機関、すべての方のお名前を挙げることはできませんが、失礼の段お許しください。

なお、お名前のご所属・肩書等は当時のものです（順不同）。

まず、史料調査や資料収集を行うにあたり、次の機関のお世話になりました。（　）内はとくにお世話くださった方のお名前です。

東京学芸大学附属世田谷小学校〈元東京府青山師範学校附属小学校〉図画工作科室（附属世田谷小学校 小鴨成男教諭）、東京学芸大学附属図書館、筑波大学附属図書館、東京藝術大学附属図書館、東京大学大学院法政治学研究科附属近代日本法政史料センター明治新聞雑誌文庫、国立国会図書館、東京都立中央図書館、東京文化財研究所、福島県いわき市立図書館、財団法人美育文化熊本文庫（美育文化協会編集人穴澤秀隆様）。

次に、赤津隆助先生に関わるお話を伺わせて頂き、史料や資料の閲覧や写真撮影をさせて頂いた方々です。本書への資料掲載も許可して頂きました。改めて感謝し御礼申し上げます。

赤津惠子様（赤津隆助お孫）、中江美代様（赤津隆助ご長女）、伊藤登代様（赤津隆助ご三女）、谷正子様（玉成保母養成所時代の赤津隆助の教え子）、上越教育大学熊本高工教授。

長瀞小学校想画を語る会の寒河江文雄会長からは、想画教育関係のお話を伺い、史料や資料の閲覧や写真撮影をさせて頂きました。

また、次の方々からは、博士論文執筆にあたり研究面で示唆に富むご意見やご質問を頂戴しました。東京学芸大学山田一美教授、横浜国立大学小野康男教授、東京学芸大学橋本美保教授、東京学芸大学清野泰行教授、埼玉大学内田裕子准教授（現教授）〈以上、博士論文審査委員〉、埼玉大学都築邦春名誉教授。なお、ＩＣＴ・デジタル教育に関し、玉川大学髙橋愛教授からは参考となるご意見をお聞きしました。

本書の刊行に際しては、東京学芸大学研究・連携推進課研究協力係（係長清水爽子様ほかの方々）、有限会社春風社（代表取締役三浦衛様、営業部長・編集下野歩様）にお世話になりました。とりわけ、三浦様より細やかなご助言を頂きました。

以上の機関やみな様に、改めて心より感謝し御礼申し上げます。

最後に、私の研究生活に協力してきてくれた妻、久美子に感謝の念を表したい。

２０２４年12月

増田　金吾

人名索引

【ま】

【や】

【ら】

事項索引

【さ】

【な】

【は】

【ま】

【や】

【ら】

＊章末の「註」部分は、索引として挙げる対象としなかった。

【著者】増田金吾（ますだ　きんご）

一九五〇年　群馬県生まれ
一九七三年　玉川大学卒業
一九七五年　東京学芸大学大学院修士課程修了、東京都公立中学校教諭
一九七七年　東京学芸大学教育学部助手・講師・助教授・教授を経て
二〇一四年　東京学芸大学理事・副学長（二〇一六年定年退職）
二〇一八年　博士（教育学）
現　在　東京学芸大学名誉教授

著書
美術教育史ノート―源流と未来―　共著（開隆堂出版、一九八三年）
総合教科「芸術」の教科課程と教授法の研究　分担執筆（多賀出版、一九九六年）
教科教育学シリーズ　図工・美術科教育　編著（一藝社、二〇一五年）ほか

師範《しはん》学校《がっこう》と図画《ずが》教育《きょういく》
――赤津《あかつ》隆助《りゅうすけ》を事例《じれい》として

二〇二四年一二月二五日　初版発行

著者　増田金吾　ますだ きんご

発行者　三浦衛
発行所　春風社　Shumpusha Publishing Co., Ltd.
横浜市西区紅葉ヶ丘五三　横浜市教育会館三階
〈電話〉〇四五・二六一・三一六八　〈FAX〉〇四五・二六一・三一六九
〈振替〉〇〇二〇〇・一・三七五二四
http://www.shumpu.com　☒ info@shumpu.com

装丁　毛利一枝
カバー表の絵　赤津隆助（『学校略画』「船車家」より）
印刷・製本　モリモト印刷株式会社
乱丁・落丁本は送料小社負担でお取り替えいたします。

ISBN 978-4-86110-993-5 C0037 ¥8000E